中央大学・ミュンスター大学交流20周年記念

共演　ドイツ法と日本法

石川 敏行
ディルク・エーラース
ベルンハルト・グロスフェルト
山内 惟介
編著

日本比較法研究所
研究叢書
73

中央大学出版部

装幀　道吉　剛

Vorwort

Die vorliegende Festschrift, die nun in japanischer Sprache veröffentlicht wird, ist der „Schwesterband" zu derjenigen, die im Januar 2006 mit den gleichen vier Herausgebern aus dem Verlag Duncker & Humblot (Berlin) publiziert wurde : *Bernhard Großfeld / Koresuke Yamauchi / Dirk Ehlers / Toshiyuki Ishikawa* (Hrsg.), Probleme des deutschen, europäischen und japanischen Rechts – Festschrift aus Anlass des 20-jährigen Bestehens der Partnerschaft der Westfälischen Wilhelms-Universität Münster und der Chuo-Universität Tokio auf dem Gebiet der Rechtswissenschaft, Berlin 2006.

Die Partnerschaft begann de facto schon im September 1985 mit dem Besuch von Herrn Kollegen *Helmut Kollhosser* †, der an der Chuo als Gastprofessor lehrte. De jure besteht die Partnerschaft aufgrund eines Vertrages „Abkommen über Zusammenarbeit zwischen der Westfälischen Wilhelms-Universität Münster und der Chuo-Universität Tokyo" seit dem 16. Oktober 1992.

Der Austausch war und ist im richtigen Sinne des Wortes ein „Austausch", d. h. es handelt sich nicht etwa um eine Einbahnstrasse, sondern um eine Strasse in beiden Richtungen, weil die Partnerschaft regelmässig gestaltet und durchgeführt wird. Damit stellt diese Partnerschaft für die Chuo und deren Institut für die Rechtsvergleicheng in Japan, das erste seiner Art in Ostasien, eine der Hauptsäulen der internationalen Austauschprogramme dar. Hiermit möchten die japanischen Herausgeber allen denjenigen, die sich sowohl auf deutscher als auch auf japanischer Seite um diese Partnerschaft sich bemüht haben, zu denen auch Herr Kollege *Yoshihiko Kiuchi* (Handelsrechtler), der im Sommer 1988 mit 45 Jahren verstarb, zählte, ihren tiefen Dank für die grosszügige Unterstützung aussprechen.

Die Anregung zur Veröffentlichung der vorliegenden Festschrift geht auf einen Besuch von Herrn Kollegen *Koresuke Yamauchi,* der der Schöpfer und der Mentor dieser Partnerschaft auf japanischer Seite ist, im

September 2002 Münster zurück, bei dem er ein Gespräch mit den deutschen Kollegen, Herrn *Kollhosser* und Herrn *Bernhard Großfeld,* führte.

Dadurch entstand der Gedanke, eine Festschrift in deutscher wie japanischer Sprache als „Zwillingsschrift" im Jahre 2005, dem 20. Jubiläumsjahr der Partnerschaft, unter der Teilnahme von allen ehemaligen „Gastprofessoren" herauszugeben. Die Themen wurden der freien Auswahl eines jeden Verfassers überlassen.

Nach dem ursprünglichen Plan sollten die Herausgeber die oben bereits genannten beiden Herren Kollegen *Kollhosser* und *Yamauchi* sein. Da aber Herr *Kollhosser* Ende 2004 überraschend verstarb, übernahm die Rolle des Herausgebers daraufhin Herr Kollege *Großfeld* auf deutscher Seite. Bei der Gelegenheit kamen zur „Verstärkerung der Redaktion" zwei Öffentlichrechtler, Herr Kollege *Dirk Ehlers* und ich, *Toshiyuki Ishikawa,* hinzu.

Wie eingangs bereits erwähnt, erschien mittlerweile die Festschrift in deutscher Sprache im Januar 2006. Am 7. Februar 2006 fand eine „Akademische Feierstunde anlässlich des 20-jährigen Bestehens der Partnerschaft der Westfälischen Wilhelms-Universität Münster und der Chuo-Universität Tokio auf dem Gebiet der Rechtswissenschaft" im Festsaal des Schlosses Münster statt, woran über 100 Personen teilnahmen und unter denen auch Herr Kollege *Yamauchi* war.

Die vorliegende Festschrift konnte bedauerlicherweise nicht als „Zwillingspaar" wie es die Eltern geplant hatten, auf die Welt kommen, sondern sie tritt als „jüngere Schwester" ins Leben. Die japanischen Herausgeber freuen sich sehr, dass sie doch noch heil auf die Welt kommen konnte. Die Verzögerung ging darauf zurück, dass einer der Verfasser, d. h. *Ishikawa,* bei der Reform der japanischen Juristenausbildung, deren grösstes Symbol die Gründung von 74 Law Schools ist, mitgewirkt hat und dadurch seine „Mobilität" für sechs Jahre verlor. Für die Verzögerung möchte er an dieser Stelle bei allen Kollegen um Verständnis bitten.

Der vorliegende japanische „Schwesterband" besteht aus vier Teilen, deren Inhalt allerdings sehr bunt ist : Der erste Teil enthält sieben Beiträge der Münsteraner Kollegen, die ins Japanische übersetzt worden sind. Zum zweiten gehören Beiträge der Herren Chuo-Kollegen *Kozumi*

(Zivilrecht), *Nozawa* (Zivilrecht), *Maruyama* (Handelsrecht) und die beiden Herausgeber *Yamauchi* (IPR) und *Ishikawa* (Verwaltungsrecht) . Im dritten finden die Leser den Nachruf von Herrn Großfeld auf den deutschen Schöpfer der Partnerschaft, Herrn *Kollhosser* und eine kurze Geschichte der Entwicklung der Partnerschaft zwischen den Universitäten Münster und Chuo (von *Yamauchi*) und im vierten Teil wurden die zwei Festvorträge, die bei der o. g. „Akademischen Feierstunde" in Münster gehalten wurden, d. h. *Großfeld,* „Rechtsvergleichende Poetik" und *Yamauchi* „Kultur, Recht und Rechtskultur" wiedergegeben.

Jedes Projekt kann das geplante Ziel nur erreichen, wenn alle Teilnehmer das Ziel kennen und dementsprechend ihre Rollen übernehmen und sich bewusst und verantwortungsvoll verhalten. In diesem Sinne ist unsere Partnerschaft ein Muster. Besonders erinnern sich die Herausgeber bei der Gelegenheit an den Fleiss und die Gastfreundlichkeit nicht nur der Fakultätsmitglieder, sondern auch von deren Familien, die z. B. an gemeinsamen Essen und verschiedenen Exkursionen rege teilnahmen. Ohne eine solche Unterstützung hätte die Partnerschaft nicht so gedeihen können.

Mitterweile sind die Münsteraner Kollegen zu mehr als die Hälfte emeritiert und die Verhältnisse auf der japanischen Seite sind auch ähnlich. Die Triebkraft der Partnerschaft muss also nun in die Hände der Nachwuchsgeneration gelegt werden.

„*Old soldiers never die ; They only fade away*". In diesem Sinne hoffen die japanischen Herausgeber mit der Veröffentlichung der vorliegenden Festschrift sehr, dass diese aussergewöhnliche und glückliche Partnerschaft zwischen Münster und Chuo für immer bestehen kann, um das Nieveau der Rechtswissenschaft der beiden Länder zu bewahren und fortzubilden!

Tokyo, Juni 2007

Im Namen der Herausgeber und aller Beiträgeverfasser

Toshiyuki Ishikawa

中央大学・ミュンスター大学交流二〇周年記念

共演　ドイツ法と日本法

目次

第一部

目　　次

第二部

第三部

第四部

第一部

ディーター・ビルク

いわゆるヨーロッパ租税法

——ＥＣ条約の自由移動原則による国家の課税権の変容——

Dieter Birk,
Das sogenannte Europäische Steuerrecht
übersetzt von Midori Matsuka-Narazaki

楢崎みどり　訳

目次

二〇〇四年秋にドイツで開かれた租税専門家会合は、以下のようなテーマを選んだ。「ヨーロッパ租税法は現実である！」(1)。目を引くように選ばれたものだが、この題名には、ヨーロッパ租税法なるものが存在するのか、という疑念がほのめかされている。そうでなければ、かくなる疑念への反証が、専門家会合のような場で課題となることはなかろう。租税の専門家は、国家が定める諸規則のなかで思考するのが常である。ほかにも国際的な局面が存在することは、専門家にとっては二重租税条約でお馴染みである。租税条約はしかし、独自の租税法を創り出すのではなく、関係諸国に課税のための権限を配分するにすぎない。こうしたもののほかに、国内法に累積される、さらに国内法を押しのける、ヨーロッパ租税法なるものが存在するのか。

一　出発点となるＥＣ条約の諸規定

1　課税権

ヨーロッパ共同体条約（以下「ＥＣ条約」と称する）をもとにこの問題に取り組もうとすると、実際、疑念が湧き上がる。なるほどそこには「税に関する規定」と題された章がある。この章にはしかし四条の条文しかない。このうち三つの条（九〇条～九二条）は、商品が国境を越えて移動するのを契機として差別的な課税を行うのを禁止している。

これは関税同盟にとって自明である。四つめの条文（九三条）は、域内統一市場の機能を確保するため、EC理事会に、間接税の調和のための規定を定める権限を与えている。租税法についてのEC条約の言明は、これをもって尽きる。ECの諸機関というのは自らに明白に割り振られた管轄権を持つだけなので（制限授権主義）、一般的な諸規定から課税権を導くこともできない。

一瞥したところの所見では、したがって、次のようにはっきりと断言されることになる。すなわち、ECの加盟諸国は、ECに対して主権の一部を委譲したにすぎない。税や課徴金を徴収する権限は、これには数えられない。国家主権の中核要素を担う課税主権はEC条約においては手をつけられていない。すなわち課税権は完全な形で加盟国のもとに残されている。「課税のための権能は統治のための権能である（The power to tax is the power to govern）」をスローガンに、加盟国はこれまで、自らの課税主権を一部たりともヨーロッパ共同体に委譲しようとしたことはなかった。このため、直接税については、その調和のための規定を定める明白な管轄権がECには存在しない。直接税の調和のための理事会命令は、法制の接近に関する一般規定である九四条に基づいて出されるしかない。その場合には、前提条件として、法の接近のために理事会によって定められる諸規範が、共同市場の確立または運営に直接的に作用するものであることが求められる。

2　歳入権

ヨーロッパ租税法秩序についての問題についてのささやかな所見を進めるために、歳入主権（収益主権）および行政主権に目を転じよう。ECは、所定の税の歳入を求める条約上直接保障された権利を持っていない。EC条約二六九条一項が定めるのは、わずかに、予算はＥＣ固有の財源によって計上されるということである。何が固有の財源にあたるかは、理事会が確定する（ＥＣ条約二六九条二項）。こうした基礎に基づき、ＥＣに帰属するのは、とりわけ関税および課徴金、それに付加価値税の一部である。関税や課徴金はしかし税収としては僅かであるのに加え、付加価値税は個々の加盟国の内国税として見なされるため、ここに含めるのは、ＥＣ固有の財源というよりも、加盟国に分担金を義務づけているのに等しい。

3 行政権

税に関する行政主権は、完全に、加盟諸国のもとに残されている。ＥＣにはヨーロッパ財務省もなければ、ヨーロッパ行政手続法もない。加盟諸国は、税の執行を運営する上で自由であり、自己責任において手続の流れや執行の集中に関するルールを定める。もっとも、諸国の財務官庁は、直接税の分野における加盟国行政機関の間の相互協力に関する命令（行政協力命令 Amtshilferichtlinie）(2) に従い、国境を越える事実関係を解明するために、双務的に協力することを義務づけられている。(3)

二 ＥＣ条約の自由移動原則と国家課税権との関係

理性的に観察してみれば、結局、ヨーロッパ租税法なるものを肯定するための根拠は多くはない。ＥＣは、固有の税を取り立てることができず、所定の税の歳入を求める権利を条約上保障されていない。また、ECに帰属する公課（関税および課徴金、そして付加価値税の一部）についてすら、これを執行管理する権限を持たない。なぜに諸国は、国家的な課税主権を失うことを惜しむのだろうか。

この問いの答えが示すのは、EC条約における自由移動原則と、自由移動原則を使って税法の分野で加盟国の課税主権を制限しているヨーロッパ共同体裁判所（以下「EC裁判所」）の判例である。EC条約一四条二項により共同域内市場の特徴とされる自由移動原則について、われわれは次の四つを区別している。すなわち、物の自由移動、人の自由移動、役務の自由移動、そして資本の自由移動である。商品が交換される場である市場が機能するには、同等な競争条件が確固として存立していなければならない。そのため、税の扱いにおいて差別をなくすことは、物の移動と関連する様々な規律を通じて、当初から、EC条約において定められていた。これを目的とするのがEC条約九〇条から九三条までの条文であり、これらは、税による競争障壁をできるかぎり広く取り払おうとする。

1　出発点としての居住者と非居住者との区別

直接税については、他方、EC条約では言及されていない。直接税は、人に対して課されるものであり、財のやりとりに対してではない。それゆえ、直接税からは、直接には、競争の侵害とか市場への悪影響とかは生じない。投資者Aがドイツ出身で、フランスでドイツにおけるのとは別の課税条件に出くわす。各国で違った租税法秩序の多様性が目に見えるのは、そういうときである。投資者Aがドイツに居住して、フランスの事業体からの収入またはその種のフランスの収入源を得ているとしよう。その場合、彼は、国際的な租税法のルールによれば、ドイツでは居住者の納税義務、フランスでは非居住者の納税義務に服することになる。非居住者向けの納税義務のルールは、居住者向けの納税義務のそれとは著しく異なる。非居住者向けの納税ルールは、対物税の性質を持つ。すなわち、支払能力の人的要素（たとえば子どものための扶養料の支払）は考慮されない。つまり投資者Aは、フランスで得た彼の収入に関しては、フランスでは、同国に居住する納税義務者のようには取り扱われないのである。このような異なった税の取り扱いは、非居住国が課税できるのはその国の領域内に存在する所得源泉のみである、ということと関わっている。非居住国は、その国の領域に納税者が居住しているわけではないので、納税者の人的な支払能力についてわからないし、非常な困難の下でしか予測できないからであろう。

このような原則的な課税の相違を、ＥＥＣ条約（後のＥＣ条約）の締結時に、締約国は、理解していた。締約国は、ある加盟国に居住するAが、他の加盟国で投資しようとして、その他国で彼の本国とはまったく別の課税条件に出くわすということを、何も変えようとはしなかったし、変えることもできなかった。そうすることで結局は、投資家を他国における投資から遠ざけることになるとしても同じであった。すなわち、課税条件の相違を、物品、人、役務、または資本の自由移動に関する権利に反する、と見なすことはできなかったのである。そうでなければ、税法秩序の相違を調和する努力がなされていたはずである。しかし、そうした調和は明らかに意識されていない。直接税への自由移動原則の影響は、つまり、まずは棚上げにできるほど僅かであるように見えた。あるいは、厳密に言い直すならば、次のように説明できる。すなわち、直接税は、国家的な需要を満たすために、経済的成果に課され、個人に財政的負荷をかける。直接税はしかし、何人にも国境を越えて活動することや、サービスを提供することや、資本投下をすることを禁じてはいない。A国の居住者がB国で経済活動をし、B国で居住国よりも不利な課税条件に服せしめられている。その者は、そうであるからといって、その地で投資するのを拒絶されているのではない。彼がB国に居住する競争者と比べて不利な地位におかれているときも、同じである。彼に問われるのは、彼がはたして、そしていかに、こうした異なった課税条件に適合できるかということにすぎない。直接税の課税権は、そのように、ＥＣの自由移動原則に抵抗力を持つものと見られていた。いずれにしても加盟諸国はまずこの点から出発した。

2　非居住者に対する不利な課税条件は自由移動原則に反するか

しかし、法の発展は同じところにとどまりはしなかった。課税が、国家的なボイコットに匹敵するコントロール効果を引き起こすことは、古くから知られている。たとえば、他国での収入について総収入金額を課税標準とする（つまり総収入から必要経費や広告費を控除しない）課税方法をとるのは、経済的観点の下で、他国での経済活動を排除することを導きかねない。Ａが他国で総収入一〇〇を得ているが、このうち必要経費が七五なのに、二五％の総所得税がかけられると、外国からの投資で得た収益は〇《ゼロ》になる。税負担が一〇〇×〇・二五＝二五で、利益が一〇〇－七五＝二五であるからである。そのような課税規則は、事実上――法的にではないにせよ――外国投資を禁じる効果を持つであろう。はたして、自由移動原則に反するというには、不利な課税規則が、投資を制限する効果を持たなければだめか。それとも、源泉国が非居住者を居住者に比べて不利に扱ったなど、たとえば居住者には純所得を課税標準とするのに非居住者には総収入を標準とする扱いをして、結果的にそうした課税が外国の競争者に不利に働くといったことで、自由移動原則に反するといえるか。

3　居住者が住所を国外に移した場合／ヴェルナー事件

この点の答えは、今日われわれが知っているかぎりでは、次のようである。すなわち、不利な扱いだけでは、自由移動原則に反するといえない。(4) ＥＣ裁判所は、一九九〇年代初めの頃の判例ではまだ、自由移動原則の適用に踏み切ることができなかった。一九九三年にＥＣ裁判所が判断しなければならなかったヴェルナー（Werner）事件(5)では、ドイツで居住しかつ働いている歯科医が住所をオランダに移した。結果、彼はドイツでは非居住者の納税義務を受け、課税の上で、ドイツに居住する納税義務者よりひどく不利な規則に服することになった。オランダでは彼は収入を持たなかったため、オランダに居住しているにもかかわらず（独蘭間の二重租税条約に基づき）税がかからず、そのために人的控除をまったく受けることができなかった。ＥＣ裁判所は、このようにドイツから他国へ転居しただけで納税上の負担が悪化したことをもって、自由移動の権利が侵害されたとは、見なさなかった。すなわち、当時のＥＣ裁判所の判断によれば、加盟国が、自国の主権領域で事業活動を行って収入を得ている自国の国籍保有者について、彼が別の加盟国に住所移転したことをもって、それまでより高い税負担を課しても、ＥＥＣ条約五二条（現在のＥＣ条約四三条）には反しない、とされた。(6)

4　非居住者が国境を越えて国内に通勤している場合／シューマッカー事件

ヴェルナー事件は、ケルン財務裁判所（Finanzgericht）からＥＣ裁判所へと移送されたものであったが、当該事件に対するＥＣ裁判所の判断は、次のような疑問をおのずと引き起こした。すなわち加盟国市民が、住所ではなく、彼の労務を、その国籍を持つ本国から別の加盟国へと移したのだとしたら、ＥＣ裁判所の答えは変わっていたのか、という疑問である。というのは、議論の焦点となるのは、前述の事件では、住所決定の自由（die Freiheit der Wohnsitznahme）であったが、そうなれば、労務地の選択の自由（die Freiheit der Wahl des Arbeitsplatzes）であるからである。そのような事件の登場にそう時間はかからなかった。シューマッカー（Schmacker）裁判である。シューマッカー氏は、ベルギーで家族とともに暮らしている労働者で、毎日のようにドイツへ通勤し、その地で労働を行っていた。ベルギーでは彼も彼の妻も収入を得ていなかった。彼はドイツには住居を持たなかったため、ドイツで非居住者の課税義務に服していた。すなわち、人的控除も主張できず、分離課税も使えなかった。つまり、ドイツに居住して働いている労働者と比べて、彼は、はなはだ不利におかれていた。ＥＣ裁判所は、こうした非居住者の納税義務を適用する扱いに、いわゆる越境通勤者（Grenzgänger）への正当化されえない差別があると見なした。すなわち、Ａ加盟国に住む納税義務者が、Ｂ国で労務を行っており、総収入をＢ国で得ているときは、この者に対しては、Ｂ国は、その国の居住者が受けている納税義務の便益を与えなければならない。(7) このような判断によれば、したがって、非居住者であっても、その所得の大部分（九〇％超）を労働国で得ているときは、居住者の納税義務が、その者に対して拡張されねばならない（このことはいまでは所得税法（EStG）一条三項および一ａ条に規定されている）。

5　リース料支払の課税標準への加算／ユーロウイング事件

ＥＣ裁判所がそうした判断を下したことで、加盟国の課税主権に打撃を与えるだろうか。ＥＣ条約の締結時には、課税主権はそのまま加盟国のもとにとどまるということから出発していたのに。この点は肯定されうるだろう。後述するＥＣ裁判所の判例は、ＥＣ裁判所は加盟国の課税主権を考慮に入れないのだということを示した。この点について例に富むのは、ユーロウイング（Eurowing）裁判である。[8] ドイツの小さな航空株式会社であるユーロウイング社は、航空機をアイルランドの株式会社からリースしていた。リース料の支払は、法人税の計算では必要経費（Betriebsausgaben）として控除が認められるが、営業税（Gewerbsteuer）の計算では、リース会社がその本拠をドイツ国内においている場合にしかできない（営業税法（GewStG）八条七号）。本件では、リース会社の本社は外国にあり、ユーロウイング社によるリース料の支払は、同社の営業税の計算上で課税標準に加算された。理由は次の点にあった。リース料を支払う会社については、リース料支払は必要経費として法人税の計算上で控除対象となるため、営業税の計算上で加算しても問題はない。また、リース料を受け取る会社については、ドイツ国内に営業源泉がないため、営業税を支払う義務がない（営業税法二条）のだから、この処理に問題はない。かりにドイツの立法者がこうした加算規定を定めなかったとしたら、外国の子会社を設立して営業税を回避してしまうことが、お手軽になされたであろう。そうなったら、この種のリース契約は常に、外国の会社を経由してなされることになったであろう。このような理由が述べられた。

ＥＣ裁判所は、リース料支払の課税標準への加算を、外国のリース業者に対する差別と見なし、ドイツ側の言い分を、差別を正当化しようとする言い訳として却下した。[9] こうした判断の結果、営業税法八条七号の加算規定は、ＥＣ域内の越境ケースにおいては、もはや適用されることができなくなった。[10] これにより、いまや、内国のパートナーとリース契約を結ぶよりも、外国のパートナーとリース契約を結ぶ方が、税の扱いにおいて有利になる、という事態が生じている。国家は、国庫収入をコントロールするために、その財政主権について、百目神アルゴスの目をもって監視しようとしたが、財政主権は間接的に自由移動原則によって切り詰められている。あるいは、別の言葉で表現すれば、自国の税収の確保という点は、差別を助長する税の規定を正当化できない。諸国家は、税の土台を失うことになろうとも、自己の税法規定を自由移動原則に適合させなければならない。

三　自由移動原則による国家課税権の変容

ＥＣ裁判所の判例によれば常に、直接税は、なるほど加盟国の管轄に服するが、しかし加盟国はその管轄を共同体法を遵守するように行使しなければならない(11)。ＥＣ裁判所の判断はつまり、常に、税に関する加盟国の主権を強調することから始まる。とはいえ、裁判所は、判例を出しているうちに自由移動原則をいまや次のように道具として用いるようになった。すなわち、国家的な税法秩序への介入は、もはやマージナル（辺縁的）なものとは見なされなくなった。むしろ部分的には国家の税の構造基礎に触れることもできるのだ、と。決定的な問題は、裁判上用いられたかつ部分的に非常に広範にわたる介入が、次第にヨーロッパ税法なるものを構築するかである。裁判所が進めてきた発展は、見たところ引き返せないようである。しかし、ＥＣ裁判所による国家の税法の変容が、今後もまだどこまで進められるのか、どのように加盟国はそれに反応してゆくのか、そしてどのような結末に行き着くのか、については一目瞭然であるとはいかない。

1　年金の払い出しを他の加盟国で受ける場合にも、払込の際に繰り延べられていた課税を納めなければならないか

加盟国のジレンマについての面白い例は、老齢者所得の課税である。ドイツは、二〇〇五年一月一日に、老齢者所得の課税を再調整した。いまや――大雑把に言うと――一定の限界はあるが、法定のもしくは企業による、または私的な老齢者保障（Altersversorgung）（すなわち「年金のための払込（Ansparen）」）は非課税であるが、老齢者所得（「払い出された年金（Auszahlungen）」）には完全に税がかかる（いわゆる課税繰り延べ（sog. nachgelargerte Besteuerung））。国家は、その課税権を、一時的に放棄するのであるが、その際、国は年金の払い出しに介入しうるということを前提としている。このことは、通例、何の問題にもならない。なぜなら、退職した、年金受領者に転じた納税義務者は、ふつうは引き続き、居住者の納税義務に服しているからである。

問題が浮かび上がるのはしかし、納税義務者が老年になっていずれか別の国に移り、ヨーロッパ法上の自由移動に関する彼の権利を主張する場合である。納税義務者が、年金のための払込を続けている間（in der Leistungsphase）はドイツの源泉に払い込んでいるが、年金の払い出しについては彼がその間に引っ越した先の外国において受けるとき、国家は原則的に、居住者の納税義務が適用される範囲で、ドイツ源泉（手当源泉）から所得が生じているという理由でもって、この外国に流れる支払に課税する権限を有する。

二〇〇五年一月一日から施行された老齢者所得法（Alterseinkunftegesetz）により、外国に居住する年金受領者に対して支払われる年金所得には、非居住者の納税義務があてはまるとされている（四九条一項七号、n.F.）。税金を課すこと

ができるのは、二重租税条約によって課税権が居住国に割り当てられていないときでしかない。現在のところ、たいていそのような場合には課税権は居住国にあてられている。しかし、二重租税条約は変更可能である。影響を与えるのがより困難であるのは、次の付加的な要件である。すなわち、所得源泉が内国に存在していなければならないという条件である。このことが意味するのは年金の受取人は自分の本拠を内国に持っていなければならない、または少なくとも内国の支払所（Zahlstelle）を経由して給付を受けなければならないということである。いずれかそのような内国の連結点を欠けば、内国の所得は受け取ることができない。そのため、国際租税法の諸原則によれば、（繰り延べされた）所得課税は、外国に移り住んだ定年者が、すでに、収入のあったときに当該外国所在の源泉に掛金を払い込んでいたときは、排除される。収入のあったとき無税で積み立てられた老齢者の資産は、したがって労働国（Tätigkeitsstaat）では税がかからないままとなる。一時的に課税を放棄しただけという労働国の考えは、通らない。払込の際の「納税猶予（Steuerstundung）」から、払い出しにおける最終的な納税免除となる。労働国は、このような税収の損失を甘受できるか？　どのような可能性が、労働国には残されているか？

労働国は、二つの可能性を持っている。一つは、二〇〇四年一二月三一日までのドイツでそうであったように、課税前倒し（vorgelagerte Besteuerung）に戻ることである。そうであれば、老後保障費用（Versorgungsaufwendungen）は、収入のあったとき（Erwerbsphase）に課税されることになるし、納税者が退職後に外国に移住するかどうかは関係ない。取得された老齢者の資産は、いずれにせよ、規則に従って、課税されることになる。しかし、ドイツでは、他国と同様に、老齢者資産を課税免除にて形成することへ誘動するために、またそれにより、老後保障を全体的に促進するために、意図的かつ故意に課税繰り延べが導入されてきた。そのため、このような道は将来においてとられないであろう。諸国は、正しく、老齢課税の形式として課税繰り延べを選択することを、課税権の流出（Ausfluss）と見るであろう。

もう一つの可能性が残されている。労働国は、納税者がいずれかの外国の源泉に年金の払込をしている場合にかぎって、課税前倒しに立ち戻る、すなわち、このような場合にのみ、拠出／払込（Leistungen/Einzahlungen）に課税することを検討しうる。労働国は、不平等な扱いを、次のことをもって正当化しうる。すなわち、このときは、（元来は猶予される）納税請求権が、払込のときに課税されなければ、完全に失われるからである、と。なぜなら、老齢者所得の課税繰り延べを行うには、納税者が外国に移住してしまうと、内国との牽連性が無くなってしまうため、（制限的な納税義務の枠内では）課税権は排除される。したがって課税繰り延べはできなくなってしまう。

問題はしかしながら次の点にある。すなわち、外国の源泉へ払い込まれている場合にのみ課税前倒しに戻るとすると、ＥＣ法に合致するのか、という点である。なぜなら、そうした前倒しは、第一に、他の加盟国の構成員を不利に扱うことになる（自由移動への侵害）。それに加えて、外国の保険会社を、税の上で、また競争の上で、不利な立場におくことになる（サービスの自由への侵害）。なぜなら、課税前倒しは、課税繰り延べに比べて、明らかに、より不便であるからである。課税前倒しは、給与の手取りを下降させ、結果的に納税者に多目の税を課すことになる。なぜなら、給与所得を得ている段階では、課税の累進度がより高くなるし、本来なら利子がつく分が課税猶予されないことで損失になるからである。

しかし、加盟国の租税法が、国境を越える老後保障の保険商品に関して、対比される（内国の）保障商品よりも、保険会社の負担を大きくしているかぎり、投資家グループは、そのような保険会社とは契約締結しなくなる。(12) 投資家との関係では、資本取引の自由を制限することとなり、保険会社との関係ではサービスの自由を制限することになる。(13) 外国とのつながりを持つ保険料の支出については控除を認めないとする扱いを、ＥＣ裁判所は、なるほど、バッハマン（Bachmann）判決において、国内租税システムの「首尾一貫性（Kohärenz）」の観点から、正当化されうると見なした。[14] EC裁判所は、養老保険のための外国の保険会社への支払の控除と、支払われる保険金への課税とは、国内租税法を通じて、符合されているものと解したのである。EC裁判所がこうした判断に固執するかどうかは、後に下されたダナー（Danner）裁判に鑑みて、疑問が多い。[15]

課税猶予がひいては課税を免除することになるとして、前倒しで課税する原則に戻すのは、ヨーロッパ法上禁じられているとしよう。あるいは、国家が総じて自己のシステムを、課税前倒しに変えようとはしないとしよう。その場合には、関連する諸国から見ると、あるいはそれらの国の税法の体系によるときは明らかに課税されるはずの事実関係に、課税することもできず、またそういう事態を甘受することになる。ヨーロッパ自由移動原則は、国家の課税主権を失わせ、また、国家の課税権を変容させるのである。

2　外国にある自宅用住居の赤字を損益通算できるか／リッター事件

より考慮を要するのは、しかし、リッター（Ritter）裁判である。この裁判は、連邦財務裁判所の付託により、現在、EC裁判所での審理待ちである。[16] リッター氏は、ドイツの納税義務者であり、その総収入をドイツで稼ぎ、しかしフランスで自宅を保有して居住している。彼はドイツには住居を持たないが、しかし、シューマッカー裁判によってもたらされた法改正（所得税法一条三項）に基づき、ドイツでは居住者と同様の無制限の納税義務に服している、つまり、自己にまつわるすべての控除を主張することができる。しかし、リッター氏はそれ以上を望んだ。フランスで彼は収入を得ていない。けれども、フランスでは現行法上、その地で収入を得ているときは、自宅に用いている住居のローン返済などから生じた赤字分を損失として計上できるのである。ドイツでは、この損益通算を二つの理由から主張できない。まず第一に、こうした損失は、家屋ないし土地の貸付から生じる所得について、計上される。そして、家屋ないし土地の貸付から生じる所得については、条約法上は、フランスに課税権が割り当てられている。ほかに第二に、ドイツ所得税法二ａ条一項六号もまた、貸付のような不動産収入から外国で赤字が生じていても、それを損益通算することを認めていない。紛争当時の一九八七年には、ドイツに居住する納税者は、フランスと同じく、自宅用住居の財政から生じる赤字分を損金算入できた。リッター氏が要求したのは、言い換えれば、当時のドイツの居住納税者と同じ地位である（その後、自宅用家屋についてのこうした損益通算はドイツでは廃止された）。本件裁判におけるドイツ連邦財務裁判所（Bundesfinanzhof：BFH）の見解によれば、問題になっているのは、次の点であるという。すなわち、「損益通算しないことは、外国に在る家屋の自宅利用は、内国での相当する自宅利用に比べて不利になる」、という点である。[17]このことは確かに正しいが、しかし、自由移動原則がそのように広く解釈されると、その国家にとってはもはや国内事案なのか、外国事案なのかを区別できない。自宅用住宅の課税は、とくに、私的な住居所有権を奨励する手段でもある。つまり、（損益通算を可能にする）税の操作規範を介して、自宅利用される個人住宅の持分が高まる。このような操作規範は、属地的な限界と結び付けられている。国家は、私的な住宅の自宅利用を、他の諸国でも奨励することには関心を持たない。もし、そのように裁判所が判断するならば、それは、居住国において税の特別規範から生じる損失を、そのような特別規範が労働国においても適用されている場合には、必ず損益通算しなければならないことになろう。

3　配当控除により外国の法人税が還付されるか／マンニネン事件

ＥＣ裁判所の判例によって国家の租税法秩序が変容することがどれほど多いかは、比較的最近に生じたマンニネン（Manninen）事件における外国税の算入に関するＥＣ裁判所の判決もまた、示している。[18] フィンランド人のペトリ・マンニネン（Petri Manninen）は、スウェーデンから配当金を受け取っていたが、自分の本国であるフィンランドに対して、自らが負っているスウェーデンの法人税を彼に還付するように要求した。マンニネン氏は次のように述べた。すなわち、彼はフィンランド会社からの配当金を受けたが、フィンランドで行われているインピュテーション方式（Anrechnungsverfahren）［訳注：会社が配当を支払う場合、支払額の所定の割合を前払法人税として納付しなければならないが、個人株主は、この部分を自身の所得税から税額控除することが可能になる］に基づけば、フィンランドの法人税は還付されたはずであると。自由移動原則は、加盟国に対して、その国がまったく受け取っていない税を還付することを強制するまでに、広く適用されることができるのか。ＥＣ裁判所は、この点について肯定した。インピュテーションができないとされるならば、フィンランドに居住する納税義務者は、外国会社に投資することを思いとどまるであろうし、そのほか、外国会社にとっても、フィンランドで資本を集めることを妨げることになろう、と。[19] ドイツでも二〇〇一年まで法人税のインピュテーション方式が行われていたため、この判決は、ドイツでまだ裁判の結果が確定（bestandskräftig）していない係争事案にも、影響力を持つ。マンニネン判決にならって、ケルン財務裁判所は、二〇〇四年六月二四日に、二〇〇一年まで行われていたインピュテーション方式に関して、ヨーロッパ法と合致するかにつき、著しい疑念を示し、当時の所得税法三六条二項三号をＥＣ裁判所に提示した。[20] 古くはほとんど疑念を持たれることのなかった定説、すなわち、その国が課していない税を還付するように国に求めることはできない、というドグマは、今日ではもはや通用しない。この事件がまさに示したのは、加盟諸国内部での閉じられた税のシステムは、ほとんどもはや保持されることはできない、という点である。インピュテーション方式をとる際、徹底して、法人利益（Gewinn）に対する法人税が、株式保有者の人的な払込能力（persönliche Leistungsfähigkeit）に対する「保証金（Anzahlung）」として扱われたということであれば、国家は、自由移動原則の適用により、自らに納付されたのではない「保証金」さえをも承認することを強制されることになる。諸国家は、そもそも、これに対応する二つの可能性を持っている。すなわち、一つは、法人税のインピュテーション方式を廃止する。もう一つは、ＥＣ裁判所の判断から自国の財政に生じる効果は、いわば連邦の州の間での税収の不均衡が生じないための財政調整（Finanzausgleich）のようなものであると、見なすように努めることである。第一の選択肢は、国家の租税主権を退廃させることになる。第二の選択肢は、ヨーロッパ共同体の域内において連邦国家としての基本的な環境（Rahmensbedingungen）が整えられることを前提としており、それは現時点では遠い先のことである。これらのすべては難しい状況であり、ドイツ連邦財務裁判所をして、その短い決定において、通常ではない警告を出させることになった。すなわち、自国民が他国の税を「貸し」にしているかのように扱うことを、国民国家に対して、ＥＣ裁判所が義務づけようとしているならば、ＥＣ裁判所はそうした効果をよく考えてみた方がよいだろう。すなわち、加盟国が、財政上の効果のために、国家間の財政調整により、有効な補助金を生じることができるようになる。こうしたことは、しかし「近いうちにはおそらくそうはならないだろう」(21)けれども、と。しかし、そうした警告は遅すぎた。マンニネン判決は、すでに下った。ドイツの立法者はいまやＥＣ指令を国内法化する法律（Richtlinien-Umsetzungsgesetz：EURLUmsG）において、少なくとも、国家財政に生じる欠損を限定しようとしている。すなわち、いったん確定された課税に関する事情（Steuerbescheide）を遡及的に変更する

ためには、証明が提示されるだけでは十分ではない、と規定することが検討されている。(22)

4 国家租税法の変容はヨーロッパ租税法を創り出さない

ＥＣ裁判所が、確定の判例において強調しているのは、居住者の納税義務と非居住者の納税義務との間の区別は、自由移動に反しない、ということである。なぜなら、居住者と非居住者とは、通例、比較可能な状況にはおかれていないからである、と。(23) ＥＣ裁判所は、常にこうした確認を議論の出発点にはしているものの、その判断の結果、いまもさらにその傾向が強まっているが、居住者向けの納税義務と非居住者向けの納税義務との間にある格差は一層、平坦になってきている。

長いこと非居住者の納税義務は、一種の原初的な対物税として承認されていた。このことは次のことを導く。すなわち、いずれの国も、行政費用を低く抑えるために、必要経費を控除する前の総収入から源泉徴収し、過大に徴収された分の税額を後で定率で還付する、という扱いをしてきた。しかし、ゲリッツェ（Gerritse）事件で、ＥＣ裁判所は、必要経費を控除しない総収入からの源泉徴収も、定率の還付も、自由移動原則に反するとした。(24) これを受けて、ドイツ連邦財務裁判所は、ドイツ所得税法五〇ａ条四項および五〇ｄ条一項において規定されている非居住者向けの定率分離源泉課税は、ＥＣ条約四九条および五〇条（役務提供の自由）と合致するかという問題を、二〇〇四年四月に、ＥＣ裁判所に付託した。(25) 問題を付託したドイツ連邦財務裁判所は、必要経費分の控除を源泉徴収において行わないことは、ＥＣ条約四九条および五〇条と合致するか、疑問があるとし、たとえ後から確定申告による還付手続において必要経費の控除が認められる可能性があるとしても、そうであるとした。ＥＣ裁判所の見解によれば、外国に在住しながら内国で相応の労働（芸術的な上演活動）に従事する者に対し、報酬を支給する者の責任についても、同じ疑念があてはまるとされる。というのも、純粋なる国内での報酬支払であれば、これに相当するような責任の規定は存在していなかったからである。

ＥＣ裁判所のこうした意見表明が示しているのは、居住者向けの納税義務と非居住者向けの納税義務との格差がすでにどのくらいまでならされているのか、そして、どの程度先まで平坦にされうるのかである。確定申告による還付手続における訂正を前提とした必要経費控除前の総収入への課税も、外国へ報酬を送金する支給者の責任も、非居住者向けの納税義務の伝統的なメルクマールであり、また、外国在住の芸術家やスポーツ選手が提供するのは一時的なかぎられた役務であるという特別な事情も考慮に入れられる。しかし、税の還付と組み合わせられた荒っぽい課税や、報酬支給者の責任は、関係者にとっては不利であり、納税義務者が上演の間の短期間のみドイツに居住するという特殊な状況からだけでは、納得の行くものではない。ＥＣ裁判所は、ＥＣ裁判所によって前置されたところに従っており、非居住者向けの納税義務、そしてその納税や還付の手続実行が持っていた主だった要素は、もはや重要ではない。ここでも、加盟諸国の規律主権が、その核心を揺さぶられているといえよう。

最初の問いに戻ろう。ＥＣ裁判所の判例による国家の租税法の変容は、ヨーロッパ租税法を創り出しているか。答えは、消極的である。ＥＣ裁判所によるすべての介入は、国家の租税法秩序を複雑にさせるように作用しているにすぎない。このことがあてはまるのは、居住者向けの納税義務の拡大についてであり（所得税法一条三項、一ａ条、シュトマッカー事件[26]）、また、株式会社の外国資本化についてであり（法人税法八ａ条、ランクホルスト・ホォルスト（Lankhorst-Hohorst）事件[27]）、非居住者向けの納税義務の貫徹のための規律において（所得税法、ゲリッツェ事件[28]）である。ヨーロッパ租税法といった道標または概念的な観念は、これとは関係ない。自由移動原則から導かれる加盟国の国家的課税権能の境界は、加盟国の財政主権への著しい介入として現われているものの、統一的な租税システムを発展させるモーターとしてではない。ヨーロッパ租税法は、英国の同僚の言葉を借りれば、「課税権能（power to tax）」の原則の発露ではなく、むしろＥＣ裁判所によって続けられている「課税を妨げる権能（power to prevent taxes）」[29]の結果である。

特筆すべき対立は、純粋な国家的な規律利益と、国際的に活動している納税者の利益との間に存在する。前者はこれまで、立法の局面で、ヨーロッパに向けた構想に対して、直接税の権利を開放することを妨げてきた。後者は、自由移動の保障を援用している。すなわち、自由移動の保障のために、法秩序は十分に用意されていない。こうした対立の解決策は、加盟国自身では手に負えない。それゆえ、租税の改正の議論が、国家的な局面でだけではなく、むしろヨーロッパの局面で、租税の構想を発展させる、そのような時期に来ているといえるであろう。このことが実現しないかぎり、ヨーロッパ租税法なるものに言及することはできない。

（1） Handelsblatt-Konferenz am23. und 24. November 2004 in Köln.
（2） Richtlinie 77/799/EWG des Rates vom 19. 12. 1977 über die gegenseitige Amtshilfe zwischen den zuständigen Behörden der Mitgliedstaaten im Bereich der direkten Steuern vom 19. 12. 1977, Amtsblatt EG Nr. L 336, S. 15.
（3） これについては、Hendricks, Internationale Informationshilfe im Steuerverfahren, 2004, S. 182 ff.
（4） この点を叙述したばかりである二〇〇三年六月一一日ＥＣ裁判所 C-234/01, IStR 2003, 458 (Gerritse) を参照。
（5） 一九九三年一月二六日ＥＣ裁判所 C-112/91, NJW 1993, 995.
（6） 同上のＥＣ裁判所 C-112/91, Rz. 17.
（7） 一九九九年九月一四日ＥＣ裁判所 C-391/97, NJW 2000, 941.
（8） 一九九九年一〇月二六日ＥＣ裁判所 C-294/97, IStR 1999, 691.

（9）同上のＥＣ裁判所 C-294/97, Rz. 41 ff.
（10）財務大臣による布告 BStBl. 2000, 486；Glanegger/Güroff, GewStG, 5. Aufl. 2002, § 8 Nr.7 Rz. 1.
（11）一九九九年九月二一日ＥＣ裁判所 C-307/97 (Saint Gobain), IStR 1999, 592, Rz. 56 f.
（12）この点については、ＥＣ裁判所 C-334/04、連邦財務裁判所 (BFH) NV 2004, 208 (210) を参照。
（13）ＥＣ裁判所 C-204/90 (Bachmann), I-249 (284)；ＥＣ裁判所 C-300/90（ＥＣ委員会対ベルギー）, I-305 (321)；ＥＣ裁判所 C-118/96 (Safir), I-1897 (1926)；ＥＣ裁判所 C-136/00 (Danner), BB 2002, 2555 (2556). 参照すべきはまた、ＥＣ裁判所 C-334/02, 連邦財務裁判所（ＢＦＨ）NV 2004, 208 (209).
（14）ＥＣ裁判所 C-204/90 (Bachmann), I-249 (284).
（15）ＥＣ裁判所 C-136/00 (Danner), BB 2002, 2555.
（16）二〇〇二年一一月一三日連邦財務裁判所 I R 13/02, IstR 2003, 314.
（17）同上の連邦財務裁判所 (I R 13/02), S. 315.
（18）二〇〇四年九月七日ＥＣ裁判所 C-319/02, IStR 2004, 680.
（19）二〇〇四年九月七日ＥＣ裁判所 C-319/02, IStR 2004, 680Rz. 22, 23.
（20）二〇〇四年六月二四日ケルン財務裁判所 2 K 2241/02, IStR 2004, 580.
（21）二〇〇四年一一月二六日連邦財務裁判所 I R 17/03（未公刊）, II. 4.
（22）Abgabeordnung (AO) 一七五条二項の草案。また、連邦政府法案に対する財務委員会の決定案 BT-Ds. 15/4050 を参照。
（23）一九九五年二月一四日ＥＣ裁判所 C-279/93 (Schumacker), Rz. 31 および二〇〇三年六月一二日ＥＣ裁判所 C-234/018 (Gerritse), Rz. 43.
（24）二〇〇三年六月一二日ＥＣ裁判所 C-234/018 (Gerritse), Rz. 47 ff.
（25）二〇〇四年四月二八日連邦財務裁判所 I R 39/04（公刊）, BFH/NV 2004, 1171；二〇〇四年六月一六日連邦財務裁判所 I B 44/04（公刊）；BFH/NV 2004, 1339.
（26）一九九五年二月一四日ＥＣ裁判所 C-279/93, BB 1995, 438.
（27）二〇〇二年一二月一二日ＥＣ裁判所 C-324/00, NJW 2003, 573.

(28) 二〇〇三年六月一二日EC裁判所 C-234/018, IStR 2003, 458.

(29) David W. Williams, EC Tax Law, 1998, S. 2.

(追記) 副題、各段落の小見出しは原文にはなく、読者の便宜をはかって訳者がつけたものである。また、訳出にあたっては、左記の記事における情報が非常に参考になった。

新日本アーンスト・アンド・ヤング　ドイツ・ニュースレター二〇〇六年一号(三月)(http://www.sney.com/pdf/ger2006_02.pdf)

ハインリッヒ・デルナー

ヨーロッパ共同体規則二〇〇三年第二二〇一号による
離婚の国際裁判管轄権と離婚判決の承認

Heinrich Dörner,
Internationale Scheidungszuständigkeit und Anerkennung von Scheidungsurteilen nach der EG-Verordnung Nr. 2201/2003
übersetzt von Koresuke Yamauchi

山内惟介 訳

目次

一　はじめに

二〇〇四年八月一日に、デンマークを除いて、ヨーロッパ共同体規則二〇〇三年第二二〇一号（いわゆる「ブリュッセル規則Ⅱa」）が施行された。(1) この規則は二〇〇五年三月一日に発効し（同規則第七二条）(2)、補充され、そして二〇〇〇年に公布された従前の規則二〇〇〇年第一三四七号（いわゆる「ブリュッセル規則Ⅱ」）に取って代わっている。(3) これら二つの規則は、一方で一定の婚姻事件における国際裁判管轄権ならびに外国裁判の承認および執行を規律し、他方で「親責任」に関する一定の手続における国際裁判管轄権ならびに外国裁判の承認および執行を規律する。ブリュッセル規則Ⅱは特に子の奪取の事案において新たに管轄権を創設しているが、他方で、その前身を成す規則に含まれていた、婚姻事件における管轄権に関する諸規定ならびにこれに対応する裁判の承認に関する諸規定を実質的に変更していない。

旧規則と同様、この新しい規則も、法的根拠として、一九九九年一月一日に施行されたアムステルダム条約第六五条b号との結び付きにおける第六一条c号を拠り所としている。(4) そこでは、加盟諸国で現に適用されている国際私法の統一を促進しかつ権限の抵触を回避するのにふさわしい措置を講じる権限が、そのことが域内市場を摩擦なく機能させるのに必要とされる限りで、ヨーロッパ共同体に委ねられている。ヨーロッパ連合理事会は、婚姻事件における各国の管轄権規定間の相違が、そしてこれに対応した外国裁判の承認に関する規定間の相違が、人々が自由に移動しかつ域内市場を摩擦なく機能させる上で障害となっているという立場に立って、この権限を行使してきた。(5)

二　婚姻事件におけるヨーロッパ共同体規則二〇〇三年第二二〇一号の適用範囲

ヨーロッパ共同体規則二〇〇三年第二二〇一号（いわゆる「ブリュッセル規則Ⅱａ」）は、第一条第一項ａ号によれば、離婚、婚姻関係の解消を伴わない別居および婚姻無効宣言に関するすべての民事裁判手続に適用される。その際、夫婦の一方または双方がヨーロッパ共同体加盟国に属しているか否かは問題ではない。むしろ、第三国に属する者に対しても、この規則の国際管轄権に関する諸規定が、所定の管轄権基準がその者について満たされているというだけで、適用される。(6)

ヨーロッパ共同体のほとんどすべての加盟国（マルタを除く）が裁判所や行政庁の「離婚行為（Scheidungsakt）」による婚姻の決定的解消を認めているのに対して、いわゆる「卓床分離（Trennung von Tisch und Bett）」、すなわち往々にして離婚の前段階とみなされ、国家の関与のもとに成立する、婚姻関係の緩和が、いくつかの国（フランス、イタリア、ポーランド、ポルトガル、スペイン、フィンランドおよびオランダ）に限られてはいるものの、まだ見出される。「婚姻無効宣言」のための手続は、婚姻締結行為の瑕疵（錯誤、詐欺、強迫、偽装行為等）に基づく婚姻の排除を可能とする手続であり、このことはたとえばドイツ法では民法典第一三一三条以下により行われている。

この規則が対象とする身分裁判は、婚姻の存在に基づいて夫婦間に生じる権利義務を全面的または広範囲にわたって終結させるもののみである。これに対して、文言上明白であるが、婚姻の無効または有効性の確認を求める訴えは

（ドイツでは、民事訴訟法第六三二条により規定されている通り）対象とされていない。[7] 婚姻の効果に関する多くの裁判、たとえば離婚後の称氏、財産分割または剰余調整に関する裁判（ドイツ法上参照されるのは民法典第一五八七条以下である）や住居や家財道具の分割に関する裁判もこの規則の適用範囲内に置かれていない。もちろん、この規則は、同規則第一条第二項と結び付けられた第一条第一項b号によれば、婚姻事件に際して必要となる親責任の配分に関する裁判に対しても適用される。離婚、別居または婚姻無効宣言に起因する扶養請求権主張のための国際裁判管轄権およびこれに対応する扶養判決の承認は（現在もなお）[8] 二〇〇〇年一二月二二日のヨーロッパ裁判管轄権・承認執行規則（Europäische Gerichtsstands- und Vollstreckungs-Verordnung（いわゆる「ブリュッセル規則Ⅰ」））の諸規定による。[9]

これら二つの婚姻に関する規則が「離婚」という表現で同性パートナー間の婚姻の解消をも考えている（たとえば、オランダ、ベルギー、それに最近ではスペイン）か、またそれ以上に登録された同性によるパートナー関係——こうしたパートナー関係は、これまでの間に、スカンディナヴィア諸国のすべてで、またドイツ、フランス、オランダおよびベルギーでも、スペインの多くの自治州でも、多かれ少なかれ広範に及ぶ法律効果を伴って基礎づけられるようになってきた——をも考えているかどうかといった問題に対する判断は統一されていない。おそらく支配的な見解からは、こうした広範囲にわたる解釈は——正当にも——拒否されている。[10] ヨーロッパのほとんどすべての法秩序にあっては、「婚姻」という概念は今なお男女間の制度化された関係のみを表すにすぎない。当該規則の立案者が同性婚を（またはそれ以上に登録パートナー関係をも）これらの規則の中に含めようとしていたとすれば、立案者はその旨を条文中に明確に表現しなければならなかったはずである。

三　離婚事件における国際裁判管轄権の決定基準

ヨーロッパ共同体規則二〇〇三年第二二〇一号は、その第三条において、離婚事件における裁判管轄権のための決定基準の包括的なカタログを提供しており、離婚を求める婚姻当事者は、いずれかの加盟国裁判所の管轄権がそこから引き出されるだけで、このカタログに依拠することができる。もとより、確定されるのは国際裁判管轄権のみである。国際裁判管轄権を有する加盟国内でどの裁判所が離婚の実施について土地管轄を有するかは、これまで通り、各加盟国の国内訴訟法により定められる。

個別的にみると、国際裁判管轄権の根拠とされているのは、加盟国に常居所(11)があるという観点（同規則第三条第一項a号）であり、また夫婦が加盟国に属するとか、――連合王国やアイルランドに関する限り――夫婦の共通住所が加盟国にあるとかという観点（同規則第三条第一項b号）である。前者では、国際的裁判管轄権は夫婦の一方または双方の現在における生活の中心と結び付けられている。後者では、国際裁判管轄権は、夫婦が彼らの本国の法秩序とおそらくは継続して結び付けられているであろうということによって基礎づけられている。これに対して、国際裁判管轄権を基礎づける場合、当事者の意思は重要ではない。それゆえ、夫婦は管轄を合意することができないし、また、夫婦の一方が国際裁判管轄権を有していない裁判所に離婚の申立を提起したり相手方が異議を唱えることなくそうした申立に巻き込まれたりすることを通じて、裁判所の管轄権を基礎づける力も持っていない。

常居所管轄権という観点のもとで、婚姻はまず、規則第三条第一項a号により、加盟国のうちで、当該主権領域内に夫婦双方がその共通常居所を有する国（第一ダッシュ）または、夫婦の一方がなおその常居所を維持している限りにおいて、夫婦双方がその最後の共通常居所を有していた国（第二ダッシュ）の裁判所で解消されることができる。常居所の有無を判定するための最短期間はこの規則では定められていない。次に掲げる二つの選択肢は、申立人の相手方の常居所に依拠するものである。すなわち、これに加えて、加盟国のうちで、当該主権領域内に相手方がその常居所を有する国（第三ダッシュ）または、申立人もしくは申立人の相手方が、当該離婚が双方により共同して申し立てられることを要件とする国（第四ダッシュ）の裁判所が国際裁判管轄権を有する。申立人の常居所は、これに対して、申立人が申立提起の少なくとも一年以上前から現在の常居所地国に居住しているとき（第五ダッシュ）または申立人が申立提起の少なくとも六か月以上前からその地に居住しておりかつ同時にその国が申立人の本国（連合王国またはアイルランドの場合には申立人の住所地国）でもあるとき（第六ダッシュ）にのみ、離婚の裁判管轄権を基礎づけることになる。

［例(1)］　スペインで生活していた夫婦が別居している。フランス人夫はベルギーで職を得ており、ドイツ人妻はドイツへ帰国した。

この場合、スペイン裁判所は本件離婚につきもはや国際裁判管轄権を持たない。というのは、夫婦がスペインにおける共通常居所を放棄していたからである。しかしながら、フランス人夫は離婚を求める申立をドイツで提起した。それは、申立の相手方の常居所がドイツにあるからであるが、その一方で、当該離婚がドイツ人妻によっても申し立てられているときでなければ、ベルギーでの管轄権は認められないからでもある。こうした対処が認められないとすれば、フランス人夫は、ベルギーで離婚を実施できるようにするために、申立提起の直前に少なくとも一年以上ベルギーに居住しなければならない。これに対して、ドイツ人妻が単独で離婚の申立を提起する場合、国際裁判管轄権が存在するのは、逆に、申立の相手方の常居所があるベルギーのみである。他方、ドイツ人妻にとってドイツでの離婚が可能となるのは、夫婦が共同して離婚の申立を提起しているときか、またはドイツ人妻がドイツ――つまりその本国――に少なくとも六か月以上その常居所を有していたときに限られている。こうしたやり方で、申立の相手方はそれぞれに少なくとも一定の時間が考慮されることにより、離婚手続において自己の意思に反して自らにとって未知の法廷地に赴くようにという強制から保護されることとなる。それぞれの当事者が新しい常居所地国に次第になじむことによって、当然のことであるが、こうした保護はふたたび失われ、その結果、夫婦双方にとってそれぞれ空間的に最も到達しやすい裁判所で離婚を実施することができるという夫婦の利益の背後に後退している。

同規則第三条第一項a号の適用にあたり当事者の国籍は問題となっていないので、夫婦の一方または双方ともが第三国に属している場合でも、このルールが適用される。

［例(2)］　日本人男性がドイツ人女性と婚姻した。両者はフランスで生活していた。別居後、夫はフランスの住所を保持している。現在、妻はイタリアに住んでいる。

本件ではフランス裁判所に離婚の裁判管轄権がある。というのは、この夫婦はフランスに最後の共通常居所を有していた上、夫がその常居所を同地に保持しているからである。夫婦のいずれもこの可能性を利用することができる。現在イタリアで生活している妻も、それゆえ、場合によっては、フランスでの離婚手続の実施をしぶしぶでも受け入れなければならない。それは、妻自身が同地にかつて意図的に共通の生活中心地を基礎づけていたからである。他方、フランスに住み続けている夫は、当該手続を、彼を打ち捨てた妻のいわば「後を追う形でイタリアで進める」ことを義務づけられていない。[12] このほか、フランスの裁判所は、夫婦がともに離婚を申し立てている場合において、夫婦のいずれか一方のみがその現在の常居所をフランスに有するとき、または、妻が離婚を申し立てている場合において、申立の相手方のみがその現在の常居所をフランスに有するときも、国際裁判管轄権を有する。これに対して、イタリアでは、まずもって夫のみが離婚を申し立てることができるとされ、また夫婦はイタリアで一緒に離婚の申立を提起しなければならなかった。これら二つの場合も、同様に、当該常居所地における一定の滞在期間の遵守は要件とされていない。夫婦が同意して行動している場合、このヨーロッパ共同体規則二〇〇三年第二二〇一号は、それぞれ異なる地で生活している当該夫婦を、外国で実施される離婚手続の煩わしさから守る理由を見出していない。これに対して、妻が、夫の協力を欠いたまま、妻の側においてイタリアで離婚を申し立てることができるのは、妻が離婚申立の直前に少なくとも一年以上イタリアに居住しているときのみに限られている。

当事者の本国の管轄は、同規則第三条第一項b号によれば、夫婦がともに属する国、または、連合王国かアイルランドに関わる場合であれば夫婦がともに住所を有する当該国の裁判所にのみ認められる。加盟諸国の多くの国内訴訟法において普及している本国管轄というルール、すなわち、国籍を異にする婚姻においても、いかなる場合でも、自国民に対して、離婚手続実施のために本国の裁判所が用意されるべきだというルール（たとえば、ドイツ法であれば、民事訴訟法第六〇六a条第一項第一号）は、こうしたやり方で抑制されている。[13] このほか、同規則二〇〇三年第二二〇一号は離婚手続時点での国籍法上の状況のみに焦点を合わせており、その結果、夫婦は特にいわゆる「開始時管轄権Antrittszuständigkeit」——すなわち、婚姻締結時の国籍（たとえば、ドイツ民事訴訟法第六〇六a条第一項第一号の第二選択肢）——に依拠することはできない。[14]

［例(3)］　ドイツ人夫婦が長い年月にわたりアイルランドで生活しかつ就労していた。夫婦はともに同地で新しいパートナーを見つけ、離婚しようとしている。

この事案で、同規則第三条第一項a号は、問題なく、離婚実施のための国際裁判管轄権が夫婦の共通常居所地たるアイルランドにあることを基礎づけることであろう（第一、第三、第四および第五ダッシュ）。国際裁判管轄権を有するアイルランド裁判所は、夫婦双方の住所がアイルランドにある場合、もちろん離婚申立に対してアイルランド法を適用しようとするので、和解の望みがまったくなく、しかも離婚申立提起の直前の五年間のうち、少なくとも四年間別居しているときにのみ離婚を実施することができる。こうした事案で一年間の別居のみを要件とするドイツ法と対比すると、離婚することは明らかに難しくなっている。こうした場合に、同規則第三条第一項b号によって用意されているのが本国管轄への回帰である。すなわち、同規則によれば、本件夫婦は国際裁判管轄権を有するドイツ裁判所（民事訴訟法第六〇六条第三項参照）に離婚の申立を向けることができる。ドイツ裁判所は、この場合、民法典施行法第一七条第一項に基づきドイツ法に従って当該婚姻を解消することとなろう。

同規則第三条第一項b号は夫婦の共通本国にしか裁判籍を認めていないので、国籍を異にする婚姻では、望ましくない結果が生じる余地がある。

［例(4)］　ドイツ人女性がアイルランド人男性と婚姻した。両者はアイルランドで生活しかつ長年働いている。妻は離婚しようとしているが、夫は婚姻の継続を求めている。

夫がアイルランド国籍を有するため、本件では、ドイツ裁判所に本国管轄は認められない。その結果、妻がドイツで（かつドイツ法に従って）離婚できるのは、同規則第三条第一項a号第六ダッシュが適用される場合に限られている。

そこでは、むろん、妻が申立提起の直前の少なくとも六か月間継続して常居所をドイツに有していた——アイルランドでの職場を放棄する気が妻になければ、普通、妻は常居所をドイツで保持することはできない——ことが前提となっている。その前文の考慮事由第一に従って「人の自由移動」を、それとともに域内における人々の流動性を促進しようとする同規則の目標を考えれば、こうした結果を認めることはきわめて難しいであろう。

離婚の申立が第三条に基づいていずれかの加盟国裁判所に係属するとき、同規則第四条によれば、同規則の事項的適用範囲に入る反対申立についての国際裁判管轄権、それゆえ、たとえば当初の申立の相手方が行う固有の離婚申立についての国際裁判管轄権もまた自動的に存在する。異なる加盟国の裁判所で複数の離婚手続が重複して係属することを当初から回避する可能性が、こうしたやり方で夫婦に与えられるべきである。

四　ヨーロッパ共同体規則二〇〇三年第二二〇一号の、加盟諸国国内管轄権規定に対する関係

同規則が加盟諸国の国内訴訟法上の管轄権規定に対してどのような関係を有するかは同規則第六条および第七条に規定されているが、さほど明確ではない。これら二つの規定は、このため、一連の見解の相違を生み出すきっかけを提供してきた。

同規則第六条が定めているところでは、加盟国の主権領域上に常居所を有するかまたは加盟国の国籍を有する（連合王国およびアイルランドでは住所を有する）者に対する離婚手続をいずれか他の加盟国で実施することができるのは、

同規則第三条ないし第五条[15]によるときにのみ限られている。その意味するところは、何よりもまず、加盟国裁判所が前述の諸要件のもとで自己の管轄権を基礎づけることのできる根拠は同規則の諸規定のみであって、その他の規定、とりわけ加盟国の国内管轄規定ではないという点である。それゆえ、このルールによって、申立の相手方は、自己の常居所地国や本国と異なる国の裁判所に訴えを提起されることから保護されている。たとえば、前述の〔例(3)〕の場合、ドイツ民事訴訟法第六〇六a条第一項第一号（ドイツ国民の離婚を実施するためのドイツ裁判所の管轄権）を援用して、アイルランドで生活しているドイツ人妻による離婚の申立を許すことは、ドイツ裁判所には禁止されている。妻は、同規則により国際裁判管轄権を有するアイルランド裁判所に訴えることになろう。

ただ問題となるのは、同規則の諸規定によれば離婚の国際裁判管轄権がまったく存在しない場合にも、自国の管轄権規定に依拠することが禁止されているか否かという点である。

〔例(5)〕　ドイツ人女性がフランス人男性と婚姻している。二人は日本で生活している。ドイツ人妻はドイツへの帰国後そのままドイツに滞在し続け、帰国の一か月後にドイツ裁判所に離婚を求める申立を提起した。

この例では、同規則の諸規定によれば、ドイツ人妻の申立について離婚の国際裁判管轄権はどこにも基礎づけられない。つまり、夫の常居所地たる日本に裁判管轄権はない。というのは、日本は同規則の加盟国ではないからである。フランスにも裁判管轄権はない。それは、夫婦のいずれもがフランスに常居所を持っておらず、しかも夫婦が揃ってフランス国籍を有していないからである。最後にドイツにも裁判管轄権はない。けだし、同規則第三条第一項a号に定められた六か月という期間がまだ経過していないからである。この事例では、同規則第六条にはここに生じた隙間を埋める効果はないという意見が主張されている。ドイツ裁判所は——権利保護の欠缺を回避するため——自己の国際裁判管轄権の根拠を民事訴訟法第六〇六 a条第一項第一号に求めることができよう(16)。

こうした解釈はもちろん同規則第六条の明白な文言に違反し、したがって、おそらくは支配的見解によっては支持されないであろう(17)。詳しく考察すると、耐え難い権利保護の欠缺はここには生じていない。すなわち、ドイツ人妻はまずもって同規則第三条第一項 a号第六ダッシュ所定の六か月という期間の経過を待つことができるし、その後に国際裁判管轄権を有するドイツ裁判所に離婚の申立を提起することができる。もしドイツ人妻が離婚を急ぐのであれば、妻は当該期間満了前にフランス裁判所に訴えることもできる。というのは、同規則第六条が封鎖しているのは、いずれか他の加盟国裁判所へ通じる道のみであり、第三国で生活している夫婦の本国の裁判所へ通じる道ではないからである。このことと調和する形で、同規則第七条第一項は、前述の例のように同規則第三条ないし第五条から加盟国の裁判管轄権をまったく引き出すことができないときは、どの加盟国でも自国法に従って裁判管轄権を定める旨をむしろ明示的に規定している。もちろんこの場合、申立の相手方は、離婚の国際裁判管轄権がフランスの国内訴訟法上の管轄権規定に基づいて生じていることを示されている。第三に、申立の相手方の現在の常居所地国――この例では日本――で離婚手続を実施する可能性もあろう。それは、少なくとも、夫婦が同地に最後の共通常居所を有しかつ申立人の相手方がそれを維持していた場合である。ここで問題となるのは、当該第三国に離婚の国際裁判管轄権が認められるか否かという点である。このほか、申立提起者は、意味のあるやり方で、同国の判決が特に申立提起者の本国で当該国国内訴訟法上の諸規定（ドイツ民事訴訟法第三二八条参照）に従い承認されるか否か、どのような要件のもとに承認されるかを明らかにしなければならない。

これに対して、申立の相手方とヨーロッパ共同体加盟国とが常居所によっても国籍によっても結び付けられていない場合、国内の管轄権に関する法が無制限に適用される。第六条による保護は、それゆえ、第三国に常居所を有する第三国国民にとっては拒否されたままである。

〔例(6)〕　ドイツ人女性が日本人男性と婚姻した。夫婦は日本で生活している。妻は、日本にいながら、国際裁判管轄権を有するドイツ家庭裁判所に離婚の申立を行った。夫は離婚を拒否している。

同規則第六条の要件は、本件では、夫に関して、存在しない。それゆえ、ドイツ裁判所は、何の制限も受けることなく、ドイツ民事訴訟法第六〇六ａ条第一項第一号により離婚につき国際裁判管轄権を有する――このほか、妻が婚姻締結時に有していたドイツ国籍を、日本国籍を取得するためにその後放棄していたような場合でも、このことに変わりはない。

これに対して、なるほど同規則第六条が隙間を埋める効果をまったく持っていないのに、それでいてそれにも拘わらず同規則から加盟国の裁判管轄権が生じており、その結果、同規則第七条第一項所定の諸要件が存在しないとき、加盟諸国の国内の管轄権規定に依拠することができるか否かという点も同様にはっきりしていない。

〔例(7)〕　ドイツ人女性が日本人男性と婚姻していた。夫婦は日本で生活している。妻はヨーロッパへ戻り、オランダに常居所を有している。別居の一年後に、妻は離婚を求める申立をドイツ裁判所に提起した。

ここでも、同規則第六条の要件が同様に満たされていない。というのは、日本に取り残された日本人夫、つまり申立の相手方は加盟国の主権領域内に常居所を持っていないし、加盟国の国籍も持っていないからである。それゆえ、同規則第六条は日本人夫を保護していない。それゆえ、一瞥すると、（理論的には）すべての加盟国において離婚の国際裁判管轄権は各国の国内管轄権規定によって基礎づけられることができているといえる。その結果、妻が日本に常居所を持っている間にドイツ裁判所に離婚の申立を提起する場合またはオランダに常居所を設けてから一年以内に離婚の申立を提起する場合、妻は、民事訴訟法第六〇六a条第一項第一号によっても、ドイツ裁判所の国際裁判管轄権を見出すことができよう。もちろん、これによれば、法状態は変更されている。というのは、一年という期間の満了後、妻は同規則第三条第一項a号第五ダッシュによって、国際裁判管轄権を有するオランダ裁判所で離婚手続を実施する可能性を有するからである。しかし、「同規則第二条ないし第六条によれば加盟国裁判所の管轄権がまったく認められないとき」に限って、同規則第七条第一項は国内規定に依拠することを許しているので、同第七条の要件は、オランダ裁判所が管轄権を有することを考慮すれば、もはや満たされていないこととなる。以上のところからみると、民事訴訟法第六〇六a条第一項第一号を基礎にしてドイツで離婚する可能性はもはや失われてしまっている。(18)

国内管轄権規定へと向かう道が開かれていれば、いずれか他の加盟国で生活しているどの加盟国国民も、同規則第七条第二項により、常居所地国国民と同一の要件のもとでこれらの規定を援用することができる。こうしたやり方で、他の加盟国国民に対する差別は回避されなければならない。

［例⑻］　オランダ人女性が日本人男性と婚姻した。夫婦は日本で一緒に生活している。妻はその後ヨーロッパへ戻り、ドイツに常居所を設けた。その直後、妻はドイツの裁判所に離婚の申立を行った。夫は離婚を拒否している。

この例でも、加盟国裁判所に（まだ）国際裁判管轄権はない。というのは、妻のドイツにおける常居所は一年も維持されていないからである（同規則第三条第一項a号第五ダッシュ）。それゆえ、ここでは、国内の管轄権規定に出番はない。中立提起者がドイツ人妻であれば、妻は離婚の申立を民事訴訟法第六〇六a条第一項第一号で支えることができよう。しかし、オランダ人妻は、申立の相手方——本件では日本人夫——が加盟国の主権領域内に常居所を持っていないとか加盟国の国籍を有していないとかという事案では、同規則第七条第二項を通じて、今後は内国人と同じ地位に置かれることとなろう。それゆえ、本件では、――民事訴訟法第六〇六a条第一項第一号の文言を越えて――、ドイツの裁判所が離婚の実施につき国際裁判管轄権を有する。

五　加盟諸国離婚判決の承認

同規則第二条第四号と結び付けられた第二一条第一項によれば、加盟国で下された裁判は、特別の承認手続を要することなく、他の加盟国で承認される。このことは、もちろん、離婚、別居または婚姻無効を積極的にもたらす裁判についてのみあてはまる。[19] これに対して、これらの申立を退ける裁判は、同規則の諸規定によって承認されるのではない（せいぜい国内の承認規定によって承認され得るにすぎない）。[20] それゆえ、離婚の申立が加盟国裁判所により退けられている場合、申立人には、むろん国際裁判管轄権があることが前提であるが、おそらく離婚に好意的ないずれか他の加盟国で新しい申立を提起することが許されている。同規則は、このほか、身分に関わる裁判それ自体についてのみ、承認義務を定める。これに対して、たとえば、身分に関わる裁判と関連性を有する、離婚の財産法的効果（扶養、財産法的な分割、扶養調整の実施）に関する裁判は同規則によっては対象とされていない。

同規則第二二条中に定められかつ職権で審査される承認阻害事由は、これと同一内容の、ヨーロッパ裁判管轄権・承認執行規則上の諸規定に対応している。[21] それによれば、当該裁判が承認国の公序に明らかに反するとき（a号）、手続を開始する文書が適時に送達されておらずかつ申立の相手方が当該手続と関わっていなかったとき（b号）、当該裁判が同一当事者間で承認国においてなされる（事前のまたは事後の）裁判と相容れないとき（c号）、または、当該裁判が同一当事者間で第三国においてすでになされておりかつその側で承認国における承認要件を満たしている従前の裁判と相容れなかったとき（d号）、これらの場合には、裁判は承認されない。

不明確であると思われるのは、特に、同一当事者間で承認国において下された、離婚申立を退ける裁判と当該離婚判決が合致していないときも、外国離婚判決の承認が同規則第二二条c号により拒否されるか否かという点である。

［例⑼］　オランダ人とポーランド人の夫婦がドイツで生活している。オランダ人夫の離婚申立が、常居所地法たるドイツ法適用のもとにドイツの家庭裁判所により退けられている。というのは、この夫婦は別居してから一年しか経っておらずかつ妻が離婚に異議を唱えているからである。これに基づいて、夫はオランダに戻り、同地で常居所を六か月維持した後、新たな離婚手続を開始した。オランダの離婚法に基づくと、この婚姻は、妻が異議を唱えているにも拘わらず、破綻により、解消される。

同規則第二条第四号との結び付きにおける同第二一条によれば、身分を変更する裁判のみが承認され、申立を拒否する裁判を承認しないということは[22]、同規則第二二条c号の意味での承認阻害事由の存在を肯定するという判断を排除しないであろう[23]。というのは、この規定中で述べられている、承認国の「裁判（Entscheidung）」という文言はまったく別の意味で定義されており、それゆえ、申立を退ける裁判をも含む余地があるからである。もちろん、申立を退ける裁判（たとえば、ドイツ家庭裁判所の裁判）は、その側で、少なくとも同規則に基づいて他の加盟諸国で承認されることはなく、その結果、承認国において同規則第二二条c号が適用されるときは、身分に関する裁判が相違する危険性があり、それに伴って、ヨーロッパ連合内で「跛行婚」が際立つこととなろう。まったくもって望ましくないこうした結果を避けるためには、たとえそのことを通じて、いずれかある加盟国での失敗の後に他の加盟国で婚姻の解消を達成する試み（いわゆる「離婚旅行（Scheidungstourismus）」）が当然に誘発されるとしても、同規則第二二条c号によって保護された、内国裁判の優越性をごく限定的に操作するにとどめることが必要であり、離婚を退ける裁判に拡張すべきではない[24]。同規則第二二条c号を狭く解釈することによって、承認国での離婚申立を退ける裁判が、離婚を認めるが、それでいてまったく別の事実に基づいて下されている裁判や異なる準拠法のもとで下された、第三国の裁判（同規則自体がその枠内で解釈される場合[25]）といつの時点で「合致していない」のかという、極度に困難な問題をめぐる討議も回避することができよう。いずれか他の加盟国で提起されている新しい申立はおそらく新たな離婚原因（たとえば相当長期にわたる別居期間）で支えられており、それゆえ、通例は同規則第二二条c号によっては妨げられていないので、当該紛争の実践的な意味はきわめて限定されたものにすぎないであろう[26]。

これに対して、離婚判決の承認は、当該離婚裁判所が手続実施のための国際裁判管轄権を有していた（同規則第二四条第一文）か否かという点には左右されない。同規則第三条ないし第七条が定める基準によれば管轄権が欠けているということは、公序違反という視点のもとでは、主張されてはならない（同規則第二四条第二文）。これと同様に、当該離婚判決の内容審査も承認手続では排除される（同規則第二六条）。承認国では判決国におけるのとは異なる抵触法（そしてその結果おそらくは同様に判決国におけるのとは異なる実質法）が適用されるであろうという事情も承認阻害事由ではない（同規則第二五条）。

それぞれの加盟国に固有の承認手続を放棄すること（同規則第二一条第一項）によって、いずれか他の加盟国で下された（確定力ある）裁判に基づいて身分登録簿への登録もそのまますぐに行うことができるという結果がもたらされる（同規則第二一条第二項）。他方で、各加盟国の裁判所は、当該論点が先決問題として現れるとき、当該裁判の承認につき、独立して裁判を行う（同規則第二一条第四項）。ドイツの手続法によれば、両当事者は外国で行われた身分裁判の有効性を、中間確認の訴え（ドイツ民事訴訟法第二五六条第二項参照）により、内国につき確定力を有するよう確認することができる。[27]

［例⑽］　ドイツ人妻はスペインでそのスペイン人夫と離婚することができた。妻はドイツに戻った。その後、妻はその住所があるドイツの裁判所で扶養の訴えを提起した。同裁判所の国際裁判管轄権はヨーロッパ裁判管轄・執行条約第五条第二号に基づいて生じている。たとえこの裁判がすでにドイツ身分登録簿に登録されていたとしても、扶養法上の争いを裁判するドイツ裁判所は、スペインで行われた離婚が承認されるべき（この場合、離婚に伴う扶養が認められるかもしれない）かそれとも承認されるべきでない（この場合、別居に伴う扶養が認められるかもしれない）かについて、独立して判断しなければならない。

この種の先決問題に関する審査（Inzident-Überprüfung）には、承認の問題と取り組む各裁判所が互いに異なった裁判を行うとか、戸籍簿にすでに登録されている、身分に関する裁判を承認できないものとみなすとかという危険性が含まれている。なるほど、同規則第二一条第三項第一文は当事者双方およびそれぞれに利害関係を有する第三者（子、相続人）に対して、いずれかある裁判の承認または不承認に関する裁判を申し立てることを許している。[28] このような確認手続は、しかしながら、当事者間の関係においてのみその効力を有するにすぎない。[29] これに対して、家族法変更法第七条第一項に基づいて行われる手続、すなわちドイツ法に従って存在する、対世的（erga omnes；in relation to everyone）効力を有する確認手続は、[30] その他の加盟国に対する関係でみると、もはやそのままのかたちでは効力を持たない。そのことから生じる、法的安定性の喪失という事態を忘れさせるのは、承認に関する複数の裁判が相異なったものとなることは実務ではおそらくごくまれであろうという事情を重視する場合のみである。それでも、外国で離婚した夫婦がいずれにせよ任意の根拠に基づいて、ドイツ家族法変更法第七条第一項による手続を実施することを許容するか否かという点については、論議の余地があるように思われる。(31)

六　展　望

ヨーロッパの立法者は、最初の一歩を踏み出す前に二歩目を歩んでいるようなものである。ヨーロッパの立法者は裁判管轄権および外国裁判の承認に関するルールを創設したが、それに先立つ加盟諸国の離婚に関する抵触法は統一されていない。このように、離婚に関する準拠実質法が引き続き加盟国ごとに異なり得るところから、そこには、決して些細とはいい得ない、法廷地漁りを促す契機が生じている。このことがあてはまるのは、一方において、各加盟国の離婚法が一部（たとえばドイツやオランダ）では比較的離婚を認めがちであり、他の一部（たとえばアイルランド、ポーランドやポルトガル）では、離婚を制限するように形成されているという理由からであり、他方において、離婚手続のための法廷地の決定が同時に離婚の効果の準拠法をあらかじめ決めることになっているという理由による。(32)

このほか、加盟諸国の裁判を承認する義務は、それぞれの判決国により指定された実質法が、承認国の固有の抵触規定が準拠法とみなしている実質法と一致しているか否かという点を顧慮していない。加盟諸国の裁判を承認する義務は、実質的に、承認国の離婚に関する抵触法が判決国のそれによって代替されるという結果をもたらす。(33)このような行動は、ヨーロッパ裁判管轄権・承認執行規則（いわゆる「ブリュッセル規則Ｉ」）の適用範囲内で受け入れられることができる。というのは、少なくとも旧ヨーロッパ連合加盟諸国の抵触法は民事法上の契約の連結の場合と商事法上の契約の場合とを区別しておらず、さらにヨーロッパ諸国の契約法・不法行為法・扶養法上の実質規定における相違もなお我慢することのできるものだからである。しかしながら、そのことを通じて、ヨーロッパの人々にとっては、離婚に関する実質法と抵触法の分野——そこには深刻な相違ときわめて深い根を持つ文化的な伝統が存在している——で、容易に我慢することのできないような不意打ちの効果が前もって組み込まれていることとなろう。

これら二つの観点のもとで、人々の関心は「ヨーロッパ連合における自由、安全および法の強化のためのハーグ・プログラム[34]」へ向けられている。このプログラムにおいて、ヨーロッパ委員会は、なお二〇〇五年中に離婚事件における抵触法の規定に関する公式報告書（Grünbuch）を提示するよう、求めている。

（1）二〇〇三年一一月二七日の婚姻事件における裁判管轄権および裁判の承認および親責任に関する手続における裁判管轄権および裁判の承認に関するならびに（ヨーロッパ共同体）規則二〇〇〇年第一三四七号の廃止に関する（ヨーロッパ共同体）理事会規則二〇〇三年第二二〇一号（Verordnung (EG) Nr. 2201/2003 des Rates über die Zuständigkeit und die Anerkennung von Entscheidungen in Ehesachen und in Verfahren betreffend die elterliche Verantwortung und zur Aufhebung der Verordnung (EG) Nr. 1347/2000 v. 27. 11. 2003）、ABl. EG 2003 Nr. L 338, S. 1 ff.

（2）以下で引用されるのはこの新しい規則二〇〇三年第二二〇一号（いわゆる「ブリュッセル規則Ⅱa」）に基づく条文のみである。これらの規定は本稿末尾（五一頁以下）の補遺に収録されている。

（3）二〇〇〇年五月二九日の婚姻事件における裁判管轄権および裁判の承認執行ならびに夫婦の共通の子に対する親責任に関する手続における裁判管轄権および裁判の承認執行に関する（ヨーロッパ共同体）理事会規則二〇〇〇年第一三四七号（Verordnung (EG) Nr. 1347/2000 des Rates über die Zuständigkeit und die Anerkennung und Vollstreckung von Entscheidungen in Ehesachen und in Verfahren betreffend die elterliche Verantwortung für die gemeinsamen Kinder der Ehegatten v. 29. 5. 2000）、ABl.

EG 2000 Nr. L 160, S. 19 ff.

（4） ABl. EG 1997 Nr. C 340, S 1 ff.

（5） 規則二〇〇〇年第一三四七号前文の考慮事由第五ないし第七（前注（3））。——むろんヨーロッパ共同体条約上の前述の諸規定がヨーロッパ共同体に対して国際婚姻手続法調和のための権限を与えているか否かという点はドイツの学術文献において激しく争われている。否定説はたとえば、*Schack,* ZEuP 1999, 805 ff. および RabelsZ 2001, 615 ff. であり、これに反対して肯定説をとるのがたとえば *Leible/ Staudinger,* The European Legal Forum 2000/2001, 225 ff.；*Wagner,* RabelsZ 2004, 119 ff. である。議論の状況に関する概観は、*Staudinger/Spellenberg,* Internationales Verfahrensrecht in Ehesachen, Neubearbeitung 2005, Vor Art. 1 EheGVO Rn. 14 ff. のもとで行われている。そこ（Rn. 18）では、二〇〇三年三月一日のニース条約発効後の法律状態をもみることができる。

（6） 参照されるのは、規則二〇〇〇年第一三四七号前文の考慮事由第八号第二文（前注（3））である。

（7） *Hausmann,* The European Legal Forum 2000/2001, 271 (276)；*Staudinger/Spellenberg*（前注（5））Art. 1 Rn. 8；*Dilger,* Die Regelungen zur internationalen Zuständigkeit in Ehesachen in der Verordnung (EG) Nr. 2201/2003 (2004) 107 ff.；ただこの点は激しく争われている。これと見解を異にするのは、たとえば、*Hau,* FamRZ 2000, 1333；*Thomas/Putzo/Hüßtege,* ZPO, 26 Aufl. (2004) Art. 1 EheVO (a.F.) Rn. 2 である；管轄権と承認についてこれと異なるものとして *Rauscher,* in：*Rauscher* (Hrsg.) Europäisches Zivilprozessrecht (2004) Art. 1 Brüssel II-VO Rn. 2 参照。

（8） これについてはまた、二〇〇四年四月一五日のヨーロッパ委員会の公式報告書（Grünbuch）「扶養義務」、KOM (2004) 254 をも参照。扶養裁判を承認執行するための法的手段に関する草案は二〇〇五年中にも提示される予定である。これについて参照されるのは、„Haager Programm zur Stärkung von Freiheit, Sicherheit und Recht in der Europäischen Union“, Anhang I der Schlussfolgerungen des Vorsitzes von der Tagung des Europäischen Rats v. 4./5. 11. 2004（3. 4. 2. の項）である。これは http://ue.eu.int/ueDocs/cms_Data/docs/pressData/de/ec/82542.pdf のもとで入手することができる。これについては、*Wagner,* IPRax 2005, 66 (67) 参照。

（9） 民事事件および商事事件における裁判所の裁判管轄権ならびに裁判の承認および執行に関する（ヨーロッパ共同体）理事会規則二〇〇一年第四四号（Verordnung (EG) Nr. 44/2001 des Rates über die gerichtliche Zuständigkeit und die Anerkennung und

Vollstreckung von Entscheidungen in Zivil- und Handelssachen), ABl. EG 2001 Nr. L 12, S. 1 ff.

（10） *Rauscher*（前注（7））Art. 1 Rn. 3, *Thomas/Putzo/Hüßtege*（前注（7））Vor Art. 1 Rn. 5；*Kohler,* NJW 2001, 10 (15)；*Wagner,* IPRax 2001, 282；*Helms,* FamRZ 2002, 1593 (1594)；*Dörner,* FS Jayme (2004) 143 (150 Fn. 28)；これと見解を異にするものとして *Jessurun d'Oliveira,* Liber amicorum Kurt Siehr (2000) 527 (534)；*Boele-Woelki,* ZfRV 2001, 121 (127)；*Gebauer/Staudinger,* IPRax 2002, 275 (277) 参照。

（11） この規則には常居所の定義も諸国の国内法上の定義への指定も含まれていない。それゆえ、この常居所という概念はヨーロッパの視点から自主的に決定されなければならないが、しかし、この概念がいろいろなハーグ条約において用いられているところから考えれば、その実質においては、それらの概念とさほど異ならないであろう。参照されるのは *Hausmann*（前注（7））276 である。

（12） 参照されるのは、*Hau*（前注（7））1335 である。

（13） これについて参照されるのは *Rauscher*（前注（7））Art. 2 Rn. 2 である。

（14） 参照されるのは *Dilger*（前注（7））276 ff. である。

（15） 同規則第五条は、「卓床分離（Trennung von Tisch und Bett)」に関する裁判の離婚への転換についての管轄権に関わる。

（16） 参照されるのはたとえば *Rauscher*（前注（7））Art. 7 Rn. 7 ff.；*v. Hoffmann/Thorn,* Internationales Privatrecht, 8. Aufl. (2005) § 8 Rn. 64 である。

（17） 参照されるのはたとえば *Hau*（前注（7））1340；*Hausmann*（前注（7））279；*Thomas/Putzo/Hüßtege*（前注（7））Art. 7 Rn. 2；*Staudinger/Spellenberg*（前注（7））Art. 6 Rn. 2 である。

（18） これにつき参照されるのは、*Hausmann*（前注（7））279；*Hau*（前注（7））1340 f.；*Dilger*（前注（7））206 f. である。これと異なるのが *Rauscher*（前注（7））Art. 7 Rn. 6 である。

（19） 参照されるのは、規則二〇〇〇年第一三四七号（前注（3））前文の考慮事由第一五である。

（20） 参照されるのは、*Staudinger/Spellenberg*（前注（5））Art. 21 Rn. 94；§ 328 ZPO Rn. 149 である。

（21） 参照されるのは、前注（9）の本文である。

（22） 参照されるのは、前注（20）の本文である。

(23) 参照されるのは、しかしながら、*Kohler*(前注(10))である。

(24) 参照されるのはたとえば、*Thomas/Putzo/Hüßtege*(前注(7))Art. 15 EheVO (a.F.) Rn. 4；しかし、たぶん支配的見解と思われるものはこれと異なる。参照されるものとして *Helms*(前注(10))265；*Hausmann,* The European Legal Forum 200/2001, 345 (350)；*Rauscher*(前注(7))Art. 15 Rn. 16；*Staudinger/Spellenberg*(前注(5))Art. 21 Rn. 95 である。

(25) これについて参照されるのは、EuGH v. 4. 2. 1988 (Hoffmann/Krieg), Slg. 1988, 662 ff. = NJW 1989, 663 (Nr. 21 ff. zu Art. 27 Nr. 3 EuGVÜ) である。

(26) 参照されるのは、*Hausmann*(前注(24))350；*Staudinger/Spellenberg*(前注(5))Art. 21 Rn. 96 である。

(27) 参照されるのは、*Thomas/Putzo/Hüßtge*(前注(7))Art. 14 Rn. 12；*Staudinger/Spellenberg*(前注(5))Art. 21 Rn. 81 である。

(28) ドイツ法上の土地管轄について参照されるのは、二〇〇五年一月二六日の国際家族法に関する法律（Gesetz zum internationalen Familienrecht v. 26. 1. 2005), BGBl. 2005 I 162 (164 f.) の第一〇条である。

(29) *Hausmann*(前注(25))351.

(30) BGBl. 1961 I 1221.

(31) *Staudinger/Spellenberg*(前注(5))Art. 21 Rn. 92；否定説をとるものとして *Helms* (Fn. 10) 261 f.

(32) このように、一連の加盟国で適用されている一九七三年一〇月二日のハーグ扶養条約（Haager Unterhaltsübereinkommen v. 2. 10. 1973（ドイツについて参照されるものとして BGBl. 1986 II 837 ff.）第八条によれば、婚姻終了後の扶養を求める請求権は、離婚それ自体に対して適用される法に服する。これについて詳しいのは *Spellenberg,* ZZPint 6 (2001) 109 (111 f.) である。

(33) 参照されるのは *Kropholler,* Internationales Privatrecht, 5. Aufl. (2004) 572 である。

(34) 前注(8)参照。これについては、*Wagner*（前注（8））67.

補遺

婚姻事件における裁判管轄権および裁判の承認、および、親責任に関する手続における裁判管轄権および裁判の承認に関する、ならびに、（ヨーロッパ共同体）規則二〇〇〇年第一三四七号の廃止に関する二〇〇三年一一月二七日の（ヨーロッパ共同体）理事会規則二〇〇三年第二二〇一号　（抜粋）

第一条　適用範囲

(1)　この規則は、裁判権の種類のいかんを問わず、次の各号に掲げる事項に関わる民事事件に適用される……

a　離婚、婚姻紐帯の解消を伴わない別居、および、婚姻の無効宣言、

b　……

第二条　概念規定

この規則の目的を達成するため、次の各号に掲げる表現はそれぞれ以下の内容を示すものとする。

1　「裁判所（Gericht）」は、加盟諸国のあらゆる官庁のうち、第一条によれば本規則の適用範囲内に入る事件につき管轄権を有するものをいう。

2　「裁判官（Richter）」は、裁判官または、職務管掌者であって、その権限が、本規則の適用範囲内に入る事件につき、裁判官の権限に相当するものをいう。

3　「加盟国（Mitgliedstaat）」は、デンマークを除く各加盟国をいう。

4　「裁判（Entscheidung）」は、加盟国の裁判所により下された、離婚、婚姻紐帯の解消を伴わない別居、および、婚姻

の無効宣言に関するすべての裁判、ならびに、親責任に関するすべての裁判をいい、それぞれの裁判の表示、たとえば判決とか決定とかという表示は顧慮されない。

5 「判決国たる加盟国（Ursprungsmitgliedstaat）」は、執行されるべき裁判が下されている加盟国をいう。

6 「執行実施国たる加盟国（Vollstreckungsmitgliedstaat）」は、当該裁判が執行されるべき加盟国をいう。

……

第三条　一般的裁判管轄権

(1) 離婚、婚姻紐帯の解消を伴わない別居、および、婚姻の無効宣言に関する裁判について管轄権を有するのは、次の各号に掲げる加盟国の裁判所とする。

a その主権領域内に、

――夫婦双方がそれぞれの常居所を有している加盟国、または、

――夫婦双方が最後にそれぞれの常居所を有していた加盟国、但し、夫婦の一方が同国になおその常居所を有しているときに限る、または、

――申立の相手方がその常居所を有する加盟国、または、

――共同の申立がなされている場合において、夫婦の一方がその常居所を有する加盟国、または

――申立人が申立提起の直前に少なくとも一年以上居住しているときは、申立人がその常居所を有する加盟国、または、

――申立人が申立提起の直前に少なくとも六か月以上居住し、かつ、申立人が当該国の国民であるか、もしくは、連合王国およびアイルランドの場合、同地にその「住所（domicile）」を有するときは、申立人がその常居所を有する加盟国、

b その国籍を夫婦双方が有しているか、または、連合王国およびアイルランドの場合、当該国に夫婦双方がその共通の「住所」を有している国。

(2) この規則の意味における「住所」は、連合王国およびアイルランドの法により決定される。

第四条　反対申立

第三条による申立が係属する裁判所は、反対申立がこの規則の適用範囲内にあるときに限り、当該反対申立につき管轄権を有する。

第五条　婚姻紐帯の解消を伴わない別居の離婚への転換

第三条に関わりなく、婚姻紐帯の解消を伴わない別居に関する裁判を下していた加盟国裁判所は、そのことが当該加盟国法において規定されている限り、この裁判の離婚への転換についても管轄権を有する。

第六条　第三条、第四条および第五条による専属管轄権

夫婦の一方で、次の各号に掲げる者

a　その常居所をいずれかの加盟国の主権領域内に有する者、または、

b　いずれかの加盟国の国民、もしくは連合王国およびアイルランドの場合には当該加盟国の主権領域内にその「住所」を有する者に対する、いずれか他の加盟国の裁判所での手続は第三条、第四条および第五条によってのみ実施されることができる。

第七条　その余の事項に関する管轄権

(1)　第三条、第四条および第五条によって加盟国裁判所の管轄権が基礎づけられないときは、管轄権はいずれの加盟国においても当該国の法による。

(2)　加盟国の国民で、いずれか他の加盟国の主権領域内に常居所を有する者は、加盟国の主権領域内に常居所を持たず、加盟国の国民でもなくまた連合王国およびアイルランドの場合にこれらの加盟国の主権領域内にその「住所」を持たない、申立の相手方に対して、その常居所地国において行われている管轄権規定を、当該国の内国民と同様に、主張することができる。

……

第二一条　裁判の承認

(1)　いずれかの加盟国で下された裁判は、それにつき特別の手続を要することなく、他の加盟国で承認される。

(2)　第三項に関わりなく、特に、いずれか他の加盟国で下された、離婚、婚姻紐帯の解消を伴わない別居、および、婚姻の無効宣言に関する裁判で、当該裁判に対して、当該加盟国法によれば、その他いかなる法的異議も申し立てられる余地がないものに基づいて行われる加盟国の戸籍簿への記載については特別の手続を要しない。

(3)　第四項に関わりなく、利害関係を有する者は誰でも、第二項の手続により、当該裁判の承認または不承認に関する裁判を提起することができる。

各加盟国がヨーロッパ委員会に対し第六八条により通知したリストに挙げられている裁判所が土地管轄を有するか否かは、承認または不承認を求める申立が提起されている加盟国の国内法により決定される。

(4)　いずれかの加盟国の裁判所で提起されている訴訟において裁判の承認の問題が先決問題として解明されるべきときは、当該裁判所はこの点について判断することができる。

第二二条　離婚、婚姻紐帯の解消を伴わない別居、および、婚姻の無効宣言に関する裁判の不承認事由

離婚、婚姻紐帯の解消を伴わない別居、および、婚姻の無効宣言に関する裁判は、次の各号に掲げるときは、承認されない。

a　承認が、当該承認が申し立てられている加盟国の公序と明らかに矛盾するとき、

b　当該手続に巻き込まれている申立の相手方に対して手続を開始する書類またはこれと同価値の書類が、適時にかつ、申立の相手方が防御できるやり方で送達されていなかったとき、但し、申立の相手方が当該裁判に明らかに同意している場合を除く、

c　当該裁判が、承認が求められている加盟国において同一当事者間での手続において下されている裁判と相容れないとき、

または、

d　当該裁判が、いずれか他の加盟国または第三国において同一当事者間で下されている、これに先行する裁判と相容れない場合において、この先行する裁判が、承認が求められている加盟国においてその承認に必要な諸要件を満たしているとき、

……

第二四条　判決国たる加盟国の裁判所の管轄権の事後審査の禁止

判決国たる加盟国の裁判所の管轄権は審査されてはならない。第二二条b号および第二三条a号による公序と合致するか否かの審査は、第三条ないし第一四条の管轄権規定へ拡張されてはならない。

第二五条　準拠法のもとで得られる結果との相違

裁判の承認は、承認が申し立てられている加盟国の法によれば、事実関係が同一である場合に、離婚、婚姻紐帯の解消を伴わない別居、および、婚姻の無効宣言が許されないという理由で拒否されてはならない。

第二六条　本案の事後審査の排除

裁判は本案それ自体につき事後審査されてはならない。

ディルク・エーラース

ヨーロッパにおける基本権保護

Dirk Ehlers,
Grundrechtsschutz in Europa
übersetzt von Tatsurô Kudô

工藤達朗 訳

目次

今日ほとんど世界中に広まった見解によれば、基本権または人権の尊重は、公権力の行使が正当であるために不可欠なメルクマールの一つである。基本権に数えられるのは、国際法に基づいて妥当し、あるいは最高次の国内法規範によって保障された、個人および他の私的人格の公権力に対する権利であって、個人に公権力の主体に対する基礎的な法的地位を認め、制限が許容される場合には、公権力の主体に正当化を要求する権利である。基本権と人権の発展は、ヨーロッパと北アメリカから始まった。イギリスにおける一二一五年のマグナカルタ、一六七九年の人身保護法、一六八九年の権利章典に先駆的な保障が見出されるとともに、それらと並んで、ミュンスターとオスナブリュックで一六四八年に締結されたウェストファリア平和条約がある。宗教行為の一定の形式を最初に保護の下に置いたのは、この条約であった。近代的意味における基本権を最初に総合的に実定化したのは、一七七六年のヴァージニア権利章典であり、おそらく最も重要なのが、一七八九年フランスの人と市民の権利宣言である。基本権発展の凱旋行進は、第二次世界大戦の終了後はじめて国際的なレベルに到達した。一方では、一九四八年一二月一〇日に国際連合総会で議決された世界人権宣言が、他方では、一九六六年一二月一九日の市民的及び政治的権利に関する国際規約と経済的・社会的及び文化的権利に関する国際規約が指摘されるべきである。国際連合の人権委員会の下部委員会が監視する世界人権宣言が、国際法上の拘束力を生じさせるか、争いがある。この問いは結論において否定されるべきであろう。しかし、いずれにせよ、世界人権宣言は、国際慣習法の形成に貢献し、世界の国家や地域における人権保護の程度を測る物差しとなっている。一九七六年に発効した人権規約は、現在存在している国家の約七五%で妥当しているが、自由権だけでなく社会権をも保障している。その遵守は、締約国の定期的かつ義務的な報告制度によって確保されるべきものである。さらに、市民的及び政治的権利に関する国際規約は、任意的な国家通報制度と任意的な個人通報制度も定めている。それは、選挙された独立の構成員からなる人権委員会による、裁判所類似の手続による審査につながる。国際法による前述の保障は、ヨーロッパの国々にも妥当する。しかし、その意義は、ヨーロッパの国々では限界がある。なぜなら、いずれにせよヨーロッパでは自由権と平等権はもっと包括的に保護されており、とりわけ本質的にさらに進んだ裁判所による保護が存在するからである。

ヨーロッパの基本権に取り組むことは、第三国にとっても興味深い。一方では、異なる法の知識がはじめて法の比較を可能にするとともに、法の比較が固有の法の長所と短所を知るようになるための前提だからである。他方では、グローバル化と国際化の時代には、きわめてしばしば、人、サービス、物および資本の国境を越えた移動ならびに国境を越えた居住という事態が生じる。第三国の国民や第三国の企業がヨーロッパの諸制度または諸国家と接触する場合には、ヨーロッパにおける基本権保護がどうなっているかを知らなければならないからである。

以下では、まず、ヨーロッパにおける基本権の保障――すなわち実体的内容と適用領域――を紹介する（一）。国内の基本権――ここではドイツの基本権で代表させることにする――と（1）、ヨーロッパ人権条約の権利と（2）、ヨーロッパ連合の基本権（3）が区別される。続いて、ドイツとヨーロッパにおける基本権の裁判所への出訴可能性を論じる（二）。短い要約と結論をもってこの考察を終わる（三）。

一　ヨーロッパにおける基本権保障

1　ドイツ連邦共和国の基本権

ナチスの暴力支配に対する反動として、ドイツは、第二次世界大戦後、基本権保護に最高の優先順位を与えた。それ故、基本権は、ドイツ連邦共和国の憲法――基本法と呼ばれる――の冒頭に置かれた。最初の規定がすでに合図（Fanal）をもって始まっている。すなわち、「人間の尊厳は不可侵である。これを尊重し、かつ、保護することは、すべての国家権力の責務である」。よく知られているように、ドイツ連邦共和国は、連邦制的に組織された国家であり、連邦と固有の国家性を有するラントによって構成されている。シュレスヴィヒ・ホルシュタインを別にすれば、連邦と並んでラントも、基本権カタログを有する固有の憲法を公布した。しかし、基本法は、すべての国家権力（すなわち、立法府、行政府、司法府）だけではなく、ラントの国家権力も含めたドイツの国家権力のすべての担い手を拘束するのだから、ラントの基本権が基本法の基本権と同様の意義を有するということはありえない。ラントの基本権は基本法の基本権に劣後するのだから、いずれにせよ効力がない。それ故、以下においては、ラントの基本権を無視することができる。内容的には、基本法の基本権は、市民と住民に、とりわけ包括的な自由保護を保障する。保障されているのは、信教の自由、意見の自由、集会の自由、結社の自由、職業の自由または財産権の自由といった個別的な自由であるばかりではなく、自由そのものである。それ故、各人はその人格を自由に発展させる権利を有すると定める基本法二条一項は、人格権と解されるだけでなく、一般的行為の自由を保護する受け皿基本権（Auffanggrundrecht）と解されている。連邦憲法裁判所は、「形式的かつ実質的に憲法に適合する規定に基づいてのみ不利益を課されるべきであるという市民の基本権」[1]について述べている。さらに、基本法は、法の平等、裁判所での権利保護を求める権利、一定の国家公民権とくに選挙権、ならびに司法的基本権（例えば、裁判所での法的聴聞を請求する権利、「法律なければ刑罰なし」の原則、二重処罰と死刑の禁止）を保障している。それに対して、基本法は本源的な給付請求権の保障にはきわめて抑制的である。本源的な給付請求権とは、国家に対する請求権を意味するのであるが、それが向けられるのは、国家行為に対する防禦や既存の国家制度や給付への平等のアクセスに対してではなく、最初の国家行為に対してなのである。その保障は、基本法ではまれにしか見つからない。[2]一面では、政治は憲法上の命令を事後的に執行することに尽きるものではない。他面では、約束された給付が実現されないとき、憲法が真剣に受け入れられなくなる危険が存する。ワイマール憲法、すなわち一九一九年のドイツ国憲法は労働への権利を定めていたが、[3]紙の上の存在にすぎなかった。この種の約束から、基本法は意識的に距離をとろうとしたのである。

基本法は、一般に、ドイツ人がこれまでもった憲法の中で最高の憲法であるとみなされているけれども、このことは、よりよいものにする余地がないことを意味するわけではない。問題だと考えられるのは、とりわけ本稿の主張する見解によれば、基本法が、ドイツ人の権利と、すべての人間が享有する何人もの権利（Jedermannsrechte）を区別していることである。ヨーロッパ連合法は、確かに国内憲法による一定の保護を命じてはいないが、差別を禁じているのだから、基本権をEUの外国人に保障しないことは、ヨーロッパ共同体法と一致しないだろう。[4]この見解に従えば、ヨーロッパ共同体法の優位がドイツ人への留保を部分的に排除する。例えば、基本法一二条一項それ自体は職業の自由をドイツ人にのみ保障しているにもかかわらず、ヨーロッパ連合のすべての市民は職業の自由を援用することができる。しかし、このことは他の外国人には役に立たない。自然人にとって、一定の基本権を保障しないことは、さほど重大ではないかもしれない。なぜなら、すべての自然人は少なくとも一般的行為の自由によって保護されるからである。しかし、これは法人にはあてはまらない。なぜなら、司法的基本権を別にすれば、(5) 基本権は、基本法一九条三項によれば、内国法人に対してのみ適用されるからである。わたしの見解では、これはもはや時代に合わなくなった制限であり、憲法改正によって修正されるべきものであろう。

ドイツの基本権理解は、ヨーロッパや世界の他の一連の国々の基本権の発展に後まで影響を与えてきた。その特徴をいくつかあげてみよう。まず、連邦憲法裁判所は、基本権規定が主観的公権を保障するだけでなく、客観法的意義も有していることから出発する。連邦憲法裁判所は、憲法の基本決定が、法のあらゆる領域に（それ故、私法の領域にも）妥当し、立法、行政および裁判はそこから方向性と刺激を受け取る、と述べている。(6) 次に、連邦憲法裁判所は、今日では公共財産となった見解をきわめて早くから述べていた。それは、基本権は国家から保護するだけでなく、基本権によって保護された利益を私人が違法に侵害した場合に国家の保護を求める請求権を個人に与えている、というものである。(7) さらに、判例は、長い間、自由権から手続法上の予防措置を求める権利も生じうるということから出発している。(8) 最後に、基本権の制限（Umgang）が解釈論的に構造化され、仕上げられた。基本権の三つの異なったレベル、つまり、基本権の保護領域（保障内容）、基本権介入および正当化が区別される。(9) とくに重要なのが、比例原則の完成と構造化である。基本権への介入は、確かに、制約規定や対立する憲法によって許容されるが、しかし常に比例的なものでなければならない。まず、比例性は、正当な目的が追求されていることが前提である。次に、用いられた手段そのものが用いられてよいものでなければならない。最後に、その手段の使用が、目的の達成にとって適合的で、必要で、狭義で比例的、すなわち適切なものでなければならない。適合性とは、手段が目的を少なくとも促進することを意味する。手段が必要であるとは、より少ない負担によっては同じ実効性をもって目的を達成することができない場合である。措置が適切であるとは、その措置が、基本権の重みと意義と、正しく測定され、かつ、釣り合いのとれた関係にある場合である。(10) 結果において、国家の侵害的措置を判定する際にほとんど常に決定的に重要なのが比例性である。そうこうするうちに、ヨーロッパ裁判所（EuGH）もヨーロッパ人権裁判所（EGMR）も、そして他のヨーロッパ諸国の憲法裁判所も、連邦憲法裁判所と同じ厳格さでないこともしばしばであるが、比例性の審査を行っている。ドイツの比例性観念の一般化は、最近のドイツの法文化がヨーロッパの法秩序に対して行った最も重要な貢献の一つであるということができよう。

2　ヨーロッパ人権条約の基本権

基本権の国内的な保障や国際的保障と並んで、地域的な保障も存在する。なかでも際だって大きな意義を有するのが、一九五〇年一一月四日の人権および基本的自由の保護に関する条約（EMRK＝ヨーロッパ人権条約）である。これは近代的意味での最も古い地域的人権条約である。ヨーロッパにおける基本権の最低水準を保障すべきこの条約は、ヨーロッパ評議会によって議決された。ヨーロッパ評議会とは、一九四九年にヨーロッパ諸国によって、それらの国々に共通の遺産をなす理念と原則を促進するために、そして経済的・社会的な進歩を援助するために形成された国際法上の組織である。二〇〇五年のはじめまでに、ヨーロッパの四六カ国（ロシア連邦やトルコのような大きな、しかし周辺の国々を含む）がこの組織に加入している。すでにヨーロッパ評議会規則第三条によれば、すべての構成国は、法の優位の原則と、構成国の主権に服するすべての人は人権と基本的自由を保障されるべきであるとの原則を承認しなければならない。これらの原則を強化し生気で充たすために、ヨーロッパ人権条約は、国際連合の世界人権宣言の強い影響の下、一九五〇年一一月四日にローマで署名され、一九五三年九月三日に発効した。現在、この条約は、アイスランドからウラジオストックまで、約八億の人間に適用される。この条約は、今日までに一四の追加議定書によって補完され、修正されているが、そのうちの二つ（第一二と第一四議定書）はいまだ発効していない。追加議定書には、基本権保護を拡充するが故に実体法上の意義を有するものもあれば、条約違反の手続審査に関するものもある。[11]重点的に保護されているのは、個人の国家からの自由である。確かに、その保護は包括的なものではない。例えば、職業の自由や庇護権の保護が欠けている。条約で認められた権利と自由の享受に関して差別が禁じられているだけである（同条約一四条）。ヨーロッパ人権条約は、これまでのところ一般的な平等原則を知らない。むしろ、条約で認められた権利と自由の享受に関して差別が禁じられているだけである。同じく、ヨーロッパ人権条約の第一二追加議定書の第一条は一般的な差別禁止を定めるが、しかしこれまでのところ十分な数の国々によって批准されていない。基本法と同様に、ヨーロッパ人権条約も給付請求権の保障には自制的である。しかし、私人の違法な侵害からの保護を国家に求める個人の権利は承認されている。さらに、締約国には、適切な時間の間隔をおいて自由かつ秘密の選挙を実施することが義務づけられている（同条約第一追加議定書三条）。とくに重要であることが明らかとなったのは、ヨーロッパ人権条約の保障する手続上の権利である。例えば、ヨーロッパ人権条約六条一項によれば、各人は、民事法上の権利・義務に関する争訟について、または、自己に対する刑事法上の起訴について、法律に基づいて設けられた独立で非党派的な裁判所により、公正な手続で、公開かつ適切な期間内の審理を受ける権利を有する。その判決は公開で言渡されなければならない。その民事法上の権利には、ドイツの法秩序によれば行政裁判権の管轄に属するものも相当程度含まれている。[12]

ヨーロッパ人権条約で重要なことは、国際法上の条約だということである。この条約は、締約国がどのようにして条約の規定を尊重する義務を果たすかを締約国に委ねている。ドイツにおいては、ヨーロッパ人権条約とその追加議定書は、通常の連邦法律として妥当する。このことは、それ自体としては、連邦法律の制定者が後法は前法を廃すの原則によってヨーロッパ人権条約から逸脱するという結果になりそうである。しかしながら、基本法二三条以下で表明されている基本法の国際法に対する友好性は、たとえその法律が国際条約よりも後に公布されたものであっても、ドイツ連邦共和国の国際法上の義務に合致するように法律を解釈・適用することを命じている。[13] さらに、ヨーロッパ人権条約の内容と発展水準は、連邦憲法裁判所の見解によれば、基本法による基本権保護を制約し、あるいは減少させるという結果にならない限り、基本法の解釈に際しても考慮されなければならない。[14] こうして、ヨーロッパ人権条約は、間接的ではあるが、国内法において憲法に準じるランクを手に入れたのである。

3　ヨーロッパ連合の基本権

ヨーロッパの国々は、今日、その主権を著しく喪失した。このことは、とくに、国家の主権が大規模にヨーロッパ共同体に委譲されたことがその原因である。現在なお二つの共同体が存在する。ヨーロッパ共同体と（その重要性は減じたが）ヨーロッパ原子力共同体である。二つの共同体は、法共同体として設立された。共同体法は、条約法（第一次法）と、共同体によって発せられた法行為（第二次法）からなる。共同体法は、構成国の法秩序から独立の法秩序であって、構成国で直接適用される。確かに、共同体の法行為は、部分的に国内法への転換を必要とする。[15] 共同体法と国内法が衝突した場合には、いずれにせよ原則的に後者は適用できない。[16] ヨーロッパ共同体を設立する条約は、一定の基本的自由を保障する。すなわち、物の自由移動、労働者の移転の自由と居住の自由からなる人の自由移動、サービスの自由移動、そして資本と支払いの自由移動である。これらの基本的自由は、当初、国境を越えた差別の禁止としてのみ解釈された。しかし、基本的自由によって保護された物と人の自由移動は、構成国の差別的に適用される規定によってばかりではなく、自国民と外国人に等しく無差別に適用される規定によっても妨げられ、または不可能にされることもあるのだから、ヨーロッパ裁判所は、これらの基本的自由から制限の禁止を導き出した。[17] このことは、言い換えれば、基本的自由は自由権でもあるということを意味する。確かに、この自由権は国境を越えた事実関係が存在する場合にのみ適用可能なのであるが。

これに対して、共同体条約は、これまで、成文の基本権カタログを知らない。当初、共同体条約は伝統的な国際法上の条約に分類されたから、基本権カタログが必要であるとは考えられなかった。けれども、このような評価が間違っていることはすぐに明らかとなった。一方で、共同体条約は、共同体の構成国に対してだけでなく、私人に対しても直接適用される。他方で、共同体は、何人をも拘束する法の制定権をきわめて広範に認められている。したがって、個人の自由と平等を保護する基本権によって共同体の権力を制限する方法は存在しなかった。ヨーロッパ裁判所が——構成国の憲法裁判所、とくに連邦憲法裁判所の批判的裁判に促されて[18]——法の継続的形成の手法で基本権を発展させたのは、これがきっかけであった。[19] ヨーロッパ裁判所は、主として構成国に共通の憲法伝統と、法源としてのヨーロッパ人権条約とから基本権を導き出した。アムステルダム条約以来、これに関する明文の規定がヨーロッパ連合条約に存在する（EU条約六条二項）。ヨーロッパ連合は、——いつもの比喩によれば——三つの支柱の上にある屋根である。すなわち、複数のヨーロッパ共同体（1）、共通外交および安全保障政策（2）、刑事事件における警察および司法協力（3）の三つである。ヨーロッパ共同体が独自の法を制定することのできる超国家的共同体であるのに対して、共通外交および安全政策、ならびに、刑事事件における警察および司法協力の任務は、政府間で、すなわちヨーロッパ共同体の外で国際法に基づいて行われる。将来的には、ヨーロッパ連合が、ヨーロッパ連合条約によって設立されたヨーロッパ連合と、ヨーロッパ共同体の権利承継人の地位につくべきである。[20] アムステルダム条約以来、ヨーロッパ連合もヨーロッパ共同体も、ヨーロッパ人権条約で保障され、構成国に共通の憲法伝統から生じる基本権を尊重しなければならないのだから、共同体の基本権に替わって連合の基本権についても語ることができる。

基本権保護の義務づけにもかかわらず、明文の基本権カタログの不存在はその後も欠如であると感じられた。それ故、ヨーロッパ評議会は、元ドイツ大統領ヘルツォークを座長とした委員会に基本権カタログの作成を委託した。提出された連合の基本権憲章は、いまだ発効していないヨーロッパ憲法条約（VVE）にほとんどそのまま引き継がれた。この条約はヨーロッパ連合の全構成国において批准されなければならない。そうなるかどうかは、現時点では予測できない。そうなれば、ヨーロッパ連合（その場合このヨーロッパ連合は古いヨーロッパ連合とヨーロッパ共同体の権利承継人である）のレベルできわめて広範な基本権保護が存在することになる。内容的には、五四条からなるこの憲章は、七章に編成されている。その表題は、人間の尊厳、自由、平等、連帯、市民権、司法上の権利および総則である。法源の全体に目を向ければ、連合の基本権憲章は、例外はあるが、新しい基本権を創り出したのではなく、基本権を目に見えるものにし、体系化しただけなのである。これに対して、個々の法源（例えば、ヨーロッパ人権条約や基本法）の保障と比較すれば、憲章の保障は少なからぬ部分でそれを越えている。この憲章がヨーロッパ人権条約の意味における権利を含んでいる限りにおいて、それと同一の意義と射程を有するが、それ以上の保護は排除されていない（ヨーロッパ憲法条約第Ⅱ-一一二条三項）。また、憲章のいかなる規定も、ヨーロッパ人権条約によって承認された権利を制限しまたは侵害するものと解釈されてはならない（ヨーロッパ憲法条約第Ⅱ-一一三条）。したがって、ヨーロッパ人権条約の水準が常に保障の最低限なのである。ちなみに、ヨーロッパ人権条約第一四追加議定書一七条は、（新しい）ヨーロッパ連合はヨーロッパ人権条約に加入することができると定めている。さらにヨーロッパ憲法条約第I-九条二項によれば、連合はヨーロッパ人権条約に加入する。この加入がなされれば、それとともにヨーロッパ人権条約への直接的拘束が達成されることになる。しかし同時に、ヨーロッパ・レベルでの基本権問題にどの裁判所が最終決定権をもつべきか、という問題が、これまで以上に深刻に提起されることになろう。

基本的自由は、第一次的にはヨーロッパ共同体の構成国を拘束するが、それと並んで共同体自身をも拘束する。これに対して、連合の基本権は第一次的にはヨーロッパ共同体に向けられている。しかし同時に、構成国も、共同体の法を実現する際に連合の基本権に拘束される。[21] 実現について語ることができるのは、構成国が共同体法（例えば、指令または決定）を国内法に転換し、共同体法を執行する場合、または、構成国が共同体法の基本的自由を国内措置によって制限する場合である。最後の事例では、連合の基本権は、通常、基本的自由の保護を強化する。なぜなら、連合の基本権は、基本的自由の制限について共同体の構成国に委ねられた裁量の余地を限定するからである。しかし他方では、連合の基本権と基本的自由が相互に衝突することもありうる。両者が異なる法益を保護している場合、その限りにおいて、このような衝突が生じる。例えば、ヨーロッパ裁判所は、環境保護者らがオーストリアのアウトバーンを封鎖したことに対する国の不介入を、それによって物の自由移動が制限されたにもかかわらず、適法であると判断した。[22] なぜなら、デモをした環境保護者達は、基本権、つまり意見表明の自由と集会の自由を援用することができたからである。

二　ヨーロッパにおける基本権の裁判所への出訴可能性

1　ドイツの裁判所によるコントロール

前述の、基本法、ヨーロッパ人権条約および共同体法による基本権保障は、国内法の領域で適用可能であり、かつ主観的権利、すなわち裁判で実現可能な請求権にかかわるのであるから、ドイツの国家権力が行使された場合には、ドイツのすべての一般の裁判所で、その裁判所の権限内において主張することができる。例えば、ドイツの行政庁による侵害的行政行為の名宛人は、基本法の基本権、ヨーロッパ人権条約、EG条約の基本的自由または連合の基本権が侵害されたと主張して、この行政行為をドイツの裁判所で争うことができる。さらに、行政裁判所は、上述の基本権が尊重されたかどうか、職権で審査しなければならない。権利保護を求める人が、一般の裁判所の判決は基本法の基本権を侵害していると考えたときは、出訴の方法を尽くした後で、連邦憲法裁判所に憲法異議を提起することができる。

ヨーロッパ法は、ドイツ法を条約または共同体法に適合するように解釈することを求める。けれども、ヨーロッパ人権条約と連合の基本権は、それ自体も請求権の根拠となりうる。ヨーロッパ人権裁判所の判決がすでに存在している場合には、この判決は、国家権力のすべての担い手に対して、したがって裁判所に対しても原則的な拘束力を有する。国家機関の法および法律への拘束（基本法二〇条三項）から限界が生じる。なぜなら、ヨーロッパ人権条約は通常の連邦法律としてのみ妥当するので、その解釈について下されたヨーロッパ人権裁判所の判決も、例えば、憲法を押しのけることはできないからである。ドイツの裁判所での手続がまだ終了していない場合には、論理的に主張可能な法律解釈の範囲内で人権条約に適合する解釈を優先する義務があてはまる。国内裁判所の手続が確定判決で終結したときは、ヨーロッパ人権裁判所がヨーロッパ人権条約またはその追加議定書の侵害を確認し、かつドイツの判決がその侵害に基づいている場合に、刑事訴訟において再審が問題となる（刑事訴訟法三五九条六号）。その他の裁判所の手続について、対応することは何も定められていない。再審手続をそこに挿入する義務は、ヨーロッパ人権条約から引き出すことはできない。とくに法的安定性の原則が条約法においても注目されるべきである。ドイツの一般の裁判所がヨーロッパ人権条約の意義を誤認し、またはヨーロッパ人権裁判所の判例を十分尊重しなかったときは、連邦憲法裁判所に憲法異議を提起することができる。連邦憲法裁判所はドイツの基本権保障についてのみ権限を有するのだから、確かにその憲法異議は、ヨーロッパ人権条約で保障された人権の侵害に直接依拠することはできないが、基本法の該当する基本権に依拠して、国家機関がヨーロッパ人権条約とそれについてのヨーロッパ人権裁判所の判決を看過したために、その基本権の意義を誤認したと主張することはできよう。ヨーロッパ人権条約が国内憲法に対して影響を及ぼしても、基本法の解釈と適用について最終的な拘束力を有する決定を下すのは連邦憲法裁判所であるという点は何も変わらない。

ヨーロッパ共同体法の適用にあたっては、適用の優位が、矛盾する国内法を無視するよう命じる。その結果、EG規則、EG指令、またはヨーロッパ共同体の委員会の決定は、基本法に優先する。ヨーロッパ裁判所の見解によれば、共同体法の優位は無制限に妥当する。(23) 連邦憲法裁判所は、この点についてより細かく考えている。(24) ドイツ連邦共和国は、基本法二三条一項に定められた一定の限界内でのみ、主権をヨーロッパ共同体に委譲することができる。共同体が委譲されなかった権限を遂行し（委譲されなかったものという限界）、または共同体法が、基本法七九条二・三項と結び付いた基本法二三条一項三文によれば絶対に必要な基本法の水準を侵害した場合（委譲できないものという限界）には、連邦憲法裁判所の基礎づけでは、共同体法は適用できない。そのために、連邦憲法裁判所が前述の要求の遵守を保障するための番人としてその上に立っている、ヨーロッパへの架け橋のイメージを得ようとする努力がしばしばなされてきた。現行の憲法秩序の同一性を形成する基本法の不可欠の水準に属するのが、基本法の要求に本質的に劣らない基本権保護である。連邦憲法裁判所は、かつてこのような基本権保護が共同体レベルでは欠けていると考えたのに対して、現在ではかなり前から、ヨーロッパ裁判所が展開した連合の基本権は適切な保護を保障することから出発している。したがって、連邦憲法裁判所が共同体の行為の適法性をドイツの基本権を基準として審査することはもはやない。それに対して、共同体法をドイツ法に転換する行為または執行する行為は、ドイツの基本権に従って審査されなければならない。しかしながら、この転換行為や執行行為が共同体の強行法規に基づく場合には、共同体法の優位がかかわってくるので、矛盾する国内法は、基本権も含めて、適用されてはならないという結論になる。国内の権利保護と共同体独自の権利保護は、ＥＧ条約二三四条の先決的判決手続によって絡み合わされている。共同体法の解釈が問題となる場合、国内の審級裁判所はヨーロッパ裁判所の先決的判決を求めることができるのに対して、国内の終審裁判所はヨーロッパ裁判所への上訴（Anrufung）を義務づけられている。ただし、ヨーロッパ裁判所がその解釈問題にすでに答えていたときや、共同体法の正しい適用が明白であるときはこの限りではない。[(25)] 国内法が、第二次法はヨーロッパの第一次法（条約法）に違反しているが故に無効であることから出発するときは、かならずヨーロッパ裁判所の判決を求めなければならない。なぜなら、共同体法の効力について決定する権限を有するのは、ヨーロッパ裁判所だけだからである。ＥＧ条約二三四条の移送手続においてヨーロッパ裁判所がその見解を明らかにするのは、国内法や国内裁判所に係属している裁判所手続の判決についてではなく、共同体法の解釈と効力についてだけである。この移送手続は共同体法の統一性と一貫性に役立つ。なぜなら、ヨーロッパ裁判所だけが共同体法の解釈と効力について最終的拘束力をもって決定することを確保するからである。ドイツの裁判所がEG条約二三四条の義務を履行しないときは、同時に、法律の定める裁判官という国内憲法の命令（基本法一〇一条一項二文）に違反することになる。連邦憲法裁判所は超上告審ではないのだから、通常法の定める裁判所の手続規定それ自体を審査するにあたって、単なる恣意の審査に自制している。[26] しかし、これに対して、一般の裁判所によるヨーロッパ裁判所への移送が命じられていたかどうかという点は、きわめて厳格に審査される。それがあてはまるのは、終審裁判所がその移送義務を原則的に誤認し、裁判に必要な共同体法の問題についてヨーロッパ裁判所の判例がまだ存在しない場合、先例が裁判に必要な問題におそらくまだ十分には答えていなかった場合、あるいは判例の継続的発展が別の可能性として現われた場合である。[27] 国内の裁判所が共同体法を侵害し、それによって関係人が損害を被った場合には、国家が損害賠償責任を負うかという問題が提起される。ドイツ法は、きわめてまれな場合にのみ、司法の不法行為責任を定めている。[28] 共同体法が侵害された場合、他の基準が適用される。ヨーロッパ裁判所の判例によれば、侵害された共同体法の規範が個人に権利を付与することを目的としており、侵害が十分証明され、かつ、侵害と生じた損害との間に直接の因果関係が存する場合には、終審裁判所が裁判した場合であっても、侵害された人に損害賠償請求権が認められるべきである。[29] 司法による不法の場合にも、判決が現行法に明らかに違反している場合には、違反が十分証明されているとみなされる。[30]

2　ヨーロッパ人権裁判所によるコントロール

ヨーロッパ人権条約の権利が完全な実効性を発揮できるのは、その遵守が国際的な独立の裁判権によって実現されうる場合だけである。この任務を有するのが、「常設の裁判所」として活動するヨーロッパ人権裁判所である。[31] ヨーロッパ人権条約は、国家の異議と個人の異議という権利保護の二つの形式を定めている。将来的には、(国家の代表者によって構成された) 大臣委員会も裁判所に申し立てることができることが定められる。[32] 国家の異議という権利保護の形式は、すべての締約国に、他の締約国が条約および議定書を侵害していると主張してヨーロッパ人権裁判所に申し立てることを可能にしたのであるが、あまり用いられていない。それに対して、個人の異議はきわめてしばしば行われている。例えば、二〇〇四年には約四万一〇〇〇件の異議が裁判所に申し立てられた。個人の異議の適法性は、とくに、国内のあらゆる権利救済手段を尽くしたことが前提である。それには、憲法異議も、場合によっては、ヨーロッパ共同体法による権利救済手段も含まれる。[33]

内容的には、ヨーロッパ人権裁判所は、条約法にかかわる限り、すべての基本権問題についての最終決定権を自らに要求している。それ故、ドイツ連邦共和国は、連邦憲法裁判所での手続の期間があまりにも長いという理由で、すでに何度か敗訴している。[34] さらに、ヨーロッパ人権裁判所は、連邦憲法裁判所の判例とは異なる見解をたびたび述べている。例えば最近のモナコ王女 (Caroline von Hannover) 事件では、いわゆる「イエロープレス」におけるモナコ国王の長女に関する報道が人格権と一致するかが問題となったが、ヨーロッパ人権裁判所は、その事件で、報道の自由との衡量において人格権に連邦憲法裁判所よりも大きな重要性を与え、連邦憲法裁判所とは異なる判決を下したのである。[35] 結局、ヨーロッパ人権裁判所は、締約国の主権がヨーロッパ連合のような国際的または超国家的組織に委譲された場合にも締約国はヨーロッパ人権条約に拘束されるとみなしている。それ故、連合王国は、ジブラルタルに住所を有するイギリスの女性国民がヨーロッパ議会の選挙への参加を認められなかったという理由で、敗訴した。[36] ヨーロッパ共同体法は選挙権を禁じているという異議を、ヨーロッパ人権裁判所は認めなかった。ヨーロッパ共同体は、ヨーロッパ評議会の構成国でもなければ、ヨーロッパ人権条約に義務づけられる名宛人でもないのだから、共同体の行為はヨーロッパ人権裁判所のコントロールに服さないはずである。しかし、締約国は、国際的または超国家的共同体に主権を委譲することによって、条約の保護を遵守する責任から逃れることはできないであろう。ヨーロッパ人権裁判所は、ヨーロッパ人権条約の権利を守る共同体構成国の責任を、したがってまたヨーロッパ共同体の行為を直接審査するのである。連邦憲法裁判所と同じく、ヨーロッパ裁判所は、基本権の問題においてヨーロッパ人権裁判所に従うよう努めている。けれども、対立がなくなるわけではない。ヨーロッパ連合がヨーロッパ人権条約に加入することになれば、共同体法においても連合の基本権の実現の条約適合性に関する最終決定権をヨーロッパ人権裁判所に承認する道筋は、ほとんどついていないといってよいだろう。

ヨーロッパ人権裁判所は、条約違反の措置を廃止し、または締約国に給付を命じる判決を下す法的な力を有してはいない。その裁判がかかわるのは確認判決だけである。敗訴の判決を下された締約国は、この判決に従うことを国際法上義務づけられる。第一に、法の違反を終わらせ、第二に、賠償を行い、第三に、将来同種の違反が起こらないようにしなければならない。条約違反の法律と行政措置は、通常直ちに廃止されなければならない。確かに、国内裁判所の確定判決がすでに存在する場合、——前述したように——刑事訴訟においてのみ再審が問題となる。国内裁判所の判決がまだ執行されていなかったときは、ヨーロッパ人権条約四六条が締約国に有利な執行を阻止する。条約違反の結果に対して国内法が不完全な賠償しか認めていないときは、ヨーロッパ人権裁判所は、必要な場合には、公正な賠償を与える。(37) 物質的な損害と並んで、非物質的な損害も賠償されなければならない。それ故、ヨーロッパ人権条約の違反は、国家にとってきわめて高くつくことがあるのである。

3　ヨーロッパ裁判所によるコントロール

連合法を実施する際に連合の基本権の遵守について裁判するのは、国内裁判所であるとともに、ヨーロッパ裁判所と(ヨーロッパ)第一審裁判所である。個人が構成国の措置は連合の基本権を侵害していると主張する場合には、常に国内裁判所に権利保護を求めなければならない。連合の基本権の解釈が明確でないときは、国内の終審裁判所は、EG条約二三四条三項に基づき、移送手続によりヨーロッパ裁判所に正しい解釈の判断を求めなければならない。個人が共同体の決定を攻撃する場合には、第一審裁判所に訴えることができる。規範に対する共同体独自の個人権保護は、これまで萌芽的にしか存在しなかった。通常、関係人は構成国の裁判所に訴えなければならず、裁判所の側では再び移送手続でヨーロッパ裁判所に上訴しなければならない。ヨーロッパ憲法条約によれば、自然人または法人は、それらの人を直接に制約し、いかなる実施措置も講じられないEG規則に対して、第一審裁判所に直接訴える可能性を将来有すべきである。さらに、共同体の機関と構成国は、共同体または構成国が連合の基本権を侵害したと考えたときは、無効訴訟をヨーロッパ裁判所に提起し、または条約違反手続を同裁判所に起こすことができる。ヨーロッパ裁判所が不公平な判断を下したことが批判されるべきである。規則または指令の形態における共同体法は、これまで連合の基本権との一致をきわめてまれにしか審査されなかった。わかる範囲では、そのような措置が連合の基本権違反を理由に無効と宣言されたことはいまだかつてない。それに対して、連合の基本権への構成国の拘束は、ヨーロッパ裁判所や第一審裁判所によってはるかに真剣に受け取られている。連合の基本権憲章の発効後は、必要な基本権審査が、連合の第二次法との関連でも厳格に行われることが期待される。

三　要約と結論

要約的に確認されることは、ヨーロッパにおいては、さまざまなレベルで多層的に確保された包括的な基本権保護が存在するということである。しかし同時に、多層的な保障は、実体法上および手続法上の限界の画定という問題を引き起こす。国内的には、連邦憲法裁判所が指導的役割を保っている。しかし、国内法ではなくヨーロッパ法が問題になることが、次第に多くなっている。ヨーロッパ基本権の番人の機能は、ますますヨーロッパ人権裁判所が果たすようになり、それに対してヨーロッパ裁判所はこの点について自制的なのである。

（1）　BVerfGE 29, 402 (408).
（2）　例えば、基本法六条四項によれば、すべての母親は共同社会の保護と配慮を請求する権利を有する。
（3）　ワイマール憲法一六三条。
（4）　なによりもまず、参照、Ehlers, Die Europäisierung des Verwaltungsprozessrechts, 1999, S.64 ff.; Wernsmann, JURA 2000, 657 ff.
（5）　Vgl. BVerfGE 12, 6 (8); 64, 1 (11).

（6）基礎的なのは、BVerfGE 7, 198 (205)［木村俊夫「言論の自由と基本権の第三者効力―リュート判決」ドイツ憲法判例研究会編『ドイツの憲法判例（第二版）』（信山社、二〇〇三年）一五七頁参照］。批判的なのは、Böckenförde, Der Staat 1990, 1 (26ff.).

（7）BVerfGE 39, 1 (42)―妊娠中絶［嶋崎健太郎「胎児の生命と妊婦の自己決定―第一次堕胎判決」ドイツ憲法判例研究会・注（6）六七頁参照］を参照。より詳しくは、Alexy, Theorie der Grundrechte, 2. Aufl. 1994, S. 410 ff.

（8）etwa BVerfGE 65, 1 (44)―情報自己決定権の侵害の危険を阻止する手続法上の予防措置［平松毅「自己情報決定権と国勢調査―国勢調査法一部違憲判決」ドイツ憲法判例研究会・注（6）六〇頁参照］を参照。

（9）何よりもまず、Pieroth/Schlink, Grundrechte, Staatsrecht II, 20. Aufl. 2004, § 6［永田秀樹＝松本和彦＝倉田原志訳『現代ドイツ基本権』（法律文化社、二〇〇一年）七一頁参照］；Hoffmann-Riem, Der Staat 2004, 203 (215 ff.) を参照。

（10）Vgl. BVerfGE 67, 157 (173).

（11）例えば、第六議定書は、平時における死刑の廃止を定める。第一三議定書は、この禁止を戦時にも拡張した。

（12）Vgl. etwa EGMR, NJW 2001, 2694 ― Kulda.

（13）基本的なものとして、BVerfGE 74, 358 (370) がある。

（14）最近のものでは、BVerfG, NJW 2004, 3407 参照。

（15）詳しくは二1を参照。

（16）共同体法の優位について基礎的なものは、EuGH, Slg. 1964, 1251 (1270 f.) ― Costa/ENEL［中村民雄「EC法の国内法に対する優位―コスタ対エネル事件」中村民雄＝須網隆夫編『EU基本判例集』（日本評論社、二〇〇七年）一五頁参照］.（規範ヒエラルキーにおける）効力の優位ではなく、単なる適用の優位であることについては、EuGH, Slg. 1991, I-297, Rn. 19 ― Nimz；Slg. 1998, I-6307, Rn. 20 f.― IN. CO. GE. '90.

（17）物の自由移動について基本的なものとして、EuGH, Slg. 1974, 837, Rn. 5 ― Dassonville がある。

（18）Vgl. BVerfGE 37, 271 ― Solange I.

（19）Vgl. EuGH, Slg. 1969, 419 ― Stauder；Slg. 1970, 1125 ― Internationale Handelsgesellschaft［大藤紀子「EC法秩序における基本権保護―国際商社事件」中村＝須網・注（16）一四二頁参照］；Slg. 1974, 491 ― Nold.

(20) Vgl. Art. IV-438 Abs. 1 VVE.

(21) Vgl. Art. II-111 Abs. 1 VVE.

(22) EuGH, Slg. 2003, I-5659 — Schmidberger［小場瀬琢磨「商品の自由移動原則と基本的人権との対立—シュミットベルガー事件」中村＝須網・注（16）二一一頁参照］を参照。

(23) 注(16)参照。

(24) Vgl. BVerfGE 37, 271 (277 ff.); 73, 339 (375 f.); 89, 155 (174 f.); 102, 147 (161 ff.).

(25) 基礎的なものとして、EuGH, Slg. 1982, 3415, Rn. 14 ff.— C.I.L.F.I.T［中村民雄「先決裁定の付託義務の範囲—シルフィット事件」中村＝須網・(16) 一〇五頁参照］。

(26) Vgl. BVerfGE 3, 359 (365); 82, 286 (299); 87, 282 (285).

(27) BVerfG-K, NJW 2001, 1267 (1268).

(28) 民法（BGB）八三九条二項参照。

(29) Vgl. EuGH, Slg. 1996, I-1029, Rn. 51 — Brasserie du Pecheur［西連寺隆行「構成国のEC条約違反行為（作為・不作為）の損害賠償責任—ブラッスリ事件」中村＝須網・注（16）八八頁参照］。

(30) EuGH, NVwZ 2004, 79, Rn. 53 — Köbler［西連寺隆行「構成国最終審のEC法上の国家賠償責任—ケーブラー事件」中村＝須網・注（16）九八頁参照］。

(31) ヨーロッパ人権条約一九条二項参照。

(32) ヨーロッパ人権条約第一四追加議定書一六条参照。

(33) Vgl. Ehlers, in Ders. (Hrsg.), Europäische Grundrechte und Grundfreiheiten, 2. Aufl. 2005, § 2 Rn. 63.

(34) Vgl. EGMR, NJW 1997, 2809 — Probstmeier; EuGRZ 1997, 310 — Pammel; EuGRZ 2003, 228, Rn. 51 — Norbert Kind.

(35) 参照、一方では BVerfGE 101, 361; 他方では EGMR, NJW 2004, 2648 — Caroline von Hannover.

(36) EGMR, NJW 1999, 3107 — Denise Matthews.

(37) ヨーロッパ人権条約四一条参照。

ハンス・ウーヴェ・エーリヒセン

ドイツにおける学修課程認証評価の法的諸局面

Hans-Uwe Erichsen,
Rechtliche Aspekte der Akkreditierung von Studiengängen in Deutschland
übersetzt von Koresuke Yamauchi

山内惟介 訳

一

大学の学修課程に対する質保証の責任は、こんにちドイツ連邦共和国では、大学それ自体と国家にある。すなわち、一方では、学術研究を行う大学が文字通りその質を維持するよう義務付けられており、それゆえ質の維持に関する審査と質の向上とが大学にとって絶えざる課題となっている。それと同時に、ドイツ連邦共和国の各ラントで取得される学業修了資格の同価値性を担保すべく憲法上根拠付けられた責任が国家にあり、また国家財政に由来する最終責任が国家にある。もっとも、実際にはラントが教育分野で学修課程に対する認可を行うことを通してこのような国家の最終的責任を代替しているのであり、また少なくともこれまでは代替していたのであった。

二

大学修了資格という結果を伴う学修課程を運営する際の共同責任——その一つは学修課程の同価値性を保障する責任であり、他の一つは学生の大学間での移動可能性を保障することである——を代替するために、文部大臣会議のもとで共同作業が行われ、大学制度について権限を有するラント大臣および大学総長会議が学修および試験に関する規則を調整するための共同委員会を立ち上げた。この共同委員会は、実務界および連邦の参加のもとに数量の面で（学期中の一週間の授業時間、原則的な学修時間）調整を行い、文部大臣会議および大学総長会議により議決されるべき試験規則大綱のための諸提案を準備した。この試験規則大綱は確かに勧告として、それゆえ結果的には法的拘束力を持たないものとして性質付けられたものであった。しかしながら、大学から提出される試験規則の内容がこの試験規則大綱と異なる場合、そうした試験規則は法的に認可されなかった。この試験規則大綱公布の手続に数年を要することもまれではなかった。そうした反応の鈍さが異常なものであることが明らかになっただけでなく、同大綱の可決成立時までにいくつもの新しい発展がみられたところから、この試験規則大綱は今ではその内容も時代遅れのものとなり、また、ドイツの大学が国際的な競争において学修上一層求められているさまざまな要請に照らしてみても、その内容はおよそ生産的であるとはいえないようなものになってしまった。こうした結果を受けて、最終的に、大学総長会議は二〇〇一年に試験規則大綱の仕上げへの協力を取り止めた。

三

このような事情から、ドイツの教育における質保証は何よりもまず数量的基準を志向し、最終的には、国家があらかじめ試験規則を認可するという形で実施されることとなった。ところが、同じ時期に、ほかの国々ではすでに、教育における質の保証および質の向上に関して、評価を通じて調査された結果を重視する傾向が一層強くなっていた。すなわち、質の保証と向上に関する評価は事後的に結果（アウトカム）に基づいて行われるのであって、それまでしばしばそうであったように国家が行うものではなくなっていた。このような国際的展開と、そして大学自治の拡大を通じて決定されてきた制度の点でも、また質保証のための責任が少なくとも大学にあるという――もちろんドイツではどちらかといえばためらいがちに普及してきた――認識においても、質保証が必要だという意識の高まりとが原因となって、ドイツ連邦共和国でも、一九九〇年代になってから、パラダイムの転換が訪れた。大学総長会議および学術審議会の勧告に基づいて、一九九〇年代半ば以降、質保証を促進する制度的措置の導入に際して大学を支えること、このようなやり方で大学の責任を強化すること、大学のイメージ形成と競争とを一層促進すること、そして活動の透明化を通じて大学間における比較対照と選択の可能性を奨励すること、これら四つを目標として教育に評価手続を導入しようとする努力が行われてきている。

四

一九九八年の大学大綱法改正(1)によって、ドイツの大学制度を歴史的発展過程でも認識においてもヨーロッパの水準へと引き上げる試みが開始された。たとえば、とりわけ大学大綱法第一九条第一項において――最初の試みであるが(2)――総合大学および単科大学の中に、レベルに合わせて「複数の学修課程を設け、Bachelor や Bakkalaureat、また Master や Magister といった称号をもたらす課程を導入する」可能性が開かれることとなった。このことは、学修期間を短縮すること、社会の変化に内容的にも時間的にも適応するように学生の能力を高めること、そして、学界、実務界、学生の三者が抱く、多様でありしかもしょっちゅう変わるさまざまな要求に応えられるよう弾力性を一層高めること、これら三つの期待を反映したものであった。このことと関連して、従来のものよりももっと迅速に行われかつ弾力的に運営される、質保証規制を代替するための手続が必要であるとみなされた。国家が大学制度の細かいところまで操作するという従来のやり方を取り入れる方向にとどまっている例は、修正された形式における大学大綱法第九条が、ラントに委ねられた責任の内容を成す目標——「相互に対応する学修成果、試験の成績および学業修了資格、これら三つの同価値性と大学変更の可能性」を保障すること——をなお定義している場合だけである。しかしながら、そこではこうした目標を組織的かつ手続に従って実現することまでは規定されておらず、大学と実務界が関与する必要があるということしか定められていない。

このようにして、工夫をこらす余地が開かれた。その結果、大学総長会議と文部大臣会議は一九九八年七月六日および一九九八年一二月三日に共同して行動し、Bachelor of Arts および Magister Artium という称号を付与する学修課程に対する認証評価制度の設置を目指して複数の決議を起草した。これらの決議は、当初の自己規制を目指した評価制度を間に挟みつつ、外部的水準評価を基準とするベンチマーク制度へと移行している。

五

認証評価はもともとサーヴィスおよび製品の質を確認する一つの手段である。質というのは、サーヴィスや製品をもって追求されている目的が達成されているか否かをはかる際の指標である。重要なのは、質それ自体というよりは、目的との関わりにおける質（目的に照らした適合性（fitness for purpose））であるが、同時に、目的自体の質がどうかという論点（目的の適合性（fitness of purpose））もある。たとえば、行動の質、サーヴィスの質、製品の質、これらの決定がそれぞれの目的や目標への関連付けから判明するとすれば、それぞれを確認するための手続および組織もまた相互に異なったものとなり得る。このように、これらの点を考慮すると、質は多様に変化している。ドイツの学修課程に対する認証評価手続でも、もちろん、質はその内容が決定された段階で初めて、変化しないものとなる。学修課程に対する認証評価の質を判定するための基準として、一九九八年七月六日の大学総長会議決定および一九九八年一二月三日の文部大臣会議決定が挙げているのは、「専門分野の内容を反映した最低基準」および学修課程と「職業との関連性」である。

六

ドイツの認証評価制度は、一九九八年一二月三日の文部大臣会議決定に基づき、――当初の三年間を試行期間として――設けられた。一九九九年中盤以降に整備された認証評価制度は、二〇〇二年五月二四日および二〇〇二年九月一九日の二度の文部大臣会議決定を通じて、堅牢な基盤を得ることとなった。二〇〇二年に期限を付さないまま公布された「ラント間および大学間にまたがる認証評価手続のための規則」には確かにいくつもの変更が含まれているが、しかし、この制度の基本構造自体はなんら変更されていない。

七

二〇〇三年一月一日に発効した同規則Ｉ2によれば、認証評価制度の対象は国立大学または国家の認可を受けた私立大学の学修課程とされている。認証評価に服するのは、学業修了資格としてBachelor of ArtsおよびMagister Artiumという称号を付与する学修課程である。認証評価を受けることがBachelor of ArtsおよびMagister Artiumという称号を付与する学修課程を設置するための「絶対的条件」ではないことが一九九八年一二月三日付け文部大臣会議決定3になお書かれていたと考えるならば、この新しい規則はこれらBachelor of ArtsおよびMagister Artiumという称号を付与する学修課程が認証評価の対象であることを改めて確認しただけだということになる。そして、「試験規則大綱がまったく存在しない専門分野または現行試験規則大綱がすでに時代遅れになっているような専門分野で新設される、DiplomおよびMagisterの称号を付与する学修課程」もこの義務的認証評価に服することになる。この規定には適用範囲を拡大する可能性が留保されている。そうした留保は文部大臣会議により具体化されることとなっている。(3) 同規則Ｉ1第三項後段によれば、大学の学業修了資格によって高度の内容を有する公務への応募の道が開かれていることを確認できるか否かという点が認証評価を受けているか否かの判断と結び付けられている。

分権型に組織されたドイツの認証評価を十分に機能させる責任は、この規則によれば、認証評価委員会にある。認証評価委員会は、同規則Ⅱ4第一項によると、とりわけ、①認証評価委員会公印の付与を通じて当該学修課程を認証評価するという権限を一定期間付与された代行機関が行う認証評価を通じて、②代行機関が行う所定の課題を果たしているか否かの監督ならびに当該代行機関の定期的な再認証評価を通じて、また③認証評価の判定結果を含め、認証評価手続のためのさまざまな要件を定義することを通じて、右の責任を果たしている。

八

なるほど、ドイツにおける認証評価は、大学大綱法第九条に従って、「相互に対応する学修成果、試験の成績および学業修了資格、これら三つの同価値性」を保障するために用いられている。しかし、同規則Ⅰ1第一項後段では、認証評価が「学修課程設置に関する国家の第一次的責任」を埋め合わせるものではないことが強調されている。国家の責任は、おしなべて今後も、学修課程に対する認可の要件を通じて具体化されており、どの学修課程もむろん通例は認証評価の結果に左右され、また認証評価を受ける義務と結び付けられている。(4) 同規則Ⅱ5第一項第二号を通して、ラント代表者の人数は当初規定された数の二倍に増えている。今後、認証評価委員会構成員一七名のうちの四名はラントの代表者となる。このほか、実務界代表五名中の一名は、服務法および賃金法につき権限を有するラントの省の代表者でなければならない。この者は、同規則Ⅱ5第二項によると、内務大臣会議との協調のもとに、文部大臣会議により指名される。認証評価委員会の構成員は、文部大臣会議代表者および大学総長会議代表者により、認証評価を適法なものとして承認するラントおよび大学を代表する者として四年間という共通の任期で任命される。

これまでの規定と異なり、新しい組織規則Ⅱ7第二項によれば、基準——この基準は、代行機関が学修課程に対して専門的判定を行うために認証評価委員会により決定されたものである。この基準をもって、文部大臣会議により決議された組織構成基準が認証評価手続の中に取り入れられている——は、ラント代表者の意見に反するかたちで決定されてはならないとされている。たとえラント代表者の統一的投票によってしか拒否権を主張できないという前提を置いたとしても、それでも、このことによって、それまでは通例全員一致で判断していた認証評価委員会において、意思決定における重心の移動が実現している。

九

同規則Ⅲ11では、大学修了資格を高度の職業に就くための学歴要件とすることが認証評価手続において決定されるべきであるとされるときは、各大学を設置している諸ラントの、経歴形成に関する事項を所管する最上級官庁代表者が実務界の代表として認証評価手続に関与すべきであるという点が定められている。このような趣旨で決定するためには実務界代表者の統一的投票が必要となるが、こうすることによって、所管の最上級官庁代表者が結果として拒否権を行使できるようになる。二〇〇二年五月二四日の決議および二〇〇二年六月六日の決議を通して、文部大臣会議および内務大臣会議は、単科大学で取得されたMasterという称号を付与する学修課程修了資格という学歴要件が高度の職業に就く道を開くか否かを決定するために特別規定が適用されるとの了解に達した。その際に問題となったのが、「内容、学修範囲と試験実施要件、それに前述の学業修了資格、これらを」対象とした基準の決定である。

一〇

ドイツの大学学修課程に関する認証評価制度は、これまでのところ、法律学の領域ではほとんど注目を浴びていない。この点に関しては文献の調査も行われておらず、学修課程に対する認証評価についての判例もこれまでのところみられない。オランダ、オーストリア、スイスおよびスペインでは法律によって認証評価制度が導入され、しかも基準値まで定義されているのに対し、ドイツの認証評価制度の基盤は文部大臣会議決議にとどまっている。文部大臣会議は——大学総長会議も同様であるが——権利を行使し義務を履行する能力を持たず、それゆえ立法権限を有する組織ではない。認証評価制度の基盤の法的な質と耐久性を明らかにするには、この認証評価制度が行政機関による合意でもなければ条約でもないという事実を指摘すれば足りよう。

一一

ドイツにおける認証評価機関が——ハノーファー認証評価・判定中央代行機関を除き——権利能力を有しかつ公益性ある私法上の組織——これらの組織はみずからに対し法主体性と行為能力をもたらしている——であるのに対し

て、二〇〇二年五月二四日付けおよびこれを修正した二〇〇二年九月一九日付け規則の公布後も、認証評価委員会の姿は、法的には定義されておらず、公的な組織であるか否かがはっきりしないまま放置されている。代行機関が行う認証評価は、認証評価委員会が細目に至るまで決めた透明性ある手続の中で行われている——そうした手続はもちろん自分自身のために、法的に規律されるよう求めることはできない。学修課程に対する認証評価に際して——代行機関により——付与された、認証評価委員会の質保証公印は、相互に独立しているが、しかし権利能力を備えていない——国家的および社会的な構成単位を一つの体系に内在する基準形成に向けて一体化する——個別的機関の質を保証する旨の言明を一つの束にまとめて符号化したものである。それゆえ、二〇〇二年五月二四日付けおよびこれを修正した二〇〇二年九月一九日付け規則に基づきかつ同規則に従って、認証評価委員会が代行機関に対して行う認証評価は、確かに公的な活動ではあるが、法的行為ではない。

代行機関に対する認証評価のほか、所定の課題を果たしているか否かを認証評価により監督すること、および、認証評価のもとで公正な競争を保障すること、これらも認証評価委員会の責務である。ここにあるのは、さまざまな基準や条件の設定を通じて学修課程に対する認証評価を行うという分権的な制度全体を操作すること、代行機関が規則どおりに行動しているか否かを監視すること、そして競争を規制すること、これら三つの義務を認証評価委員会に負わせるという構想である。この構想はこれまでのところではかなり広い範囲にわたって実施されてきている。というのは、認証評価委員会が定めた諸基準を認証評価手続において具体的に置き換えることが代行機関に義務付けられているからである。ここに存在するのは、「当事者の合意により結果をもたらす」という方式であり、(5)ソフトローという特徴であり、それゆえ全般的にいえば最も変動しやすい制度である。しかしながら、「事態が深刻な事案」では、同規則に従って行動する認証評価委員会には、代行機関の行動や判断が誤っている場合の対処策、たとえば制裁を科すといった判断を下す明確な法的基盤が欠けている。

代行機関は、ハノーファー認証評価・判定中央代理機関を除いて、私法上の権利能力を有する組織である。このような組織には基本法第一九条第三項により基本権を行使する能力が付与されている。認証評価委員会の基準によれば学修課程に対する認証評価の実施に際して営利性を基準としてはならず、それゆえ職業選択の自由という基本権に関わらないとしても、認証評価は少なくとも基本法第二条第一項が定める基本権保護に服する。認証評価も再認証評価も基本法上重要な事柄であり、ラント文部大臣により議決された当該組織の定款を介してこれらの措置が導かれていることを考慮すると、これらの事柄の責任を国家に負わせることができる。それゆえ、これらの事柄には法律上の根拠が必要となる。

二

代行機関はその法主体性に基づいて大学と私法上の契約を締結する。個々の事案をみると、再認証評価について大学と契約することもあるが、この場合には認証評価委員会が代行機関に対して行う独自の認証評価が間にはさまれている。代行機関は大学との間で結ぶ法律関係を普通取引約款に従ってそのつど個別的に形成することもできる。代行機関は、認証評価委員会によりなされた認証評価の効力が及ぶ範囲を越えて、学修課程や諸機関の質を保証する証明書を発行することもできるが、むろんその場合、認証評価委員会の公印を捺してはならない。代行機関は組織上も手続上も組織に関する私法上の諸規定に服しており、私法と認証評価委員会の規則類とが抵触するときは私法が優先する。契約との関連で誤った行為がなされるときは、代行機関の組織が契約責任を負う。

一三

たとえ代行機関が、認証評価委員会から代行機関に対して行われる認証評価により認められた枠内で、認証評価委員会の公印を捺すとしても、代行機関自身はそうした認証評価を行うことができず(6)、主権的行為を行う権能を持たない――というのは、認証評価を行うことは法的根拠に基づいて許されることだからである――し、また行政の補助機関とみなされることもできない(7)――というのは、当該行為を帰責させることができる主体性が公行政に欠けているからである。他方で、認証評価委員会の公印を捺すという行為を伴う認証評価は、そうした認証評価がドイツ連邦共和国の多くのラントにおいて学修課程に対する国家の認可のための要件として法律により現に行われておりまた今後もそのように行われるということを通じて、ますます重要性を増してきている。その場合、認証評価委員会の公印の付与はあたかも法律要件のような役割を果たしている(8)。

一四

ここにみたように、概していえば、ドイツにおける認証評価制度は法的観点からするときわめて不満足なものであり、法的な基礎固めを必要としていることが明らかである。制度全体を法的に構成する必要があるという認識はもとより長い時間を掛けて広がってきたものであった。その際、二〇〇一年九月に提出された、認証評価委員会の判定活動に関する国際的専門家グループ報告書が、認証評価委員会の存立および活動を法に定める必要性を指摘していた。二〇〇三年末以降徹底した形で行われた討議の結果に基づいて、最終的に、文部大臣会議は二〇〇四年一〇月に大学総長会議および認証評価委員会と協調して「ドイツにおける大学評価のさらなる発展のための基本方針」について了解に達した。この基本方針には、ノルトライン・ヴェストファーレンがラントの法律に基づいて公法上の団体を設立し、そのようにして認証評価委員会に対し、認証評価委員会の職務を代表するための法的枠組と法的根拠が与えられることが定められている。

一五

右の基本方針では次のように述べられている。すなわち、「ラント間および大学間にまたがる認証評価制度を介して質の向上を達成するには、一方において、国家、すなわち諸ラントの共同体が広範囲にわたって責任を負う関係事項を含む制度全体が顧慮されること、他方において、認証評価が信頼性を備えかつ透明性のある基準および手続に従って実施されること、これらが前提となる。認証評価制度においてこれら二つの原則が考慮されるよう配慮することも認証評価委員会の責務である。それゆえ、認証評価委員会には、複数の段階から成る新しい学修制度を導入したり認証評価に関する質を向上させたりする際にも、認証評価の質をさらに一層向上させる際にも、最終決定権が与えられている。」

一六

個別的にみると、「ドイツにおける大学評価のさらなる発展のための基本方針」に基づいて、そしてその他のラントの同意を得て起草され、二〇〇五年二月一日に施行されたノルトライン・ヴェストファーレンのラント法が「ドイツの学修課程に対する認証評価のための団体（Stiftung zur Akkreditierung von Studiengängen in Deutschland）」(9)という公法上の団体が設立される旨を定めている。この団体に課されている責務は以下の通りである。

— 同団体公印の付与を通じて学修課程に対し認証評価を行う権限を一定期間付与することを介して、認証評価代行機関が認証評価および再認証評価を行うこと、

— 組織構成上、ラントに共通する基準およびラントに固有の基準を代行機関を拘束する基準として整理すること、

— 認証評価手続のための最低条件を規定すること（一つの束という形で行われる認証評価の要件と範囲を含む）、

— 代行機関を介して行われる認証評価を監視すること。

このほか、この団体は次に掲げる責務をも担っている。

— この団体は、代行機関相互間での公正な競争を保障するよう、努める。

— この団体は、ヨーロッパにおける展開を考慮しつつ、外国諸機関が行う認証評価の承認要件を決定する。

— この団体は、認証評価および質保証の分野での国際的協力を促進する。

— この団体は、ラントに対し、通例、組織構成上段階付けられた制度への学修制度再編成の際の向上状況に関しておよび認証評価の枠内における質の向上に関して報告を行う。

この法律は、諸ラントにより締結された行政庁間の合意——この合意では、これまで認証評価委員会により代替されていた責務が「ドイツの学修課程に対する認証評価のための団体」に移されている——について補充が行われている。文部大臣会議決議を通じて決定された学修課程および教育課程について、ラントは、この責務の代替を大学大綱法第九条第二項により、同団体へ委ねることを留保して、この責務を代替する資格を文部大臣会議に移している。ノルトライン・ヴェストファーレンのラント法の施行および諸ラントの行政庁間の合意をもって、これまで行われてきたラント間および大学間にまたがる認証評価手続のための規則は廃止されることとなった。

一七

認証評価委員会の公印付与を通して学修課程を認証評価する権限を与えることは、この法律の第三条によると、同団体と代行機関との間での契約を通じて行われる。同団体と各代行機関との間での合意の対象となるのは特に以下のものである。

— 代行機関が認証評価する際の認証評価手続につき、組織構成上ラントに共通する基準およびラントに固有の基準を顧慮すること、
— 認証評価手続についての最低条件を遵守すること、
— 代行機関の内部組織についての基準を設けること、
— 同団体に対する代行機関の報告義務を果たすこと、
— 代行機関の、認証評価に関する報告書および関与した評価員の氏名の公表義務を果たすこと、
— 認証評価委員会を通じて代行機関が定期的に情報を提供すること、
— 代行機関が行う再認証評価の条件を定めること、
— たとえば認証評価手続の形成に関する基本的問題について代行機関に聴聞を行うなど、同団体の職務の中に代行機関を取り込むこと、
— 同団体および代行機関がそれぞれの責務に従いつつ、国際的責務の遂行を分担すること、

— 代行機関は、同団体の公印にふさわしい誠実さをもって行動する義務を負うこと、
— 代行機関が学修課程に対して行った認証評価結果を剥奪するための条件を定めること、
— 合意が履行されなかったり合意どおりに履行されなかったりした場合の効果を定めること。

同団体は、右に示されたように、ドイツ連邦共和国の二段階から成る認証評価制度の枠内で、操作・統制を行うという、みずからに課された責務を「政府を一方の当事者とする契約（contract government）」を通じて具体化しなければならないであろう。同団体の地位が独占的なものであることを考えれば、代行機関との契約が同じ内容を有すること、そして責務と勧告についてのみ契約内容を異にし得ること、これらが前提とされなければならない。

一八

この団体の本部はボンにある。その機関として、認証評価委員会、理事会および評議員会が設けられている。認証評価委員会は——前述の通り——その中心的な機関である。定款に含まれる規定と対比すると、その組織構成と構成員の任命を変更できるのは、構成員により選出される、将来的に審議権のみを有する代行機関の代表者が認証評価委員会に所属するときに限られている。構成員はその後も名誉会員としての資格で引き続いて活動することができる。評議員会は、重大な理由がある場合、構成員を解任することができる。

認証評価委員会は同団体が審議するすべての事項に関して構成員の過半数をもって議決する。特に認証評価委員会

は代行機関に対する認証評価および再認証評価についての判断を行う。この法律が規定するところによると、認証評価および再認証評価は、「撤回を条件としてもしくは撤回を留保して行われることができるほか、負担と結び付けられ、または負担を事後に採用し、変更しもしくは補充する旨の留保と結び付けられることができる」。認証評価の文言表現は、行政行為の付款に関する行政手続法上の規定に対応している。その文言表現は、認証評価契約に際して、法的に従属した地位に立つ行政法上の契約が現れることを明らかにしている[10]——この契約に対しては、行政手続法上のこの点に関する特別規定も適用される。

同団体の日常業務は、認証評価委員会が一定範囲の業務につき留保していないかまたは個別具体的事案につき判断を留保していない場合、理事会に委任されたものとみなされる。

一九

理事会は認証評価委員会の決議を実施し、同団体の業務を遂行する。このほか、理事会の権限は定款により定められている。理事長は同団体を裁判上および裁判外で代表し、個別具体的事案やその所掌範囲内の業務につき代表権を有する。理事会に属するのは認証評価委員会の委員長および委員長代理、同団体の事業執行者、これらである。

二〇

評議員会は、認証評価委員会および理事会による同団体の業務の遂行が適法であるか否か、また経済合理性に適っているか否かを監視する。評議員会に属するのは、ラントの代表者六名と大学総長会議の代表者五名である。

二一

同団体の目的を達成するために、同団体は毎年、それぞれのラントの会計法に従い、ラントの補助金を受けている。同団体は第三者から寄付金を受ける権限を有しており、それゆえ、予算作成に関する当事者能力を有する。これまでの状況と対比すると、重要な変更点は、同団体が管理費用をまかなうためにみずから公布する定款上の詳細な規定に従って、代行機関に対する認証評価および再認証評価について、また、代行機関が学修課程に対して行う認証評価に対する監視について、それぞれ手数料を徴収することができるというところにある。

同団体は——前述のように——定款に服する。定款は評議員会により構成員の三分の二以上の多数をもって決定され、学術研究省による認可を必要とする。特に、認証評価および再認証評価の権限を剝奪することができる条件は定款で規定されていなければならない。

各ラントのこの種の団体に関する法律および行政庁間の合意は、法化という現象を、そしてこのことを通じて、また認証評価委員会および代行機関に対する関係で存在する責務、権限および義務の確定を通じて、諸ラントにまたがる制度全体を安定させ、認証評価委員会の地位を一層確固たるものとしてきた。もちろんこれまでに多くの問題が生じており、それらの問題に答えることがこの制度の機能を将来も確保し、認証評価手続を実施する上で重要となっている。

契約を通じて行われる代行機関の認証評価によって、同団体はラントから委任された、国家による質保証責任を代替する権限を代行機関に委ねている。そのことをなし得るのは代行機関に法主体性が付与されるときだけであるが、このことはこれまでのところハノーファー認証評価・判定中央代理機関にはあてはまらない。論点は、認証評価委員会により行われる認証評価というかたちを取りながら代行機関自体が独立して認証評価を行えるようにするか否かである。(11)認証評価を行うという行為の枠内で代行機関が学修課程に対してなす認証評価は、この場合、行政行為という形式でまたは行政法上の契約という形式で行うことができるものであり、その効果として、関連する行政手続法が適用される。同団体が直接に認証評価を行うと考えるときには、もとより、ノルトライン・ヴェストファーレンのラント法を通じて、ラントにより設立された主体がラントの境界を越えて認証評価を行う法的な力を公法上の行政庁に委ねることができるという点が前提となる。認証評価を行う上で関係諸機関が法律上の留保を行ったりラント法の効力をラントの領域上に限定したりすることが有効である点を考えれば、このことはノルトライン・ヴェストファーレンにある代行機関、たとえばＡＱＡＳ（Agentur für Qualitätssicherung durch Akkreditierung von Studiengängen <http://www.aqas.de/daten-ueber-aqas/>）やＡＳＩＩＮ（Akkreditierung von Studiengängen der Ingenieurwissenschaften und der Informatik <http://www.asiin.de/deutsch/newdesign/index_ex5.html>）がノルトライン・ヴェストファーレンの大学の学修課程に対して行う認証評価についても考慮されなければならないであろう。しかしながら、その他のところでは、責務の代替を委任することがラント行政庁間の合意を通じて行われているので、その場合には、認証評価を他のラントでも有効とするためには法律上の根拠が欠けていることになる。

以上のように、同団体が行う代行機関に対する認証評価は、これからは、たとえ行政法上の行為にはあたらないとしても、ひとつの法的行為となる。この認証評価は、少なくとも、国家による質保証責任を代替する上で用いられる契約規定に基づいて行われている。[12] こうした契約規定は公法に、それゆえ、行政法上の契約に分類されるべきであろう。[13] 同団体が行う代行機関に対する認証評価の有効性と法的効果に関する事件はかくして一般的な行政裁判所で取り扱われることとなろう。

（1）BGBl I S. 2190.

（2）二〇〇二年八月一日の大学大綱法改正（BGBl. I S. 3831）により、この可能性が最終的に認められた。

（3）二〇〇四年一二月一六日付け決定を通じて、文部大臣会議は、職業教育を行うアカデミーで、Bacherlorという称号を付与する学修課程をこの認証評価制度の中に取り込んだ。

（4）いくつかの国で認可の代わりに登場した目標達成に関する合意では、認証評価が要求されている。

（5）参照されるのは、Schmidt-Aßmann, Das Allgemeine Verwaltungsrecht als Ordnungsidee, 1998, 3/43 und 1/40 ff. である。

（6） これについて参照されるのは、Erichsen in Erichsen / Ehlers, Allg. VerwR 12. Auflage 2002, § 12 Rn. 18 および Burgi ebendort, § 54 Rn. 23 ff. である。

（7） これについて参照されるのは、Burgi in Erichsen / Ehlers, Allg. VerwR 12. Auflage 2002, § 54 Rn 31 ff. である。

（8） 参照されるのは、Erichsen in Erichsen / Ehlers, Allg. VerwR 12. Auflage 2002, § 13 Rn. 4 である。

（9） GV NRW 2005, S. 45.

（10） 参照されるのは、Erichsen in Erichsen / Ehlers, Allg. VerwR 12. Auflage 2002 § 23 Rn. 2 である。

（11） これについて参照されるのは、Burgi in Erichsen / Ehlers § 54 Rn. 23 ff. である。そこから生じるさまざまな結果については個別的に検討されなければならない。

（12） 責務の民営化について参照されるものとしては、このほか、Burgi in Erichsen / Ehlers (Fn. 6), § 54 III 3, 4 もある。

（13） 参照されるのは、Erichsen in Erichsen / Ehlers, All VerwR. 12 Auflage 2002, § 24 II である。

ベルンハルト・グロスフェルト

法 比 較

――異文化の伝達手段――

Bernhard Großfeld,
Rechtsvergleichung als Kulturvermittlung
übersetzt von Koresuke Yamauchi

山内惟介 訳

目次

一　ハードル

比較法学者、より良くいえば、法を比較する者は、あたかも異なる法文化の間に架けられた橋のような役割を果たしている。しかしながら、ドイツで現に行われている法律学の学修は、ほぼすべてといってよいほど、実定法の学修に限られている。それゆえ、若いドイツの法曹にとって、自国法の「限界」に気付くことも、そうした「限界」を乗り越えることも、さほど容易ではない。この「限界」を乗り越えるためには、特別の刺激を与える必要がある。そうした刺激が得られるのは、自分が生まれ育った父母の家であろう（わたくしの父母はオランダとの国境に近いドイツの町でホテルを営んでいたので、わたくしは父母のほか、宿泊客からも多くの刺激を得ることができた）。また、教師や婚姻の相手方からも刺激を得ることができる。しかし、しっかりした意思を持ち、また十分なモデルがある場合でさえも、さまざまな法文化を比較しようとすれば、そこにはたくさんのハードルがある。そうしたハードルは、わたくしが経験したドイツとオランダとの間の関係でさえすでに、想像する以上にずっと高いものである。このハードルは、ヨーロッパと東アジアとの間では、山脈のようにさらに大きなものとなろう。しかし、そうした高い山脈やはるかな隔たりを乗り越えて、法比較はまさしくグローバルな環境においてこそ真価を発揮するに違いない。というのは、法比較は、どのようにしてわれわれが文化を異にする法を認識することができるのかという問題を検討する場合にも、われわれにとって大きな助けとなるからである。(1) この点を研究するためには、双方の側での協力が必要となろう。

二　刺激を与える者

こうしたいわば「登山」のような挑戦を試みるにあたってわたくしの助けとなったのは日本の友人たちであった。わたくしが彼らと最初に出会ったのは経済法・企業法の分野においてであった。これらの出会いを通じて、わたくしは法比較とも出会うこととなった。こうした経験から、わたくしは、日本を経由して、東アジアの「秩序体系」に接近する道を進むことができた（わたくしはこの点を説明するにあたっても最新の注意を払って表現することとしたい）。山内惟介教授はこの「分野」において、常時、わたくしの師であり、話し相手であり、そして友人であった。

これより前に、久保欣哉教授と関英昭教授を介して、日本の学者と交流するうえで、もうひとつ別の扉が開かれていた。これら日本の学者の研究成果からわたくしは多くのことを学び、研究を進めることができた。和辻哲郎著『風土』(2)は、それぞれの法文化がどのようにしてそれぞれに異なる気候を通じて形作られてきているかという点を示していた。ここでは、その例として、ハンブルクとナポリの建築法、イングランドやアリゾナ州の水法を挙げるにとどめよう。これらの法の間にははっきりとした違いがある。エドゥアルト・ヴァール教授はある書物に寄稿した論文の表題を「東洋法の発展に対して風土が及ぼした影響」と表現していた。(3)また、野田良之博士はその英語による著書、『Introduction to Japanese Law』(4)において、言語文化と法との間に近い関係があることに目を向けるよう、注意を喚起していた。どの文化にもいろいろな違いがあるが、それでも、「人間には共通する精神」があると考え、彼はそうした精神を探求していた。このことは、野田博士が一九八五年にわたくしに下さった書簡で書かれていた点である。小島康浩教授はわたくしに、ギリシャ美術と仏教美術がシルクロードを介して出会ったことを新潟の美術館における仏頭の例で示していた。五十嵐清教授は、漢字が東アジア法圏の範囲を決める上で重要であるという仮説が正しいことを確認していた。山内惟介教授は、中国の社会秩序モデルと儒教が日本法に対して影響を及ぼした状況をわれわれに示している。[5][6][7]

三 確認

以下に掲げる諸点はいずれも、わたくしが日本を訪れるたびに確認できたことである。

1 地理

日本を訪れる者がすぐに気付く点であるが、日本は島国であり、そして、際立った中心がないという点で日本の都市の構造はヨーロッパのものとは異なっている（ドイツではしばしば教会が中心にあるのに対して、日本での都市は家々が集まったものである）。「Die Kirche im Dorf lassen（村では教会が基準である＝節度を保つ、大袈裟なことはしない）」という言い回しは日本にはない。ドイツでは、都市の姿は神の姿を反映したものである。東京から京都まで新幹線に乗ると、建て込んだ家並みが切れ目なく続く様子が目に映る。こうした様子は、日本における人口密度の高さをわれわれに直接経験させるものであり、そうした状況から社会的に「逃れる」機会が日本では乏しいことを示している。人口密度について通常みられる「一平方キロメートルあたりの住民」という記述は、決して、人々が密集して住む様子を目にみえるように言い表した表現ではない。島国である日本の内陸部は高山地域であり、そこには誰も住んでいない。ほとんどの者は海岸に近い地域に追いやられている。日本は太平洋に面しており、太平洋が「食物を得る地域」として重要性を帯びている。地震の怖さは、われわれもマグニチュード五・六の地震を体験してすぐに実感できた。またわたくしは、鹿児島では、頻繁に起きた火山の爆発を逃れて山小屋に避難したこともあった。台風が来る心配が強まるのは特に九月である。地も天も、われわれの場合と比べると、安全性や安定性の点で高くはないように見える。また、長期間にわたる安定性を期待することができない。それゆえ、時間に対する考え方もわれわれの場合とは異なっている。このことからすぐに連想できるのが、「話は飛ぶ」が、契約に対する理解についてである。すなわち、日本では、契約を締結する狙いは社会における状況の変化に応じて契約を弾力的に適応させるところにある。

2 秩序

日本語には、ドイツ語におけるような抽象的表現はあまり含まれていない。重要なことは、イメージを思い描くことができるように考えることである。(8) 日本のある法学部で講演をした後に行われた討議の発言順序は年齢順によるものであった。わたくしの歓迎会の式典で述べられた言葉や文字もそのことを明確に表していた。人々は、状況に応じて、話し方や書き方を変えることができるし、変えなければならない場合がある。名前を表すのに三種類の印章（公職印、実印、三文判）が使われている（地位を作り出す）という状況はそれ自体学問的検討に値する。日本酒は（特に夕食会では）時として儀式を作り出すことがある。日本で用いられている三種類の文字、つまり漢字、ひらがな、それにカタカナは、ヨーロッパのアルファベットに対応するものである。日本でひとりの人が二つの宗教（神道と仏教）を信仰しているという状況はわれわれを混乱させている。日本では、結婚式に招かれた客が新郎新婦から「御返し」という名の贈り物を受け取っている。隣近所に住む者の間で、一〇回以上も贈り物を交換する生活習慣がある（これを「隣人」愛とでもいうのだろうか）。贈り物をする機会が提供されているのに、贈り物をしないことは批判されることである。村八分という言葉が示すように、隣人の死亡と住まいの火事の場合は除かれているが、贈り物を欠いてはならないとされている。シルクロードを介してペルシャの獅子は日本の織物に描かれるようになり（日本には獅子はいなかった）、前述の仏像も新潟の美術館に納められることとなった（上述二）。これらは日本でもギリシャの影響がみられることをはっきりと示している。[9]

3　法

西洋から伝えられた法（その一部は、仏典からサンスクリットの言葉で翻訳されている）の位置付けおよびそうした法の解釈は、日本を訪れる西洋人にとって、不明確なものである。日本では、個人は、われわれの場合のように生活の中心に位置する者ではない、このことから多くの違いが生じている。[10]「集団志向」はどの寺の前でも記念写真を撮る際にみられた。修学旅行の生徒たちは、集合写真を撮るために、駆け足で集まっていた。一九世紀末頃に日本がドイツの民法および商法のかなりの部分を「継受した」ことに着目して両国の間には違いはないと軽々しく言うとすれば、前述の違いを過小評価することになろう。というのも、継受の後これまでの間に、そこから、日本に固有のものが生まれてきているからである。

しかしながら、これらのわずかな観察だけで、日本に関する論議を始めるべきではない。それゆえ、以下では、中国について日本の方々と法比較上の対話をするために、ささやかな足場を提供するにとどめよう。われわれは中国を一体どのようにみているのだろうか。中国はふたたびわれわれの運命を左右するようになるのだろうか。こうした問題を考えようとするとき、わたくしはこれに似た経験を思い出すことができる。それは、中国人の研究者、ヤンフェン・ワン（Yangfen Wang）との共作論文「Das Europäische Recht aus der Sicht Chinas（中国人の目から見たヨーロッパ法）[11]」を書いたときに得たものである。ここでは、逆に、われわれの目から見た中国法を明らかにし、この点についての情報を日本の方々と交換することとしよう。

四　中　国

1　シルクロード[12]

現在、法比較にとっての好個の素材は中国である。というのは、中国の世界への影響力は目覚め始めたばかりの段階にあるからである[13]。中国は、特にわれわれヨーロッパ人にとっては（おそらく日本人にとってはそれほどでもないのかもしれないが）得体が知れず、秘密のヴェールに包まれた「閉ざされた社会」の様相を呈しているようにみえる。確かに、われわれには中国の本質を見抜くことができない。わたくしは中国に何度も滞在したけれども、個別的な状況でせいぜいおぼろげな印象を得たに過ぎない。わたくしにみえたものはたかだか「hinter dem Teppich（絨毯の裏側に）」

付いているような小さな断片だけであった。しかし、法比較の作業を中断する理由は何もない。わずかなものでも、何もないよりはずっとましだからである。

中国は、一九一一年の辛亥革命（清朝の終焉）の後、部分的にドイツ法を取り入れた。革命の指導者、孫逸仙（孫文、一八六六—一九二五年）はゲッティンゲン大学で医学を学んだ。シルクロードを経由した「Zeichenwanderung（標識の移動）」（特に天文学と数学）が明らかに示すように、三世紀以上も前から、ドイツと中国との間に、文化的な出会いと交換が行われていた。そのような例を挙げれば、そろばん（アバクスと呼ばれた古代の一種の計算器具）は西洋から東洋へと伝えられたものである。その際、基本となる数値は、地中海地域の「指数」であった四から、中国の「指数」である五へと変更された（これよりももっと細かな単位に着目した例としては、数珠の玉の数がある）。数学で五が用いられ、円の五等分が用いられるやり方（Pentagon（五角形）、Pentagram（五本の線から成る星形）= Drudenfuß（この語も五本の線から成る星型を意味する）= Salomons Siegel（ソロモン王の印章））は、東洋から西洋へともたらされた（以下の7(3)参照）。

おそらくわれわれドイツの貸借対照表と複式簿記（Soll und Habenとの二元主義）は中国から来たものと思われる。われわれの二元的な記数法——それはわれわれがコンピュータで利用しているものである（0, 1/10, 11/100, 101, 110, 111/1000 = 01/2, 3/4, 5, 6, 7/8）——も、同様に、中国から由来したものである。法律家のゴットフリート・ヴィルヘルム・ライプニッツ（一六四六—一七一六年）がこれを発展させたが、彼がそうする以前に、イエズス会の会員が北京にある皇帝の宮殿においてライプニッツ宛ての手紙を書いていたことがわかっている。

それゆえ、シルクロードを法比較の視点から「蘇生させること」、そしていかなる「異国趣味」によっても畏縮させられないようなものにすること、これらが大切であろう。実際、中国との間での法の比較は、長い間、不可能であるとみなされていた。それでも、中国との法比較には成功例もある。

2　人口密度

中秋の名月の日に北京空港に到着した後に、人口密集地域に住む多数の人々の姿をみて、「陰鬱な気分にさせられた」ことがあった。長く連結された最新型の寝台車の一両で旅行したときも、これと同じ気分にさせられた。人々の流れのすごさは列車の運行や駅の待合室を通してみてとれた。人口密度はいつでも高い。これに加えて、ヨーロッパ人にとってそもそも読み書きすることができない中国語による標識の洪水がある。ドイツにおける支配的見解が法律学的解釈における「Weisheit letzter Schluss（最後の手立て）」としてわれわれに伝えようとしているやり方と同じように、これらの標識も「三段論法で」解釈することができるのだろうか。どのようにすれば、普通に作業を行うように、この社会に焦点を当てて大家族を捉えることができるのだろうか。

市場経済に変わったといっても、共産党の役割がさほど変わっているわけではない。中国共産党にはたくさんの顔がある。法律としての顔、指示命令をする者としての顔、労働組合としての顔、「タクシー、トラックなどの職業運転手のように国家を運営する中国政府」の伴走者としての顔（事情によっては中国共産党の信頼の厚い腹心の部下が大学の学長であることもある）、いわゆる「guanxi（人間関係）」の仲介者としての顔（ここにいう人間関係は、あらゆる分野で、存在に関わるほど重要な諸々の関係全体を意味する）、これらである。銀行およびその他の企業も中国共産党に従属している。(14) 中国の同僚たちは「コード化」して示しているが、政府（よりよく言えば、「お上（役人）」）との関係が緊密なことは仕事の上では長所である。

このことから次の点が分かる。ヨーロッパの人々が考えている意味での私的自治と民主主義は、横から見ても上から見ても十分に生活関係を見通せることが前提となっているようにみえる。しかし、中国ではこの点が欠けている。というのは、何事も規模が大きく、国土に地理的多様性があり、そして人々は「密度が高い状態で詰め込まれている」からである。それゆえ、「腕を伸ばして届くほどの、ゆとりを持った距離で――みる」という状況にはなく、むしろ「肌と肌とを接して――手がかりを得る」ことしかできない。このことから連想されるのはドイツ民法典における相隣権である。ドイツ民法典に存在する相隣権に関する多くの規定が中国ではこの国固有の制度があるために「無効とされ」てしまっている。つまり、隣人に対し長期間にわたって、正当性を持って何かを得ることはできないようになってしまっている。

3 集団

個人の地位とか個人の「社会的信用」（「面目を保つ」、「面目を失う」）とかというものは、中国では、抽象的規範に基づいて生じるわけではない。これらはある集団への所属に基づいて、常に気配りがなされている人的なネットワークに基づいて、そして、血族に基づいて成立しているものである。集団に属する者の行動における指導原理は当該集団にとって長所ともなれば短所ともなる。抽象的な真実を求めようとする要求はそもそも存在しない（いったい誰が真実に基づいて独立してかつ中立的に判断できるのかという疑問を彼らは持っている）。何世紀にもわたって古くから続く戸籍簿は「伝統を反映し、安定性を示す碇のような」効果を持っている。長男はそうした伝統の承継者であり、伝統を長く受け伝えている（もっとも、そうした伝統の承継は毛沢東の「文化大革命」のようなことによってしばしば中断されている）。

これとは逆に、個人が間違った行動をすれば、この者と密接な関係を持つ集団（たいていは家族）の「顔をつぶすことになる」。中国には「貧しい親戚が三人いれば、金持ちにはなれない。金持ちの親戚が三人いれば、貧乏にはならない」という諺がある。そこから引き出されるのは、債権者に対する「家族の共同責任」である。社会的信頼を確保するために必要なのは「法」ではない。それゆえ、法は、私人間での対処と社会的コミュニケーションの手段というよりもずっと多く、お上の指図を実現するための手段という機能を果たしている。中国の「fa（法）」という標識（たとえば「行政法」）はこのことを表現している（「Das Wasser fließt von oben!（水は高いところから低いところへ向かって流れる）」）。

4　習俗儀式

習俗儀式はわれわれの生活を支配するものである。習俗儀式は狭い空間に距離を作り出す。また、習俗儀式には——人間には同じ弱点があるのに——序列の相違が含まれている（習俗儀式が影響を及ぼすのではなく、言葉が影響を及ぼすようになっている）。北京の紫禁城（「故宮」）ではいたるところでこのような経験をすることができる。習俗儀式のもとで、皇帝は、恭しい態度で接すべきであり、まったく別の存在であるかのようになっている。しかし、習俗儀式は、召使から支配者へと入れ変わるように、簡単に変わるものであるし、われわれの生活を固定してしまうこともできる——このことは皇帝の宮殿においても知られるとおりである。図像というシンボルも、これと同様に、きわめて重要である。武漢近郊の揚子江（中国の「心臓部」にあたる）のそばにある毛沢東の湯治場で一九六六年に行なわれたことは、中国文化大革命にとって決定的な標識となった——この地名を聞いてわれわれが連想するのは、堂々たる六階建ての仏塔の存在である。

沈黙もコミュニケーションをとる上で重要な一部を成している。

「三本のスポークはハブの部分で一緒になるにすぎない。
ハブが回る部分が三つに分かれているわけではない。」
（無の利用、紀元前三五〇年前頃[15]）

5 言 葉[16]

中国語と日本語はまったく異なっている。中国語は音の高さを重視する言葉である（四声がそれぞれ別の意味を表している）。中国語は、音節の数が少ないために、さほど厳密ではない。中国語が目標としているのは——人口密度が高いことから——「面と向かって」接触することにある。言葉は作るべきものである。実際に言葉を作ることができるものは風土であって、これとは逆に、言葉が風土を「決定する」ことはできない。[17]

「真の言葉は美しくない。
美しい言葉は真ではない。」
（本質的なものの発展、紀元三五〇年頃）

中国語にみられるその音楽性は「われわれに対してまったく異なった影響」を及ぼしている。中国の学生はドイツ人客員教授が話すアメリカ語を「音から判断すると単調」であるというが、それでも、アメリカ人が話すアメリカ語と比べると、中国人が話すアメリカ語のリズムはもっとずっと強い。たとえばドイツ語にみられる音楽性は多くの母音（u. a. ä, ö, ü）に基づくとともに、単語の長さが変わることにも基づいているが、格変化と動詞の変化により制約されている（これらは中国語には欠けている）。音楽は、われわれの場合、リズムに由来する度合いが強い。このことは、二つの言葉のそれぞれの童謡で示すことができる。というのは、童謡はそれぞれの文化における「詩的なもの」を伝えているからである。ドイツ語の童謡（たとえば、„Weißt Du wie viel Sternlein stehen?（お星様がいくつあるかわかる?）"）と中国語の童謡は、法比較の講義では、「成功した」例である。

6　文　字

(1)　力

何かを「Bestimmung（決定すること＝声を一致させること）」の責任は中国ではSchrift（文字）にある（このことから類推して「Bestimmung」のことを「Beschriftung」とも言う）。「決定すること」は「中国では真理」である。文字をみると、中国それ自体を認識することができる。文字は、文化的社会的地位を表現し、古典的な文学作品、特に詩をあらゆることに「関係させ」、そして、独特の「合理性」をもたらしている。このことを示しているのは受験である――吉林（北京からウラジオストックに向かって北東一二〇〇キロメートルに位置する人口一〇〇〇万人の都市）の博物館でその具体例をみることができる。吉林は、満州にある同名の州の古い都である。吉林は、ドイツ語の標準語を意味する高地ドイツ語を示す表現に倣っていえば、高地中国語の発祥地である（「mandarin（マンダリン）」は満州の言葉を示しているが、中国人はこんにちマンダリンではなくてHan(漢)民族の言葉である「handarin（漢語）」を一層好んで用いている）。満州は中国と朝鮮が出会った地である。中国の北東部には朝鮮系の少数民族が今なおはっきりとわかる形で住み着いている。

吉林は、ドイツとロシアのビジネスマンにとって、商取引上重要な場所である。同地の家屋は川岸にびっしりと立ち並んでいる。川の向こう岸には、壮大な仏教寺院のひとつがある。ネオ・ゴシック様式のカトリック教会（一九〇〇年）の創設者はハンブルク出身の商人であった。毛沢東記念館の「すぐ隣に」はこれまでに発見されたものの中では最大の巨大な隕石がある。

試験博物館では時の経過を体験することができる。そこには、中国の官吏登用試験（Mandarin - Examen（科挙））で出された問題と解答が陳列されている。「カンニング」は死刑に処せられた。あらゆることが孔子が書いた文字を中心に巡っている（孔子が直接書いたのではなく、孔子が話したことが弟子の記憶に基づいて書かれている）。文字から出発して文字に行き着くのである。まさしく文字だけしか存在しない。吉林で成功したできごとはすべて、北京の宮殿で繰り返された。いくつかは、数年後に中国全土に浸透し、北京のラマ教寺院に記念碑として祭られた。文字にはものごとを変える力があるが、それにも限界がある。孔子にとって、中国は唯一の世界であった。孔子は彼にとって未知のものすべてに疑問を抱いていたし、彼の弟子たちはこの点で孔子に従った。偉大な中国の哲学者たちは誰も海をみたことがなかった。

型どおりに形式主義を採用した結果、中国ではものごとが硬直化したが、こうした状態は約一〇万人もいた宦官の支配を通して、さらに増幅された。宦官は唯一の男性として、皇帝の宮殿および宮廷内にある女性の部屋に近付いた。宦官は習俗儀式を支配し、政治的変革を妨げたが、それは彼らの権力を維持するためであった。

「去勢された者が法律の効力を去勢する、
男性としての働きを組み込むことによって。
その結果、彼らは鳥を捕獲する網をずたずたに引き裂いてしまった。
彼らはこの網を今ではどんなところにも張っている。
網の中に追い込まれていない野鳥は一体どこにいるのだろうか。
最も速く網の中に追い込まれた野鳥は、次第に死へと追いやられていく。」
（Shi-King（紫禁城）、フリートリッヒ・リュッケルトの翻訳による。）

このような社会構造の硬直化に反対する運動が一九一一年の辛亥革命であった。

(2) 普遍的なもの

文字についての根本的な理解（文字の構造を決定する二一四（各桁の数字の和は七である）の「部首」をみると、部首は文字が記号として機能する際の基盤を成している）がなければ、実際、中国は「秘密のヴェール」に包まれたままである。それでも——たとえそれが不安定であるとしても——「エンジンに点火する」ために十分といえるだけの理解を得ることはできよう。表意記号が発達しているにも拘わらず、この場合に助けとなるのは——今なお感じ取ることができるが——中国文字が有する、象形文字という性質である（絵文字）。この性質は、人々の生活をみるうえで「普遍的なもの」を明らかに示している。わたくしは、友人のヨーゼフ・ヘェルツェンバインと一緒に、それを個別的に追い求めた——その際、われわれが比較のためのモデルとして選んだのはヘブライ文字であった[18]。

これに関しては四つの例がある。第一に、一、二、三を示す中国の文字がyi（一）、er（二）、san（三）であるのに対して、ローマ数字の表記はⅠ、Ⅱ、Ⅲである。その回転の方向は、筆記用具が違うということから生じている。筆は（しずくが落ちる方向に応じて）一つ一つのタッチを簡単に組み合わせることができるが、羽ペンではこの問題はうまくゆかない。第二に、三は——われわれの場合と同様に——中国でも「たくさんのもの」を意味する。つまり、「ひとつ、ふたつ、たくさん」というように。三人は「大勢の」人であり、三本の木は「森」であり、三人の女性は「かしましいおしゃべり」であり、三枚の金貨は「大金持ち」という具合である（Friedrich Rückert, „Die Zahl Drei“: „Lebendig steigt die Zahl nicht über drei hinan.“[19] 参照）。

第三に、ここに挙げた三という標識（人間、木、女性）は、上部に頂点を有する等辺三角形のように配置されている。それは、カトリック教会の祭壇の上にみえる聖霊のシンボルのような三角形や、アメリカの一ドル紙幣に「神の摂理」を表すしるしとして印刷された三角形と同じである。この三角形の意味はどこでも、「ひとつのものの中に多数の存在がある」ということである（参照されるのは、「父と子と聖霊の名において」という表現である（この三つは複数を表すが、名においてという部分は単数で表記されている））。われわれが思い出すのは音楽における「tempus perfectum（定量記譜法）」であり、詩の三詩脚詩句であるが、これらは円を表している。「三和音」というわれわれの耳に入ってくるものも同様である。われわれは文化的にみて「普遍的なもの」なものに出会っている。

第四に、中国の陰陽というシンボル（川の両岸に切り立った地形を有する谷あいで米作が行なわれるという文化を例にとると、日の光が当たる側とそうでない側）が示すように、狭く限られた境遇では「社会的調和」を求める努力が行なわれている（このことは狭い水域での漁業にもあてはまる）。これと対を成す標識はヨーロッパでははかりである（広がりの中での市場——遊牧民の文化）。「verstehen（分かる）」を意味する中国の標識には手を意味するしるしが含まれている。われわれの単語「begreifen（理解する、概念を摑む）」、「erfassen（捉える、把握する）」（英語の「to grasp（会得すること、捕まえること)」、「to get grips on (……を摑むこと、取っ手を握ること)」に当たる)も、同様に、このことを示している。数学という表現のうち「数」という字の構成を見ると、「女」が下にあり、その上に「米」があり、ふたつの「文化」が並んでいる。われわれドイツでも、数学を表す言葉を「die Mathematik」と女性名詞で呼んでいる。ここには、直線的なアルファベットで数を文字として用いるやり方と観念による連想的なしるしで図像を文字として用いるやり方というように違いがある。その結果、どちらかというと演繹的なヨーロッパの思考方法は帰納的色彩を多く持った手探りの慎重さと出会うことになる。もっとも、こうした違いは程度の差でしかない。出自は異なっても、人間であることに変わりはないからである。

7 数[20]

輪を成して冠に付けられる飾りのように、意味を持って列挙される数があるし、「縁起のよい」数と「縁起のよくない」数もある。数は、われわれにとって見通すことのできない秩序観念を操作している。数が社会的なリズムをコントロールしている(数に象徴的な意味がある)。それゆえ、中国の文学作品には、数学的思考が「法」に及ぼした影響がみられる――北京のある有名な大学の学長にとってこの点は気がかりな問題であった。彼はわたくしに、中国の皇帝の宮殿(「故宮」)では数が建物の構造を決めていることを教えてくれた。

(1) 四

中国人と日本人は、「四」と「死」とをほぼ同じに発音する。それゆえ、「四」は不吉な数である。病院には四階はないし、四という数字が付いた病室もない。軍用機の場合、四は番号リストに入っていない。二〇〇二年のDeutsches Ärzteblatt（ドイツ医師会報）によると、中国では毎月四が付く日に、慢性心不全で亡くなった人が二七パーセントも増え、入院患者は四五パーセントも増えていた。このことから、一六がリズムとして用いられていることが分かる（これは昔の四を中心に基準を作ったシステムの残滓であり、このことはわれわれの場合にも貴族の称号に関する法にみることができる。みずからが貴族であるというためには、一六代前から先祖が貴族階級に属していたことが必要である）。

(2) 九

後になると、三を基準としたシステムが登場し、三とともに、九が登場した。伝説が伝えるように、インドに由来する、なんと四を基準とした中国の方法が九（三×三）をもたらした（実際、三と九とはヒンズー教に固有の「指数」である）。九は皇帝を表すための数となっている。

「平和な時代には、九つの国があった。
人々は四つの浜辺に住んでいた。
余は九つの山岳地帯で山道を切り開いた。
余は九つの流れに川床を造った。
そして川を堰き止めて九つの湿地帯が生まれた。
四つの海がひとつになった。
（武王とその王国（西周）、紀元前一二〇〇―七〇〇年）

「もちろん」中国共産党中央委員会の委員は九人である。中国の影響を受けて、ビルマ（ミャンマー）は、その価値を九で割ることができなかったすべての銀行券を無効にする旨を宣言した。北京の「故宮」（紫禁城）では九と八一という数が「支配している」。地元の知識人たちはそのことを有頂天に指摘している。九×九＝八一という数式はあらゆる規則のうち第一のものであるとみなされている。宮殿には九千九百九十九の部屋がある、という具合である。

ヨーロッパに向かって橋を架ける活動の起源はインドにある。われわれが使う「Neunmalkluger（九倍も賢い＝物知り顔、知ったかぶりする人）」、「Überschlaue Person（抜け目のない人）」や「Neuntöter（九人の死者＝百舌）」（鳥の一種）、これらはインドから来た言葉であり、「neunschwänzige Katze（尾が九本ある猫＝九本の帯状の皮でできた鞭）」やオスナブリュックの市庁舎にかかっている「Neun Gerechten（九つの正義）」の絵も同様である。イギリスに目を向けると、「nine days wonders（一時大騒ぎされるが時期に忘れ去られる事件＝人のうわさも七五日）」や「cloud nine（九つの雲＝雲を階段にして、天にも昇る心地、意気揚々）」という表現がある。後者の雲の上には、特別に幸福なことが「鎮座ましましている」（ドイツで参照されるのは「siebter Himmel（七番目の天＝無常の幸福）」という表現である）。「Sündflut（たくさんある罪）」について述べた聖書の歴史の中に八一（四〇＋七＋七＋二七）という数字が現れているのはなんら不思議なことではない[21]。

七と一〇もシンボルとしてそのつど固有の内容を持っているが、七と一〇の現れ方も同様である。このことは「故宮」では動物の数に反映されている。これらの動物は大きな会堂の屋根の傾斜部分を飾り立てている（そのつど意図された「調和」の程度に応じて、その数は七、九、または一〇となっている）。

(3) 五

「Pentagramma（五本の線から成る星型）は汝を苦しめるものか。」

（ヨハン・ヴォルフガンク・フォン・ゲーテ、ファウストⅠ、研究室）

九と並んで存在するのは「これよりも数が少ない」五である（五は包括的な法則を意味する。われわれの「Quintessenz（五つの本質＝本質的に重要な核心部分）」や音楽における「Pentatonik（五音音階）」参照）。

「五人の息子がそれぞれ遠くはなれたところで戦っている。
五人の妻はみな妊娠している。
（『兵役』、紀元二二五〇年頃）

長春における皇帝の玉座（中国最後の皇帝の宮殿）の上に見えるのは放射線状に配置された五つの星である。五つのぎざぎざのついた星（Pentagramme（五本の線から成る星型））は中国の国旗にみられる。この五本の線から成る星型Pentagramは「Han Symbol（漢のシンボル）」（＝chinesisches Symbol（中国のシンボル））である。このことから思い出されるのは、中国人がコンパスと定規を用いて円を五等分する方法を発見したという事実である。この知識が、知恵があることで有名なソロモン王の印章（「Pentagram」）と紀元前四世紀から三世紀にかけて活躍したアレクサンドリアの数学者ユークリッドの著名な書物『Die Gesetze der Geometrie（幾何学の法則）』を介して、一二世紀にヨーロッパに到達した。五は天の数とみなされている（それゆえ、放射線状に配置された五つの星が描かれている）。中国の諺では、「星は天まで届いている」。天と地にとって重要な数は五五である。

8　架橋

(1)　社会的信用

中国の同僚や学生は「西洋法」を、何よりもまず生活との結び付きを欠いた、哲学的抽象的なモデルであるとみている。カント、ヘーゲル、マルクス、そしてハーバーマスはしばしばまさしくこのようなドイツ人法律家であるとみなされている。西洋法はしばしば抽象的な「法理論」にとどまっていると考えられている。というのは、個人、私的所有および市場、これらを基盤としてより多くのことが構築されているヨーロッパ秩序の中には実際上の諸課題についていかなる観念も存在していないからである。「平等」を伝えることは中国の階級的構造においては難しい。平等は、生活の中に現実の本拠を持たない西側のイデオロギーであるとみなされている。抽象的な概念に含まれている「具体的な真実の姿」はほとんどといってよいほど伝えられていない。

このことの影響は、(契約当事者の平等を前提としたり平等性を作り出したりする) 契約というものの理解や、こんにちではすべての株主にとって情報入手の同等性を必要とする株式会社の理解に対しても及んでいる。見通しの効かない世間に対する関係で、情報を得ること自体がそもそも本質的な問題となっている。長期間にわたる観察を必要とする「密集した状態に押し込まれた」社会では、家族や集団を保護することが生活するうえで必要不可欠である。それゆえ、「面目を保つ」ことが、与えたり受け取ったりするネットワーク (「人間関係」) の内部では「社会的信用」を得るうえできわめて重要な部分を成している。情報は乏しいながらも価値の高い財産であるし、情報は、行動や危険分担の共同体である集団内部のまとまりを保障するものでもある。「部外者」に情報を提供することは損害を招く可能性がある。得られる情報の内容次第で、情報によって「認識すること」もできるし、「将来を見通すこと」もできる。

(2) 人間関係

われわれヨーロッパ人は、中国の「guanxi-System（人々の間にある人間関係を重視するシステム）」を理解するにあたって、あまりにも性急に、このシステムを「腐敗」であるとか、「裏表のある取引」であるとか、また「eine Hand wäscht die andere（ひとつの手がもう一方の手を洗う＝世の中は持ちつ持たれつ）」であるとかというように簡単に割り切ってしまっている。しかしながら、中国を取り巻く条件を考えると、社会的評価を行なうためにも、知識を交換するためにも、合目的的に組織するためにも、そして伝達のコストを低く抑えるためにも、おそらくこのシステムを放棄することはできないであろう（信頼の尊重を確かめるのにさほど高価な出費はなされてはならないし、おそらく高いリスクの賠償を請求することもなされないであろう）。このシステムは「華僑」が成功する理由となっている。華僑は、みずからが属する大家族（出身の村や方言を共通にする者たち）を大企業のように組織することを考えていた（戸籍簿による防衛システム、前述3参照）。

中国とヨーロッパとの違いは絶対的なものではなく、少しずつ色合いが変わるグラデーションのようなものである。われわれの場合にも、「Vitamin B」（＝この言い方は関係を意味する「Beziehungen」という言葉の最初のアルファベットに基づく）が同じように重要であるし、時として、この言葉は、支持政党への寄付の場合だけでなく、それ以上の多くのことを含んでいる。アメリカ合衆国では、糸で編んだ織物のような「connections」が後々まで影響を及ぼしている。その理由は、特に民間産業から政府へ（そしてその逆もある）という交代が頻繁に行われ、また「後援活動」が広く行なわれていることにある（後援活動は最初は学校に対して行われていた）。

中国がこの人間関係というシステムを守っているのは嫉妬の感情があるためである。このシステムは外国人をその中に入らせない。人間関係というシステムは「内向きのものである」。このことに外国の企業が気付くのは、企業が中国で合弁企業を設立する場合である。人間関係というシステムは人事部（人的資源担当部門）から離れたところで維持されている。外国人は、人事政策を通じて「感謝」を表明したり「地位」の提供を通して忠誠を誓ったりする機会をほとんど持っていない。これに対して、西洋の思考方法が有する個人主義的な発想の契機が競争にさらされる可能性はほとんどない。ましてや、そうしたネットワークの扉が突然に開かれることなどめったにない。

(3) 制　度

比較法学者は文化的限界に関するこうしたイメージを「違う世界へ持っていか」なければならない。それは、「契約」、「株式会社」、「金融市場」といった言葉の意味を明らかにするためである。「法」という言葉の中には、いつでも、独立して判断を下す者（「裁判官の独立性」）が固有の領域を持つという響きが入り込んでいる。独立して判断を下す者に帰属することは判断者の価値的背景と結び付けられている。ヨーロッパにおける啓蒙時代の大学教授、たとえば、一八世紀啓蒙主義を代表するドイツの法学者で哲学者のクリスティアン・トマジウス（一六五五—一七二八年）は、裁判所により実施できるもののみを法であるとみなした。法と独立性を有する組織とを結び付けることは、中国におけるような「お上の目からみる」社会では、難しい。高い密度をもって「詰め込まれる」中国の場合には、距離とか、独立性にとって必要な「隔離」という状況を作り出すことは容易ではない。「共通の価値的背景」はひとつの抽象化作用であり、この抽象化作用は中国人の具体的な思考にとってはわざとらしい技巧にみえるのかもしれない。われわれ「西洋人」には中国人の気持ちになって考えることはほとんどできない。それを敢えて強制執行のように強行すれば、同様に、ごちゃごちゃに並べられているバリケードに突き当たることになる。

(4) 出会い

ヨーロッパの教授であるわたくしと中国の大学生たちは、これら多くの問題があったにも拘わらず、長期にわたった講義を通じて、真に出会うことができた（時間が信頼を作り出す）――そこには、相互に承認し合い、包括的に人間らしい雰囲気が生まれた。客員教授としてのわたくしは「教養のある存在」として現れなければならなかった。すなわち、自己の文化的伝統およびその中に示された標識を十分に知悉する専門家として現れなければならなかったのである。「シェークスピアもいない」し、「ゲーテもいない」中国では、それらの知識を前提として話す者は受け入れられないし、そこにとどまることも難しい。「三度繰り返して言わなければならない」――そして、特にゆっくりと話さなければならない。場合によりわたくしは教材の英文を一緒に読み、身振りによる言語で「演じ」なければならなかった。しかし、最後に出会うのは異国人ではなくて人間そのものである。人間は同じ土俵で答えを探し、答えにおいてまた新たに出会うのである。

五 結び

以上をもって、わたくしの小論を終えることとしよう。わたくしがこの小論で示そうとしたのは、比較法学者は文化の伝達者たり得るし、また同時にそうでなければならないということである。法比較は、人類学的な比較と平行して現れるが、それは、法比較が「テキスト中心主義」に陥って成長が止まらないようにするためである。[22] 文献を読むだけでは足りず、さらに「対面による」出会いがなければならない。どのような秩序を見本とするか、そしてどのような秩序をよいものと判断するかは、日々新たにそれぞれの環境において地理的・記号学的な環境を通じて行なわれている。[23] この環境が、「一国の切れ端」のように、情報と評価とを結び付けている——そしてその場合、環境は独自の効果をひそかに発揮し、社会と国家の構造を形作っている。[24] 法を比較する際に必要となる「標識学(Zeichenkunde)」[25] という専門分野には広い領域が残されている。この領域に関心を持ち、それを研究することは、まさにヨーロッパと日本との出会いにあっても大きなチャンスを提供している。

わたくしは、改めてこの小論をお読み下さった方々に対し、そして「日本」に対し、日本の先生方に、日本の友人に対して心から感謝したい。それは、これらの方々がわたくしにこのように豊かな法比較上の視点を開いて下さったからである。

（1） Hagen Henry, Kulturfremdes Recht erkennen, Helsinki 2004.
（2） 1961.
（3） FS Möhring, Müinchen 1975, S. 1.
（4） Tokio 1976.
（5） Kiyoshi Igarashi, Gibt es einen ostasiatischen Rechtskreis?, in：Festschrift Knut Noerr, Köln 2003, S. 419, 430.
（6） Koresuke Yamauchi, Die Rezeption ausländischen Rechts in Japan - Beispiele aus dem Wirtschafts- und dem Familienrecht, Verfassung und Recht in Übersee 36 (2003) 492.
（7） Koresuke Yamauchi, "Was ist japanisches Recht", in：FS Helmut Kollhosser, Karlsruhe 2004, S. 799.
（8） Bernhard Großfeld, Bildhaftes Rechtsdenken, Opladen / Wiesbaden 1995；Georg Lakoff / Mark Johnson, Metaphors We Live By,

Chicago / London 1980.

(9) Bernhard Großfeld, Neue Seidenstraße, ZVglRWiss 103 (2004) erscheint demnächst ; Susan Whitfield (ed.), The Silk Road, London 2003 ; Michael Yamashita, Marco Polo. Eine wundersame Reise, München 2003.

(10) Ai-Ex Chen, Konfuzianismus kennt kein Individuum, in : Georg Nolte / Hans Ludwig Schreiber (Hrsg.), Der Mensch und seine Rechte, Göttingen 2004.

(11) ZVglRWiss 94 (1995) 292 = Bernhard Großfeld, Zauber des Recht, Tübingen 1999, S. 101.

(12) Bernhard Großfeld, Neue Seidenstraße, ZVerglRWiss 103 (2004).

(13) 一般的な基礎知識については、Bernhard Großfeld, Rechtsvergleichung, Wiesbaden 2001 をみよ。

(14) Joseph J. Norton, Reform of State - Owned Enterprises in the People's Republic of China, in : Festschrift für Bernhard Großfeld, Heidelberg 1999, S. 809.

(15) 法における詩の利用については、一般に、Heinz Holzhauer, Annette von Droste Hülshoff und das Recht, in : Festschrift für Bernhard Großfeld, Heidelberg 1999, S. 423 ; Bernhard Großfeld, Rechtsdogmatik / Rechtspoetik, Juristenzeitung 2003, 1149 をみよ。

(16) Claus Luttermann, Dialog der Kulturen, in : Festschrift für Bernhard Großfeld, Heidelberg 1999, S. 771 ; Otto Sandrock, Die deutsche Sprache und das internationale Recht : Fakten und Konsequenzen, ebd. S. 971.

(17) John DeFrancis, The Chinese Language, Honolulu 1984.

(18) Bernhard Großfeld / Josef Hoeltzenbein, Globalization and the Limits of Language(s) : Comparative Legal Semiotics, Rechtstheorie (2004).

(19) Vgl. Fritz und Gudrun Sturm, Die Dreiteilung des Code Civil - Ein ungelöstes Rätsel, in : Festschrift für Bernhard Großfeld, Heidelberg 1999, 1219.

(20) Bernhard Großfeld, Zeichen und Zahlen im Recht, 2. Aufl., Tübingen 1995.

(21) 旧約聖書創世記第八章第六節ないし第一四節。

(22) Wolfgang Fikentscher, Legal Ethnographical Observations, in : Festschrift f. Bernhard Großfeld, Heidelberg 1999, S. 235.

(23) Bernhard Grossfeld / Edward J. Eberle, Patterns of Order in Comparative Law : Discovering and Decoding Invisible Powers, Texas

International Law Journal 38 (2003) 29.

(24) Bernhard Großfeld, Zivilrecht als Gestaltungsaufgabe, Karlsruhe 1977.

(25) Bernhard Großfeld, Comparative Legal Semiotics : Numbers in Law, in : Otto Sandrock / Bernhard Großfeld / Claus Luttermann / Reiner Schulze / Ingo Sänger (Hrsg.), Rechtsvergleichung als zukunftsträchtige Aufgabe, Münster 2004, S. 37 ; Jack A. Hiller/Bernhard Grossfeld, Comparative Legal Semiotics and the Divided Brain : Are We Producing Half-Brained Lawyers?, American Journal of Comparative Law 50 (2002) 175.

オットー・ザントロック

ドイツに管理機関の本拠を有する日本会社

Otto Sandrock,
Japanische Gesellschaften mit Verwaltungssitz in Deutschland
übersetzt von Koresuke Yamauchi

山内惟介 訳

目次

一　いくつかの事実と問題提起

1　統計資料

二〇〇四年九月の時点でみると、約九〇〇社の日本企業や日本企業の営業所がドイツで活動していた。そのうち約八〇〇社はドイツ法上の有限責任会社または日本企業の営業所である。(1) それ以外の法形式（つまり、ドイツ法上の株式会社や合資会社の形式）を採る企業はなかった。あるアンケート結果によれば、(2) 二〇〇二年についてみると、全部で一三九社がドイツに経営協議会（Betriebsrat）を組織する旨を届け出ていた。そのうち一五社は、それにとどまらず、経営監査役会（Aufsichtsrat）の設置をも示していた。二〇〇二年には、ノルトライン・ヴェストファーレン州だけでも四七〇社の日本企業が活動していた。(3) これらの企業はおよそ二万二千人の従業員を雇用し、毎年三百三十億ユーロの売り上げを記録していた。その大多数は中小企業であって、平均すると、一社当たり四七人を雇用していた。(4)

筆者の手元資料からは、前述の「日本企業」がどのくらいドイツ会社法上の形式（たとえばドイツの有限責任会社や株式会社）で営まれていたか、また日本法上の会社の営業所として営まれていたかという点は明らかではない。というのは、統計上の記載の根底にあったアンケートでは、企業の法形式は——日本法上のものであれ、ドイツ法上のものであれ——、この点がまったく問題とされていなかったからである。これらのアンケートは経済的データの確認にのみ向けられたものであって、日本企業が経済的に活動する上でそれぞれの進出先国の国内法上の形式は考慮されていなかった。

しかしながら、企業の法形式にまったく意味がないとは到底いい得ないであろう。それは、ドイツで事業活動を行っている日本企業の事業執行機関や取締役が「純粋に日本的なもの」でもなければ、ドイツと日本との混合的性質を有するものでもないからである。小規模企業の場合は、日本に置かれた最高意思決定機関が圧倒的優越性を持っていた。比較的規模の大きい企業の指揮命令機関では、ドイツ人経営者が当該指揮命令機関で活動していても、日本人の同僚が発言権を持っていた。ただ、日本の親会社からドイツへ派遣された日本の企業経営者は、ドイツ法上のしかるべき会社形式よりも、本国の法秩序上の会社形式にずっと多く慣れ親しんでいる。以上のことからすると、日本の経営者は、彼らが慣れ親しんでいる日本法上の会社形式で当該企業が運営されることを好むものと考えられよう。(5) 他方で、これらの会社がドイツの市場においてドイツ法上の会社形式という衣をまとっていれば、会社はその事業活動を特にドイツで、またさらにヨーロッパ全域にわたって容易に行うことができよう。その場合、個々の事案では、各事案における諸事情が重視されることとなろう。いずれにしても、日本企業がドイツでどのくらい容易に、確実に、しかも廉価に活動することができるかという問いに対する解答は、特にそのつどのような法形式が採用されるかという点に——たとえそれが日本法上の法形式であれドイツ法上の法形式であれ——かかっている。(6)

2　一九二七年のドイツ・日本通商航海条約

日本企業がそもそもドイツにおいて日本会社というその法形式を有したまま法的に行動することができるというためには、当該企業がドイツで法的に承認されることが必要である。この点に関する諸問題については、一九二七年七月二〇日のドイツ・日本通商航海条約(deutsch-japanischer Handels- und Schiffahrtsvertrag)(ドイツ語ではＨＳＶと略称される。(7)これは、昭和三年四月一四日条約第一号、日本国独逸国間通商航海条約のことであり、日本側では日独通商航海条約と表現されるが、ここでは原著の趣旨を考慮して、以下ドイツ・日本通商航海条約と表記する――訳注)(8)がそれぞれの解答を用意している。

この条約に定められた多くの条項は、同条約中に定められている法律問題(9)につき、それぞれの相手方当事国の会社に対する最恵国待遇および内国民待遇を規定する。どのような会社がこのような最恵国待遇および内国民待遇を享受するべきであるかという点は、同条約第一三条に規定されている。それによれば、同条で取り扱われているのは、双方締約国の会社の承認ないし権利能力――および会社の当事者能力――である。同条は次のように規定する。すなわち、

「株式会社およびその他の商業、産業または金融業に関する会社であって、一方の締約国の領域上にその本拠(原語は「Sitz」であり、わが国では条約上「住所」と訳出されている――訳注)を有しかつ当該国の法律に従って適法に成立するものは、保険会社を含め、他方締約国の領域においても、法律上成立するものとして承認され、かつ、その国において原告としても被告としても他方締約国の法律に従って裁判所に出頭する資格を有する。」

この種の条項はその他の二国間友好通商航海条約にも知られている。(10)その特徴は、当該条約がそれぞれの相手方締約国の会社を承認するか否かを、当該会社が各相手方締約国法に従って有効に設立されていることだけでなく、当該会社が相手方締約国の領域から管理されているということをも付加して決定しているという点にある。すなわち、その文言によれば、ここで引用された条文が対象とするのは、――日本で有効に設立されている上――日本にその主た

る管理機関の本拠（Hauptverwaltungssitz）をも有する日本の会社のみである。右に引用された同条約第一三条は、それゆえ、国際会社法の視点からみると、本拠地法説（Sitztheorie）に依拠しているようにみえる。というのは、締約国は、相手方締約国の領域から主たる管理機関が運営されているような会社についてのみ相互承認を明示的に義務付けられていたからである。これら二つの要件――相手方締約国での有効な設立とその領域からの管理――が満たされている場合に限って、当該会社の権利能力および当事者能力の承認が確保されているようにみえる。

3 問題提起

しかしながら、先に引用した通商航海条約の条文が定める、このような種類の設立という基準と管理機関という基準とを同時に満たしている日本会社はむろん本稿の対象ではない。むしろ検討されるべきはこれとはまったく異なった変形の事案、すなわち、日本で有効に設立されてはいるが、しかし、日本からではなくドイツから管理されている日本の会社、それゆえ、設立準拠法と本拠地法とが分裂している事案である。この場合、ドイツ・日本通商航海条約第一三条に関して提起される問題は、このような条約法上の規定がそうした会社の承認を排除しているか否かという点である。この場合に論点となるのは、ドイツ・日本通商航海条約第一三条の性質をどのようなものと決定すべきかであろう。この点については、次の二つの答えのうちいずれかひとつしか選ぶことができないであろう。すなわち、一方では、この規定は遮断するという点で最大の基準を設けたものと考えられている。[(11)] この基準によれば、日本に主たる管理機関の本拠を有する会社以外の会社がドイツで承認されることは許されない。他方で、この規定が規律しているのはこれとは逆に最小基準のみだとされている。これによれば、逆に、日本以外に――つまりドイツに――主たる管理機関の本拠が所在する日本の会社をこのドイツ国内において権利能力および訴訟能力を有するものとして取り扱うことが許されることとなる。

二　一九二七年のドイツ・日本通商航海条約第一三条の解釈

以下の検討において明らかにされるのは、ドイツ・日本通商航海条約第一三条が承認の対象を拡大するという意味で、つまり、最小基準を表すという意味で解釈されるべきだという点である。それゆえ、ドイツに主たる管理機関の本拠を有する日本の会社はドイツ国内ではおそらく権利能力および当事者能力を有するものとして承認されるべきであろう。このような解釈に賛成する理由はたくさんある。そうした理由のうち、最初の二つはこのドイツ・日本通商航海条約から直接引き出すことができる。

1　ドイツ・日本通商航海条約の意味および目的

ドイツ・日本通商航海条約前文の表現によれば、「将来において両国間の経済的諸関係に対して適用されるべき諸規則を相互の利益に基づいて創設するという」両締約国の「明確でかつ目標を意識した意思がこの高い目標の実現に資する」と述べられている。両締約国の「明確でかつ目標を意識した意思」により、設定された諸目標の達成に資する経済的諸関係には、会社の相互承認も含まれている。それゆえ、会社の相互承認はドイツ・日本通商航海条約を通じて奨励されているはずである。すでにしてこの一般的な目的が、第一三条をここで主張されている意味で承認の対象を拡大して解釈することを正当としているのである[12]。それゆえ、日本の会社の権利能力および当事者能力は、当該日本会社がドイツの領域から管理されている場合にも、ドイツ・日本通商航海条約により保障される。

2　相互主義

このような拡大解釈を支持するもうひとつの理由は、そうした解釈がドイツの会社にとっても利益になるという点である（相互主義（Gegenseitigkeitsprinzip））[13]。というのは、相互主義によって、ドイツの株式会社、有限責任会社、協同組合、合名会社、合資会社などで、主たる管理機関の本拠が日本の領域上に所在するものの日本での承認も保証されるからである。このことにより、ドイツ法上の形式における会社、たとえば日本に主たる管理機関の本拠を有するドイツの有限責任会社を通じて、ドイツ製品を日本で販売することができるようになる。ドイツの事業執行者はもちろん本国ドイツの法形式に、日本法上のそれに対応する会社形式よりもずっと慣れ親しんでいる。日本の文字は、普通、日本で活動するドイツの事業執行者にとって「理解し得ないもの（ein Buch mit sieben Siegeln）」である。拡大解釈をとれば、会社法上の問題が生じた場合でも、事業執行者は日本会社法上の関連条文およびその解説の分かりにくい翻訳に頼る必要がなく、日本の弁護士になんら会社法に関する助言を求める必要もないであろう。

これと同じことは、ドイツの領域から管理されている日本の会社についてもあてはまる[14]。確かに、自国の商号を用いながらドイツで事業活動を行い、しかもそうしたやり方でドイツ国内において債務を負い、権利を基礎づけ、訴えたり訴えられたりする可能性を日本の会社にも開くべきであるという考えは、多くの者には意外に思われるかもしれない。けれども、このような考えはむろん抵触法学者にとっては当たり前のことである。このように考えるならば、ドイツの企業も日本の企業も、債務法上の契約を準拠法条項により日本法に服させることができる。[15] これと同様に、契約の特徴的給付が日本で提供され得る場合、当該契約を客観的連結に基づき日本法によって規律することも可能となる（ドイツ民法典施行法第二八条第一項、第二項）。[16] ドイツ国内に事業活動の中心部分を保持している日本の会社が、それにも拘わらず、設立準拠法たる日本法に従って判断されるべきだということも、これと同じように、きわめて当然のことと思われる。[17] ヨーロッパ裁判所の最近の判例――これらの判例が現にある諸問題にとってどのような意味を持つかについては後になお検討する予定である――を前提とすれば、ヨーロッパ共同体加盟諸国の会社についてもこのことはどのみち承認されている。ヨーロッパ経済共同体に対する関係での第三国の会社にとっては、このことはなんら特別のことではない。たとえば、アメリカ合衆国やスペインのように、ドイツが設立準拠法説に基づいて二国間通商条約を締結していた諸国の会社の取扱いをみると、ドイツの裁判所自体にとってこのことは日常茶飯事である。[18] いずれにせよ、これらの国に関していえば、拡大解釈をとるという考えはなんら意外の念を抱かせるものではない。

3　ドイツ・日本通商航海条約上の最恵国待遇条項の意味

ドイツ・日本通商航海条約第一三条の拡大解釈を支持するもうひとつの論拠は最恵国待遇条項から明らかになる。最恵国待遇条項は、たいていの場合、条約上、その他の諸規定の中に取り入れられている。すなわち、ドイツ・日本通商航海条約は、同条約の規律対象たる法律問題につきそれぞれ相手方締約国の会社に対する内国民待遇または最恵国待遇を定める条項で全体をカヴァーしている。

内国民待遇条項は、それぞれ相手方締約国の会社は内国民と同一の権利を享有し、権限を行使することができる旨を規定する。[19] なるほど、ここでの関連でいえば、内国民待遇条項にはなんの意味もない。というのは、ドイツの会社はドイツ国内ではどのようなやり方でも抵触法的に承認される必要はないからである。むしろ、ドイツ会社はドイツ国内では当然に（eo ipso）存在している。[20] このほか、外国と関連性を有する事案（ドイツ民法典施行法第三条第一項）の場合にのみ承認が考慮されるという理由から、内国で抵触法的承認が排除される場合がある。むろん、会社をドイツで設立し、ドイツの商業登記簿に登記することそれ自体はなんら外国との関係を示してはいない。しかしながら、日本の法形式を持ちつつドイツから管理されている会社がドイツ国内で抵触法的承認を得ようと努めていることをみれば、ドイツ・日本通商航海条約における内国民待遇条項がこうした会社につきなんの基準も設けていないことが明らかになろう。

これに対して、最恵国待遇条項の場合はこれと事情を異にするように思われる。最恵国待遇条項は、それぞれ相手方締約国が第三国の会社に対して認めていた権利および権限が他の締約国の会社に対しても与えられなければならない旨を規定する。[21] それゆえ、最恵国待遇条項は、そのつど他方締約国の会社の法的地位を、それよりも好条件の法的地位を享有している第三国の会社の法的地位を基準とすることによって、改善しているのである。[22]

ドイツ国内で日本の会社が援用できる第三国の会社として考慮されるのは、この場合、ドイツで活動しているアメリカおよびスペインの会社である。一九五四年一〇月二九日のドイツ・アメリカ合衆国友好通商航海条約第二五条第五項はドイツで活動するアメリカ合衆国会社の法的地位を次のように定義している。[23] すなわち、

「この条約の表現における「会社」は、商事会社、出資者たる地位ならびにその他の団体、社団および法人を意味する。会

社の責任が制限されているか否か、その活動が営利を目的としているか否かは、関わりがない。一方の締約国の法律およびその他の諸規定により当該国の領域で設立されている会社は、当該締約国の会社とみなされる。その法的地位は相手方締約国の領域において承認される。」

アメリカ合衆国会社のドイツにおける承認に関するこの規定を根拠とすると、ドイツ・日本通商航海条約第一三条とは対照的に、次のことがいえよう。[24]すなわち、会社に要求されているのはアメリカ合衆国における有効な設立のみである。これに対し、会社が設立されたアメリカ合衆国の州の領域から管理されていることまで会社は求められていない。それゆえ、ドイツ・アメリカ合衆国友好通商航海条約第二五条第五項の基礎には設立準拠法説がある。このことは、現在、ドイツの最高裁判所判例においても確定的に承認されている。[25]

これと類似した状況にあるのが一九七〇年四月二三日のドイツ・スペイン居留条約[26]である。その第一五条は次のように述べている。

「(1) この条約において会社という文言の意味は、商事会社およびその他すべての会社のほか、法人格がなくても、一方の締約国の主権領域において行われている法に従って設立されている限り、私法上のすべての法人または社団をも含む。

(2) 一方の締約国の会社の法的地位は、他方締約国の主権領域において承認される。他方締約国は、当該会社が、その目的またはその事実上の活動を通じて、他方の締約国がその国際私法上の意味における公序の構成要素とみなしている諸原則または諸規定に違反しているときにのみ、当該会社の承認を拒否する権利を有する。」

この規定によっても、ドイツで事業活動を行っているスペイン会社が――スペインで有効に設立され――ドイツに主たる管理機関の本拠を保持している場合、やはり、当該スペイン会社はドイツ国内で権利能力および当事者能力を有するものとして承認されなければならないということが明らかになる。(27)

決定的な問題は、それゆえ、日本で有効に設立され、ドイツから管理されている会社が、ドイツ・日本通商航海条約に定められた最恵国待遇条項を援用してその主張を貫くことができるか否かという点である。そのことが可能であれば、当該会社はそもそももっと簡単に設立準拠法説というルールに従って承認を求めることができよう。その結果、日本の会社はドイツでアメリカ合衆国やスペインのこれに相当する会社と同一の法的地位を得ることとなろう。

この論点については肯定されるべきである。(28)

このように日本の会社をアメリカやスペインの会社と同じ地位に置くことを支持する第一の理由は、多数の二国間の通商航海条約、友好通商航海条約または居留条約において相手方締約国の会社の法的地位を取り上げている条項の一般的・歴史的な発展過程にある。各国が一九世紀初頭にこのような二国間条約を締結し始めたとき、(29)これらの条約にはそもそも会社や法人の相互承認に関する規定は含まれていなかった。その原因はおそらく、二国間の通商が当時は圧倒的になお個々の商人や人的会社により行われていたという点に求められよう。当時の二国間条約で述べられていたのは、それゆえ、相手方締約国の「所属民」、「主体」(30)、「公民」、「居住者」または「国民」(31)についてであった。第一次世界大戦後に初めて、これらの条約で会社および法人の相互承認が規律されることとなった。(32)その際、普通に行われたのは、このような組織体の相互承認を二つの要件の具備と結び付けることであった。すなわち、当該組織体が締約国の会社法に従って有効に設立されていることに加えて、当該組織体がその国に主たる管理機関の本拠をも有することとされた。(33)本拠地法説を基礎とする、このように――規定の簡単な文言によれば――制限的な形での会社の相互承認は、後になると、これよりもずっと寛大な承認、つまり、本拠地国に主たる営業所を有するという要件を放棄し、それとともに設立準拠法説を反映した構成により代替されている。

こうした発展の例として、ドイツ・アメリカ合衆国間で締結された二つの二国間条約が挙げられよう。一九二三年一二月八日のドイツ・アメリカ合衆国友好通商領事条約第一二条[34]によれば、会社の相互承認はなお当該会社が——二つの締約国のいずれか一方で有効に設立されていることのほか——当該国に「主たる営業所も有する」ことにかからしめられていた。本拠地法説はこの一九二三年条約では当初の楽園生活を享受していたものである。しかしながら、本拠地法説は、その後ほぼ三〇年を経て、先に引用した、設立準拠法説を基礎とする一九五四年のドイツ・アメリカ合衆国友好通商航海条約第二五条第五項[35]によって取って代わられた。ドイツとアメリカ合衆国との間に生じた純粋の二国間関係におけるこうした変化は、アメリカ合衆国の条約実務の一般的な発展をも反映しているように思われる。

このように考えるのは、アメリカ合衆国が第二次世界大戦後に締結した複数の二国間友好通商航海条約では会社の定義の基礎に設立準拠法説が置かれていたからである。たとえば、一九五三年の日米友好通商航海条約[36]では、相手方締約国の、承認を求める権利を有する会社の定義に際して、当該会社が相手方締約国で有効に設立されていたか否かという要件のみが採用されていた[37]。第二地区につき管轄権を有する著名なアメリカ合衆国連邦控訴裁判所はこの点について一九八一年のある判決[38]で、「条約はいつも床のような最低基準を定めるものであって、天井のような最高基準を定めるものではない」と述べていた。すなわち、同裁判所は、日本の親会社がアメリカ合衆国の州法に従ってアメリカ合衆国子会社として設立していた会社をも右の条約の意味における「日本会社」として承認していた。

もちろん、アメリカ合衆国のこの点に関する二国間条約実務の顕著な変化が特にドイツ・日本通商航海条約の解釈に対して直接的な影響を及ぼし得るというわけではない。しかし、こうした変化は、少なくとも、一般的な二国間条約実務における会社の定義が第二次世界大戦終了以降になると制限的に取り扱われなくなり、むしろ拡大解釈の余地を残すようになっているということの徴表を示している。ドイツ・アメリカ合衆国友好通商航海条約もドイツ・スペイン居留条約もこの新しい自由な精神によって満たされているといえよう。それゆえ、——一九二七年のドイツ・日本通商航海条約において多くの最恵国待遇条項を根拠として——、日本の会社に対応するアメリカ合衆国およびスペインの会社と同一の地位を有するとしてドイツで取り扱われるように日本の会社が主張することは、日本の会社にとっても妨げられてはならない。(39)

4　ドイツ子会社の設立という間接強制の回避

ドイツの領域から管理されている日本の会社もドイツ・日本通商航海条約上の最恵国待遇条項を援用することができるという意味で、右に引用されたドイツ・日本通商航海条約第一三条を拡張して解釈することは、さらに次に掲げる事情からも支持される。

(1)　日本会社はドイツ・日本通商航海条約第一条第二項に基づいてドイツでは次のような権利を享有する。すなわち、「会社は、居住……ならびに産業上および工業上の営みにつき、いかなる関係においても、最恵国待遇を与えられた国の所属民と同様に取り扱われるものとする。」(第一号)「会社は、みずからが適法に取得した各種の財産に対するあらゆる性質の処分に関して、内国民待遇または最恵国待遇を与えられた国の所属民と同一の特権、自由および権利を享有するものとする。」(第四号)「会社はその財産に対して……完全な保護を得るものとする。」(第八号)これらの規定は、確かに、日本の会社がドイツでドイツ法に従って子会社を設立する権利を有するものとする旨を明確な言葉で（expressis verbis）規定しているわけではない。[40] しかし、この種の権能を少なくとも黙示により含意されたものとして（implicite）これらの規定から引き出すことができる。[41] というのは、日本の親会社がドイツでドイツ法上組織された子会社を設立したりそうした会社の持ち分を取得したりすれば、日本の親会社はドイツに居住する権利を利用していることになるからである（第一条第二項第一号）。その場合において、現金で設立する際には自己の所有する金銭を会社に持ち込み、また現物で設立する際にはみずからに属する一定の資産を自由に処分することによって、会社は自己の保有する「各種の財産」を自由に処分する（第四号）。会社は、そのことをもって、ドイツ・日本通商航海条約のもとで、「みずからの財産の……完全な保護」を要求する権利を有する（第八号）。

しかしながら、日本の親会社がドイツ子会社を設立する際に、ドイツ・日本通商航海条約中に定められた最恵国待遇条項や内国民待遇条項を援用することができるとすれば、こうした特権がその経済的活動を通じて創設された主体、すなわち、ドイツで法人格を付与された子会社——たいていの場合はドイツの有限責任会社であろう——に対しても拡張されなければならない。というのは、日本の親会社のみがドイツ・日本通商航海条約の保護範囲に取り入れられているのに、そのドイツ子会社は取り入れられないとすれば、奇異な感じを受けるからである。

アメリカ合衆国最高裁判所は、類似の事案、すなわち、一九二八年のジョーダン対タシロ（Jordan v. Tashiro）事件[42]の裁判においてこのような結論を引き出していた。一九一一年の日本とアメリカ合衆国との間で締結された通商航海条約では、両締約国の「公民」や「主体」に対し、一般的な表現ではあるが、相手国主権領域内で事業活動を行う資格が与えられている。しかしながら、この条約には、会社を相手方締約当事国の法形式で設立することおよびそうした団体の助けを借りて各設立国の領域で取引を行うことを認める資格を各締約国が与えるべきだという点についての明文規定は置かれていない。[43] アメリカ合衆国最高裁判所の裁判によれば、設立国の領域で取引を行うために子会社を設立することは「(二国間条約のもとで与えられている) 特権の行使に付随するもの」である。同裁判所はより明確な言葉で次のように述べていた。[44] すなわち、「……確かに、制限的な言葉は用いられていないが、本条約が日本の国民に対して、特別の事業に関与する特権の付与を保障していながら、それでいて、当該事業を会社形式で行う特権の付与は否定したという結論をもたらすような狭い解釈は……(不適法) であろう。[45]」と。

(2) しかしながら、このことが言えるとすれば、日本の領域から管理されている日本の親会社のみが最恵国待遇条項や内国民待遇条項の恩恵を受けるという意味で、ドイツ・日本通商航海条約第一三条を制限的に解釈することはきわめて突飛な結果をもたらし、ドイツ・日本通商航海条約の存在意義と相容れないこととなろう。そのような場合、日本の親会社はドイツ・日本通商航海条約上の長所を享受することができるようにするために、ドイツでの経済的活動の実施 (たとえばここドイツでの製造または販売・購入) をドイツの営業所を介してまたはドイツで法人格を付与された子会社を介して行うよう強制されることとなろう。それでいて他方で、ドイツから操作された日本会社を介して日本の親会社がドイツ国内で活動する場合、日本の親会社はドイツ・日本通商航海条約上の特権の享有を妨げられることとなろう。そうすることによって、一方で、同社の経営者は日本に居住することを強いられるに違いない——前述のように、このことは経営的にみると明白な欠陥である——し、また、同社の経営者はドイツの会社、たとえばドイツ有限責任会社という法的衣装——すなわちみずからが慣れ親しんでいない法形式——を身にまとってドイツで経済的活動を行わなければならなくなるに違いない。

いずれにしても、同社の経営者は、第三の種類の、すなわち経営上最も効果的なドイツでの経済的活動を妨げられることとなろう。それは、ドイツの領域から操作された日本会社という法形式で同社の経営者がドイツ国内において活動してはならないからである。このような結論は、右の二1で浮き彫りにされているような、ドイツ・日本通商航海条約の諸目標と合致しない。日本の会社がドイツに営業所を設けようとしていない場合、当該会社はドイツで子会社を設立するよう強いられることとなろう。このような間接的強制は、率直にいえば、ドイツ・日本通商航海条約の諸目標とは相容れないことであろう。

5　ヨーロッパ共同体法上の居住の自由の影響下で形成された国際会社法との並行性

ドイツ・日本通商航海条約第一三条を拡大解釈することは、――セントロス（Centros）事件[46]、イィーバーゼーリンク（Überseering）事件[47]およびインスパィアー・アート（Inspire Art）事件[48]におけるヨーロッパ裁判所の判例の影響のもとで――現にドイツ国内の国際会社法で行われている展開とも調和している。[49]一般的にみると、ドイツの国内抵触法ではこれまで本拠地法説が行われていた。前述した複数のヨーロッパ裁判所の裁判が下されて以来、今日では、ドイツの学術文献も圧倒的に、本拠地法説は滅び、設立準拠法説に取って代わられていることを前提としている。連邦通常裁判所もまた、イィーバーゼーリンク事件における裁判で今や設立準拠法説に従っている。[50]

ドイツ・日本通商航海条約第一三条をここで主張されているような意味で拡大解釈することは、それゆえ、ドイツの国内抵触法における最近の展開とも調和している。今後、会社に関する日本の国内抵触法も次第に設立準拠法説に向かうであろうということも考えられないわけではない。[51]そうなれば、さらに進んで、ここで主張された解釈が、内容上矛盾することなく、ドイツと日本という二つの締約国の国内抵触法に適合することになろう。

6　いわゆるジェヌイン・リンクと公序

(1)　ドイツの学術文献では、すでに長い間に亘り、ドイツに管理機関の本拠を有する外国会社が——二国間条約という屋根のもとに——設立準拠法説に従ってドイツで承認されるためには、当該外国会社が設立国に対していわゆるジェヌイン・リンク（genuine link）を示していることが必要である旨が求められている。[52] ここで引き合いに出されるのは、国際司法裁判所の著名なノッテボーム（Nottebohm）裁判である。この裁判は国際法上の一般原則を成すものと位置付けられている。[53] ジェヌイン・リンクを要件とする趣旨は、いわゆる擬似外国会社（pseudo foreign corporations）の内国での承認を妨げることにある。他の国での会社設立が当該国と当該会社との間に——「すべての事業上および会社の活動が他の国で行われており、それゆえ当該会社がその国の社会構造にくるみ込まれているという理由で」[54]——「純粋に形式的な結び付き」しか示されていない場合、当該会社の承認は排除される。

連邦通常裁判所は先に引用した最近の判決、すなわち、二〇〇四年一〇月一三日判決の中で、[55] 学術文献の一部で主張されている諸見解とは異なり、ジェヌイン・リンクの地位を著しく引き下げることによって、ジェヌイン・リンクの有無の判断に用いられるべき諸基準を一九五四年のドイツ・アメリカ友好通商航海条約のもとで具体化してきた。連邦通常裁判所に係属したこの事案で論点となったのは、カリフォルニア州会社の権利能力がドイツで承認されるか否かであった。連邦通常裁判所の裁判によれば、[56] ジェヌイン・リンクがあるというためには、「すでにわずかな宣伝活動が行われている」だけで足りる。本件でカリフォルニア州会社が利用していたのは「電話回線であり、この回線を介して着信がいずれの場合にも留守番電話機に転送されていた。このような技術を備えた設備の狙いは明らかにアメリカ合衆国の領域でも経済的活動を繰り広げようとすることにあった。これに加えて、原告は……サンフランシスコにおいて、アメリカ法を準拠法とする合意のもとに、ドイツの商標に関するだけでなく、アメリカ合衆国で保護された、データバンク開発器具のためのソフトウエアにも関するライセンス契約を締結していた」[57]。

ヨーロッパ裁判所も一九九九年三月九日のセントロス事件[58]および二〇〇三年九月三〇日のインスパイアー・アート事件[59]の両判決においてこれに似た寛大なやり方で裁判を行っていた。すなわち、発起人に最大の自由を与えるような会社法規定を有する加盟国で会社が設立されている場合、この設立はヨーロッパ共同体条約第四三条および第四八条により保障されている居住移転の自由の濫用を意味しない[60]。このような会社が従たる営業所を他の加盟国に設立していた場合、当該会社が「そのあらゆる事業活動」をこのような従たる営業所のみを介して行っていても、そのことは問題ではないとされたのである[61]。それゆえ、ヨーロッパ裁判所は、連邦通常裁判所が会社とその設立国との間にジェヌイン・リンクがあるというために必要とみなしていた結び付きに関する要件を、それよりもずっと少なく見積もっているようにみえる。

いずれにせよ、ドイツ・日本通商航海条約中の最恵国待遇条項を介して、ドイツに管理機関の本拠を有する日本会社に対しても連邦通常裁判所により形成された諸基準が適用される[62]。

(2) 日本の法形式を採りながらドイツ国内から管理されている会社をドイツで承認することに対しては、公序を持ち出すこともできない。一九二七年のドイツ・日本通商航海条約には特別公序条項が含まれていないからである。その結果、考慮されるのは、せいぜい、民法典施行法第六条の適用ぐらいであろう。けれども、この規定を適用することはできない。というのは、右の条約自体にこのような規定が含まれておらず、しかも当事者の一方に対しその本国の一般的な抵触法上の公序規定を援用するという権限が与えられていない以上、当事者がともに——権利濫用を除き——同条約上の諸規定が適用されると心得ているという結果しか引き出すことができないはずだからである。(63)

三 結び

一九二七年七月二〇日のこの二国間通商航海条約第一三条を根拠とすると、日本において日本会社法上の形式で有効に設立されている会社の権利能力および当事者能力は、同社がドイツの領域から管理されている場合、それゆえ同社の主たる管理機関の本拠がドイツにある場合でも、ドイツで承認される。それゆえ、ここに引用した第一三条は設立準拠法説を基盤として日本会社の承認を可能としている。

ここに引用された第一三条の文言自体は確かに承認を求める日本会社が日本に「その本拠」を有することを要求している。「本拠」という言葉で考えられているのは、明らかに主たる管理機関の本拠である。けれども、この規定はあらゆるものを含む最大基準を定めた規定ではなく、なお解釈の余地を残した最小基準を定めた規定とみなされなければならない。それゆえ、この規定によって、文言上、ドイツの領域から管理されている日本会社も承認義務の中に取り入れられることが認められている。

このような拡大解釈は、整理すると、(64)次のような事情により正当とされていることになる。すなわち、(i)ドイツ・日本通商航海条約の存在意義および目的からみても、(ii)この二国間条約の基礎に置かれた相互主義(65)からみても、このような解釈が適切なものであると思われる。(iii)ドイツ・日本通商航海条約中に含まれている最恵国待遇条項が同じようにこのような解釈を求めている。というのは、アメリカ合衆国のいずれかの州の法に従って設立されている会社に対し、一九五四年一〇月二九日のドイツ・アメリカ合衆国友好通商航海条約第二五条第五項に基づくこのような簡単な承認が認められているからである。これと同じことは一九七〇年四月二三日のドイツ・スペイン居留条約を根拠としてスペイン会社についても行われている。それゆえ、ドイツ・日本通商航海条約に定められている最恵国待遇条項を根拠とすると、日本会社はアメリカ合衆国会社およびスペイン会社よりも劣悪な地位に置かれてはならない。それゆえ、日本会社は、アメリカ合衆国やスペインの会社と同様に、本質的に緩和された承認――その基礎には設立準拠法説がある――という恩恵を受けなければならない。[66] (iv)承認をこのように位置付けることを通じて、ドイツに営業所を持つことで満足したりドイツ会社法に従ってドイツに子会社を設立したりするよう、日本会社が間接的に強制されるという結果が回避される。このような強制はドイツ・日本通商航海条約とは相容れない。[67] (v)このような解釈は、さらに、今日ではヨーロッパ共同体条約第四三条および第四八条において保障されている居住移転の自由に基づいて形成されてきた、ドイツ国内の国際会社法とも調和している。ヨーロッパ裁判所は、セントロス事件、イィーバーゼーリンク事件およびインスパィアー・アート事件において下した諸裁判をもって、会社に関するドイツ国内抵触法のこのような展開を前もって示していた。[68] (vi)日本において日本法上の形式で有効に設立されている会社がドイツでその権利能力および当事者能力の承認を求めることができるのは、もちろん、当該会社と日本との間にいわゆるジェヌイン・リンクが存在する場合に限られている。しかし、このような「ジェヌイン・リンク」が存在するというためには、やはり、日本で宣伝活動が行われてさえいれば足りる。この場合には、アメリカ合衆国会社のドイツでの承認に関する連邦通常裁判所の判例が基準となっている。[69] 一般的にいえば、日本会社の承認に反対するために民法典施行法第六条における意味でのドイツの一般的な公序を援用することはできない。[70]

（1） これらの数値は在デュッセルドルフ日本商工会議所（Japanische Industrie- und Handelskammer zu Düsseldorf e. V.）の情報に依拠している。筆者に伝えられたデータでは、どのような基準に基づいて「日本企業」が定義されていたかという点は明らかではない。考えられるのは、前述の情報で用いられていた意味での「日本企業」とは、日本会社法上のいずれかの法形式で組織されていたと考えられる企業、日本国籍を有する個々の商人によりドイツで営まれている企業、または、ドイツ会社法上の形式で前述の企業主体によりドイツで当該事業分野のために設立されていた、ドイツ子会社のことであろう。後二者については、以下の二4(1)参照。

（2） こうした企業の正確な数値に関する記載のうち、二〇〇二年のものは筆者の手元にない。

（3） これについては、前注(1)をみよ。

（4） そのようなものとして、GfW NRW (Hrsg.), Japanische Firmen in NRW, Mai 2003, S. 16 und 24 がある。

（5） アメリカ合衆国の第二巡回控訴裁判所は一九八一年一月九日のその裁判（*Avigliano v. Sumitomo Shoji America, Inc.*, 638 F. 2d 552）――この裁判で問題となったのは一九五三年の日本・アメリカ合衆国友好通商航海条約上の諸規定の解釈であった――において類似の前提から出発していた。同裁判所が裁判しなければならなかったのは、日本会社の一〇〇パーセント子会社がその経営者レベルで日本人職員のみを雇用してもよいか否か、またこうした会社が、一九六四年の市民権法（Civil Rights Act）が労働者の採用に際して労働者の国籍を理由とする差別を禁じていることによって、経営者レベルに日本人を配置することを妨げられているか否かという問題であった。同控訴裁判所は次のように判示した（aaO S. 559）。「……われわれが考えるところでは、同条約第八条のもとで諸権利を享有する日本会社に対して適用されるのと同様、この条約は、アメリカ合衆国で事業を行う日本会社が有する……特殊な要件を考慮するというやり方で構成されている。そうした要件に含まれる要素は、たとえば、人が有する(1)日本の習俗と言葉のスキル、(2)日本の製品、市場、習慣およびビジネス慣行、(3)日本にある本店および親会社の職員および活動の習熟度、そして、(4)会社や支店と取引関係にある相手方に対する満足度である。」と。

（6） これらの問題は経営学ではさまざまな局面で論議されている。参照されるのは、Klaus Macharzina / Martin K. Welge, (Hrsg.), Handwörterbuch Export und internationale Unternehmung, Stuttgart 1989 における、多様な著者の、指揮命令系統、親子会社間の諸関係、組織構成（経験的所見）および本店の代表者、これらに関する諸論稿である。そこにはその余の証明が付されている。

(7) ドイツの学術文献では、一部で、アメリカの学術文献に倣って、ＦＣＮという略号が用いられている。この略号は多くの条約の英語表記である *Friendship-, Commerce- and Navigation Treaties* という表現の略号に起因する。

(8) RGBl. II 1088.

(9) たとえば、第一条第二項第一号が定めるところでは、「一方の締約国の所属民は……その居住に関して……ならびに、その工業的および産業的活動の分野でいかなる関係においても最恵国待遇を受けている国の所属民と同様に処遇される」。さらに、この規定の第三号が定めるところでは、一方の締約国の所属民は「家屋、工場、倉庫、店舗、および、その者に属する空間を、所有のために占有し、賃借し、または所有することを認められる」。

(10) 参照されるのは、*Günther Beitzke*, Einige Bemerkungen zur Rechtsstellung ausländischer Gesellschaften in deutschen Staatsverträgen, in: Ottoarndt Glossner (Hrsg.), Festschrift für Martin Luther, München 1976, S. 1 ff. (9); *Gebhard Rehm*, Völker- und europarechtliche Vorgaben für die Bestimmung des Gesellschaftsstatuts, in: Horst Eidenmüller (Hrsg.), Ausländische Kapitalgesellschaften im deutschen Recht, München 2004, § 2, Rdz. 16 ff., S. 19 ff. のもとでの構成である。

(11) これらの表現は *Gebhard Rehm*（前注(10)）S. 22 Rdz. 17 による。

(12) 参照されるのは一九六九年五月二三日の条約法に関するウィーン条約第三一条である。この規定によれば、条約等は「当該条約の目的……に照らして」解釈されなければならない。

(13) これについて参照されるのは、*Günther Beitzke*, Juristische Personen im Internationalprivatrecht und Fremdenrecht, München 1938, S. 53; *ders.*（前注(10)）S. 3 f.; *Gebhard Rehm* (oben Fn. 10) S. 23 Rdz. 19 である。

(14) 前注(5)をみよ。

(15) これについて参照されるのは、*Otto Sandrock*, Das Vertragsstatut bei japanisch-deutschen privatrechtlichen Verträgen, RIW 1994, 381 (385 f.) である。

(16) これについて参照されるのは、*Otto Sandrock*（前注(15)）S. 386 である。特に国連の国際物品売買条約に関しては、日本は、二〇〇一年一二月三一日までの段階では一九八〇年四月一一日の国際的な動産売買契約に関するウィーン国連条約にまだ署名しておらず、ましてや批准していない。（Fundstellennachweis B zum BGBl. 2002 S. 604 をみよ）である（日本経済新聞二〇

○七年一月七日朝刊一面によれば、日本政府は二〇〇七年内に法制審議会にウィーン売買条約加入を諮問し、二〇〇八年の通常国会で承認を得て、国連に加入申請する段取りを描いている――訳者注）。

(17) 後述Ⅱ5をみよ。

(18) これについて参照されるのは、多くのものに代えて、*Werner Ebke*, Gesellschaften aus Delaware auf dem Vormarsch : Der BGH macht es möglich, JZ 2004, 740 ; *ders.*, Überseering und Inspire Art : Auswirkungen auf das Internationale Gesellschaftsrecht aus der Sicht von Drittstaaten, in : Otto Sandrock / Christoph F. Wetzler (Hrsg.), Deutsches Gesellschaftsrecht im Wettbewerb der Rechtsordnungen, Heidelberg 2004, S. 101 ff., 109-113 である。

(19) 一九五四年一〇月二九日のドイツ・アメリカ合衆国友好通商航海条約（後注(23)をみよ）第二五条第一項ないし第三項は内国民待遇を次のように定義する。すなわち、「第一項『内国民待遇』という文言は、一方の締約国内で与えられる待遇であって、当該国で同種の諸要件のもとに当該締約国のあらゆる種類の、国民、会社、製品、船舶およびその他の規律対象に対して与えられている待遇を越えない程度の処遇を意味する。／第二項　この条約の枠内における内国民待遇は、ドイツ連邦共和国の国民、会社、製品、船舶およびその他の規律対象に対して同一の事項においてアメリカ合衆国により内国民待遇が与えられているという事実に基づき、ドイツ連邦共和国により認められる。／第三項　その他の諸国、アメリカ合衆国の領土または所有地において設立された会社に対しそこで与えられている待遇は、同条約上の諸規定により、ドイツ連邦共和国の会社に対し、アメリカ合衆国の国土、領土または所有地において与えられているような内国民待遇とみなされる。」

(20) 外国会社の承認が――二国間条約に基づくということのみにとどまらず――付加的に特別の法的行為を要求しておらずまた外人法的性質をも示すものではないということは、こんにち承認されている。この点で一九五四年のドイツ・アメリカ合衆国友好通商航海条約第二五条第五項に関して詳細なものとして参照されるのは、*Carsten Thomas Ebenroth / Birgit Bippus*, Die Anerkennungsproblematik im Internationalen Gesellschaftsrecht, NJW 1988, 2137 ff. ; *Werner Ebke*, Gesellschaften aus Delaware auf dem Vormarsch（前注(18)）である。かつてはまだ疑問を呈されていたこの見解に対し、現在では、連邦通常裁判所も同調している。参照されるのは、BGHZ 153, 353 = RIW 2003, 473 ならびに後注(25)の(i)である。

(21) この条項が自然人（ここでは、日本国民であって、経済的にドイツで活動しようとする者）にとって有する意味についておよびこの条項の外人法的諸規定との限界画定について、ともに参照されるのは、*Thorsten Maiwald*, Erwerbstätigkeit japani-

scher Staatsangehöriger im Bundesgebiet, Zeitschrift für Japanisches Recht Bd. 4 (1999), 99 (103) である。

(22) 一九五四年一〇月二九日のドイツ・アメリカ合衆国友好通商航海条約第二五条第四項（後注(23)をみよ）は、最恵国待遇を次のように定義している。すなわち、「第四項『最恵国待遇』という文言は、いずれかの締約国の領域内で与えられる待遇であって、当該国で同種の諸要件のもとにいずれか第三国のあらゆる種類の、国民、会社、製品、船舶およびその他の規律対象に対して与えられている待遇を越えない程度の処遇を意味する。」

(23) BGBl. 1956 II 487.

(24) 最近の状態について詳しくかつその余の証明を伴っているものとして参照されるのは、*Werner Ebke*, Gesellschaften aus Delaware auf dem Vormarsch（前注(18)）; *ders.*, Überseering und Inspire Art（前注(18)）S. 109-113 である。さらに基本的な文献として、*Carsten Th. Ebenroth / Birgit Bippus*, Die staatsvertragliche Anerkennung ausländischer Gesellschaften in Abkehr von der Sitztheorie, DB 1988, 842 (842 f.); *dies.*, Die Anerkennungsproblematik（前注(20)）がある。

(25) 最近下された、シリーズを成す三件の裁判において、連邦通常裁判所は最終的にこうした結論を下した。(i) 二〇〇三年一月二九日の最初の判決（BGHZ 153, 353 = RIW 2003, 473）で連邦通常裁判所の——会社法につき権限を持たない——第八民事部が裁判したところでは、ドイツ・アメリカ合衆国友好通商航海条約を根拠として、アメリカ合衆国で有効に設立されかつ今なお同地に存在する資本会社はドイツで権利能力を有するのであって、どこに同社の実効的な管理機関の本拠が所在するかは問題ではない（aaO S. 355）。（これについて同調的なものとして参照されるのは、*Hanno Merkt*, Die Gründungstheorie gewinnt an Einfluß, RIW 203, 458 である；批判的なものとして参照されるのは、*Peter Kindler*, Urteilsanmerkung, BB 2003, 812 である。）——(ii) 二〇〇四年七月五日の第二の判決（BB 2004, 1868 = RIW 2004, 787）で連邦通常裁判所の、会社法について権限を有する第二部はこの見解に同調した。——(iii) 二〇〇四年一〇月一三日の第三の裁判（BB 2004, 2595 これについて同調的な評釈を行っているものとして *Siegfried Elsing* BB 2004, S. 2596 f.）で連邦通常裁判所第一民事部もこの見解に従っている。

(26) BGBl. 1972 II 1041.

(27) これについて参照されるのは、*Carsten Th. Ebenroth/Birgit Bippus*, Die staatvertragliche Anerkennung ausländischer Gesellschaften（前注(24)）S. 843 f. である。

(28) そのようなものとしてすでに、*Günther Beitzke*, Juristische Personen（前注(13)）S. 53 ff.　ただこの論文はこの問題性を一般的に肯定しているわけではなく、個々の条約が有する諸事情にかからしめている。そのようなものとしてはこのほか、*Bernhard Großfeld* (in : Staudinger, Internationales Gesellschaftsrecht, Berlin 1998, S. 58 Rdz. 223) および *Gebhard Rehm*（前注(10) S. 23 Rdz. 22) がある。*Carsten Th. Ebenroth / Birgit Bippus* (Führen bilaterale Investitionsförderungsverträge zu einer Abkehr vom Sitzprinzip?, RIW 1988, 336, (341 ff.)) はなるほど、ドイツ連邦共和国に実効的管理機関の本拠を有するどの会社もドイツ法に従って取り扱われるべきであるということを定めているような二国間条約のために、最恵国待遇条項を道具として利用することを拒否している。というのは、そのことを通じて、「本拠地法説が有する遮断効果」が内国で維持される結果、そうした契約の締結に巻き込まれる契約当事者が当該契約において根拠付けられている会社をたんにそれが設立されているということを基礎として承認しようとする場合には、そうした契約の締結に巻き込まれる契約当事者の行動が権利の濫用に当たるとされるからである。しかしながら、「本拠地法説にとって有利となる遮断効果」を有するこの種の条項を欠くその他の二国間条約について、これら両名の著者は、締約国法に従って設立されている会社がその実効的管理機関の本拠をドイツに維持しているときにも承認されるべきであるということが本拠地法説の目標とされている場合には、最恵国待遇条項の援用を認めている。この点について参照されるものとしてはまた、*Carsten Th. Ebenroth*, Gaining Access to Fortress Europe — Recognition of U. S. Corporations in Germany and the Revision of the Seat Rule, The International Lawyer Bd. 25 (1990), 459 (472 f.) もある。

(29) アメリカ合衆国実務の展開はその限りで特によく実証されている。参照されるのは、*Herman Walker*, Provisions on Companies in United States Commercial Treaties, American Journal of International Law Bd. 50 (1956), 373 (374 ff.) である。

(30) 参照されるのは、*Günther Beitzke*, Juristische Personen（前注(13)）S. 54 f. である。

(31) 参照されるのは、*Herman Walker*（前注(29)）S. 375 である。

(32) 以下の点について参照されるのは、*Robert R. Wilson*, A Decade of new Commercial Treaties, American Journal of International Law Bd. 50 (1956), 927 (928 f.) である。

(33) 参照されるのは、*Herman Walker*（前注(29)）S. 381 である。いわく、「……一九二三年から一九三二年にかけてアメリカ合衆国が締結した一連の一二件の条約には二つの追加的要件が含まれていた。会社の処遇を取り扱っているその他の諸国（特に二〇世紀における諸国）の多数国間での条約および協定を客観的に眺めてみると、「本拠」要件と同一の一般的類型の要件がきわめて頻繁に含まれており——通常用いられている用語は「(社会的）本拠（seat（siège social))」であるが、時として「住所（domicile)」、場合によっては「登録された（registered)」と表現されている——必然的に、その意味がたんに法律上の本店（the legal headquarters）なのか、それとも、現実の管理中心地（the real center of management)、また天然資源開発の中心地（the center of exploitation）なのかということをすべての場合において明らかにする試みは行われておらず、「管理」という基準（'control' test）が時として都合よく用いられている。」

(34) RGBl. 1925 II 795 (800). これについて参照されるのは、*Herman Walker*(前注(29)) S. 379である。同条約第一二条第一項は次のように規定する。すなわち、「私法上の法人は、責任制限の有無、それが営利目的に資するか否か、それが締約国の帝政法、ラント法もしくは地方自治法によってまたは締約国の帝政法、ラント法もしくは地方自治法の下で現に設立されているかまたは将来設立されるか、それが締約国の領域内に主たる営業所を有するかといった諸点を問わず、相手方締約国により法人として承認される。ただし、それが相手方締約国の領域内において当該国の法律に違反するような目的を追求しないことを要件とする。私法上の法人は、法律上定められたすべての審級において当該事件に適用される諸法律に従ってその権利を追求しおよびその権利を防御するために、裁判所を自由に利用するものとする。」同条第二項の文言については後注(40)をみよ。

(35) 前注(23)をみよ。

(36) 参照されるのは、*Herman Walker* (Hauptniederlassung) S. 378である。

(37) 同条約には、——アメリカ合衆国が二度の世界大戦の間の時期に締結した、一一件のその他の二国間条約と同様——会社の相互承認に関する次のような規定が含まれていた（*Herman Walker*, 前注(29) S. 379参照)。いわく、「有限責任会社かその他の会社か、金銭的利得のためであるか否か、いずれかの締約国の国家法、州法もしくは地方自治体法に従っておよびいずれかの締約国の国家法、州法もしくは地方自治体法のもとで組織されてきたかまたは今後組織されるか、および、いずれかの締約国の領域内に本拠を維持しているか否かを問わず、(法人は）当該国の領域内で当該国の法律に反する諸目標を追求しないことを条件として、その法的地位を他方の締約国により承認される。法人は、……法により確立されているあらゆる事項において権利の保護についてと同様に権利の行使についても、当該事項を規律する法律に従って、法およびエクイティに基づいて判断する裁判所を自由に利用するものとする……。」と。この規定の第二項の文言に関しては、後注(40)a. E. をみよ。

(38) *Avigliano v. Sumitomo Shoji America, Inc.*(前注(5)) S. 557. 同様のものとして *Spiess v. C. Itoh & Co. (America) Inc.*, 645 F. 2d 353 (358 u. 363) がある。

(39) 日本は確かに一九二七年の対ドイツ二国間通商航海条約の締結交渉にあたり本拠地法説に基づいて行動した。それゆえ、その当時、この条約の基礎に設立準拠法説が置かれていたと、日本は主張することはできないであろう。けれども、日本のこうした行動から、この条約との関連でその後も設立準拠法説を援用することを日本は放棄したのだという結論が導き出されてはならない。というのは、当時、ここで論じられている種類の二国間条約の範囲内では、設立準拠法説に従っていてかつ設立国において主たる管理機関の本拠というメルクマールを放棄していた先行モデルはまだ存在していなかったからである。いずれにせよ、少なくとも日本の周辺では、このような二国間条約はその当時まだ明らかではなかった。それゆえ、設立準拠法説の援用の有無を意識的な権利放棄が行われたか否かについての判断基準とすることは、*Carsten Th. Ebenroth / Birgit Bippus*（Führen bilaterale Investitionsverträge, oben Fn. 28, S. 342 li. Sp.）がこのことをその他の関連で可能なものとみなしているのと同様に、少なくとも日本に関しては論拠として提出することはできない。

(40) これに先行する一九二三年のドイツ・アメリカ合衆国友好通商航海条約には、第一二条第二項に、次のような条項が含まれている。いわく、「このようにして承認された一方締約国の法人が有する、他方締約国の領域内において居住し、従たる営業所を開設し、および、その地で活動を行うことを内容とする権利は、それが他方締約国の国家法、州法もしくは地方自治体法において表現されている通り、当該国の同意にかからしめられ、かつ、当該国のみにより規律される。」これと同様に述べているのが、アメリカ合衆国が一九三一年までにこれと並行して締結した、同一の内容を有する一一件の二国間条約上の該当する規定である。その英語の文言は次のように述べられている（参照されるのは、*Herman Walker*, 前注(29)、S. 379である）："The right of such corporations and associations of either High Contracting Party as recognized by the other to establish themselves within its territories, establish branch offices and fulfill their functions therein shall depend upon, and be governed solely by, the consent of such Party as expressed in its National, State, or Provincial laws."

(41) このようなことは一九五四年一〇月二九日のドイツ・アメリカ合衆国友好通商航海条約についてもあてはまる。この条約の第七条第一項(b)号および(c)号は、むろん明示的に（*expressis verbis*）、次のように定めることによって、子会社を設立する権能を与えていた。いわく、「第一項　各締約国の国民および会社に対し、他方締約国の領域内において、あらゆる種類の事業上、産業上、金融上またはその他有償で行われる活動の遂行に関し内国民待遇が与えられる。その際、右の国民および会社が当該活動を独立して行っているか従属して行っているか、および、直接的にまたは代理人もしくは各種の法人を介して遂行しているか否かは問題ではない。したがって、右の国民および法人には、他方締約国の領域内において、(a)……すること、(b)他方締約国の会社法に従って会社を設立すること、および、相手方締約国の会社の過半数の持分を取得すること、(c)自らにより設立されまたは取得された企業を管理しおよび指揮すること、これらが認められる。」と。この点について参照されるのは、*Ulrich Drobnig*, American-German Private International Law, 2. Aufl., New York 1972, S. 272（Bilateral Studies in Private International Law, issued by the Parker School of Foreign and Comparative Law No. 4）である。

（42） 278 U.S. 123.

（43） 参照されるのは、前注（42）で引用された裁判の注（1）（S. 48 li. Sp.）である。

（44） AaO S. 49 re. Sp.

（45） この点について参照されるものとしてはまた、*Herman Walker*（前注(29)）S. 386 f. もある。

（46） EuGH v. 9. 3. 1999, Rs. C-212/97, Slg. 1999, I-1459, BB 1999, 809 = RIW 1999, 447 = EWS 1999, 140 = JZ 1999, 669 = AG 1999, 226 = ZIP 1999, 438 = EuWZ 1999, 216 = NZG 1999, 298 ff. = DB 1999, 625. Vgl. dazu *B. Höfling*, Die Centros - Entscheidung des EuGH — auf dem Weg zu einer Überlagerungstheorie für Europa, DB 1999, 1206 ff.; *dies.*, Das englische internationale Gesellschaftsrecht, Heidelberg 2002, S. 55 ff.

（47） EuGH v. 5. 11. 2002, Rs. C-208/00, BB 2002, 2402 ff. = RIW 2002, 945 = EWS 2002, 569. = NJW 2002, 3614 = AG 2002, 37 = GmbHR 2002, 1137 ZIP 2002, 75 mit Anm. *H*：*Eidenmüller* aaO S. 83 ff.

（48） EuGH v. 30. 09. 2003, Rs. C-167/01, *Kamer van de Koophandel en Fabrieken voor Amsterdam* gegen *Inspire Art Ltd.*, インターネット上のアドレスは <europa.eu.int/jurisp/cgi-bin/gettext> である。アルバー（S. Alber）法務官はその最終申立書（全文は http://www.iprax.de/Inspire.htm に収録されている）においてすでにこうした結論に賛成していた。この裁判は BB 2003, 2195 = EWS 2003, 513 mit Anm. v. *H. Hirte* = AG 2003, 680 = GmbHR 2003, 1260 m. Anm. v. *W. Meilicke* S. 1271 ff. = NJW 2003, 3331 =

ZIP 2003, 1885 = EuZW 2003, 687 にも収録されている。

(49) この点について参照されるものとしては、総括的整理を行っている *Otto Sandrock*, Was ist erreicht? Was bleibt zu tun?, in : Otto Sandrock / Christoph Wetzler, Deutsches Gesellschaftsrecht im Wettbewerb der Rechtsordnungen, Heidelberg 2004, S. 33 ff. がある。そこではその余の証明が包括的に付されている。参照されるものとしてはさらに、*dens.*, Die Schrumpfung der Überlagerungstheorie, Zu den zwingenden Vorschriften des deutschen Sitzrechts, die ein fremdes Gründungsstatut überlagern können, ZVglRWiss Bd. 102 (2003), 447-504 ; *dens.*, BB-Forum : Nach Inspire Art — Was bleibt vom deutschen Sitzrecht übrig ?, BB 2003, 2588 がある。

(50) Urteil v. 13. 03. 2003, BB 2003, 915 = RIW 2003, 474.

(51) 筆者が日本の友人かつ同僚の山内惟介氏から受けた情報による。

(52) 参照されるのは、*Carsten Th. Ebenroth / Birgit Bippus*, Die staatsvertragliche Anerkennung（前注(24)）S. 845 f. ; *Carsten Th. Ebenroth / Matthew J. Kenner / Andreas Willburger*, Die Auswirkungen des genuine-link-Grundsatzes auf die Anerkennung US-amerikanischer Gesellschaften in Deutschland, ZIP 1995, 972 ; *Peter Mankowski*, Urteilsanmerkung, EWiR § 50 ZPO 1/03, 661 ; *Bernhard Großfeld*（前注(28)）S. 56 Rdz. 212、これらである。；それぞれに詳細な証明が付されている。

(53) Liechtenstein v. Guatemala, I. C. J. Rep. 1955 S. 4-49.

(54) *Carsten Th. Ebenroth / Birgit Bippus*, Die staatsvertragliche Anerkennung（前注(24)）S. 845 li. Sp.

(55) 前注(25)のⅲをみよ。

(56) BB 2004 S. 2596 li. Sp.

(57) 原審たるデュッセルドルフ上級地方裁判所が一九九四年一二月一五日判決（RIW 1995, 508）において裁判したところでは、当該会社は設立国たるアメリカに対して事実上の実効的な諸関係（いわゆるジェヌイン・リンク）を示していなかった。というのは、同社がすべての活動をドイツで行っていたからである。それゆえ、アメリカ合衆国デラウェア州の「自由な内容のものからだらしない内容のものまで含んだ」法秩序を悪用してこのドイツ国内であらゆる会社の活動および事業上の活動を展開していたという理由で、権利濫用にあたる法律回避があると判断された（いわゆる擬似外国会社（pseudo-foreign corporations)。この判決について参照されるのは、*Carsten Th. Ebenroth / Matthew J. Kenner / Andreas Willburger*（前注(52)）；

Michael J. Ulmer, Die Anerkennung US-amerikansicher Gesellschaften in Deutschland, IPrax 1996, 100 ; *Gerhard Hohloch*, Urteilsanmerkung, JuS 1995, 1038 である。

(58) 前注(46)をみよ。

(59) 前注(48)をみよ。

(60) セントロス判決では判示事項第二七項、インスパイアー・アート判決では判示事項第一三七項。

(61) セントロス判決では判示事項第三〇項、インスパイアー・アート判決では判示事項第一三九項。

(62) 日本会社が——通商航海条約上の最恵国待遇条項を根拠として——ヨーロッパ裁判所の判例をも援用し、自己の主張を貫くことができるかどうかはここでは未決定のままに置かれている。というのは、ヨーロッパ裁判所に与えられている権限は、ヨーロッパ共同体条約第四三条および第四八条による居住移転の自由の実現に向けて配慮する権限だけだからである。これに対して、同裁判所は、ヨーロッパ共同体加盟諸国に対して抵触法規定の遵守を定める権能を持たない。もちろん、一定の抵触法的規定に従うようにという強制は、間接的には、ヨーロッパ裁判所の諸裁判から引き出すことができる。

(63) そのようなものとしてはまた *Carsten Th. Ebenroth / Birgit Bippus*, Die staatsvertragliche Anerkennung(前注24)S. 847 がある。

(64) 前述二1をみよ。

(65) 前述二2をみよ。

(66) 前述二3をみよ。

(67) 前述二4をみよ。

(68) 前述二5をみよ。

(69) 前述二6(1)をみよ。

(70) 前述二6(2)をみよ。

ヴィルフリート・シュリューター

ドイツ連邦共和国における団結の自由と労働争議権

Wilfried Schlüter,
Koalitionsfreiheit und Arbeitskampfrecht in der Bundesrepublik Deutschland
übersetzt von Kunishige Sumida

角田邦重 訳

目　次

一　現代における労働組合と使用者団体の社会的地位

1　労働組合

労働組合の力は、現在、ドイツ労働組合同盟（ＤＧＢ）に結集されている。労働者は労働組合と使用者団体が禁止されていたナチス国家が崩壊した後、もはや数多くの、世界観や政治党派を指向した労働組合であることをやめ、基本的に統一的労働組合を形成し、労働者組織間の内部的紛争を避けたのである。このことが、相当程度、ドイツにおける現在の強力な労働運動に貢献している。ドイツ労働組合同盟は、上部組織として、傘下に多数の個別労働組合を包含しており、その数はかつての一六から組織統合を経て、現在八つに減少している。そのなかで最大の組合員を擁するのは金属産業労働組合（ＩＧＭ）と、統一サービス労働組合（ｖｅｒ－ｄｉ）であり、他方、小さいとはいえ、大きな影響力をもっているのは教育・科学労働組合である。二〇〇三年には、ドイツ労働組合同盟は七、三六三、一〇〇人の組合員を擁しているが、(1)この数はこの一〇年間で明らかに減少しており、一九九三年の組合員数は一〇、二九〇、一五二人であった。(2)個別労働組合の組織率は二〇％前後でこれも以前の九〇％位に落ち込んでいる。ＤＧＢ加盟の個別労働組合は政治党派的にも世界観的にも中立であることで知られているものの、実際には、ドイツ社会民主党（ＳＰＤ）と人間的にも理念的にも密接な関係をもっており、これは一九九八年と二〇〇二年の秋に行われた最近の連邦議会選挙においても明らかで、DGBは数百万ユーロにのぼる財政支援で結果的に政府の交代とヘルムート・コール連邦首相の退陣に成功した。ドイツの労働組合は、社会的にも大きな政治的影響力を行使しているのである。

ドイツ労働組合同盟とならんで、さらにいくつかの労働組合が競合しているものの、果たしている役割は小さい。挙げるに値するのは、ドイツキリスト教労働組合同盟（DCGB・一九九六年の組合員数三〇三、一〇六人）、ならびにドイツ官吏同盟（DBB・一九九六年の組合員数一、一〇一、五九八人）である。[3]

これらを合計すると、現業労働者、職員ならびに官吏の約三五％が労働組合に組織されており、ドイツ労働組合同盟にはおよそ三〇％、その他の労働組合に五％の労働者が所属していることになる。

2　使用者団体

労働組合と同様に、使用者団体も、上部組織として、連邦ドイツ使用者団体連合に組織されている。[4] 連合は、すべての経済分野の使用者組織を統合し、ドイツ経済全般にわたる社会政策上の利益を代表する。この連邦連合は、構成員として五〇に及ぶ部門毎の中央組織を擁しており、工業と銀行・保険業の分野では組織率は約八〇％に達しているが、その他の経済分野の組織率は、組織されていない小企業が多数を占めていることから低くなっている。

連邦連合の任務は、企業の立場から社会政策を基礎づけ、メンバーの団体に勧告と実施にあたって助言を与えることである。自ら労働協約を締結するのではなく、協約政策についてメンバー間の意見調整に制限されており、すべての労働組合の上部組織の交渉相手という立場にある。労働協約は、個々の経済分野に対応する部門の使用者団体（例えば金属産業、化学産業などの）によって、地域を単位として締結されている。労働組合が、労働者の利益の包括的な代表者と理解されているのに対して、使用者団体が、使用者の労働協約と社会政策上の利益を代表することに制限しているのは、ドイツ使用者団体連合とならんで、企業家の企業政策および社会政策上の利益を代表する産業部門を基礎にした上部組織である連邦ドイツ産業連盟（ＢＤＩ）が存在しているからである。

影響力という点では、ドイツ使用者団体連合は構成メンバーの自立性による限界をもっている。使用者団体は個々の構成メンバー、とりわけ大企業に対して相対的に弱い立場にあり、団体の外で、ときとして厳しい経済競争関係にあるメンバー間の連帯は、到底労働組合の連帯の強さの比ではない。というのは、使用者団体のなかの構成メンバー間には、一部労働市場における共通の利益と、逆に競争上の利害とが交錯しているからである。

3　労働協約上の今日的問題

使用者団体と労働組合間の労働協約上の取り決めは、賃金、給与、休暇ならびに労働時間といった個別的労働条件に関する規定を内容にしている。これらは、ドイツの労働者の約三五％だけが組合に組織され、かつすべての企業が使用者団体に属しているわけではないのに、多くの場合、労働協約の拘束を受けていない労働契約当事者の契約内容も、実際には労働協約に関連づけられている。

労働協約政策の経済的意義は、その効果を見れば明らかである。ドイツ連邦共和国の一九九六年の賃金と給与総額は、一兆五二四〇億ＤＭであった[5]。このことからだけでも、僅か一％の所得の上昇が、一五〇億ＤＭを上回る所得配分の決定を意味することは明らかである。この支払いの効果は直接的所得だけを指しているが、このほかにも、とりわけ所得に連動して増大する社会保険の使用者負担のような付加的人件費コストが加算される。この付加的人件費コストは、さしあたり直接所得とほぼ同額である。(6) つまり、一%の協約による賃上げは、約一五〇億DM、ならびにこれに同額の付加的人件費コストの増加をもたらすことになる。

労働組合のここ数年の主要な要求は、完全な賃金補償を伴う週労働三五時間への短縮であり、労働組合は、これをドイツ連邦共和国の高い失業に対する効果的な対策と確信している。この労働組合の要求は、一九八四年の協約交渉において、連邦共和国創設以来もっとも激しく、かつ長い紛争をもたらした。いわゆる拠点ストライキは、最初、ノルドビュッテンベルグ・ノルドバーデンの自動車部品工場の一四事業所一三、〇〇〇人の労働者のストライキから始まった。労働組合は、企業の生産方式による限られた部品の在庫管理を利用して、数日間でドイツ自動車産業の事業所を広範囲で操業停止に追い込んだ。この戦術の結果、労働争議は最終的に、総計二八万人の労働者に影響を与え、数週間に及ぶ労働争議は、協約当事者の平均週労働時間を三八、五時間とする合意で解決した。

しかし、困難な経済的環境から、特に新しく連邦共和国となった地域では　現在賃金と労働時間をもっと柔軟にすることが求められている。とりわけ批判に晒されているのは地域労働協約（Flächentarifvertrag）である。地域労働協約は、通常、大企業の状態を念頭に置き、ドイツで労働者の大部分が働いている中企業の特殊事情を十分考慮していない。いくつかの企業にとっては、支払い困難な人件費を考えれば、使用者団体から脱退すること以外の可能性はあり得ない。(7) 別の企業はまた、経営協定ないし個々の契約によって労働協約を下回る試みを行っており、労働協約システムは、それによって深刻な危機に直面している。労働者と経営協議会は、ときとして、自分たちのより高い要求を承知しながらも、協約を下回る支払いで我慢することがある。それによって、経営の存続と職場の確保という利益を取引していることになるが、同時にそれは、使用者に対抗して厳しい協約要求で臨む組合の立場と能力を弱めることになる。労働協約当事者は、その責任領域から離れようとしているかに見える。この最近の展開は、理論的文献の労働協

約と協約自治をめぐる議論のなかで繰り返されて、一つの危機を象徴している。(8)

この今日的問題を解決するための法的枠組は狭い。労働協約法四条一項によれば、労働関係の内容、締結と終了を定める労働協約の法規範は、地域労働協約によって協約に拘束される者の間で、直接かつ強行的効力をもつとされており、それからの乖離は、労働協約上の解放条項によってのみ許容されるか、または四条三項によって、労働者に有利な条項を含んでいる場合に限られている。使用者に対する労働協約の拘束力は、使用者が使用者団体から脱退することで消滅するのではなく、三条三項によれば、労働協約の有効期間の終了まで継続する。このことが、景気変動や地域ないし個別経営の特別事情を背景に生じている労働協約の最低基準の柔軟な適用を困難にしているのである。

これにヨーロッパ全体の要因が加わる。ドイツの賃金水準の高さが大きな意味をもってきており、例えば建設業では、広い範囲でポルトガル、ポーランド、あるいはその他の国の労働者が投入されており、彼らは、ドイツで通常となっている賃金よりかなり低い水準で働いている。ドイツの建設企業は、建設業の不況のなかで、ドイツの労働者を雇い、労働協約法五条の一般的拘束力宣言をもつ協約を守るという不利な競争条件では、存立して行けなくなっている。立法者は最近になって、国境を越えて就労する労働者に対して、一般的拘束力宣言に類似した強行的最低労働条件を命じることで、この問題に対処しようとしている。建設業の現在の法的最低賃金は、旧連邦の州では一七、〇〇DM、新しい連邦の州では一五、六四DMである。(9) しかし、労働市場からドイツ労働者が次第に排除されていく傾向は、これによって完全に止まったわけではない。違法就労の増大現象は、この関連からだけでも推測することが可能である。

他の経済分野での経営の実務は、今日、立法の援助がないまま他の方法を取って、柔軟性の小さい地域労働協約に対処している。経営組織法による規範設定可能性に労働協約の代替策を見いだそうというものである。多くの使用者が、経営協定（経営組織法七七条）を補充手段ないし企業に関連した〝小さな〟労働協約と見なしており、それ自体が労働協約に拘束されるのか、されないのかを考慮しないままに適用している。この現象は、理論的には、経営組織のなかへの〝逃亡〟と評されている。(10) 使用者と経営協議会との規範設定権能は、労働協約上の問題に拡張され、経営の観点に合わせて適合を図ることを可能にしている。しかし賃金支払いシステムの変更、付加的手当、労働時間の短縮、労働時間の配置、賃金昇格などについては、経営組織法上の当事者にとって、問題がないわけではない。これらは、労働協約法の一条一項に従えば、その核心的範囲に属し、協約当事者の本質的任務に関係している。それだけに対立した論争の的となっている。

このような実務の取り扱いは、圧倒的見解によれば違法である。(11) 労働協約法四条一項によって労働協約のもつ規範的効力を、経営組織法七七条による経営協定の規範的効力によって代替させることは出来ない。労働協約自治を労働組合活動の核心的範囲として保障している経営組織法八七条一項がそれを許さない。この規定は経営の共同決定を協約の規定が存在していないことを前提に許容しているに過ぎない。協約の優位性によって、使用者が労働協約に拘束され、共同決定の保護目的が達成されている場合は、経営レベルで参画する余地はないのである。(12) 経営組織法七七条三項は、その文言によれば、労働の報酬、または労働協約によって規定されているか、通常規定されているその他の労働条件を経営協定の対象にすることを禁じることで、労働組合の自治を明確に保護している。これと異なる取り扱いは、労働協約が補充を許容している場合に限られている。このように経営協定を阻止することで、既に実施され、ないし現実化している労働協約自治の確保を図っているのである。(13)

このように使用者と経営協議会との規範契約による規制権能は制限されている。従って、経営協議会法の意義は、経営協定の規範的効力と結びついた調整委員会（経営組織法七六条）の強制仲裁の効力が基本法九条三項によって正当化されるものではないことに示されているように、労働協約に代わりうるものではない[14]。それを超えて、経営協定の協約代替的利用は、労働者の権利をも侵害することになる。経営協議会が、組合費を負担しない強制的労働組合として利用されることになってしまう。従業員は、労働組合員の場合と異なり、脱退による離脱は出来ないのである[15]。経営協定は法律が認める範囲で、経営レベルで機能し、労働組合の権限に抵触することのない規定のみを対象にすることが出来る。それは、今日的傾向に沿って労働協約に取って代わるものではあり得ない。

他方、地域協約が、今日の法的規定によって、カルテル的効果をもっていることは否定出来ない。それは同一分野で相互に競争関係に立つ企業間の人件費の平準化をもたらし、それによって誘発されるコストと競争の圧力は、多くの企業に合理化と近代化措置を強いることになる。高い人件費コストは、人件費分野での競合企業に対する競争上の優位性を確保するため職場の削減を必要とする。地域協約は、その意味で、小企業だけでなく、大企業にとっても、職場を削減する効果を増大させ、労働協約による良好な職場を有している者と、企業が地域協約の高い賃金を支払えず新規採用が出来ないことから生じる失業者との間での社会的衝突を深刻化している。立法者が、先行する議論にどう向き合うかを待たなければならない。いずれにせよ、一九九八年秋の選挙で新しく選ばれた社会民主党率いる連邦政府が努力している、使用者、労働組合と政府間の〝労働のための同盟〟が、経済にとって極度に重要性をもった問題解決につながるかどうかは疑わしい。

二　労働争議法に関する法規の欠如

労働争議法は、とりわけ、立法者による法規の制定がなされていない点で、ドイツ労働法のその他の分野と異なっている。つまり労働協約法はあるものの、労働争議法は存在していないのである。この点は、ドイツ再統一の後も変わっていない。ドイツ連邦共和国とドイツ民主共和国との間のドイツ統一の回復に関する第一条約（統一条約）の三〇条一項は、全ドイツの立法者に、個別労働契約法の新しい法典化のみを義務づけており、(16) ストライキ権を含む集団的労働法の規制に関する立法までは要求してはいない。この種の立法草案は、少し前に、労働法学者の一グループによって提案されてはいるが、(17) 新しい連邦政府には、当分の間、実現に向けて努力する意思は見られない。現在の政治的な優先度は、連邦共和国の継続的な高い失業率との闘いにあり、ストライキ法の法典化にあるわけではない。

現行の労働争議法は、判例によって展開されており、それ自体としてはドイツ法システムにとって異質な、純然たる裁判官法である。判決が、全体としてきめ細かな労働争議法を導き出している唯一の法規範は、基本法九条三項である。

規定は次のようになっている。

〝労働ならびに経済条件を維持、改善するために団結する権利は、すべての者、すべての職業に保障される。この権利を制限し、妨げようとする合意は無効であり、それに向けられた措置は違法である。一二条a、三五条二項・三項、八七条a四項、

九一条は、一文の意味における労働経済条件の維持、改善のために行われる労働争議に向けられてはならない。(18)〃

この基本法九条三項三文の中で、労働争議権は保障されているが、この憲法規範の単なる文言から、労働争議法の詳細を導き出すことは出来ない。判例が基本法九条三項から、労働争議の許容性と限界に関して、どのような複雑で詳細な基準を発展させてきたかを理解するために、まずは、基本法九条三項に含まれている憲法上の保障を概括的かつ基本的に述べることから始めるべきであろう。

三　団結権の憲法上の根拠

1　団結権の一般的意義

自由で民主的な憲法システムの特徴は、とりわけ、社会的利益の組織や代表機関は国家から自由な結社として許容され法的保護を受けるという点にある。(19)従って、一般的な結社の自由は、基本法九条一項によって保障されており、すべてのドイツ人に、結社と団体を作る権利を保障している。一般的な結社の自由と基本法九条三項で保障されている団結の自由は、個々の人格にとって、それを具体化する基本法の中心的構成原理の一つであり、自律的な社会的自主組織にとっての権利である。

基本法九条三項は、また全体的なドイツ労働協約制度にとっての中心的規範である。実定法としての労働協約法のあらゆる規定と、同様に判決によって展開してきた労働争議法の法規制は、基本法九条三項で予定された法的保障と調和したものでなければならない。基本法九条三項は、立法と行政権力、ならびに判決を拘束するからである。従って、労働協約と労働争議法は、基本法九条三項から導かれる基本権の保障を具体化、すなわち内容的に詳細に定式化することだけが許されるのであって、縮減することは認められない。必要なことは、この憲法の規定から導かれる法的保障を具体化することである。基本法九条三項は、個人にとっての団結の自由であり、また集団的な団結の自由でもあると言う意味で二つの保障レベルを含んでいる。[20]団結の自由は、二重の基本的権利としての性格をもつ。

また基本法九条三項の基本権の保護は、二面的に機能する。一方では、国家に、そして他方では私人に対してであり、いずれに対しても、団結の自由に対する侵害の抑止を義務づけている。後者は、直接的第三者効（unmittelbare Drittwirkung）と称され、ドイツの憲法によって、基本的権利が明確に私人間にも適用される旨を宣言されている場合にだけ妥当する。このような宣言を基本法九条三項は含んでいる。

2 団結の自由の内容

(1) 個人の団結の自由

労働争議権は、集団的団結の自由に含まれるものではあるが、最初に、簡単に個人の団結の自由に言及しておくことにしたい。

個人の団結の自由は、ドイツ憲法上、二つの側面を有している。積極ならびに消極的団結の自由がそれである。[21]積極的団結の自由は、個々の労働者ならびに使用者に、団結する権利の保護を図っている、すなわち労働組合ないし使用者団体を結成し、加盟すること、メンバーとして留まり、組合費を支払い、複数の団結のどちらかを選択し、または一方から他方に移ることである。これとともに、基本法九条三項は、消極的団結権をも保障している。連邦憲法裁判所は、一九七九年三月一日の共同決定事件に関する判決のなかで、最終的に消極的団結の自由を承認した[22]。

消極的団結権は、労働者および使用者に、団結をしないこと、存在している団結から距離を保つこと、同様に脱退する権利を保障している。すなわち消極的団結の自由の意義は、とりわけ組織されていない労働者ならびに使用者をあらゆる形態の団結への加入強制から保護することにある。従って加入強制のためのいかなる労働者および使用者の協力、同様に、アメリカの協約で知られている使用者に非組合員あるいは協約締結組合に加入していない労働者の採用を禁じる〝クローズドショップ原則〟も、消極的団結の自由と相容れない[23]。同様に、労働協約によって得られた労働条件を非組合員あるいは協約締結組合外の労働者に保障することを禁じるいわゆる協約排除条項も、消極的団結の自由に反する。また、特定の給付の保障について、組織加入者と非組合員との間で異なった取り扱いを内容とする格差条項も禁じられることになる[24]。これに対して、連邦憲法裁判所は、労働協約の一般的拘束力宣言は消極的団結の自由に反しないとしている[25]。

(2) 集団的団結の自由

個人的権利としての積極的、消極的団結の自由とならんで、判決と学説によれば、基本法九条三項は、団体の基本権と称されている集団的団結の自由を含んでいる。集団的団結の自由の主体は、個々の市民ではなく、団結自体すなわち労働組合であり、使用者団体であって、その特殊団結にふさわしい活動は憲法上保護されているのである[26]。これらの団結の保護は、四つの部分からなる保障として具現している。すなわち、自由な団体の存続と組織確保としての団結の存続保障、自由な団結目的の確保を意味する団結目的の保障、自由な団結による合意と闘争、団結にふさわしい手段の選択の確保を意味する団結の手続きおよび手段の保障がそれである。これら集団的団結自由の各部分からなる保障は、判決や学説によって、さらに特定の部分的保障に分類されてはいるが、以下の概観にあたっては、システマティックではなく例示的に述べるにとどめる。

(a) 団結存続の保障

団結の存続保障の本質的内容は、裁判所を含む国家が、例えば事前のコントロールを通して、団結の設立を妨害してはならないという点にある。(27) 団結の設立を国家の承認に依存させることは許されない。団結の存続保障はまた、その自由な団結の組織、すなわち団結の自治を保障している。さらに、団結の存在を維持、確保するために不可欠な行為も、団結の存続保護の範囲に含まれる。これに属するのは、とりわけ経営内での情宣活動の権利である。しかしながら労働組合は使用者の基本的権利も尊重しなければならない。例えば、使用者の所有するヘルメットを利用して情宣活動のためステッカーを貼るのは許されない。(28) そこで示されているのは、集団的団結権も他の基本権と同様に無制限なものではなく、他の基本権保護が図られるところで終わるということである。

(b) 団結目的の保障

団結目的の保障は、労働組合ならびに使用者団体の労働、経済条件の維持、改善という役割と任務の領域の保障を含んでいる。(29) 基本法の文言では、団結の目的をそれ以上に詳細に規定することは、意識的に避けられている。ドイツ憲法に従えば、団結の目的は憲法の現実のなかで、具体化されて行くべきものなのである。団結は、憲法や立法制定者が予測しなかった新しい問題に直面するであろう。基本法九条三項は、労働組合と使用者団体に、自ら組織の任務と秩序に関する政策を発展させ、労働生活の変化する現実に適合させていく可能性と自由を与えている。

この団結の機能領域の自主的秩序付けは、労働組合と使用者団体との自由な団結の手続きを通して行使される。しかしながら、労働組合と使用者団体だけに、憲法上、労働、経済条件の維持、改善が託されているわけではなく、基本法七四条一二号によれば、国家の立法者にも労働生活秩序への任務が与えられており、しばしば解決しがたい競合関係が生じている。確実に言えるのは、団結目的の保障は、ナチスの時代のように、国家が賃金を上から強制的に定め、下で固定するのとは相容れない。しかし他方で、一九世紀のリベラリズムのように、国家は、労働、社会政策的に何もしないことを義務づけられているわけではない。

労働法領域における国家の立法権限と団結の労働協約による規範設定との間で抽象的な限界を設定することは困難である。確実に言えることは、団結に労働、経済条件の形成にあたっての本質的な役割が留保されていなければならない。[30] つまりドイツの労働市場では、労働協約によって価格が決定される、これが労働組合にとっての当然の権利なのである。グローバルなカルテルと言うべきもので、労働市場における条件の決定が、憲法上の保護を受け、協約当事者に留保された第一義的な権利なのである。ここに団結による協約自治が体現されている。立法者による憲法上の経済的規定にもとづく形成権限の領域では、ヨーロッパの他の諸国で法的に認められているような（例えばイタリア、フランス、オランダ）、協約自治に対して拘束力をもった賃金のガイドラインあるいは凍結措置を出すことが可能なのかという問題が提起される。連邦政府は、安定的賃金を無視した協約の締結を妨害する法的可能性をもってはいない。すなわち労働協約当事者は、賃金政策を自らの責任で実行出来る。ただ安定的賃金に深刻な侵害をもたらす協約政策が採られる場合に、協約当事者の賃金政策が一定の量的許容限度に拘束されるとすることは、基本法九条三項に違反しないであろう。それを除けば、国家による賃金誘導は許されない。

政策は、労働協約は使用者と労働組合の任意的協力にもとづく調整に委ねられざるをえない。この方策によって、幾度も、失業とインフレーションを申し合わせた行動によって阻止するための効果的な闘いが試みられてきた。このような協同行動を目指したのは、政府と社会的パートナーが一つの交渉テーブルに着いて協議する、一九六七年に導入された経済安定法による〃協同行動〃であった。労働組合は、この仕組みに終始消極的で、最終的には協力を解消した。またヘルムート・コール首相に率いられたCDU/CSU政府は、第一三選挙期間中(一九九五—一九九八)、使用者と労働組合の〃雇用のための同盟〃のために努力したものの、労働者側の抵抗にあって失敗に終わった。一九九八年秋、新しく選出された社会民主主義に率いられた連邦政府が、それによって宣言どおりの大きな成果を得られるかどうかは、なお検討を要する。

(c) 団結手続きの保障

集団的団結の自由には、さらに、団結の手続き的保障が含まれている。[31] この保障は、あらゆる形の団結にふさわしい意見の一致と対立とを包括的に含み、基本法九条三項が、相反する利益の対立と一致の手続きを保障していることを意味する。すなわち団結には、原則として、利益対立を解決するためどのような手続きを採るかについての選択を委ねられている。団結の手続き保障によって、ドイツでワイマールの時代から知られていた強制仲裁は排除され、国家は、団結の手続き機能が全体として脅かされる事態に陥ることのない限りは、中立を義務づけられる。国家は、労働協約紛争と労働争議に関するいかなる監視も抑制しなければならないとの原則が妥当する。団結の手続き保障によって、労働協約紛争についてのあらゆる強制仲裁も、また連邦ドイツ基本法が発効される以前に連合占領国の法令に定められていたような協約当事者に承認を受ける義務を課すことも排除される。

国家に対しては、そのほか、あらゆる労働争議に対して影響を与える措置も禁止される。就労促進法一一六条

（AFG）に明確に規定されているように、労働争議中の失業手当の支払いによる介入も許されない。このような国家の中立義務の範囲がどこまで及ぶのかについては、ドイツ連邦共和国では長い間争われてきたが、政府は、労働組合の抵抗を押し切って、一九八六年五月一日の法律で詳細に定めることとなった。[32] 自らは参加していない労働争議によって失業している労働者に対する失業手当の支払いは、争議に参加していなくとも、闘争の対象となっている協約の分野ならびに場所的な適用範囲内の経営に属し、かつ労働争議の主たる要求と同視出来る要求を求めている者に対しても排除されることとされた。この規定は、憲法とりわけ基本法九条三項、ならびに一四条の所有権の保障と三条一項の平等原則に合致している。[33]

(d)　団結手段の保障

基本法九条三項で保護を受ける団結の手続き保障は、具体的には特定の団結手段として行使されるのであり、基本法九条三項は、それに応じて、団結手段の保障を含んでいる。それを通して、団結による合意や闘争のために機能する典型的な手段が保障されることになる。

団結法的な集団的合意への手段として、基本法九条三項は、協約自治を保障している。立法者は、団結に対して、現代的労働法の意味における労働協約システムを用意しなければならないが、[34] 協約自治を具体化するにあたって、立法者は広い形成権能をもっており、労働協約の対象、協約能力、労働協約の規範的性格に関する規定を設けることが出来る。すなわち労働協約法四条一項で、立法者は、団結の目的保障から導かれる立法への委任を行使して、労働関係の内容、締結と終了について定める労働協約規範は、協約に拘束される労働契約当事者間に直律的かつ強行的に妥当するものと定めている。これによって立法者は、労働協約当事者に、団結合意のための典型的な機能手段を委ねるため、純然たる法設定権限を与えたのである（授権理論）。協約能力の具体化にあたって、立法者は、憲法的意味での団結だけに、協約能力の付与を限定されているわけではない。労働協約法二条による個々の使用者の協約能力と同様に、公法上の団体としての手工業組合の協約能力も、正当な立法裁量に属している（手工業令五四条三項一号 HandwO）。労働組合の、経営協議会と職員代表委員会、ならびに企業決定に対する協働も、正当な団結の手段に属する。最後に、団結手段の保障の領域に入るのは、社会保険の自主的運営に対する団結の関与である。

労働組合と使用者団体によって積極的に行使される重要な対抗手段として、団結手段の保障は争議行為を保障している。もっとも重要な闘争手段は、労働組合側ではストライキ、使用者側ではロックアウトであるが、ストライキとロックアウトの権利を、憲法は無制限に保障しているわけではない。以下では、ドイツ連邦共和国では、どのような条件のもとで労働争議が行われ、それが個別の労働関係にいかなる影響を与えるのかについて述べた後で、違法な労働争議の法的効果を取り扱うことにする。

四　ドイツ労働争議法の基本的構造

1　一般的原則

労働争議とその任意の調整とは、協約自治が機能するための欠かせない手段である。そこから労働争議は、一方で憲法上の保障を受けるが、他方では、労働争議の協約自治に対する手段的機能から生じる許容範囲の制限に従うことになる(35)。

(a) 労働争議は労働協約当事者間でのみ許される。
(b) 追求されている労働争議の目的は、協約上規制可能なものでなければならない。
(c) 労働争議（協約当事者）の当事者間では、力の対等性（交渉力の対等と武器の対等性）が支配しなければならない（対等原則）。
(d) 争議手段の行使は、相当性の原則に服する。
(e) 労働協約当事者の間に平和義務が存続していないことが必要である。

2　諸原則の具体化

(1) 合法的労働争議の前提である協約能力

協約能力を有する団結だけが、合法的に労働争議を行うことが出来る。それだけが労働協約を締結出来るからである。協約能力は、労働協約の当事者になる権利を与えるものであるが、法律は協約能力の概念について定義をしていない。労働協約法二条一項は、もちろん一方では、労働組合に、他方では、個々の使用者と使用者団体に労働協約の当事者になりうることを認めているが、例えば、労働組合が協約能力を有するために備えなければならない団結としての前提条件について述べてはいない。判決は(36)、この点に関して、いくつかの異なった諸基準を発展させている。すなわち協約能力と労働争議の権限をもつのは、自由で、企業レベルを超えて、かつ団体として組織された団結に限られ、一定期間継続的に存在し、労働、経済条件の維持、改善を目的とするものでなければならない。また協約能力をもつ団結は、相手方から自由、かつ独立していることが必要である。ここで言う団体とは、もっぱら使用者または労働者だけの結合であって、混合したメンバーからなる団体は協約能力を有しない。また内部の意思形成にあたって、社会的相手方から影響を受けるものでないことが保障されていなければならない。最後に判決は、団体に一定の社会的力を備えていることを要求している。団結は、メンバーの利益を効果的に貫徹する状態になければならないからである。

ストライキは、もっぱら右に挙げた要件を満たしている労働組合によって宣言され、遂行される。この（協約能力を有する）労働組合が、〝ストライキを独占〟している。(37) しかしこのことは、ストライキ労働者の全体が労働組合に所属していなければならないわけではない。(38) 協約自治に対するストライキの補助手段的機能から、〝山猫〟すなわち労働組合に組織されていないストライキは違法になる。(39) というのは〝山猫〟ストライキは、協約能力をもつ当事者資格を欠いているために、労働協約の締結に至ることはないからである。自発的労働者の組織も協約能力をもたず、協約自治に参加出来ない。もっとも、労働組合が、〝山猫〟ストライキを受け入れた場合には、連邦労働裁判所の見解によれば、遡及的に合法となる。(40) このことは使用者側の争議手段にも妥当するから、〝山猫〟ロックアウトは違法である。(41)

(2) 労働争議法の規制目的

労働争議は、相手方に対して、労働協約の締結を強要する目的で行われる場合にのみ合法である。(42) この原則は、特に政治的労働争議、デモンストレーション争議、法的紛争をめぐる労働争議にあてはまるが、同様に、同情や警告的労働争議にも意義をもっている。

(a) 政治的労働争議

政治的な労働争議は、通常、憲法上許されない、従って違法である。[43] それは、例外的に、とりわけ基本法二〇条四項の抵抗権行使の前提条件のもとでのみ許される。しかし抵抗権は、憲法秩序が脅かされ、他の救済方法が無い、例えばクーデターのような場合にのみ許されるのであって、それを除けば、ドイツ連邦共和国では違法である。政治的労働争議は、争議を要求する名宛人と争議対象の当事者とが異なっており、ドイツ連邦共和国では違法である。政治ストライキの要求は、国家的機関（議会、政府、裁判所）に向けられており、ストライキを打たれた企業は、国家に向けられた要求（例えば、ある法律の制定）に応えることは出来ない。政治ストライキは違法であり、場合によっては損害賠償の義務を負うだけでなく、刑法一〇五条により、憲法上の機関に対する脅迫として処罰されることもあり得る。

(b)　法的紛争をめぐる労働争議

労働争議が、法的解決手段が用意されている紛争を対象とするものである場合には、いずれにせよ許されない。[44] というのは、裁判所による保護は、労働争議による自力救済に優先するからである。労働争議が、可能かつ開かれた裁判の道を自衛の権利に代替させてしまうことは許されない。憲法により確保されている国家による判決の独占を労働争議によって押しのけ、回避することは許されないのである。

(c)　デモンストレーション労働争議

デモンストレーションストライキには、直接協約によって規制可能な争議目的が欠けている。このようなストライキによって、労働者は、単に特定の問題に関する意思の表明を意図しており、労働協約の締結を強制することにあるのではない。しばしば、一定の使用者の対応や政治的問題に対するプロテストであったりする。

デモンストレーションストライキは、許されない争議目的を追求するもので違法である。[45] 要望や確信に関するデモンストレーションは、たとえ協約上の問題に関する表明であっても、特に協約によって規制可能なものではなく、労働協約上規制可能な争議目的だけが、労働争議を正当化するとの原則に反している。

(d) 同情ストライキ

同情ストライキにあっては、他の主たる労働争議を支持するためにストライキが行われている。[46] 争議目的は、主たる労働争議に参加している労働者と連帯し、支持することであるが、闘争相手は直接ストライキを打たれた使用者であるのに対して、要求の名宛人は主たる労働争議の使用者または使用者団体であって、ストライキを打たれた使用者は争議の要求に応えることは出来ない。既に繰り返し述べてきたように、労働協約によって規制可能な目的のために行われるものという、ストライキ合法性の前提条件が満たされていないのである。この観点から、連邦労働裁判所は、同情ストライキを基本的に基本法九条三項と相容れないと評価している。[47] 原則的に、労働争議が、特に争っている労働協約当事者間だけで許されているのは、その間でだけ労働協約が適用されるからである。通常は、労働争議に参加していない、かつ影響力をもつこともない使用者がストライキを打たれることは許されず、その限りで、基本法九条三項から同情ストライキの権利が生じることはない。しかし連邦労働裁判所は、ストライキを打たれた企業が、部外者とは言えないような例外的場合も想定されるとしている。ストライキを打たれた企業が、主たる労働争議に影響力を行使出来る状態にある場合が、それにあたるであろう。

(e) 警告ストライキ

警告ストライキは、使用者側に、労働者側の結束力を示し、必要ならば協約で規制出来る目的のため継続的労働争議に入る用意があることを伝える短時間のストライキである。[48] 一九八一年の賃金交渉に際して、金属産業労働組合が、協約交渉継続中に、組合員に警告ストを呼びかけたが、統一的な計画のもとで労務放棄が行われ、いわゆる〝新しい機動性(Neue Beweglichkeit)〟の名で、経営を替えながら、常に短時間のストライキが繰り返し行われるというものであった。この〃新しい機動性〃の回転システムによって、全体の協約交渉の間、日替わりで個々の企業がストライキに見舞われ、その間、闘争の相手方には、全体を見渡すことも予測も出来ないというものであった。連邦労働裁判所は、短時間の協約に関連する警告ストライキは平和義務の終了後あるいは協約による平和義務の終了前も、それが最終的手段原則（ultima ratio-Prinzip）に違反しない場合という適切な付言を加えながら、許容されるとした。(49) すなわち警告ストライキは、全体として交渉の可能性を汲みつくし、労働組合にとっては争議行為による以外に合意に到達出来ない場合にのみ最終的手段として許容される。しかし連邦労働裁判所は、警告ストライキが許される前提条件が満たされているかどうかの判断は、労働争議手段を行使する労働組合固有の事項に属するから、その判断の事後的審査は出来ないという。この判決によれば、実際には、警告ストライキが許されないことの確認はおよそ出来ないことを意味し、労働組合はいつでも、制裁を恐れることなしにこの手段を行使出来ることになる。こう考えれば、最終手段の原則は、単なる紙の上の存在に過ぎなくなる。このような結論は、裁判所は労働組合の評価が適切かどうかの審査を授権されているとは言っても、避けることは出来ない。実際、労働協約交渉当事者に妥協する用意があるかどうかの内部事情を確認するのは困難だからである。しかしながら、いくつかの論文に代表されるように、(50) 警告ストライキが許されることになる時点は、形式的には、この争議手段に訴える以前に、明確かつ公式に、交渉の失敗が宣言されているかどうかで決定されるべきである。

(3)　争議対等性の原則

労働争議当事者の間には少なくとも力の対等性が支配しなければならないと指摘されている。この前提のもとでのみ、労働争議は協約自治の効果的補助手段でありうる。労働協約は、とりわけ労働者と使用者との事実上の力と利益調整を創り出すのであり、それは、双方とも、他方に対してはじめから優越的にその意思を強要出来ないという前提のもとで、はじめて機能し得るのである。争議対等性の命題は、協約自治の機能条件から生じ、団結の影響力を締結された労働協約のうちに反映する。

従って、防衛的ロックアウトは、ストライキに対する防衛手段として保障され、同様に防衛的ストライキもロックアウトへの防衛手段として保障されている。しかし、ストライキとロックアウトは、最近の連邦労働裁判所によれば、対等の権利と均等な争議手段として捉えられてはいない。争議対等性の命題は、連邦労働裁判所によれば、ストライキについての限界は存在しないが、ロックアウトについてはそうではない。連邦労働裁判所の見解では、労働協約交渉において、労働組合ははじめから劣位に立たされており、ストライキ権がなければ、その要求は〝集団的請願〟以上のものではないという。(51) 従って、全面的あるいは部分的ストライキを選択するか、さらには限定的な拠点ストライキを行使するかについては、労働組合に自由な裁量が与えられている。

連邦労働裁判所の考えによれば、(52) これに対して、使用者および使用者団体が、労働協約政策上の利益と要求を労働争議手段によって迫る必要性は、労働組合よりも遙かに小さい。この観点から、裁判所は、ロックアウトの闘争手段としての許容性を厳しく制限している。(53) 防衛的ロックアウトは、使用者側の交渉と闘争の対等性にとって基本的に必要であり、合法な闘争手段であるとされている。(54) しかし連邦労働裁判所の判決によれば、防衛的ロックアウトは、労働組合の特定のストライキ戦術によって一方的に労働者側に有利になった場合にのみ許容される。(55)

例えば、労働組合が、ストライキの武器を部分ストや拠点ストライキのような狭い範囲で行使した場合がそれにあたる。労働組合は、このような個々の使用者を攻撃の対象として選ぶストライキのやり方を通して、使用者側の競争関係を激化させ、使用者間の連帯を弱めることになる。拠点ストライキを打たれた個々の企業では、継続的に市場の占有率を失う危険に晒される。このような危険の圧力を受けて、企業は比較的早期に、労働組合の無理強いに屈し、高すぎる要求に妥協せざるを得なくなる。連邦労働裁判所は、このような場合、ロックアウトによって争議範囲を拡大することを相当な対抗手段として認めている。それによって、使用者側では、ストライキの対象となっていない使用者の競争上の優位性は失われ、他方、労働組合が、広い範囲で組合員の財政的支援を余儀なくされることになり、闘争の対等性が回復することになる。

連邦労働裁判所の判決にならって、防衛的ロックアウトを拠点ストライキの場合のみに制限することには批判がある。とりわけ、連邦労働裁判所の出発点は、私には正しいとは思えない。労働組合は、使用者側に対して劣位にあると先験的に措定して、ストライキとロックアウトを対等な闘争手段ではないとするのは証明可能ではない。加えて、闘争手段の対等性が、一方的に労働者側に有利に傾くのは拠点ストライキの場合だけに限られない。一定の経済的条件のもとでは、戦術的に使用者側を狙って打たれた攻撃的ストライキの圧力が、攻撃された使用者団体を構成するメンバー企業と直接的競争関係にない場合であっても、もし防衛的ロックアウトが許容されなければ、労働組合が僅かな危険を冒すだけで、一方的な強要を可能にするほど大きいこともあり得る。

争議対等性の原則からは、防衛的ロックアウトのみならず、攻撃的ロックアウトの許容性も導かれる(56)。攻撃的ロックアウトは、ドイツ連邦共和国では基本法の発効以来、経済的な景気の条件もあってほとんど意義をもつことはなかったが、法的に許されることに疑いはないと言うべきであろう。連邦労働裁判所大法廷もまた(57)、一九七一年に出された決定のなかで、使用者も、労働争議を開始することが出来るとの適切な見解に与していた。労働協約上の要求をもって行動するいずれの当事者も、その要求貫徹に向け可能な闘争手段の圧力をもたなければならないし、このことは、経済的不況下の使用者側にはあてはまる。連邦労働裁判所が、攻撃的ロックアウトを今日も承認するのかどうかは、先に述べた防衛的ロックアウトに関する判決からみて疑問である。特に、防衛的ロックアウトを拠点ストライキに対する反撃としてのみ許されるとみるのか、それとも攻撃的ロックアウトを一般的に承認するのとでは、確かに矛盾が存在している。

(4)　相当性の原則

労働争議が適法であるためには、既に指摘したように、争議手段の投入が相当性の原則に適っていなければならない。闘争行為の、〃追求する目的からの乖離〃は許されないのである。この相当性の原則は二つの分野からなる。[58]一つには、闘争している協約当事者の関係、同様に直接に闘争に参加している社会的対向者の関係を規制する。もう一つは、労働争議が直接争議に参加していない労働者、使用者、第三者と公共の利益に与える影響力の許容の限界という問題が生じる。

相当性の原則から、まず、既に警告ストライキの許容性に関して述べた〃最終的手段原則(ultima ratio-Grundsatz)〃が導かれる。労働協約当事者は、双方とも労働争議によって恣意的に、正当な根拠なしに、相手に損傷を与えてはならない、労働争議を避けられない事情なしに、〃いきなり喧嘩を始める(vom Zaum brechen)〃ことは許されない。[59]合法な労働争議は、従って、すべての期待可能な合意への努力を尽くしたことを前提とし、交渉は実際に行われ、失敗に終わったことが宣言されなければならない。一方の当事者がいかなる交渉をも拒否しているのであれば、労働争議によって、すなわちストライキによって交渉の受託を強制することは出来る。[60]協約交渉が失敗に終わった場合には、闘争手段の行使の以前に、さらに現存する調停制度にかけなければならない。もっとも協約当事者は、調停委員会の調停案を受け入れることを強制されてはいない。既に団結の手続き保障で述べたように、国家、また裁判所による強制仲裁は憲法に違反する。

相当性原則からは、さらに争議手段の量的制限が導き出される。攻撃的ストライキはもちろん基本的に相当性原則に違反するものではないし、特に攻撃的ストライキの戦術ないし戦略上、協約適用領域のストライキ参加者に関して最高あるいは最低数といった量的限界が課せられるわけでもない。これに対し防衛的ロックアウトについて、判決は、相当性原則からこれと異なる一定の制限を導き出している。連邦労働裁判所は、使用者側の優位性ないし闘争手段の逸脱を避けるために、防衛的ロックアウトを、原則としてストライキが行われた協約領域に限定した。裁判所はこれに加え、相当性の原則に関する一九八〇年の二つの判決で、ストライキ参加者とロックアウト対象者の関係から数量的判断基準をもちだした(61)。

それによれば、

— 労働協約適用領域の労働者の二五%以下が、労働組合の労務放棄の指令を受けている場合には、最大で二五%までの労働者をロックアウトすることが許される。

— 二五%を超える者がストライキへの参加指令を受けている場合には、ストライキ参加者とロックアウトを受けている者の合計が、協約適用領域の労働者の五〇%を超えない範囲内でロックアウトすることが出来る。

— 既に五〇%あるいはそれ以上の労働者がストライキ指令を受け、あるいはロックアウトを受けている場合には、それ以上のロックアウトは許されない。

このような数量的判断基準は、多くの理由から批判されるべきである。一つにはいかにも恣意的である。攻撃的ストライキと防衛的ロックアウトの関係に関し、一般的な数量的割合基準の設定は、異なった市場と競争関係を考慮に入れると、余りにもラフな枠組にすぎる。相当性原則から一般的な数量化を導くことは出来ない。とりわけ、ドイツの憲法に関する理解に従えば、このような一般的な割合の設定は、裁判所ではなく立法の権限に属する。裁判官は具体的な法的紛争について判断するのであって、一般的規則を設定するのではない。裁判所は、権利と実定法に拘束されるのであって、自ら規範を創り出すことは許されない。ドイツの司法権は、全体的な労働争議法の領域で、このような観点に、十分な尊重を示していない。

連邦労働裁判所が、このような疑問に答えず、その数量的解決基準にこだわるかどうかは問題である。相当性原則に関するロックアウトの許容性の判断にかかわる一九八五年の決定で、(62) 裁判所はこの基準の適用を思い止まり、その事例のロックアウトが相当性を欠くという判断にあたっては、ストライキ参加者とロックアウトを受けた労働者の数だけでなく、それに加えて、ストライキとロックアウトによって失われた労働日数、同様にストライキの対象となった経営の数が考慮されている。また別の決定では、(63)〝ロックアウトの算術（Aussperrungsarithmetik）〟にこだわることへの疑問が表明されている。しかしこの問題は、最終的には答えられないままに放置されている。

(5) 労働協約上の平和義務

労働争議の合法性の最後の前提は、平和義務が存続していないことである。労働協約上の平和義務は、特に争議禁止の根拠となり、平和義務の継続中は、労働協約の新しい規定に向けたあらゆる争議行為が禁止されている。(64) この義務はあらゆる労働協約にとって欠かせない内容に属しており、明確な規定があることを要しない。労働平和は労働協約によって、その効力が妥当している期間のみ保障され、協約の終了とともに終わる。しかしながら争議行為は、平和義務の終了後直ちに許されるわけではなく、既に述べた裁判官法に基づく〝最終手段原則〟が、調停手続きを含む平和的な合意に向けた現実的可能性が尽くされるまで、平和義務の延長として機能することになる。

五　争議に参加した労働者と使用者、ならびにその団体に対する効果

以下では、まず合法な労働争議が、労働関係にどのような効果をもたらすかについて述べ、続いて違法争議の法的効果を取り扱う。

1　合法的ストライキの効果

(1)　労働義務

連邦労働裁判所大法廷の一九五五年一月二九日の決定(65)以来、ストライキの合法性は集団法と個別法とで統一的に評価されなければならない――これはロックアウトについても妥当するが――とされている。これによって労働者にとって、事前の労働契約の解約なしに、契約に違反することなく合法的ストライキへの参加が法的に可能となった。合法的集団行動によって、労働関係から生じる労働義務はストライキ継続中は停止し、労務提供の放棄が契約違反になることはない。

ストライキの集団法的、個別法的レベルの統一的評価は、ワイマール共和国時代からの労働争議法に対して、決定的な理論的前進を意味している。一九五五年の連邦労働裁判所大法廷の上述の決定まで、支配的学説は、両者のレベルを厳格に分けて考えていた。労働組合自身が合法的に行動したとしても、労働者が事前に労働契約を解約すること

なしに労働を放棄すれば、個々の労働者のストライキへの参加は違法にならざるを得ない。労働関係の解消の後でなければ、労働契約当事者の争議行為への参加は正当化されないのである。

連邦労働裁判所は、当然に、このような見解に従わなかったわけである。それは、両当事者の利益を正当に評価するものではない。使用者側だけでなく、労働者側も、労働関係の解消を望んではいないし、追求されている労働協約は、既存の労働、経済条件の改善であって、少なくとも既存の労働条件を保持することに間違いはないのである。加えて、労働関係の解消がストライキに先行せざるを得ないとすれば、ストライキには貫徹力が欠けることになる。何故なら、個々の異なる解約期間のために、労働者は同じ時期に労働を放棄することが出来なくなってしまう。ストライキにとって、統一的なストライキの開始は不可欠であって、闘争の成果に決定的な意味をもっている。ストライキは協約自治の補助手段として、対立する労働関係上の義務から妨げられないことで、はじめて効果を発揮できる。従って、合法的ストライキを労働関係停止の根拠とみるのは妥当な見解と言わなければならない(66)。

労働義務の停止はストライキに参加するすべての労働者に妥当する。また労働組合のストへの参加の呼びかけは、非組合員のストライキへの参加を合法化する結果、すべての従業員が事前の解約告知なしに労働組合に率いられたストライキへの参加を許容されることになる。労働関係の基本的な停止にもかかわらず、労働者は、施設の維持に不可欠な労働の義務を負う。施設維持の労働によって、生産手段の決定的破壊が回避されるべきである。

ストライキによって契約上の主要な義務の停止が生じるだけで、労働争議の終了によって再開する。従って労働者は、使用者に新たな労働契約を締結しなくとも、就労継続の請求権を有している。労働協約上の継続就労に関する条項は、原則として不要である。

(2) 報酬支払いの義務

労働関係はストライキの間は停止し、ストライキに参加している労働者は労務の提供をしない代わりに、ストライキ期間中、報酬に対する請求権もない。ストライキに参加している労働者が、ストライキを指示した労働組合のメンバーであれば、ストライキ手当の請求権をもつことになるが、国家の中立義務から、労働争議中の失業手当は支払われることはない。(67)

2 合法的ロックアウトの効果

ロックアウトについては二つの類型が区分されなければならない。停止効果をもつロックアウトと契約を解約するロックアウトである。(68) 停止効果をもったロックアウトの場合は、ストライキと基本的に同様の法的効果をもち、労働関係から生じる主たる給付義務を停止させる。労働者は、労務給付の義務を負わないし、就労請求権もない。使用者は、ロックアウトの期間中、賃金支払い義務を負うことはない。停止効果をもつロックアウトの終了とともに、労働者の労働義務と使用者の賃金支払い義務は自動的に復活する。また(停止効果をもつ)ロックアウトの期間中も、労働者は緊急事態に対応する労働の義務を負う。これに対して、解約効果をもつロックアウトは労働関係を終了させる。その結果、ロックアウト終了後には新たな労働契約の締結が必要となるが、連邦労働裁判所大法廷は、(69) 例外的にのみ許容される解約効果の後、使用者は経営に属するすべての労働者を再雇用しなければならないとの一般的再雇用の原則を定立している。

労働関係を争議手段として解消することは、継続的な労働契約の形成を目指している労働争議の目的に矛盾する。

このような観念は、正当にも、長く続いてきた個人的権利と期待権が、労働契約を集団的争議手段として解消するという途で彷徨っているようなもので、その耐え難さを指摘されている。[70] すなわち解約効果をもつロックアウトは、違法であると言わなければならない。

3 違法ストライキの効果

違法なストライキへの労働者の参加は、労働義務を停止させることはない。使用者は、労務提供の請求を訴えることが出来るが、この判決を執行することは出来ない（民事訴訟法八八八条二項）。しかし、労働しなかったことを理由に、使用者は契約（民法三二五条）、ないし不法行為にもとづく（民法八二三条一項、組織され運営されている営業の権利の侵害）損害賠償を請求することが出来る。民法八四〇条の要件を満たしていれば、ストライキに参加した労働者は連帯して、経営の停止から生じた損害を負担する。使用者はまた、違法なストライキに参加した労働者の各人に対しても、全体の損害賠償を要求出来る。労働組合が違法なストライキを指導したのであれば、ストライキを打たれた使用者は、労働組合に対しても損害賠償請求が出来る。ストライキが違法であれば、平和義務に違反し、積極的契約侵害に該当するからである。他の理由からストライキが違法となる場合には、労働組合の損害賠償義務は民法八二三条から生じる。第一次的には、請求権は民法八二三条一項（組織され運営されている営業の権利）から生じ、違法ストライキを打たれた使用者にとっては、労働組合の全財産が差押えの対象となる。この他、一定の要件があれば、使用者は、ストライキに参加した労働者の労働関係を即時に解約することが出来る。短期間、契約違反の労働放棄に参加したことは、通常、即時解約の正当な根拠とはなり得ない。これに対し、長期間の山猫ストへの参加は、即時解約の正当理由となる。判決によれば、労務給付領域での障害を理由に解雇する場合には、警告処分を先行させなければならない。[71]すなわち使用者は、違法な争議行為に参加した労働者に、明確に契約に違反すること、ならびにそこから生じる効果を示して就労を要求しなければならない。使用者は、解雇に際して、平等取扱い原則に拘束されることはない。連邦労働裁判所は、[72]山猫ストへの参加を理由に行われた選別的解雇を肯定し、結果的に、違法ストライキに参加した労働者間の恣意的な選別を可能とした。

4　違法ロックアウトの効果

違法なロックアウトは、違法なストライキと同様に、労働契約から生じる双方の主たる義務を停止させることはない。使用者は、労働者の労務提供を拒めないし、受領遅滞となる（民法二九三条）。不法にロックアウトされた労働者は民法六一五条によって、就労出来なかった分を後で履行することなしに、賃金の支払いを求めることが出来る。違法なロックアウトは、積極的違反として損害賠償請求権を発生させる。[73]しかし多くの場合、使用者は既に民法六一五条によって賃金の支払いを義務づけられており、それ以上の損害は存在していない。

六　要　約

1　ドイツの労働争議法は、法律で規定されているわけではなく、基本法九条三項から直接導かれている。そして基本法九条三項は、いくつかの憲法上の保障を含んでいる。まず、個人と集団的団結の自由が区別されなければならない。個人的団結の自由の主体は個々の労働者と使用者であり、集団的団結の自由の主体は労働組合と使用者団体である。個人の団結の自由では、積極的と消極的団結の自由が区別されなければならない。集団的団結の自由は、団結の存続保障、団結目的の保障、団結手続きの保障、そして団結手段の保障の各部分から構成され、団結手段の保障によって、協約自治と労働争議が保障されている。

2 労働争議と任意的争議調整は協約自治が機能するために欠かせない補助的手段である。そこから、労働争議は憲法上の保障を受ける一方、他方では、労働争議の協約自治に対する役割と次のような許容範囲の制限が導かれる。

(a) 労働争議で追求する目的は協約で規定出来るものでなければならない。

(b) 労働争議当事者の間には（協約当事者）、最低限の力の均衡（対等性の原則）が支配していなければならない。

(c) 協約当事者間に（もはや）平和義務が存在していないこと。

(d) 争議手段の行使は、相当性の原則に適合していなければならない。

3 このような許容制限から、次のような結論が生じることになる。

(a) （労働協約能力）をもつ労働組合がストライキ権を独占している。〃山猫ストライキ〃は違法である。判決によれば、自由かつ超経営的に団体として組織された労働組合だけが協約能力を有している。また労働組合は、継続性を意図し、メンバーの労働、経済条件の維持、改善を目的として、相手から自由・独立した存在でなければならない。さらに、判決によれば、組合は一定の〃社会的力量〃を備えていることを要する。

(b) 政治的労働争議、法的紛争をめぐる労働争議、デモンストレーションならびに同情争議は労働協約による規則を目的としているものではないから、原則として違法である。

(c) 争議対等性の原則は、締結される労働協約に団結の対等な影響力を反映する。従って、ストライキへの防衛手段としての防衛的ロックアウトと、ロックアウトへの防衛手段としての防衛的ストライキは、対等に保障される。しかし連邦労働裁判所の判決によれば、先験的に労働組合は力関係で劣っていると考えられており、ストライキとロックアウトは同等に見られていない。この観点から、連邦労働裁判所は、闘争手段としてのロックアウトを厳しく制限しており、拠点ストライキに対抗し闘争範囲の拡大を図る場合にのみ許されるとしている。

(d) 相当性の原則から、〝最終的手段（ultimaratio）〟の原則が生じる。そこから労働争議が合法であるためには、あらゆる期待可能な交渉の可能性を尽くすことが前提とされる。しかし相当性の原則から、ロックアウトについて数量的な制限が課せられるかどうかは疑問である。

(e) 労働協約上の平和義務は、労働平和を保障し、期限付きで闘争禁止の根拠となるが、労働協約が終了し、すべての交渉の可能性が尽くされた時点で終わる。

4 労働争議から生じる効果

(a) 合法的ストライキによって労働関係の効力は停止する。従って労働者による事前の解約告知は必要とされない。しかしながら労働者は、施設保持に必要な労働義務を負っている。停止効果は、またストライキ期間中の報酬支払い義務を消滅させる。労働組合に組織された労働者は、その組合による争議手当を受け取るが、国家はその中立義務によって失業手当を支払うことは許されない。

(b) 合法的ロックアウトによって、労働関係も停止する。ロックアウトによる〝解約告知〟は労働争議の意義と相容れない。

(c) 違法なストライキは、労働関係を停止させる効果を発生させることはない。従って使用者は、個々の労働者に対し、同様に労働組合に対しても、労務放棄による損害賠償を請求することが出来る。それに加えて使用者は、違法な争議に参加した労働者を、場合によっては（選別してでも）即時解雇することが出来る。

(d) 違法なロックアウトも同様に、労働関係を停止させることはない。労働者は民法六一五条によって賃金請求権を保持している。

（1） ドイツ労働組合同盟（ＤＧＢ）に属しているのは、次の部門を対象にした八つの労働組合である。一　建設・農業・環境産業労働組合（ＩＧ Ｂａｕ）、二　鉱山・化学・エネルギー産業労働組合（ＩＧ ＢＣＥ）、三　教育・科学労働組合（ＧＥＷ）、四　金属産業労働組合（ＩＧＭ）、五　食品・嗜好品・飲食業労働組合（ＮＧＧ）、六　警察労働組合（ＧｄＰ）、七　運輸・ドイツ鉄道労働組合（ＧｄＥＤ）、八　統一サービス労働組合（ｖｅｒ－ｄｉ）

（2） Statistisches Jahrbuch 1997 für die Bundesrepublik Deutschland, S. 745.

（3） a. a. O., S. 745.

（4） 詳しくは、Franke / Krüger, AR-Bl.D, Berufsverbände IV, Die Bundesvereinigung der Deutschen Arbeitgeberverbände をみよ。

（5） Statistisches Jahrbuch 1997 für die Bundesrepublik Deutschland, S. 666.

（6） Vgl. Salowsky, Der Arbeitgeber 1989, 686, 687 ; Zöllner / Loritz, Arbeitsrecht, 5. Aufl. 1998, ’15 II 1.

（7） Bauer / Diller, DB1993, 1085 ; Dahlbender, Der Austritt des Arbeigerbers aus seinem Verband zwecks Loslösung von Tarifverträgen, Dissertation Bonn 1995 ; Hoß / Liebscher, DB 1996, 529 ; Krauss, DB 1996, 528.

(8) この協約システムの危機については、Buchner, NZA1995, 761 ff.; Hanau, RdA1998, 65 ff.; Heinze, DB1996, 729, 732 ff.; Henssler, ZfA 1994, 487, 488; Konzen, NZA 1995, 913, 919; Lieb, NZA 1994, 289 ff.; Schaub, NZA 1998, 617 ff.; Traxler, WSI-Mitteilungen1998, 249 ff.; zahlreiche Beiträge zu diesem Themenkreis auch in der Festschrift für G. Schaub, Tarifautonomie für ein neues Jahrhundert (1998), S. 7 ff., 205 ff., 389 ff., 487 ff. をみよ。

(9) 労働者現場派遣法 AentG (1996, 2, 26 BGB1 IS. 227) 一条は、一九九七年一二月一六日の法で改正された（BGB1 IS. 2970, 2985)。

(10) Heinze, DB 1996, 729, 734; ders. NZA 1995, 5 ff.

(11) Ehmann / Schmidt, NZA 1995, 193, 196, 198 ff.; Heinze, DB 1996, 729, 734; Reuter, RdA 1991, 193, 201 f.; RdA 1994, 152, 166 f., 182 f.; 他に Henssler, ZfA 1994, 487, 497 ff.

(12) BAG 1987. 2.24, AP Nr. 21 zu '77BetrVG1972; 1991.1 2. 3 (GS), APNr. 51, 52 zu, 87BetrVG 1972 Lohngestaltung; Fitting / Kaiser / Heither / Engels, Betriebsverfassungsgesetz, 19. Aufl. 1998, Rdnr. 31 ff. m. w. N.

(13) BAG 1979. 5. 22, AP Nr. 13 zu '118BetrVG 1972; 1991. 12. 3 (GS), AP Nr. 51, 52 zu 87 BetrVG 1972 Lohngestaltung; Richardi, Betriebsverfassungsgesetz, 7. Aufl. 1998, '77Rdnr. 228 m. w. N.

(14) この点については、次の三で詳しく述べる。

(15) そのことを適切に指摘しているのは、Heinz, NZA 1995, 5, 6; DB 1996, 729, 734; Konzen, NZA 1995, 913, 919.

(16) 1990. 10. 3 BGB1 II S. 889; dazu Adomeit, NZA 1993, 433 ff.

(17) Birx / Konzen / Löwisch / Raiser / Seiter, Gesetz zur Regeling kollektiver Arbeitskonflikte, Entwurf und Begründung 1998.

(18) 基本法一二条 a、三五条二項と三条、八七条 a 四項による措置とは、国家の緊急事態の措置を指す。

(19) Rüthers, ZfA 1982, 237.

(20) Brox / Rüthers, Arbeitsrecht, 13. Aufl. 1997, Rdnr. 240; Scholz in Maunz / Dürig, Kommentar zum Grundgesetz, Stand November 1997, Art. 9Rrnr. 168–170; Zöllner / Loritz, Arbeitsrecht, 5. Aufl. 1998, '8 IV 4c.

(21) BAGE20, 175, 213 ff.; Brox / Rüthers, Arbeitsrecht, 13. Aufl. 1997, Rdnr. 241; Schaub, Arbeitsrechts-Handbuch, 8. Aufl. 1996, S. 1589; Zöllner / Loritz, Arbeitsrecht, 5. Aufl. 1998, '8 IV 2.

(22) BVerfGE 50, 290, 367=APNr. 1zu '1MitbestG.

(23) 人間の権利に関するヨーロッパ裁判所については、NJW 1982, 2717 ff.; Scholz, AöR 107, 126をみよ。

(24) BAG GS APNr. 13 zu Art. 9GG.

(25) BVerfGE 44, 322, 352.

(26) BverfGE 17, 319, 333; 18, 18, 26; Brox / Rüthers (Fn. 21), Rdnr. 243.

(27) BVerfGE 28, 295, 304; Münchener Handbuch-Arbeitsrecht / Löwisch (1993, Band 3), 239Rdnr. 6 ff.; Schaub (Fn. 21), S. 1591 f.

(28) BAG APNr. 30 zu Art. 9GG; LAG Hamm BB 1978, 556 f.

(29) BVerfGE 17, 319, 333; 18, 18, 26; BAG AP Nr. 5 und 13 zu Art. 9GG; Schönfeld, BB1 989, 1818 ff.

(30) BVerfG AP Nr. 1 und 7 zu Art. 9GG; AP Nr. 17 zu Art. 9GG Arbeitskampf; AP Nr. 1zu '1MitbesG; Schaub (Fn. 21), S. 1591.

(31) BAG AP Nr. 64 zu Art. 9GG Arbeitskampf; Schaub (Fn. 21), S. 1592 f.

(32) BGB1. IS. 740.

(33) BVerfG DB 1995, 1464 ff.; BSG NZA 1991, 982 ff.; Denck, NZA 1987, 433, 435 f.; Steinmeyer, NZA 1988, 41, 42.

(34) BVerfGE4, 106 ff.; 20, 317 ff.; 44, 340f.

(35) Bredemeier, Zeitschrift für die Anwaltspraxis 1998, 403, 404–407; Hanau / Adomeit, Arbeitsrecht, 11. Aufl. 1997, C III 5; Löwisch, Arbeitsrecht, 4. Aufl. 1996. Rdnr. 342 ff.

(36) BVerfG NJW 1979, 699, 709; BAGE 15, 174, 192 ff.; 22, 162, 164 ff.; 30, 50, 61; BAG AP Nr. 106 zu Art. 9 GG Arbeitskampfrecht.

(37) Rüthers in Brox / Rüthers, Arbeitskampfrecht, 2. Aufl., 1982, Rdnr. 132.

(38) BAG AP Nr. 3, 4zu. 615Betriebsrisiko.

(39) BAGE15, 174, 192 ff.; 22, 162, 164 ff.; Rüthers, JZ 1970, 625 ff.; Säcker, BB 1971, 962 ff.

(40) BAGE15, 174, 193.

(41) BAG DB 1996, 578 f.

(42) BAG AP Nr. 106 zu Art. 9 GG Arbeitskampf; Rüthers (Fn. 37), Rdnr. 138.

(43) Vgl. BAG AP Nr. 1, 32, 41 zu Art. 9GG Arbeitskampf ; Dütz, Arbeitsrecht 2. Aufl. 1994, Rdnr. 649 ; Hanau / Admeit (Fn. 35), C III 5b ; Söllner, Grundriß des Arbeitsrechts, 11. Aufl. 1994, 12 II 1.
(44) BAG AP Nr. 58 zu Art. 9 GG Arbeitskampf ; Dütz (Fn. 43), Rdnr. 590 ; Löwisch (Fn. 35), Rdnr. 347.
(45) Hanau / Adomeit (Fn. 35), C III 5b ; Rüthers (Fn. 37), Rdnr. 141 ; Söllner (Fn. 43), '12 II 1.
(46) Lieb, ZfA 1982, 113 ff. ; Rüthers (Fn. 37), Rdnr. 142–151 ; Schaub (Fn. 21), S. 1617 f.
(47) BAG AP Nr. 85 und 90 zu Art. 9GG Arbeitskampf.
(48) Herschel, RdA 1983, 364 ff. ; Rüthers (Fn. 37), Rdnr. 152–158 ; Schaub (Fn. 21), S. 1617 f. ; Seiter, JZ 1983, 773 ff.
(49) Grudlegend BAGE 23, 292, 306 ; BAG, NZA 1988, 846, 847 f. ; DB 1996, 1566 ff. ; anders noch BAG AP Nr, 51, 81, 83zu Art. 9GG Arbeitskampf ; dazu Admeit, NJW1985, 2515 ff.
(50) Vgl. Rüthers (Fn. 37) Rdnr. 201 ; Seiter, Die Warnstreikentscheidungen des Bundesarbeitsgerichts, S. 101 ; ders., JZ 1983, 773 ff.
(51) BAG AP Nr. 51zu Art. 9 GG Arbeitskampf ; BAG EzA Nr. 56 zu Art. 9GG Arbeitskampf ; Lieb, Arbeitsrecht, 6. Aufl. 1997, 637.
(52) BAG AP Nr. 65zu Art. 9 GG Arbeitskampf.
(53) Hanau / Adomeit (Fn. 35), C III 6 ; Lieb (Fn. 51), Rdnr. 637 ; Rüthers (Fn. 37) Rdnr. 184.
(54) BAG AP Nr. 107zu Art. 9GG Arbeitskampf ; BAG DB 1996, 223 f. ; 争議手段の自由については、なお Rolfs, DB1994, 1237, 1238.
(55) BAG EzA Nr. 36 zu Art. 9 GG Arbeitskampf.
(56) Lieb (Fn. 51), Rdnr. 641 ; スト破りの報奨金がストライキ防衛の手段として許されるかどうかというこれに相当する問題については、Rolfs, DB 1994, 1236, 1238 ff. をみよ。
(57) BAGE 23, 292, 308.
(58) Löwisch (Fn. 35), Rdnr. 353 ; Rüthers (Fn. 37) Rdnr. 194.
(59) Rüthers (Fn. 37) Rdnr. 199.
(60) Rüthers (Fn. 37) Rdnr. 201.
(61) BAG AP Nr. 64, 65zu Art. 9GG Arbeitskampf ; Lieb (Fn. 51), Rdnr. 639, 640.

(62) BAG AP Nr. 84zu Art. 9GG Arbeitskampf.

(63) BAG AP Nr. 107 zu Art. 9GG Arbeitskamp f；労働争議手段適合性の要件としての協約交渉の失敗については、Peters, Diss. Heidelberg 1997.

(64) Dütz (Fn. 43), Rdnr. 495；Rüthers (Fn. 37) Rdnr. 201；Söllner (Fn. 43), '12 II 3a.

(65) BAGE1, 291.

(66) 今日では完全に支配的見解となっている。Brox in Brox / Rüters, Arbeitskampfrecht (Fn. 37), Rdnr. 288；Hanau / Adomeit (Fn. 35), C III 7a；Lieb (Fn. 51), Rdnr. 568；Löwisch (Fn. 35), Rdnr. 393.

(67) '116AFG；この点については既に三 2 ⑵ ⓒで述べた。

(68) BAGE1, 291, 310；23, 292, 313 ff.；BAG DB 1996, 143 ff.；223 f.；Hanau / Admeit (Fn. 35), C III 7；Söllner (Fn. 43), '12 II 5 c β ee (S. 98).

(69) BAGE 23, 292, 306 ff.

(70) 同様の見解は、Hanau / Admeit (Fn. 35), C III 7b；Lieb (Fn. 51), Rdnr. 654.

(71) BAG AP Nr. 57 und 62zu '626BGB.

(72) BAG AP Nr. 41zu Art. 9GG Arbeitskampf.

(73) Löwisch (Fn. 35), Rdnr. 386.

第二部

石川敏行

日本の法科大学院に対する認証評価制度の現状と課題

――大状況・中状況・小状況から見た――

Toshiyuki Ishikawa,
Zum Akkreditierungssystem von der Law School in Japan
Als Koreferat zum H.-U. Erichsen'schen Beitrag

目次

一　はじめに

1　前置き

(1)　ミュンスター大学と中央大学との学術交流が始まって、はや二〇年。その詳細は本書のVorwort（独文）と「編者あとがき」（和文）に譲るとして、交流を今日の隆盛に導き、特に本書の刊行を可能ならしめた最大の立て役者は、疑いもなく山内惟介教授であること。そして、この偉大なる同僚の督励がなければ、本稿は誕生しなかったであろうことを、本稿の冒頭に特記しておく。(1)

(2)　さて、本書よりも一年ほど早く刊行された記念論文集の独文版では、日本の法科大学院制度について、その開設直後のデータに基づき、ドイツ(人)に向けての情報発信を行ったところである。(2)これに対し日本語版である本稿では、何を論じるべきか。一方では著者の能力と執筆可能な時間とを勘案し、また他方、山内教授とも協議しつつ、結局、本稿ではまたしても法科大学院に関わるテーマ、すなわち認証評価（第三者評価）の制度について論じることになった。

(3)　もっとも、著者のカウンターパートであるハンス＝ウーヴェ・エーリヒセン教授の論稿が、「ドイツにおける学修課程認証評価の法的諸局面（Rechtliche Aspekte der Akkreditierung von Studiengängen in Deutschland）」と題するわけなので、(3)期せずして日独の平仄はピタリと合い、まさにPartnerschaftに相応しい内容とはなった。

(4) ところで最近、著者は外間寛先生と小島武司先生の古稀を祝賀する論文集に、踵を接して、法科大学院に関するテーマで原稿を執筆する機会に恵まれた。[4] 本稿は、それらの続編としての性格を帯有する。しかしながら、認証評価に対象を絞り込んだ本稿は、著者自身にとっても、初めての経験となる。

2 本稿の対象——何を論じるか

(1) 結論を先取りすれば、認証評価 (accreditation) とは、規格の統一、すなわち標準化 (standardization) によるトレーサビリティの確立を通じて、「質の保証」を目指そうとする世界的傾向（時代思想）の、法科大学院の制度への投影にほかならない。その詳細は、本稿全体の記述から、追い追い明らかになることであろう。

(2) 著者はそれをとてもいいことだと思うし、また共感・納得できたからこそ、制度づくりに参画する気持ちになったわけである。特に強調しておきたいのは、質の保証を伴う法科大学院の開設は、高い資質を持つその修了者（＝新法曹）の今後の各方面での活躍と相俟って、近未来の日本社会に数多の恵沢をもたらし、日本社会を好ましい方向へと安定させるであろう、という点である。[5]

(3) もっとも、以上の知見・予測は、当初から分明であったわけではなく、むしろこの約六年間に体験した数々の職務、そこで出会った優れた人々との共同作業を通じて段階的に蓄積され、著者の中で少しずつ明確な輪郭と像とを結んでいったものである。その後、特にこの二～三年は、実際の評価作業に従事する機会を得た。実に面倒で根気を要する大変な作業ではあるが、仮に目論みどおりに進むならば、認証評価の制度は非常に優れた仕組みであることを体感した。この観点からは、なるべく数多くの法科大学院の教員が評価活動に従事し、「法科大学院の何たるか」を

自覚するべきである。(6)

3　論述の視角・方法・順序——どう論じるか

(1)　そこで次には、以上に略述した論題を、どのような視角からどのように論じ、どんな順序で論じるかということにつき、一言しておく。

(2)　まずは手始めに、著者の思考を簡単に図解してみる。〈図1〉を御覧いただきたい。そこには、「四重の同心円」を描いてみた。内側から外側に丸数字を振ったが、その順に従うならば、①が個別の法科大学院、②がそれを取り巻く（包摂する）日本の高等教育制度、③が更にそれを取り巻く日本の状況（目下、依然として大変革の最中である）、そして最後に④が日本を取り巻く状況をそれぞれ表現している。これらは、一方では相互依存・干渉の関係にあり、また他方では「卵が先か鶏が先か」の要素も含んでいる。

(3)　本稿では、これら四つの要素を視野に収めつつ、論題を考察しようと思う。その際、①から④へと遠心的に論じるか、または逆に④から①へと求心的に論じるか、方法は大別すると二つある。だが、そのどちらが有効かは、一概には言えない。予め目的が定まって初めて、そこへと至る手段・方法もまた定まる道理だからである。

図1　法科大学院と小状況・中状況・大状況

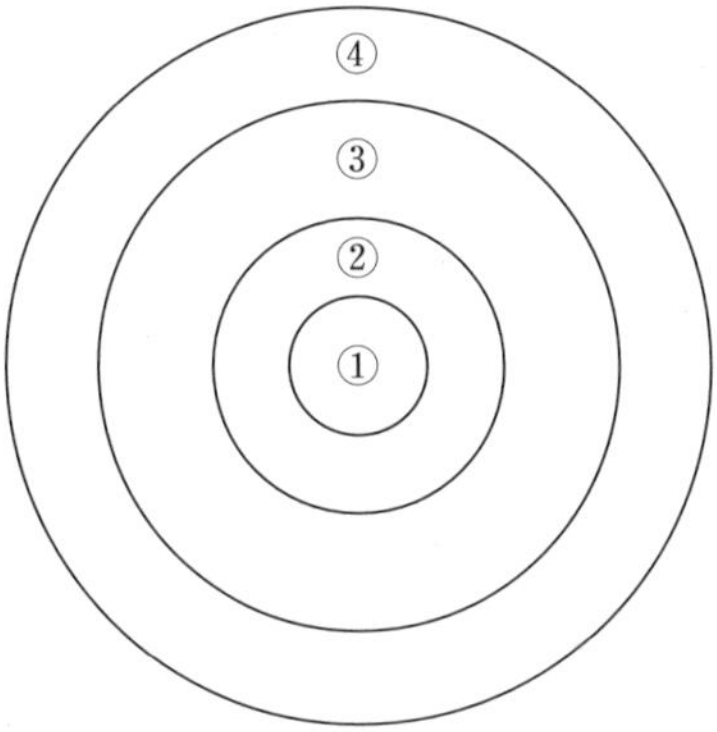

(4) そこで、先に述べた本稿の問題意識に照らすならば、本稿では求心的な方法、すなわち大状況(=④③)から始めて、中状況(=②)を経て小状況(=①)へと至る方法を取ることがベターである、と判断した。そこで以下には、**二**で「法科大学院の認証評価制度を取り巻く情勢——大状況」、**三**で「法科大学院の認証評価制度の意義——中状況」、**四**で「認証評価制度の現状と問題点——小状況」を論じ、最後の**五**で、本稿全体のまとめを試みることにする。では以下に項を改めて、早速本論に入る。

二　法科大学院の認証評価制度を取り巻く情勢——大状況

1　はじめに

(1) さて、法科大学院の制度設計に関わるまで、恥ずかしながら著者は、自分の職場である大学を取り巻く情勢、すなわち日本の文教政策、とりわけ高等教育行政の政策動向には全く無知であり、無頓着でもあった。つまりは、ごく平均的な日本の大学教員だったわけである。だがそのような者でも、今から一〇年ほど前に、「シラバス」だとか「FD」だとか「自己点検・自己評価」だとかが(少なくとも当時の著者にとっては)唐突に、しかし声高に叫ばれ始め、大いに戸惑った記憶がある。(7)

(2) その切っ掛けは、平成一〇年一〇月二六日の大学審議会答申「二一世紀の大学像と今後の改革方策について——競争的環境の中で個性が輝く大学」であったが、(8)更に遡れば同じ大学審答申「大学教育の改善について」(平成三年二月八日）にまで到達する。[9] 後者は、いわゆる「設置基準の大綱化」に道を開いた答申である。毀誉褒貶が相半ばするが、「事前規制から事後チェックへ」という昨今極めて明確化したZeitgeistを、その初期の段階で体現した答申でもある。事前規制（＝他律）が緩んだ分、自己点検・評価（＝自律）が必要不可欠となる。そして、その自己点検・評価結果を第三者機関が事後的にチェックするのが、認証評価（第三者評価）の制度にほかならない。

(3) この平成三年答申を更に推進・深化させたのが、「二一世紀答申」とも別称される平成一〇年答申であり、そこでは「教育研究システムの柔構造化――大学の自律性の確保」と題する章で、「多元的な評価システムの確立――大学の個性化と教育研究の不断の改善」として、明確に、①「自己点検・評価の充実」、②「第三者評価システムの導入」という二点が提言されていた。[10]

2 「十年改革」

(1) 右に略述した大学改革のうねりと高まりが、法科大学院という制度創設の有力な誘因となったことに疑いはない。だがそれ単独では、この日本の高等教育史上の一大画期への「起爆剤」としては不十分であったこともまた事実である。加えて諸々の制度改革、とりわけ期せずして起こった司法制度改革の動きのピークが大学改革のそれと同期《シンクロ》して初めて、この「奇蹟」は成就した。そこで、少し視野を広げて、更にそのことを実証する。

(2) 先の「二一世紀答申」が出された頃（今から約一〇年前）は、現在へと連なる激動の一大制度変革が既に始まっていた。当時の政治情勢を手短に回顧すると、答申が出された平成一〇年夏（七月一二日）の参議院議員通常選挙（第一八回）で自由民主党が惨敗し、橋本龍太郎総裁は引責辞職した。その後、小渕恵三新総裁の選出を経て、七月三〇日に小渕内閣（第八四代）が発足した。更に遡れば、行政手続法が施行された平成五年からの僅か五年間に、政権が宮沢内閣→細川内閣→羽田内閣→村山内閣→橋本内閣→小渕内閣と目まぐるしく変わったことは、記憶に新しい。(11)

(3) そのような政治背景の下、著者の専門分野（行政法）に関しては、平成五年一〇月三〇日の第三次行革審解散の直後、地方制度調査会（第二四次 自治省［当時］）が「地方分権の推進に関する答申」を出した（一一月一二日）。その年の暮には田中角栄元首相が亡くなり（一二月一七日）、いわゆる「地方分権大綱（地方分権の推進に関する大綱方針）」が閣議決定された（一二月二五日）。翌平成六年の年明けには、政府に「行政改革推進本部」が設置され（一月二一日細川護熙本部長）、一方では行政改革委員会（平成六年一二月二一日～平成九年一二月一九日 飯田庸太郎委員長）と地方分権推進委員会（平成七年七月三日～平成一三年七月二日 諸井虔委員長）がともに総理府（当時）に置かれ、始動した。他方、その直後に橋本総理を議長とし、右の両委員会の委員長を委員に取り込んだ、極めて特異な構成の行政改革会議（平成八年一一月二一日～平成一〇年六月三〇日）が、(12)また少し遅れて司法制度改革審議会（平成一一年七月二七日～平成一三年七月二六日 佐藤幸治会長）が立ち上がった。更には、それらと絡み合う形で、公務員制度調査会（総務庁［当時］平成九年五月一九日～平成一四年三月三一日 辻村江太郎会長）と地方公務員制度調査研究会（自治省［当時］平成九年五月三〇日～ 塩野宏委員長）もまた、活動を続けていた。(13)こう振り返るだけで、その激動ぶりには、今更ながら驚きを禁じ得ない。

(4) これら一連の動きを、著者は「十年改革」と理解し、かつ説明している。なぜなら、前述の行革会議が置かれた平成八年頃を起点に、現在までの十年間を回顧すると、その前半の五年が「行政改革」（中央省庁等改革＋地方分権改革）であり、また平成一三年に始まる後半の五年が「司法制度改革」に彩られているからである。ともに政府に「推進」本部が設置されたことにも暗喩されているように、(14)行政と司法はまさに一国を動かす「車の両輪（動輪）」である。[15]

3 「両輪」の連動

(1) 前述のごとく、法科大学院は一方では大学改革の高まりと、また他方で司法制度改革の高まりとが奇跡的にシンクロした結果、生まれた[16]。だが、当の司法制度改革も、それに先立つ改革の動きがなければ、決して実現はしなかったであろう。この観点からは、『行政改革会議最終報告』（平成九年一二月三日）の中に、次の一文がさりげなく挿入されていたことが特に注目に値する。すなわち、

「さらに、司法との関係では、『法の支配』の拡充発展を図るための積極的措置を講ずる必要がある。そしてこの『法の支配』こそ、わが国が、規制緩和を推進し、行政の不透明な事前規制を廃して事後監視・救済型社会への転換を図り、国際社会の信頼を得て繁栄を追求していく上でも、欠かすことのできない基盤をなすものである。政府においても、司法の人的及び制度的基盤の整備に向けての本格的検討を早急に開始する必要がある」

と（ただし、圏点は著者）[17]。

(2) かくて、その四年半後に成案を見た『司法制度改革審議会意見書——二一世紀の日本を支える司法制度』（平成一三年六月一二日）は、次のように述べて、前述した行革会議最終報告とのリンクを確認している。すなわち、

「我が国は、直面する困難な状況の中にあって、政治改革、行政改革、地方分権推進、規制緩和等の経済構造改革等の諸々の改革に取り組んできた。これら諸々の改革の根底に共通して流れているのは、国民の一人ひとりが、統治客体意識から脱却し、自律的でかつ社会的責任を負った統治主体として、互いに協力しながら自由で公正な社会の構築に参画し、この国に豊かな創造性とエネルギーを取り戻そうとする志であろう。今般の司法制度改革は、これら諸々の改革を憲法のよって立つ基本理念の一つである『法の支配』の下に有機的に結び合わせようとするものであり、まさに『この国のかたち』の再構築に関わる一連の諸改革の『最後のかなめ』として位置付けられるべきものである」、

と（ただし、圏点は著者）[18]。

(3)　司法制度改革自体は本稿の主題ではないので、先を急ぐ。だが、司改審意見書が、認証評価——当時使われていた言葉では「第三者評価（適格認定）」——について、次のように述べていたことだけは、再録・確認しておく。

「法科大学院の第三者評価（適格認定）の仕組みは、新たな法曹養成制度の中核的機関としての水準の維持、向上を図るためのものであって、大学院としての設置認可や司法試験の受験資格とは、密接に関連しつつも、独立した意義と機能を有するものであり、評価（適格認定）基準の策定や運用等に当たっては、それぞれの意義と機能を踏まえつつ、相互に有機的な連携を確保すべきである」

（ただし、圏点は著者）[19]。

図2　司法試験の受験資格付与のスキーム「第1案」

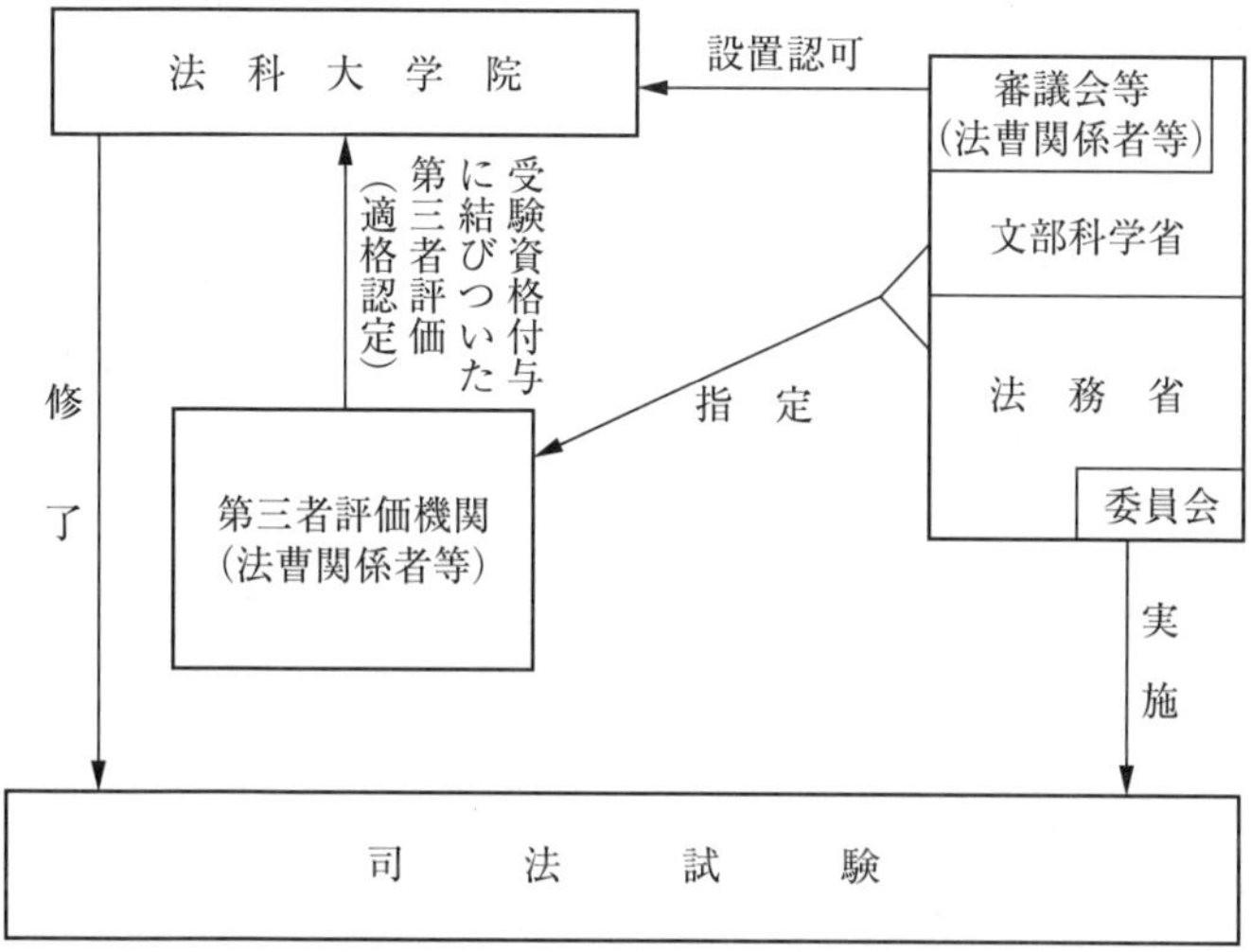

4　司改審「意見書」以降の動き
——検討会と中教審

(1)　司改審「意見書」以降の動きは現代に属し、記憶に新しいところではあるが、必要な限りで略述する。第三者評価（適格認定）の仕組みを伴う法科大学院制度の細部の肉づけ作業は、一方では政府の司法制度改革推進本部（推本）に置かれた合計一一個の検討会のうちの、「法曹養成検討会」（田中成明座長）に委ねられた。他方、法科大学院を包み込む「専門職大学院（professional schools）」の創設という、より大きな問題関心（文部科学省の所管事項）から、中央教育審議会でも、制度構築の議論がほぼ同時に開始された。

(2)　まず法曹養成検討会は、平成一四年一月一一日から平成一六年九月一日までの二年半ほどの間に、合計二四回の会合を開いた[20]。第三者評価（適格認定）の仕組みについては、数次にわたり議論されているが[21]、細部への深入りは避ける。ただ、当時は「（新）司法試験の受験資格付与のスキーム」

図3　司法試験の受験資格付与のスキーム「第2案」

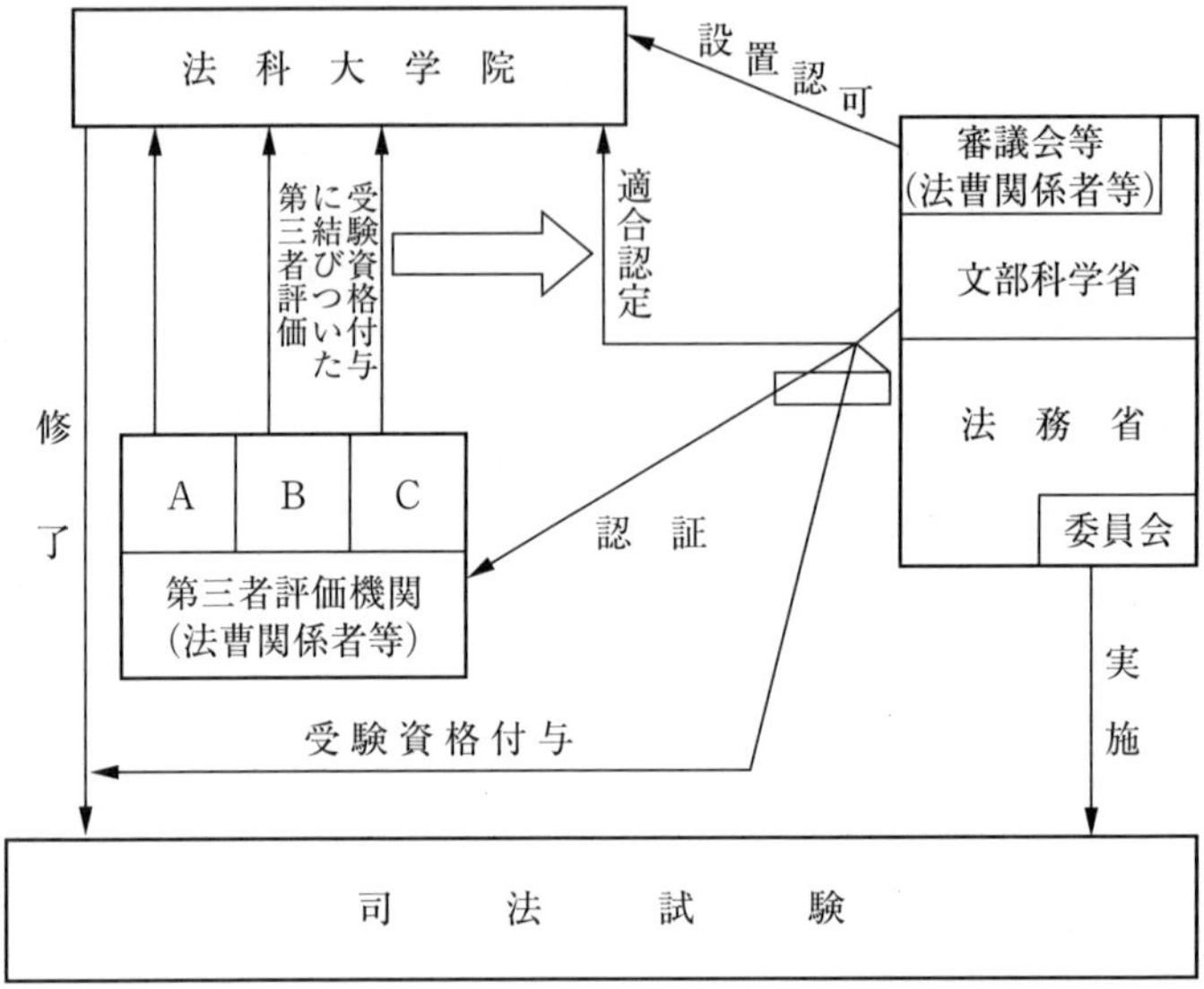

図4　司法試験の受験資格付与のスキーム「第3案」

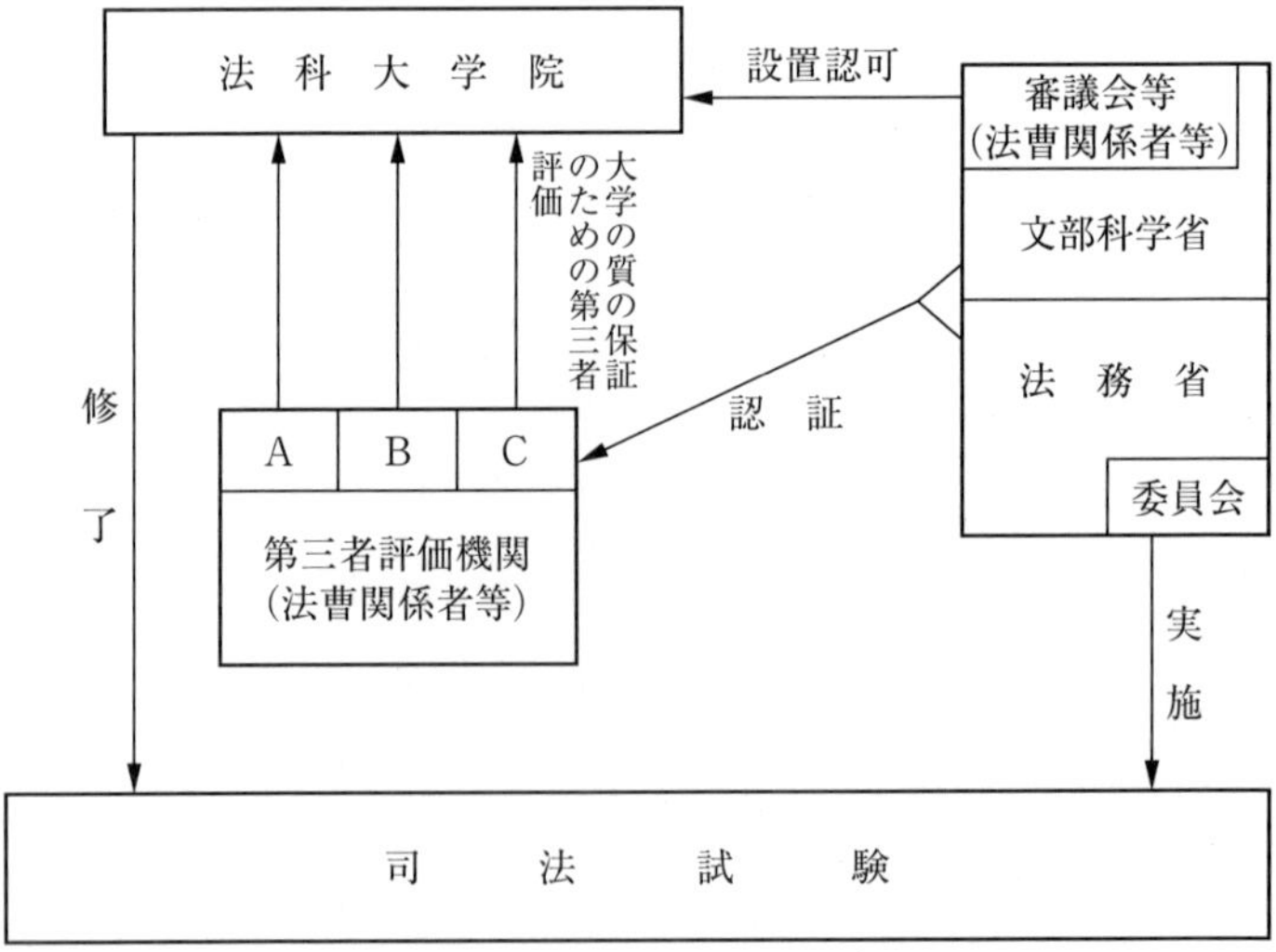

という観点から、「三つのイメージ」(すなわち「第一案」「第二案」「第三案」)が語られていたことにのみ、読者の注意を喚起しておく(〈図2〉~〈図4〉参照)。[22]

(3) 次に中教審関係についても、手短に触れる。結論から述べると、平成一四年八月五日に出された相互に関連する三つの答申、すなわち、①トータルシステム答申(「大学の質の保証に係る新たなシステムの構築について」)、②高度専門職業人答申(「大学院における高度専門職業人養成について」)および、③法科大学院答申(「法科大学院の設置基準等について」)が異なる観点から、こもごも認証評価について触れている。[23]

三 法科大学院の認証評価制度の意義――中状況

1 「標 準 化」

(1) ところで、法科大学院というエポックメイキングな事象の要諦は、私見によれば、「標準化(standardization)」(標準の確立)というところにある。本稿の主題である認証評価とは、法科大学院の標準化が奏功したことを論理的・時間的前提にして、初めて成り立つ制度である。

(2) むろん、このような認識に著者は当初から到達していた(できた)わけではない。むしろ、本稿の冒頭に述べた法科大学院に関わる制度づくりの体験から、漸次的・段階的に獲得できたものである。

(3) さて、JIS(日本工業規格)に言う「標準化(standardization)」とは、

「実際の問題、又は起こる可能性がある問題に関して、与えられた状況において最適な程度の秩序を得ることを目的として、共通に、かつ繰り返して使用するための〝規定〟を確立するための活動」、

と定義される。(24)

2 「標準化」の意義――規格の統一、トレーサビリティの確立

(1) 「標準化」の世界は、実に奥が深い。今まで立ったこともない書店の、JIS関連書籍が立ち並ぶ棚に、全七五巻の『JISハンドブック』を初めて発見し、圧倒されるとともに、目眩いがした。そこには、著者にとっては全く未知の世界が広がっていたからである。(25)

(2) このように、「標準化」はJISのスキームと密接に関連している。しかし、次に驚いたのは、JISがISO/EC(国際標準化機構・国際電気標準会議)に連なることを知ってであった。三つめに驚いたのは、この国際標準化の動きは、更に一方では高等教育に関するWTO、OECD、UNESCOなどの動きと連動していること。また他方、EUのエラスムス計画・ソクラテス計画、ソルボンヌ宣言、ボローニャ宣言(ボローニャ・プロセス)、サミットのケルン憲章、そしてわが国の東京宣言なども深く関連している、という事実であった。紙幅の関係で、詳細に立ち入ることはできない。それゆえ〈表1〉には、「教育の質の保証に関する最近の主要な動き」として、主要なデータを略年表形式で掲げておいた。参照して頂きたい。(26)

(3) 私見によると、「標準(standard)」を定めること、すなわち標準化すること(standardization)の意義は、詰まる

表1　教育の質の保証に関する最近の主要な動き（一九八七―二〇〇七年）

一九八七年　六月一五日	エラスムス計画（The European Community Action Scheme for the Mobility of University Students：ERASMUS）（欧州委員会の高等教育交流プログラム）
一九九六年　一月　一日	ソクラテス計画（SOCRATES I）（ERASMUSを包含する計画。一九九九年一二月三一日まで）
一九九八年　五月二五日	ソルボンヌ宣言（ソルボンヌ大学創立八〇〇周年の記念式典の席で、四ヵ国（仏伊英独）の教育大臣による共同宣言。大学の役割の強調）
一九九九年　六月一九日	ボローニャ宣言（欧州教育大臣［二九ヵ国］共同決定。欧州における大学の学位の相互認証）。以後、「ボローニャ・プロセス」始まる（二〇一〇年までに、「欧州高等教育圏（European Higher Education Area, Europäscher Hochschulraum）」の創設を目標。①二段階の共通学位［バチェラー・マスター］の導入、②欧州単位互換制度（ECTS, European Credit Transfer System）の導入など。
一九九九年　六月二〇日	ケルン憲章（於：ケルン・サミット）（サミット史上、初めて「教育」を重要課題の一つに採択）
二〇〇〇年　一月　一日	新ソクラテス計画（SOCRATES II）（二〇〇六年末までの七年間）
二〇〇〇年一二月―二〇〇一年一〇月頃	米・豪・中など一〇ヵ国から、日本に対し「教育サービス自由化」の要求（GATS［サービス貿易一般協定］「第三部　特定の約束（一六条―一八条）」に基づき）
二〇〇一年一一月一四日	WTO第四回閣僚会議（於：ドーハ［カタール］）（新ラウンド立ち上げ）
二〇〇二年　三月	日本による「教育サービスに関する交渉提案」。加盟各国に対し、今後のリクエスト&オファー交渉において、教育サービスについて、市場アクセス改善及び内国民待遇の保証やこれらに関連する国内規制の緩和などを通じ、自由化を進めるよう慫慂
二〇〇二年　四月	日本、WTOに対し「教育サービスに関する提案」（国際化する高等教育の質保証の確保）
二〇〇二年　五月　二日	INQAAHE（高等教育の質保証機関国際ネットワーク International Network of Quality Assurance Agencies in Higher Education）理事会、ワークショップ（於：ジャマイカ）（World Quality Register の提案）
二〇〇二年　七月　二日	東京宣言（大学基準協会主催・国際シンポ）（①INQAAHEの枠組の中での海外の質保証機関との協力、国際貢献への寄与、②日本の大学の国際的通用力を一層高めるための大学評価システムの高度な

改革）
二〇〇二年　八月　五日　中教審三答申（うち、「大学の質の保証に係る新たなシステムの構築について」）
二〇〇二年一〇月　　　　UNESCOにて、「国際アクレディテーション、質保証及び資格承認に関するグローバル・フォーラム」第一回会合
二〇〇三年　一月二〇日　OECD／CERI、国際的な質保証とアクレディテーションに関する専門家会議（WTOにおける日本提案に基づき）
二〇〇三年　三月二八日　規制改革推進三か年計画（再改訂）（閣議決定）（高等教育の国際展開に対応した質の保証のあり方）
二〇〇三年　三月三一日　専門職大学院設置基準（文部科学省令第一六号）
二〇〇三年　四月　　　　日本、WTO事務局に対し「初期オファー」提出（ドーハ閣僚宣言パラ一五に基づき）（教育サービスのうち、「成人教育」、「その他教育サービス」全般につき新たに約束することをオファー［従来は、成人のための外国語教育のみを約束］）。
二〇〇三年　四月一四日　INQAAHE総会（「高等教育質保証機関のための良き実践の原則」を討議）
二〇〇三年　八月　四日　国際的な大学の質保証に関する研究協力者会議（文部科学省）第一回会合
二〇〇三年　九月　四日　OECD／CERI、国際的な質保証とアクレディテーションに関する専門家会議（第二回）
二〇〇三年　九月一〇—一四日　WTO第五回閣僚会議（於：カンクン［メキシコ］）（交渉不調）
二〇〇三年一一月三日　OECD教育サービス貿易に関する第二回フォーラム（於：ノルウェー）
二〇〇四年　三月　一日　国際的な大学の質保証に関する研究協力者会議（文部科学省）第六回（最終）会合
二〇〇四年　三月二九日　「国境を越えて教育を提供する大学の質保証について——大学の国際展開と学習機会の国際化を目指して」（国際的な大学の質保証に関する研究協力者会議［文部科学省］）
二〇〇四年　四月　一日　法科大学院の開設、国立大学の独法化
二〇〇五年　一月　一日　WTO交渉妥結
二〇〇五年一二月一三—一八日　WTO第六回閣僚会議（於：香港）
二〇〇七年　一月　一日　EU、「生涯教育プログラム（Lifelong Learning Programme 2007-2013 EU）」（SOCRATES IIに代わる。二〇一三年末までの）

ところ一方では水平の関係において規格を統一し、他方では垂直の関係におけるトレーサビリティを確保するところにある、と思われる。「トレーサビリティ（traceability）」とは、

「標準器又は計測器が、より高位の標準によって次々と校正され、国家標準につながる経路が確立されていること」、

と定義される。[27]

3　トレーサビリティ――質の保証

(1)　「トレーサビリティ」は、元々は計測用語であった。ところが周知のように、昨今では例えばＢＳＥ（狂牛病）を契機に牛肉、鳥インフルエンザを契機に鶏肉、そして野菜などの農産品、更には魚介類などの海産品にも、厳しいトレーサビリティが要求されてきている。

(2)　「標準」を定めて規格を統一し、「トレーサビリティ」を確保することの最終的な狙いは、「品質の保証」というところにある。[28]「品質（quality）」というので、最初はてっきりモノ（製品）の規格の統一に限られるのだろうと思っていたら、前述のとおり、それが無形のもの、例えば「サービス」の一環としての高等教育にも及ぶことを知り、びっくりした。[29]

(3)　さて、traceabilityとは、下位の標準を上位の標準と照合（reference）し、もし両者が合致していない場合は、下位標準を上位標準に合わせる。この作業を、「校正（calibration）」と称する。そして、この照合・校正という作業を繰

図5 「トレーサビリティ」の概念図

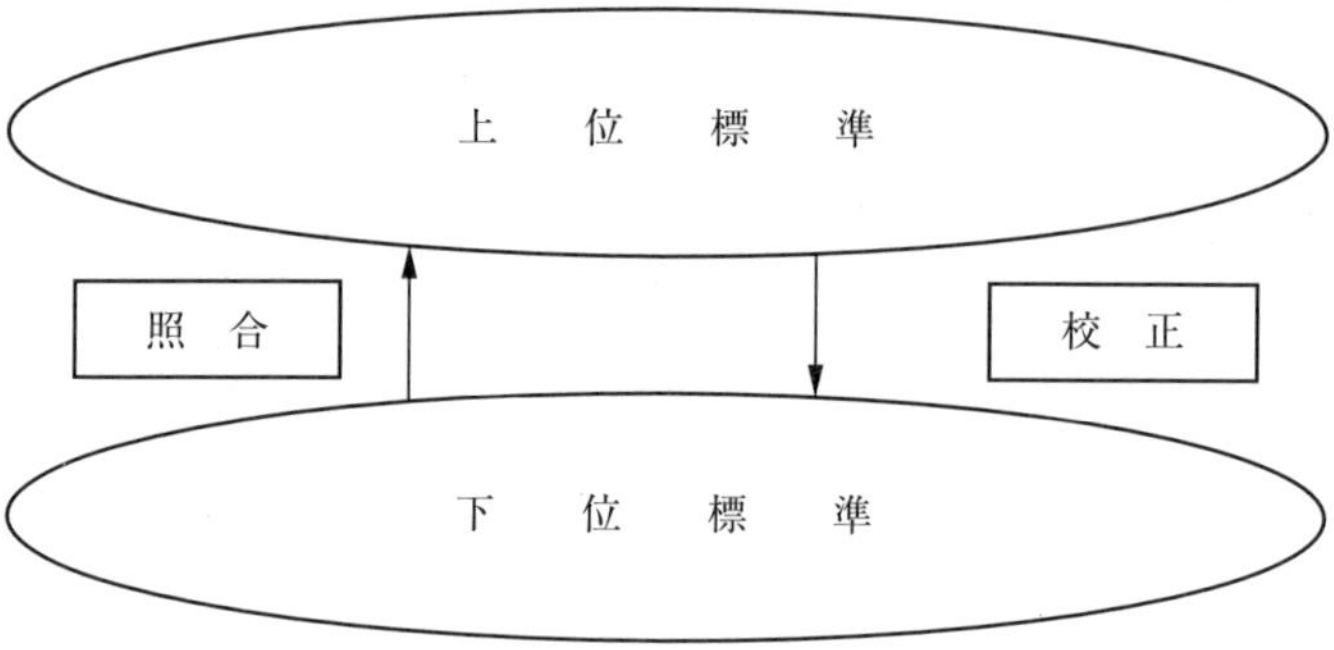

り返しながら、相互に照合・校正し合った複数の標準を、下から上へと積みあげる。その結果、より下位の標準が「より高位の標準によって次々と校正され、国家標準につながる経路が確立されている」場合に、traceability がある。そして同時に、最も下位にある標準の質が保証されたことになる、というわけである[30]（〈図5〉参照）。

4 中間総括——認証評価（第三者評価）の意義

(1) もうお分かりだと思うが、認証評価とは、まさに右に述べてきたことの、法科大学院制度への反映にほかならない（〈図5〉と後の〈図6〉も参照）。かつて著者は、法科大学院における公法系「標準カリキュラム」の策定に関わったことがある[31]。それをはじめとして、法科大学院には、様々な「基準」や「標準」が存在している。認証評価（第三者評価）との関係では、既に複数の団体（認証評価機関）が策定・公表している法科大学院の「評価基準」が、先ほど述べた意味での「標準（standard）」に当たるわけである[32]。

(2) したがって、まず大事な作業は、右に「標準化」一般に則して述べたように、各法科大学院が各種の標準に「照合」していることの自己点検・評価（＝「校正」作業）を真摯に実行することである。後述のように、今まで何度か実際の評価作業に従事したが、各法科大学院で自己点検・評価に携わる教員（大抵の場合、いわゆる執行部）とその他の教員の間の「温度差」が大きいように感じた。ともあれ、包み隠しのない自己点検・評価を前提にして、次に第三者、とりわけ専門家による評価（いわゆるピア・レビュー（peer review））が可能になる。認証評価とは、一見すると、大学の自治や教育の自由への介入に思えるのではあるが、評価が、①国家（文部科学大臣）からパワーを授けられている――その儀式が「認証」であろう――が、国家とは独立の機関により実施され、かつ、②各機関には法科大学院の教員、法曹三者の代表その他法科大学院に高い識見を有する専門家が入って行われる点で、「ぎりぎりセーフ」ということなのである。(33)

(3) そこで、以下には項目を改めて、「小状況」の検討に移ることにする。

四　認証評価制度の現状と問題点――小状況

1　はじめに

(1) さて、以上の背景の下、以上の思想に則って、法科大学院に対する認証評価（本評価）の作業が、二〇〇七年四月から本格的に始動することになる。著者の勤務先でも昨年秋、既にいわゆる「トライアル評価」（日弁連法務研究財団）を受けた。また著者自身、別の認証評価機関に所属して、実際の評価作業に従事した。以下には、それらの体験（＝評価者と被評価者としての）に基づき、制度の現状と問題点につき、考えるところを少し述べてみたいと思う。

しかし無論、知り得たことへの守秘義務が存在する以上は、意図的に抽象的な形で論述せざるを得ないことを、予めお断りしておく。

(2) 実は、認証評価の作業に携わるに先立って、既に事前審査との関連で、各法科大学院から提出されてくるいわゆる「年次計画履行状況報告書」を読み、それを評価する作業に、過去三年ほど従事してきた。これは、認証評価制度（事後チェック）にいう意味での評価作業とは言えず、しかも資料の分量も、認証評価の場合とは比較にならないほど少ない。だが、今から振り返ると、後に携わることになる認証評価作業の、大いなる「予行演習」になったことは事実である。その結果、評価対象である各法科大学院に所属する一般教員よりは、少なくとも当該法科大学院のことには詳しくなったはずである。(34)

2 その現状——評価作業に従事して

(1) 実際に認証評価の作業に従事してみて、何が最も大変であったか。一口でいえば、毎年八月上旬から中旬に、一方では（複数校の）「年次計画履行状況報告書」に対する評価の締め切りと、他方で「自己評価書」に対する評価の締め切りが、ほぼ同時期に到来することである。学部時代であれば、八月の第一週は既に「夏休み」に入っている時期である。ところが、著者の勤務先では、前期の期末試験が七月末に終わり、採点作業に入る。つまり、八月上中旬は、ちょうど期末試験の採点結果の締め切り時期とも重なっているのである。体験した人にしか理解してもらえないと思うが、法科大学院の期末試験の採点作業は、学部の試験の採点作業とは比べものにならない。学部時代の採点は、仮に四〇〇枚の答案があっても、二〜三日あれば採点は済んだ記憶がある。ところが法科大学院の場合は、約一〇〇

枚の答案（法律基本科目の二クラス分）を採点するのに、四〜五日はかかるのである。(35)

(2)　以上が複合・重畳して、特にこの二年、すなわち認証評価の作業に従事し始めてからは、夏が来るたびに、右の「三重苦（Trilemma）」、すなわち、①「履行状況報告書」の評価作業、②「自己評価書」の評価作業、③学内の期末試験の採点と調整作業に悩まされ続けてきた。しかも、著者の勤務先では、その直後（八月下旬）に、法科大学院の入学試験とその採点作業が入るのである。学部時代には確実に存在していた「夏休み」から、「休み」が抜けて、「夏」だけが残った。これが、法科大学院に移籍したことのバランスシートである。

(3)　あまり具体的に書くことはできないが、著者が体験した認証評価（予備評価）の作業では、一校当りの「自己評価書」はA四判で、一〇〇頁前後であった。これを読むだけでもかなりの苦労なのであるが、「評価」が可能となる、つまりは前述した「照合（calibration）」の作業を適切に実行するためには、予め「基準（standard）」を十分に理解している必要がある。初年度（一昨年の夏）の場合、著者は「基準は五〇余りなので、評価作業は一日か二日で簡単に済むだろう」と、当初はタカをくくっていた。ところが、送られてきた評価表（エクセル形式）が「妙に長い」のである。そして実際、評価作業を始めてみて、埋めても埋めても、評価表は容易には埋まらない。

(4)　その原因は、やがて判明した。すなわち、（親の）「基準」だけなら確かに五四個なのであるが、実は各基準には大抵「解釈指針」が附属している。その結果、「基準」と「解釈指針」を合計すると、一六〇項目になる。そのそれぞれに、六つの記載欄があるので、埋めるべき評価表の項目は、合計で九六〇個(!)だったのである。エクセルの場合、一度入力すると、次回からは入力予想の機能が働く。そのような「節約モード」を利用したにも拘らず、一校目の評価作業に要した時間は、約八〇時間であった。二校目からは六〇時間ぐらいに減った記憶があるが、ともあれ本来業務（＝期末試験の採点など）の傍ら評価作業に従事するので、一校だけで一週間近くかかった勘定になる。

(5) ところが困難は、それ以前にも存在している。なぜなら、「自己評価書」は一〇〇頁前後であるが、附属資料が極めて膨大なのである。少ない法科大学院で、一〇センチ幅のファイルが一冊。多いところだと、二冊も提出してこられる。(36) その結果、評価(つまり、照合と校正)の作業を適切に行うためには、①評価基準(解釈指針を含む)、②自己評価書、③附属資料(別添資料)の三者を読み、その内容を理解しておくことが評価者には要求されることになる。しかも、場合によると、その他の基準(大学設置基準、大学院設置基準、専門職大学院設置基準、文科省告示など)の知識も必要になる。

(6) 複数の評価者が行う個別の評価が終了すると、次に評価会議が開かれる。これも、一校あたり複数回開かれた(詳細は、あえて述べない)。毎回、ほぼ半日から一日はかかる。全員の評価が一致した箇所はいいが、問題は評価が分かれた項目の取扱いである。その場で激論を戦わせるわけだが、評価が割れた場合、会議の議長(取りまとめの責任者)の責任は特に重いものになる。

(7) 以上は、書面による調査であった。その後、秋口に、評価の対象校に複数の委員でお伺いして、現地で施設見学や授業参観を行う。また、各校の管理運営の責任者(専攻長、研究科長、法科大学院長など、呼び名は各校で区々である)、一般教員、そして学生(未修者と既修者)へのインタビューが行われる。それに加えて、忘れてならないのは、自分の専門に属する答案のチェック作業と、書面調査では判断がつかないため、追加提出を求めた資料の閲読とその評価結果への反映作業である。各認証評価機関によって長短の違いがあると思うが、著者が体験したのは、一校あたり一泊二日の調査であった。もちろん、現地でも評価会議が行われ、場合によっては宿泊先に戻った後も、翌日の調査に関するミーティングが、夜更けまで続けられる。

(8) 最終日は、調査を終えるに際して、管理運営の責任者(「自己評価書」の執筆者で、通常は複数人で分担執筆している）の面前で、口頭の「感想」を述べる。正式の評価結果は、後に書面で認証評価機関から被評価校に送付される。したがって、「良かった点」を誉め、「改善を要する点」を指摘して、バランスを取ることになる。

(9) 現地での調査を終えた後、最後の評価会議が東京で開かれ、各校に対する「評価結果」の確定段階に入る。トライアル（予備）評価とはいえ、一認証評価機関あたり、一五〜二〇校の法科大学院が評価を申請しているはずである。したがって、まずは各校の評価が適切になされているかどうかを反省・確認する作業が重要になる。しかし次に、複数の法科大学院の間で評価のバラツキが出ては困るので、その相互間の調整も必要になる。著者は、①実際の評価の会議と、②それらを調整する合議体の双方に所属していたので、大変ではあった。更に各認証評価機関の最高意思決定機関の議を経た上で、最終の評価結果が固まり、被評価校へと正式に伝達される。評価書を読んだ後者からは、認証評価機関に対して、単純な事実誤認の指摘から始まって、評価結果に承服できない場合には、その旨の意見の表明がなされる。それを更に、各認証評価機関の会議に持ち帰って反省し、結果を変更するかどうかの会議が開催される。

(10) こうして、「自己評価書」の提出から約半年後に、最終の評価結果が固まる。二〇〇七年四月から始まる本評価では、この最終の評価結果は各認証評価機関から被評価校へ通知され、文部科学大臣に報告される。それと同時に、社会に対しても公表される予定である[37]。だが、これまではトライアル（予備）評価であったので、社会に対する公表はなされていない。文部科学省による事前審査（のアフターケア）でも様々な指摘がなされてきたから、認証評価の結果と相俟って、評価を受けた各法科大学院では、指摘された問題点を恐らくは殆ど修正したものと推察される。つまりは、「照合」作業の結果、基準との不一致・不適合が判明した場合には、その「校正」が求められる。そして、校正が実行されれば、前述したトレーサビリティ、すなわち「下位の標準（＝各法科大学院の現状）が、より高位の標準によって次々と校正され、国家標準につながる経路が確立されている状態」が確保されたことになり、各法科大学院の質が（最低限度は）保証された状態が実現したことになるのである。

3　制度の問題点

(1)　与えられた紙幅も超過しつつあるので、そろそろ本稿のまとめに入る。だがその前に、制度の「問題点」について触れておく。「問題点」とはいっても、認証評価の制度そのものには、特に問題はないと思う。もし問題があるとすれば、制度（＝「体」）よりもむしろ制度の運用（＝「用」）に存するはずである。以下、ランダムに述べる。

(2)　第一の問題は、既に述べた評価結果の締め切り時期の重複である。ただし、これは今年度末で大多数の法科大学院（七四校中、六八校）が完成年度を迎えるから、問題は殆ど解消する。(38)

(3)　第二の問題は、評価に要する時間とエネルギーの問題である。しかし、これも毎年度の終わりに、評価者に対するアンケートが実施され、結果が回収されて、次年度の改善に役立てられている。例えば、前述のように初年度、非常に手子摺ったエクセルの評価表も、今年は改善の跡が顕著であり、評価時間の大幅な短縮につながったことは、有難かった。それでも、資料などを読む時間を除外し、純粋に評価に従事する時間は、三〇～四〇時間ぐらいではなかろうか（初年度の一校目が八〇時間を要したから、それに比べると、ほぼ半減である）。

(4)　第三の問題は、評価者の能力である。今までは、著者の所属している機関では、事前審査に関わったメンバーが多く、したがってこの「人的同一性」を通じて、事前と事後の一貫性もまた比較的確保されている。ところが、本評価が始まり、次第に評価を受ける法科大学院の数が増加することに伴い、評価員の数も増強され、評価会議の数も増えてくる。その結果、不慣れな評価員と経験豊富な評価員との間に、能力や速度の差異が生じつつある。だが、これも考えようによっては些末な問題で、ビギナーも経験さえ積めば、すぐにベテランになれる。

(5) 第四の問題は、評価のバラツキである。元々、生まれも育ちも、畑(専門)も違う複数の人間が従事するわけであるので、評価に「あまい」「からい」が出てくる。著者の経験に照らすと、実務家、しかも法科大学院で教えた経験のない実務家のほうが、えてして評価が厳しいようである。

(6) 第五の問題は、「事情の変更」である。「事情」とは、一方では事実の変遷と、また他方では、規範(の解釈)の変化を意味する。二つほど例を挙げる。一つめに、当初(つまりは、制度設計段階。法科大学院の開設以前)の段階では、「法律基本科目」は即ち「必修科目」が現実に出てきている。これに対しては、著者の所属する機関では、「選択科目(や必修選択科目)としての法律基本科目」が現実に出てきている。これに対しては、著者の所属する機関では、「上限」を定めてキャップ制を導入することで、その解決を図っている。二つめは、かなり深刻な問題である。設置基準(事前審査の基準)では、周知のように、科目の四区分(①法律基本科目、②法律実務基礎科目、③基礎法学・隣接科目、④展開・先端科目)がなされている。それに対応して、各機関の認証評価の基準でも、この四区分が踏襲されているはずである。ところが現実には、各個別の法科大学院のカリキュラム上には、これら四区分のどれにも該当しない科目が存在しているのである。「演習科目」とか「基幹科目」とか呼ばれている場合、形式ではなくその実質に則して、右の四区分のいずれかに帰属させる作業を行うわけであるが、評価機関と被評価校との間に、その解釈を巡って、若干のコンフリクトが起きつつあるようである。

(7) 第六は「問題」というより、今後の「課題」と表現したほうが、より適切な性質のものである。前述のように、大多数の法科大学院は、二〇〇七年三月で事前審査(文部科学省)の監視下から離れる。しかし、本評価は最初の修了者を送り出してから五年以内に受ければいい（学校教育法六九条の三第三項、同施行令四〇条）。その結果、極論すると、マックスで五年間の「空白」の時期が生じ得る。すると、この間の法科大学院は事前審査（のアフターケア）でも認証評価でも、全くチェックされなくなってしまうことになる。また、それとの関連で、設置認可時には、八月審査と一〇月審査で、およそ二一〇〇人の専任教員が審査を受けた。その結果、「業績不足」「教歴不足」「科目不適合」などの理由で、適格の判定を受けられなかった教員候補者も出た。ともあれ、この措置の結果、設置認可（事前審査）時には、不適格者は特に必修科目（法律基本科目）からは排除された筈である。ところが、今回文科省の縛りが解けると、好ましからざる人物が法科大学院に潜り込まないとも限らない。以上、二つの理由から、いずれの認証評価機関も程度の差こそあれ、本評価に際して「教員審査」を始める模様である。これは、教員「個人」の資質を云々するものではなく、教員「組織」が適切であるかどうかの判定のために行われる。しかも、事前審査の段階では、対象が専任教員に限られていた審査が、今後は法律基本科目（必修科目）の場合は、兼担・兼任・非常勤の教員にも押し及ぼされる。すると審査の結果、仮に「不適格」と判定された教員が出たような場合、どう対処するのであろうか。

(8)　第七に、「評価疲れ」の問題を指摘しておく。評価者の立場で「疲れた」ことは、右に述べたとおりである。だが、評価を受ける側も、評価者以上に疲れている。なぜなら、資料の作成には、膨大な手間と時間とエネルギーを要するからである。とりわけ、事務局の組織が堅固ではない法科大学院では、本来、事務職員が果たすべき仕事を、法科大学院の教員が負担している例も見受けられる。だが、これも前向きに考えていくしかない。つまりは、「はじめての子育て」と同じで、目下は不慣れなため、不必要なエネルギーを使っている。だがやがて、時間の経過とともに、評価する側もされる側も制度に慣れ、より効率的な評価になっていくのであろう。しかしともあれ、どこまで行っても、もし評価を受ける者が不正または不実の記載をした場合、評価者はそれを一〇〇%は見抜けない。

(9) 第八に、認証評価の法科大学院への「悪影響」の問題がある。すなわち、法科大学院は、様々な制約に服している。その結果、「統一の中の多様性」あるいは「多様性の中の統一」が要求されることになる。「質の保証」の確保は法科大学院にとっての死活問題ではあるが、「多様性」よりも「統一」の要素・傾向が度を越すと、法科大学院は壊死する。著者自身、過去三年間、法科大学院で教えてみて、「統一」の縛りの強さに辟易した部分がある。もっとも、これは特に法律基本科目に当て嵌まる問題であろう。したがって、それ以外の例えば展開・先端科目や法律実務基礎科目では、コンパラソリーではない「自由演技」も可能であり、そこでバランスを取ることになるのだろう。

(10) 第九に、これも認証評価制度の問題というよりは、むしろ法科大学院の制度全体に関わる問題である。「理論と実務の架橋」が法科大学院のモットーであり、そのこと自体に異論はないが、しかし実際には理論が実務に不当に蚕食されている傾向が現れつつあるのではないか。[40] 理論が実務を配慮すべきことは当然なのであるが、理論を知らない実務(家)が幅をきかせることも、できれば避けたいところである。この観点からは、要は一期生を(母校である必要はないが)一刻も早く法科大学院の教壇に立たせる努力が必要となる。これはまた、いわゆる「後継者(研究者)養成」の問題とも連動する。

(11) 第十に、「標準」の質の不断の向上への努力が必要であろう。特に、法科大学院の教育と新司法試験の真の連携が必要である(〈図6〉参照)。すなわち、「国際標準」をも視野に入れた「国家標準」の合意・確立が必要不可欠である。われわれ「公法系」にとっては——〈図6〉には明示しなかったが——日本国憲法こそが「国家標準」になる、と著者は考えている。

(12) 結局、認証評価の作業とは(繰り返しになるが)、「より下位の標準」を「より高位の標準」と照合・校正し、その結果、下位の標準が「より高位の標準によって次々と校正され、国家標準につながる経路の確立」を通して trace-

図6　認証評価の作業と「トレーサビリティ」

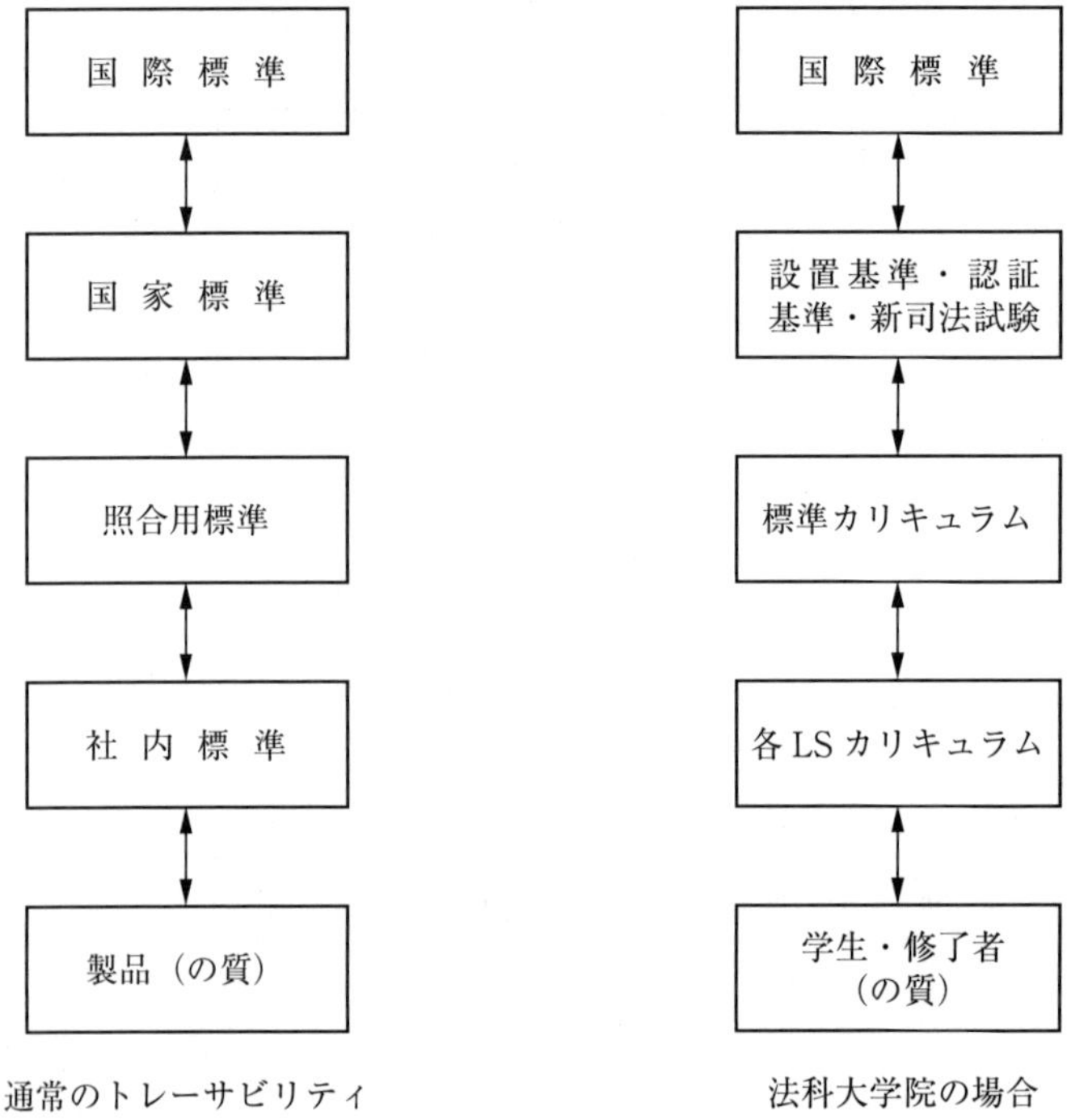

ability を確保するところにある。その結果、〈図6〉の最も下位にある標準の質が保証されたことになるわけである。しかし何分、全く新しい制度であり、運用者も不慣れな部分があるので、時間をかけて成熟させていくほかはない。

五　むすび

(1)　そもそも、本稿はもっと早い時期に完成しているべきものであった。ところが、冒頭に述べた事情から、つい先日まで全く身動きが取れない状態に置かれていた。しかし今、満六年という長い長い時が流れ、大多数の法科大学院もその完成年度を迎えたことから、著者もほぼめでたく「満期除隊」となったようである。そこで、この三月末にようやく見つけた数日を利用して、一気に本稿を執筆し、何とか完成にまで漕ぎ着けることができた。この間、忍耐強く待ち、かつ督励された山内教授には、再度お礼を申し上げたい。

(2) 振り返ると、今から六年前（平成一三年）の二月、著者は過労から、出張先の北海道で意識不明となり、約二週間の入院を余儀なくされた[41]。その後、奇跡的に回復し、三月の半ばから六週間の海外出張に出かけられた。その時の滞在先が、まさに姉妹校ミュンスター大学だったのである。ミュンスターからの帰国後、法科大学院の制度づくりに関与することになる。こう考えると、この六年という時間の前と後の節目には、著者にとってはミュンスター大学が存在していた。これも、何らかの縁なのであろう。ともあれ、ようやく一区切りがつき、四月からは新しい仕事も始まるので、「リハビリ」に励み、定年までの残された期間を何とか学問に復帰したいとの決意を秘めつつ、本稿を擱筆する。本稿が読者によって読まれ、認証評価の制度と日本の法科大学院の充実のために幾ばくかでもお役に立てば嬉しい。

(3) なお最後に、本稿に述べた事柄は、著者が過去に属し、または現在所属している組織の公式の見解ではなく、あくまでも私見にすぎないということを、当然のことながら、お断りしておく。

(1) 平成一三年五月頃から現在までの約六年、著者は縁あって、法科大学院の制度設計に関わる学内外の業務、とりわけ複数の公務に同時または重畳的に従事することになった。そのため、事前には全く予期できないほどの膨大な時間とエネルギーを奪われる結果となった。また、そうこうするうち、勤務先でも法科大学院が開校したため、完成年度までのこの三年というもの、将に無我夢中の日々を過してきた。その余波で、つい最近まで全く身動きが取れず、本書への寄稿は遺憾ながら断念する心づもりでいた。そんな中、山内教授から忍耐強くかつ温かな督励を累次に受け、何とか本稿の完成に漕ぎ着けられた。心から感謝している。

（2） A. Bartels-Ishikawa / T. Ishikawa, Werden Japans Juristen „amerikanisiert"? Zur Einführung des Law school-Systems in Japan, in : Großfeld / Yamauchi / Ehlers / Ishikawa (Hrsg.), Probleme des deutschen, europäischen und japanischen Rechts. Festschrift aus Anlass des 20-jährigen Bestehens der Partnerschaft der Westfälischen Wilhelms-Universität Münster und der Chuo-Universität Tokio auf dem Gebiet der Rechtswissenschaft, Berlin 2006, S. 135ff.

（3） エーリヒセン教授の論稿の翻訳は、当初は著者に割り当てられていた。ところが、前注（1）に述べた事情のために訳出の時間が見出せず、遺憾ながら山内教授のお手を煩わせる結果となった。なお、事情に暗い読者のために一言しておくと、エーリヒセン教授は一九八〇年代半ばから九〇年代半ばにかけて、ミュンスター大学学長でありながら、当初は「西ドイツ大学学長会議」、統一後は「ドイツ大学学長会議」の議長を歴任された（一九九七年まで）。その関係で、ドイツにおける認証評価に関する第一人者であり、日本でいえば（年齢と専攻は異なるが）田中成明教授のような位置づけにある。なお、かつて著者が同教授に試みたインタビュー「研究の軌跡と西ドイツ公法学の動向―H・U・エーリヒゼン《（ママ）》教授に聞く」（『西ドイツにおける自治団体』〔日本比較法研究所・一九九一年〕一五三頁以下）は、あまり知られていないようであるが、今読み返しても大変有益であることを、この際メンションしておく。

（4） 石川敏行「法科大学院と『公法系』教育―創立期二年の体験を踏まえて」法学新報一一二巻第一一・一二号（外間寛先生古稀記念論文集）六五頁以下、石川「法科大学院と『行政法実務』教育―『あるべき行政法』確立のための視点から」小島武司先生古稀記念論文集・民事司法の法理と政策（商事法務）所収（二〇〇七年九月刊）。なお、両稿は標題のみ眺めると似通っているが、内容は全く別物である。

（5） この点につき詳しくは、石川敏行「法科大学院・公法系・法学教育―その中間総括と展望」ＤＡＳ研究会（編）『ドイツ公法理論の受容と展開』（山下威士先生還暦祝賀論文集）、尚学社・二〇〇四年、五六九頁以下。なお、上述した「恵沢」に関しては、同書六一一頁以下を参照。

（6） もちろん、その反面、評価作業に従事することで「敵の手の内」を知ることになるから、うまく評価者の目を欺く（?）テクニックを身につけることにもなるであろう。実際、評価基準を知り尽くした者が書いた自己評価書は「非の打ち所がない」、と感じた。だが、総じていえば、よその法科大学院を観察し評価することで、おのずと自己反省し（「人の振り見て我が振り直せ」）、自身と自身が所属する法科大学院の行き方を正すというメリットのほうが大きいことを、実際の評価作業を通じて深く確信している。

(7) もっとも著者は、この答申とほぼ同時期の平成一〇年頃から、しかし答申とは全く無関係に、個人的にシラバス（もどき）を作成して学年はじめに学生に配布したり、授業アンケートを実施して改善に役立てたりする努力を重ねていた。これは今にして思い返せば、比較的若い時期（昭和五四年頃）に、ドイツの大学に長期留学し、現地で見聞した諸々の事柄の影響を無意識のうちに受けていたことが確認できる。

(8) この、エポックメイキングな大学審議会の答申は http://www.mext.go.jp/b_menu/shingi/12/daigaku/toushin/981002.htm で、また町村信孝文部大臣（当時）の諮問文（平成九年一〇月三一日）は、http://www.mext.go.jp/b_menu/shingi/12/daigaku/toushin/971001.htm で、それぞれ閲読が可能である。特に、諮問文には「これからの大学院は、学術研究の推進、研究者の養成、【高《ママ》】度専門職業人の養成【略】などの役割を果たすことが期待される」として、今日の専門職大学院の形成が既に示唆されていることが、注目に値する。

(9) 『文部省第一一九年報（平成三年度）』「I　概説編」「第五章　高等教育」「二　高等教育改革の推進と大学審議会の審議状況」(http://www.mext.go.jp/b_menu/hakusho/html/hpaf199101/hpaf199101_2_025.html)。

(10) 前記・大学審議会平成一〇年答申（二一世紀答申）の第二章「四」を参照のこと。

(11) 史実に属するので、それぞれの事象の典拠は割愛する。

(12) ただし、司法制度改革審議会が「司法制度改革推進法」という議会制定法を根拠にしてその活動を展開したのに対し、行政改革会議のほうは、そうではない。このことについては、藤田宙靖『行政組織法』（有斐閣）九三頁注(45)。当時そのメンバーであった藤田判事自身の言を借りると、「行政改革会議は、独立の法律に基づくものではなく、政令に基づき、総理府本府組織令の改正に基づき置かれているに過ぎないのであって、その意味では、その法的重みとしては、行政改革委員会よりも劣る、とすら言い得るものである。しかし、他方で、行政改革委員会は、通常の審議会と同様、その審議結果を総理大臣に答申し、総理はそれを尊重する義務を負わされるに過ぎないのに対し、行政改革会議の方は、総理大臣自らが会長であり、その審議結果に対しては、自ら直接に責任を負うものである点において、その政治的重みは、格段に大きなものがあることになる。同様のことは、行政改革委員会と同じく、行政改革会議に先行して独立の法律に基づき設置され、諸井虔氏を委員長として審議を続けてきている地方分権推進委員会との関係についても言える。そして、この両委員会の委員長である飯田氏、諸井氏のお二人が、まさにその資格において、行政改革会議の一員となっている、ということが、行政改革会議の政治的意義を一層大きなものとしている」（藤田「国の行政改革の動向―行政改革会議のこれまで」http://www.law.tohoku.ac.jp/~fujita/tocho-koen.html）。

⒀　史実に属するので、それぞれの事象の典拠は割愛する。

⒁　中央省庁等改革推進本部は、中央省庁等改革基本法に基づき平成一〇年六月二三日に設置され、三年後の平成一三年六月二二日に解散した。また司法制度改革推進本部は、司法制度改革推進法に基づき平成一三年一二月一日に設置され、三年後の平成一六年一一月三〇日に解散した。

⒂　ただし、改革前、両輪の「大きさ」は極めて偏頗であった。つまりは行政の車輪が過大で、司法の車輪は過小だった。「行政指導」という語が前者の状況の象徴であり、また「三割司法」（中坊公平弁護士）という表現が後者の状況の象徴である。この観点からすると、「十年改革」とは「行政の不透明な事前規制を廃して事後監視・救済型社会への転換」を図る（本文に引用した司法制度改革審議会意見書の言葉）、つまりは行政の車輪を縮小し、司法の車輪を拡張するための、壮大な実験だったのである。

⒃　本文に述べたテーゼ、すなわち「法科大学院は①大学改革と②司法制度改革という二つのもののピークが同期して、初めて可能となった」とのテーゼの何よりの証左が、いわゆる連携法（「法科大学院の教育と司法試験等との連携等に関する法律」〔平成一四年法律第一三九号〕）である。「ブリッジ法」とも呼ばれる同法は、まさに、①（文科省マター）と、②（法務省マター）とを架橋するための法律なのである。

⒄　最終報告「Ⅱ　内閣機能の強化」「一　基本的な考え方」「⑶内閣機能強化に当たっての留意事項」（http://www.kantei.go.jp/jp/gyokaku/report-final/II.html）。なお、行革会議の「特異な構成」（本文および前注⑿を参照）も手伝って、最終報告の翌日、政府は早くも次のような「行政改革会議最終報告に対する対処方針」を閣議決定した。「一　行政改革に対する国民の期待は極めて大きく、政府の責任は重大である。このため、行政改革会議最終報告（平成九年一二月三日）を最大限に尊重し、直ちに中央省庁再編等のための準備体制に入る。／二　次期通常国会において、中央省庁再編等のための基本的な法律案（以下「基本法案」という。）を提出して、その成立を期すこととし、その準備に当たらせるため、内閣に中央省庁再編等準備委員会（以下「委員会」という。）を置く。【中略】／三　基本法案が成立した後に、関係法律の整備など新体制

への移行に必要な準備を進めるため、中央省庁再編等推進本部（仮称）及び事務局を設置することとする【以下略】」（http://www.kantei.go.jp/jp/gyokaku/1204kakugi.html）。

(18) 司法制度改革審議会意見書「Ⅰ 今般の司法制度改革の基本理念と方向」前文第三パラ（http://www.kantei.go.jp/jp/sihouseido/report/ikensyo/iken-1.html）。

(19) 司法制度改革審議会意見書「Ⅲ 司法制度を支える法曹の在り方」「第二 法曹養成制度の改革」「二、法科大学院」「(4) 設立手続及び第三者評価（適格認定）」（http://www.kantei.go.jp/jp/sihouseido/report/ikensyo/iken-3.html）。

(20) その詳細は、http://www.kantei.go.jp/jp/singi/sihou/kentoukai/09yousei.html を参照。なお、法曹養成検討会の多岐にわたる課題のうち、第三者評価（適格認定）が如何に重要な要素だと考えられていたかは、わずか一一人の委員のうちに、評価機関の代表（木村孟 大学評価・学位授与機構長）が含まれていた事実に明確に示されている（http://www.kantei.go.jp/jp/singi/sihou/kentoukai/yousei/09meibo.html）。

(21) 詳細は割愛するが、検討会のうち、第二回（平成一四年一月二八日）の議題が「第三者評価（適格認定）基準の在り方について」であった（http://www.kantei.go.jp/jp/singi/sihou/kentoukai/yousei/dai2/2gijiroku.html）。また、次に触れる「三つのイメージ」は第九回（同年六月二八日）で討議された（http://www.kantei.go.jp/jp/singi/sihou/kentoukai/yousei/dai9/9siryou2.pdf）。

(22) 内容は同じものであるが、法曹養成検討会資料としては前注に引用した第九回「資料二」を、また中教審（大学分科会法科大学院部会）の資料としては、http://www.mext.go.jp/b_menu/shingi/chukyo/chukyo4/gijiroku/005/020701d.htm をそれぞれ参照。三つの案の違いは要するに、まず第一案が第三者評価機関を一つに限るのに対し、第二案と第三案は複数の評価機関の併存を許容する立場だという点に存した。次に、第二案と第三案の違いは、主務大臣が適格認定をするか（第二案）、それとも第三者評価機関が適格認定をするか（第三案）という点に存した。結局、その後の現実の制度としては、第三案か又はそれに近いモデルが採用されたことになる。

(23) 中教審は、中央省庁等改革（平成一三年一月六日）を契機に、整理再統合され、親委員会としては一つになった。しかし、新体制の下でも、実際には複数の「分科会」に分かれていた。本文に述べた答申のうち、①（トータルシステム答申）は大学分科会の将来構想部会、②（高度専門職業人答申）は大学院部会、そして、③（法科大学院答申）は法科大学院部会でそれぞれ審議された（http://www.mext.go.jp/b_menu/shingi/chukyo/chukyo4/index.htm 参照）。①では「第三章 第三者評価制度の導入」が、八項目にわたり詳述されている（「一　現在の第三者評価」「二　新たな第三者評価制度の導入」「三　機関別第三者評価」「四　専門分野別第三者評価」「五　機関認証基準」「六　大学評価・学位授与機構の評価の対象」「七　認証評価機関に対する支援」「八　国際的な質の保証の情報ネットワークの構築等」http://www.mext.go.jp/b_menu/shingi/chukyo/chukyo0/toushin/020801.htm）。次に②では、「第二章　専門職大学院制度の創設」の項目「八」が「第三者評価制度」と題する（http://www.mext.go.jp/b_menu/shingi/chukyo/chukyo0/toushin/020802.htm）。最後に③では、「二　設置基準関係」「（8）第三者評価（適格認定）」に、三つの項目が述べられている（①多元的な評価システムの確立、②第三者評価（適格認定）、③第三者評価（適格認定）の結果を踏まえた措置 http://www.mext.go.jp/b_menu/shingi/chukyo/chukyo0/toushin/020803.htm）。

(24)　ISO / IEC GUIDE 2 : 1996「標準化及び関連活動―一般的な用語」『JIS ハンドブック五七　品質管理』（日本規格協会・二〇〇三年）一二六六～六七頁。

(25)　『ＪＩＳハンドブック』（全七五巻）の中で、前注に述べた「標準化」の定義を収める巻（ＪＩＳハンドブック五七）は、それだけで何と一三三一頁もの厚さなのである。

(26)　紙幅の関係で、年表に掲げた事実の典拠は、一々は示さない。平成一六年頃までの国際情勢については、文科省作成に係る資料「国際的な大学の質保証について」が便利である（http://www.mext.go.jp/b_menu///public/2004/04032901/001/007/001.pdf）。なお、年表に示した「国際的な大学の質保証に関する研究協力者会議」の報告書『国境を越えて教育を提供する大学の質保証について―大学の国際展開と学習機会の国際化を目指して』（二〇〇四年三月二九日）は、http://www.mext.go.jp/b_menu/public/2004/04032901/001.htm で閲読できる。

(27)　矢野宏『単位の世界をさぐる―単位や標準はどのように定められるか？』（講談社ブルーバックス・一九九七）八一頁。

(28)　なお、質の保証ということに関連して、「規格」「国際規格」「地域規格」「国家規格」「地方規格」「仮規格」にも言及しておく必要がある。すなわち、ＪＩＳによると、順に「3.2　規格（standard）　与えられた状況において最適な秩序を達成することを目的に、諸活動又はその結果に関する規則、指針又は特性を、共通に、かつ、繰り返し使用するために定める文書であって、合意によって確立され、かつ、公的機関によって承認されたもの」、「3.2.1.1　国際規格（international standard）ある国際化標準化機関又は国際規格機関によって採択され、一般の人々が入手できる規格」、「3.2.1.2　地域規格（regional standard）　ある地域標準機関か又は地域規格機関によって採択され、一般の人々が入手できる規格」、「3.2.1.3　国家規格

（national standard）ある国の国家規格機関によって採択され、一般の人々が入手できる規格」、「3.2.1.4　地方規格（provincial standard）一国の一地方の水準で採択され、一般の人々が入手できる規格」、「3.3　仮規格（prestandard）〝標準化機関〟に暫定的に採用する文書であって、それを〝適用〟することによって〝規格〟の基礎にするのに必要な経験を得るために、一般の人々が入手できるようにした規格」と、それぞれ定義されている（前掲 ISO / IEC GUIDE 2 : 1996「標準化及び関連活動―一般的な用語」『JISハンドブック五七品質管理』一二六八〜六九頁）。

(29) 詳しくは、右の(26)に示した研究協力者会議の最終報告書を参照されたい。

(30) 前注(27)所掲の、矢野『単位の世界をさぐる』八一頁を参照。また、「校正」と「照合」に関しては、前注(28)所掲のハンドブック七五頁を参照。

(31) その詳細は、前注(5)に示した、石川「法科大学院・公法系・法学教育―その中間総括と展望」五六九頁以下を参照。なお、いわゆる「公カリ研」第一次報告書（『法科大学院における教育内容・方法（公法）のあり方について』平成一三年一〇月二六日）は http://www.mext.go.jp/b_menu/shingi/chousa/koutou/003/toushin/011001.htm で、また第二次報告書（『法科大学院における公法系教育のあり方等について（中間まとめ）』平成一四年六月二八日）は http://www.kantei.go.jp/jp/singi/sihou/kentoukai/yousei/dai9/9siryou_s.pdf で、それぞれ閲読が可能である。

(32) ちなみに、「法科大学院評価基準」という言葉は、連携法（法科大学院の教育と司法試験等との連携等に関する法律）五条一項に見える。なお、各機関の評価基準については、認証日順に、①財団法人日弁連法務研究財団のもの（『法科大学院評価基準（二〇〇五年一二月一六日改定）』）が http://www.jlf.or.jp/work/dai3sha/kijyun060116.pdf、②独立行政法人大学評価・学位授与機構のもの（『法科大学院評価基準要綱（平成一八年五月改訂）』）が http://www.niad.ac.jp/ICSFiles/afieldfile/2006/06/22/no6_2_houkakijyunyoukou200605kaitei.pdf、そして③社団法人大学基準協会のもの（『法科大学院基準』）が http://www.juaa.or.jp/main/02-19-manual/hyouka01.doc でそれぞれ閲読可能である。なお、文部科学大臣による認証評価機関としての認証を受けた日は、①が平成一六年八月三一日、②が平成一七年一月一四日、③がつい先日の平成一九年二月一六日である。

(33) 先日、とある研究会で、某国立大学の先生が「法科大学院に対する評価は、Lehrfreiheit への介入である」、と仰っていた。一瞬「もっともだ」とも思ったが、これは本文に述べた認証評価の意義を理解しない（できていない）発言であろう。また、同じその先生が、「最近、学生から指摘された」として、次のような興味深い逸話を語っておられたのが印象的であった。その学生は、法学部から同じ大学の法科大学院へと進学したのだそうで、学部でも同じ先生の授業を履修していたそうである。その学生いわく、「学部に比べると、法科大学院の授業のほうが、レベル低い」、と。笑えそうで笑えない話ではあるが、これは大いにあり得ることである。なぜなら、学部には標準があって無きが如くであるのに対し、法科大学院には――本文に述べたように、学生の均質さを確保するために――各種の基準・標準が厳然と存在しているからである。したがって、能力のある学生に限って、平均的学生を念頭に置いてつくられた基準・標準を、「レベルが低い」と感じてしまうわけである。だが、これは制度の本質からして、致し方ないことである。いつの世でも、一方ではレベルが余りに高すぎる学生、また逆にレベルが余りに低すぎる学生には、教育は無力なものである。

(34) 自分が所属する以外の法科大学院の状況を書面と実地で観察・参観することで、それが言わば「鏡」となって、自分が法科大学院の教員としてどう行動するべきなのか、ということがよく理解できた(「人の振り見て我が振り直せ」)。後述のように、認証評価の作業は、想像を絶するほど膨大な時間とエネルギーとを要する作業なのではあるが、しかしまた極めて有益な体験でもあったことを告白しておく。

(35) 著者はここ三年、公務員試験の答案も採点した経験がある。同じく数日かかるにしても、採点する答案の枚数は法科大学院の期末試験の答案の二～二・五倍である。ということは、法科大学院の答案の採点は、今まで体験した採点作業の中で最も過酷で困難な作業である、と判断せざるを得ない。ついでながら、「真の苦労」は採点作業の後に訪れる。すなわち、著者の勤務先は入学定員が三〇〇人という、全国でも最大規模の法科大学院である。その結果、六つのクラス(各四五人前後)を三人の教員で担当するのである。また、憲法・行政法が融合する科目は、六人で担当している。そうなると、各人が採点した後の統一・調整作業は、難航を極める。「人疲れ」とでもいうのか、同僚との調整・折衝作業のほうが、採点そのものよりも遥かに難しいということを、率直に告白せざるを得ない。もっとも、これまた「標準化」の観点からは、避けては通れない道なのではあるが……。

(36) 自己評価書はともかく、附属資料のファイルを誤って落としたら、間違いなく足の指が砕けるだろう。今回、試しに計量してみたら、ファイル一冊で平均四キログラム程あった。全体の枚数を数える気にはならないが、概算では、ファイルに綴じられた附属資料(学則はじめ各種規程、法科大学院のパンフレット、成績分布、学生アンケート結果、FD活動の実際が分かる資料など）は、一冊あたり三五〇〜四〇〇枚には達している。こうなると、特に附属資料の持ち運びは困難であり、結局、自宅または仕事場のどちらか一箇所で作業するしかない。つまり、評価作業に従事している間の「行動・移動の自由」は大幅に制限されることになる。

(37) 学校教育法六九条の四第四項によると、「認証評価機関は、認証評価を行ったときは、遅滞なく、その結果を大学に通知するとともに、文部科学大臣の定めるところにより、これを公表し、かつ、文部科学大臣に報告しなければならない」からである。

(38) 周知の事情で二年目、すなわち平成一七年四月一日に開校した法科大学院四校は、まだあと一年、文部科学省の「監視下」に置かれる。しかし、残りの六八校は完成年度の到来とともに、設置認可にまつわる制約を免れるので、今後は認証評価機関が実施する認証評価（第三者評価）の真価が問われることになる。

(39) 正確に表現すれば、設置「認可」の対象は、公立と私立の法科大学院のみである。国立大学の法科大学院の場合は、法制上は「設置認可」ではなく、「計画の承認」ということになる。それを承知の上で、しかし本文では「設置認可」時と表現した。

(40) このような現状に対処するために、著者の所属するブロックでは、このたび「行政法制研究会」という組織が立ち上がり、その活動を開始した。

(41) そのことは、石川「法科大学院・公法系・法学教育」（前注(5)五七五頁注5）で述べたので、詳細は省く。

（付記）　本稿は、「二〇〇六年度中央大学特定課題研究」による助成の研究成果である。

（二〇〇七年三月二六日脱稿）

古積健三郎

日本における抵当権の今日的問題

――占有の権利に対する関係――

Kenzaburô Kozumi,

Heutiges Problem der Hypothek in Japan :

Ihr Verhältnis zum Besitzrecht

目次

一　序　説

日本では近時、多くの金融機関が自らのために抵当権が設定されている不動産の競売を裁判所に申し立てた。その際、さまざまな深刻な実務上の諸問題が生じることになった。一つの重要な問題は、抵当権者は無権原の占有者に対して土地または建物の引渡しの請求権を有するのか、またいかなる要件において有するのかである。

この問題はドイツ法にはなじみのないものと思われる。現在のドイツの物権法に関する教科書に、私はこれについての寄稿を見つけることができなかった。私にとって明らかな範囲では、ドイツの民法によれば、抵当権の設定されている不動産になんら占有の権利を有さないとされている。BGB九八五条による引渡請求権は、物上の占有が物権の内容に属する場合にしか妥当しない、すなわち、まさに不動産担保権（Grundpfandrecht）には妥当しない、というのである(1)。

以前には、占有関係に対する抵当権の効力は日本でもほとんど検討されなかった。従来、支配的な見解は、抵当権では、不動産を物質的には支配せず単にその交換価値について支配する、いわゆる価値権が問題となる、という前提をとっていた(2)。抵当権者は、この見解によれば、所有者の占有にも使用および収益にも影響を及ぼすことができない(3)。

しかし、土地およびこれに属する建物の競売では、第三者による不法な占有を原因として、最適な売却価格をしばしば獲得することができない。時には、不法な占有は競売を不可能にさえする。なぜなら、買受人は第三者に不動産を明け渡させるという負担を受けるからである。不動産を不法占有者から取り戻すことは、多大な時間的浪費と高額な費用につながってしまう。さらに、時には、遅滞に陥った債務者は他の債権者と一緒になって競売を妨害しようとする。そのために、債務者は土地および建物を他の債権者に引き渡すこともありうる。これによって、売却価格は下落しまたは不動産を買い受ける者が現れないという危険が生じるのである。

それゆえ、抵当権者が不法占有者に対して引渡請求権を主張することができるのか、またいかなる要件の下で主張することができるのか、を明らかにすることが重要なのである。日本の最高裁判所は、一九九一年、そのような請求権を否定した。しかしながら八年後、最高裁はその見解を変更し、抵当権者に一定の要件の下で引渡請求権を認めることになった。

この講演において、私はこれらの判決を取り扱い、日本民法において抵当権者に占有権原が帰属しうるか否かについて私見を述べることにしたい。さらには、ドイツ法において抵当権者に占有を認める可能性が存するかという問題にも一瞥したいと考える。

二　一九九一年三月二二日の判決について(4)

1　社会的背景

ドイツ法におけるのとは異なり、日本法においては抵当権と賃貸借契約との関係は優先の原理に服する。建物が抵当権の登記より前に賃借人に引き渡されれば、賃貸借契約は抵当権者に対抗することができる。それを日本の借地借家法が規定する。このことは、賃貸借契約が抵当権に基づく競売の場合に買受人によって承継されることを意味する。それに対して、抵当権が賃貸借契約に優先する場合には、賃貸借契約は買受人に対する関係では効力を持たない。この場合、賃借人は建物を明け渡さなければならない。

以上にはこれまで一つの重要な例外があった。日本民法の旧三九五条によれば、短期の賃貸借契約（最長で三年）は、建物が抵当権の登記の後にはじめて引き渡された場合でも、抵当権者に対抗しうるとされている（旧三九五条の文言は賃借人に賃借権の登記を要求している。ただ、支配的見解によれば、借地借家法三一条を顧慮して、建物が賃借人に引き渡されることで十分とされていた）。この規定の目的は、賃貸借契約の保護によって所有者の使用および収益の権利を実際上強化するという点にある。というのは、競売の場合に立ち退かなければならない建物を誰が好んで借りようとするだろうか。

しかしながら現実には、債務者と他の債権者は、競売を困難にするためにこの制度をしばしば悪用した。[5] 土地および建物の売却価格は、買受人が賃貸借契約を承継しなければならない場合には、たいてい低くなる。そのため、抵当権者はこれまでしばしば、そのような短期賃貸借契約の解除を訴求した。実際に旧三九五条は、抵当権者は賃貸借が彼に損害を及ぼす場合にはその解除の請求権を有する、と規定していた。支配的見解によれば、ここでの損害とは、抵当権者が賃貸借の存在のために土地または建物から十分に満足を受けることができないことである。しかし、賃貸借契約が判決によって解除されても、第三者はさらに客体を占有することになる。それゆえ、抵当権者は、損害を回避するために、最終的には占有者に対して明渡しの訴えを提起しなければならない。

かつては、抵当権者の引渡請求権に関する下級裁判所の見解は分かれていた。この請求権の基礎づけについては、二つの法的構成を考えることができる。一つは、債権者はその抵当権に基づいて自身の引渡請求権を物権的請求権として有するというものである。もう一つは、債権者は、日本民法四二三条により、抵当権により担保された金銭債権を保全するために、所有者の物権的引渡請求権を行使することができる、というものである。日本民法四二三条はフランス法に由来する。それによると、債権者は、債務者が経済的窮乏に陥った場合には、債務者の第三債務者に対する財産的権利（とりわけその金銭債権）を債務者に対する債権を保全するために行使することができる。この権利は債権者代位権と呼ばれる。抵当権者は同時に債権者であるために、確かに彼は原則として代位権も行使することができる。

2　判決の内容

しかし、最高裁判所は、一九九一年三月二二日の判決において、抵当権者の引渡請求権を是認しなかった。

事実関係は次のとおりであった。抵当権の設定された土地およびこれに属する建物が所有者から第三者に賃貸された。賃借人は双方をさらに他の者に転貸した。賃貸借契約の期間は三年であった。その後、抵当権者は執行裁判所に客体の競売を申し立てたが、賃貸借契約のために売却価格が下落した。それゆえ、抵当権者は旧三九五条により賃貸借契約の解除を訴求すると同時に、転借人による建物の明渡しを訴求した。

最高裁判所は賃貸借の解除の請求は容認したが、明渡しに関しては、抵当権者自身の物権的請求権も四二三条による代位権も否定した。

抵当権者の明渡請求権の否定を、最高裁判所は、抵当権者が所有者の使用および収益に干渉することは許されない、ということで理由づけた。裁判所の見解によればこうである。たとえ第三者が土地または建物を相当の権原なくして占有するとしても、抵当権は侵害されない。さらに、不動産の価値は第三者の単なる不法占有によっては下落しない。

なぜなら、買受人は日本民事執行法八三条に基づき執行裁判所の引渡命令——ドイツにおける強制競売強制管理法九三条の明渡名義に相当する——によって占有を取得することができるからである。それゆえ、抵当権者は債務者の引渡請求権を行使することができない。ここでは債権者代位権の基礎が欠けている。

3　批　評

確かに、抵当権の設定では所有者から抵当権者に占有は移転されない。それ日本民法三六九条が明確に規定している。たとえ債務者が経済的窮乏に陥っても、不動産の価値が第三者の占有によって減少しないかぎり、四二三条の適用の基礎は存在しない。というのは、四二三条は、債務者の財産を保持しそれによってすべての債権者の法的地位を保護することを目的としているからである。しかし、裁判所の見解は以下のように激しく批判された。

(1)　土地建物の売買価格について

一つの批判は、第三者の違法な占有にもかかわらず土地または建物の価値が減少しない、という見解に向けられた。確かに、無権原の占有はなんら不動産の法的負担にならないというのは正しい。不動産の価値は、理論的には第三者の単なる占有によっては下落しない。しかしながら、実際においてはまったく事情が異なる。われわれが土地または建物を買おうとするとき、何者かがこれを不法に占有していることにどう反応するだろうか。そして、もしその占有者が問題となっている不動産にさらに違法に占有しようという外観があれば、いよいよどうか。当然われわれは、できるだけ低い売買価格をねらうだろう。あるいはわれわれは不動産の売買を見合わせることさえ決めるかもしれない。理論上は可能な引渡命令もおそらくわれわれの疑念を一掃することはできないだろう。執行裁判所がそれを常に発するとはかぎらないからである。

このような背景の下で、多数の者は次のような意見を持っている。不動産の売買価格が無権原の占有によって減少するかぎり、抵当権は確かに侵害されている。[6] その場合、占有者から占有を奪うことが必要である。それゆえ、不動産の売買価格が下落してしまうならば、抵当権者は、少なくとも担保の実行、すなわち差押えの時点からは不法占有者に対する明渡請求権を有しなければならない。

(2) 抵当権者の占有権原について

さらには、担保権としての抵当権はなんら占有権原を含まないという見解も批判することができる。すでに述べたように、占有は抵当権の設定では所有者から債権者に移転されない。このことは確かに、抵当権の設定後も占有、使用および収益の権利が所有者に留保されることを意味する。そのため、他の特段の事情がないかぎり、抵当権者は少なくとも担保の実行の前には所有者のこれらの権利を侵害してはならない。もし抵当権者に担保の実行前に簡単にもう占有を認めれば、抵当権の本質に矛盾することとなるだろう。ここまでは見解が一致している。

しかしながら、われわれは、担保の実行前のこの状況と担保の実行からの法律関係を区別しなければならない。日本民法三六九条によれば、抵当権者は他の債権者に優先してその抵当権の設定されている不動産から満足を得る権利を有する。客体から満足を得るには、その換価を必要とする。このことからは、換価権が抵当権には内在しているということができる。実際に、ドイツの支配的見解は抵当権も含めて不動産担保権を物権的換価権と捉えている。[7] 換価権とは、不動産から満足するために所有者から強制的にその権利を奪うという抵当権者の権利である。そのような権利を有するかぎり、抵当権者は所有者から占有、使用および収益の権利も奪うことができる。そう考えれば、抵当権者に不動産の換価の場合に、すなわち担保の実行の後に占有権原を認めることは、決して抵当権の本質に反するものではない。

(3) まとめ

大多数の見解によれば、抵当権者に対し、不動産の明渡し、すなわち占有の譲渡の請求を拒絶するという結論は不当であると考えられている。

最高裁判所の判決の後に、民事執行法は、買受人が以前よりも不動産の占有をより簡単に取得することができるように改正された。新法によれば、執行裁判所は買受人に対する関係で占有権原を有しないすべての占有者に引渡しを命ずることができる。もっとも、不法占有者のための買受人の疑念はそれによって完全に解消されたわけではない。多くの抵当権者はなお占有の移転を訴えなければならない。かかる背景の下、最高裁判所の新たな決定が現れた。

三　一九九九年一一月二四日の判決について(8)

1　判決の内容

最高裁判所は、一九九九年一一月二四日の判決においてその見解を根本的に変更した。その決定では、次の事実関係が問題となっていた。ある抵当権者が建物の競売を申し立てたが、第三者が建物を相当の権原なくして占有していた。裁判所によって開かれた二度の競売の期日で、建物の買主を見つけることはできなかった。そこで、抵当権者は第三者に対して占有の譲渡を求める訴えを提起した。

最高裁判所は一方で、四二三条による抵当権者の請求権を是認した。その見解はこうである。抵当権は不動産の交換価値から満足する権利である。換価が不法占有によって妨害される場合、抵当権は侵害されている。その場合、所有者に対して侵害の是正を求める抵当権者の請求権が存在する。なぜなら、所有者は抵当権者に対する関係で不動産を維持し適切に管理する義務を負うからである。所有者はこの義務を履行するために不法占有者に対して引渡請求権を行使しなければならない。所有者が占有者に対してその権利を行使しなければ、抵当権者は、自身の所有者に対する請求権を保全するために、所有者の引渡請求権をこれに代わって行使することができる。

他方で裁判所は、換価が占有によって妨害されている場合には、抵当権者は侵害者、すなわち無権原の占有者に対して自身の妨害排除請求権を有する、と説示した。さらに、裁判官の一人である奥田昌道は、補足的に所有者に対する請求権の具体的内容について意見を述べ、また抵当権者の占有の法的性質を述べた。その意見によればこうである。不動産の価値が第三者の占有によって減少させられるならば、所有者に対する請求権は、競売の場合のみならず担保の実行の前にも成立しうる。抵当権者はあらゆる時点で不動産の価値の維持への請求権を所有者に対して有する。この請求権を保全するために、抵当権者は担保の実行前でも不法占有者に対し不動産を自分に明け渡すように要求することができる。それによって取得された占有は、抵当権者の自主占有ではなく一種の他主占有である。奥田は、現行法が不動産の維持のために他の手段を提供しないかぎり、そのような占有を不可欠と見ている。

2　批　評

多くの者は、売買価格が不法占有によって下落する場合には抵当権者は土地または建物の占有を取得しうる、という結論に賛同している。それが抵当権者を害する以上、われわれはいかにしてこの結論を正当化しうるのかを問わなければならない。しかし、最高裁判所の理由づけは不十分と思われる。

まず、四二三条による代位権の構成が問題である。なぜなら、本ケースでは本来、抵当権の内容ないし効力が問題となっているからである。それゆえ、四二三条による代位権の構成は適合的ではない。

そのうえ問題であるのは、四二三条をここでそもそも適用できるのかである。四二三条の本来の目的は、債務者の財産の維持によるすべての債権者の債権の保全である。保全されるべき債権については、金銭債権が問題となる。しかしながら、裁判所によって是認された請求権は金銭債権ではなく、特定の行為を求める請求権である。

確かに、従来の判例は四二三条の適用を、特定の給付に向けられた、すなわち金銭の支払いに向けられない債権にも認めてきた。一つの例が、無権原の第三者が土地または建物を占有するという場合における賃借人の賃貸人に対する引渡請求権である(9)。判例は、賃借人を違法な占有の影響から保護するために、四二三条の適用領域の拡張を不可欠と見たのである。賃借人は、債権契約に基づいて不動産の引渡しを第三者に要求することができないからである。

しかしながら、抵当権は債権的性質のものではなく、一つの物権である。抵当権が現実に第三者の占有によって侵害されるかぎり、抵当権者は所有者に対してではなく、第三者に対して直接に妨害排除請求権を有すべきである。その場合、四二三条の適用はまったく不要である。

かかる理由から、代位権の構成は大方において迂遠なものと見られている。[10] 私もこれに賛同する。ここではまさに、所有者に対する関係ではなく、第三者すなわち占有者に対する関係で、抵当権の効力が問題となっているのである。最も重要なことは、抵当権がどのように不法占有によって侵害されるのかを検討することである。

四　換価権としての抵当権

1　価値権理論の問題

前述のように、抵当権は、日本の支配的見解によれば不動産の交換価値のみを支配する価値権とされている。それによると、抵当権者は客体を原則として物質的には支配することができず、占有関係に影響を及ぼすことができない。それでも、結論的に抵当権者に引渡請求権を認める要請は存在する。このことは、土地または建物の交換価値が第三者の不法占有によって減少させられるという前提に基づいている。

しかしながら、単なる不法占有を交換価値の法的侵害と捉えることは非常に疑問である。確かに、競売に供される不動産を第三者が権原なくして占有する場合、それは実際上はしばしば売買価格の減少を意味する。このことはしかしながら、もっぱら占有に基因するのではなく、むしろ多くの部分では買受人の主観的な状況判断に基因している。単なる占有は法的には不動産の負担とはならない以上、その客観的な交換価値も占有によっては減少させられえない。それゆえ、われわれは価値権理論を前提とするかぎり、本来は不法占有による抵当権の侵害を否定しなければならない。

しかしながら、そもそも価値権理論が日本の抵当権に適合するのかを検討すべきである。不動産担保権を価値権として捉える見解は、かつてドイツでコーラー（Kohler）によって主張された。[11] 日本では、我妻がこの理論を日本の抵当権に応用した。[12] その際我妻は、抵当権者は本来、ドイツ法における土地債務（Grundschuld）の場合にそうであるように、所有者の占有および使用を妨害することなく、不動産の換価の代償から満足すべきである、と強調していた。その根拠は、近代経済では抵当権は所有者の利用権と調和されるときに理想的となる、という点にある。我妻は、この種の抵当権を価値権と称した。この観点から彼は、賃貸借契約は抵当権に基づく競売の後にも原則として効力を保持するのが正しいと見た。[13]

しかし、ＢＧＢにおけるのとは異なり、日本法ではすべての担保権について同等に付従性の原則が妥当する。抵当権もまた日本ではこの原則に服する。それゆえ、抵当権者がその権利を満足の手段として譲渡することはまれである。抵当権者はむしろ、通常は満足するためにその権利を行使しなければならない。その場合、抵当権者は所有者から必然的に占有、使用および収益の権利を含めてすべての権限を奪うことになる。ここでは抵当権は所有者の権利と衝突するのである。

2　換価権と占有権原

より正確に見れば、コーラーも抵当権を価値権としては考察していないという結論へとたどりつく。[14] むしろ彼は本来、不動産担保権の本質は不動産が換価され権利者はその収益から満足することにある、と考えていた。この不動産担保権の性質を表現するために、彼は「価値権」という概念を用いたのである。コーラーが言う価値権は、我妻のそれとは意味的に異なっている。そして、コーラーの理解するような担保権の性質（換価と満足）は、ＢＧＢの不動産担保権のみならず、日本の抵当権にも当てはまる。というのは、確かに日本民法三六九条は文言上は抵当権者に不動産から満足する権利だけを認めるに過ぎないが、しかしこの満足する権利は換価権を前提にするからである。それゆえ私は、抵当権の本質は換価権にあり、われわれはこの性質を顧慮して抵当権者の占有の権利を検討しなければならない、と考える。

日本民法三六九条は確かに、客体の占有は抵当権の設定では債権者に移転されないと規定している。しかしこのことは、抵当権者がそもそもまったく占有権原を有しないことを同時に意味するわけではない。注意すべきは、換価権としての抵当権の効力は担保の実行の場合にはじめて生じることである。それゆえ、われわれは抵当権者にこの時限で占有権原を認めることができるか否かを問わなければならない。

この関連で、私にはローマ法由来の抵当訴権（actio hypothecaria）が意義深く思われる。ＢＧＢの抵当権がローマ法、あるいはゲルマン法に由来するかについては争いがある。[15] しかし、ローマ法がＢＧＢに大きく影響を及ぼしたことは誰も争うことができない。ドイツ法およびフランス法を通じて、それはまた日本の抵当権にも影響を及ぼした。支配的見解によると、ローマ法は抵当権者に少なくとも担保の実行の場合には抵当訴権を認めていたとされる。なぜなら、抵当権者は売却権を有し、客体の譲渡では占有の移転を要したからである。デルンブルヒ（Dernburg）は、この売却権をローマの抵当権の本質と捉えていた。[16] いずれにせよ、抵当権者はローマ法においては占有の権利を有していたのである。

近代法においては、不動産の譲渡の要件として登記が占有の移転に取って代わった。そのことはしかし、不法占有が換価権の行使を妨げないということを意味しない。不動産の競売が抵当権からの換価権に基づいているかぎり、抵当権者は売主の地位を有すべきこととなる。すなわち、抵当権者は、その義務を履行するためには売買目的物上の占有を取得しなければならない。そのかぎりで、第三者の不法占有は換価権の行使を、確かに担保の実行前には妨害しないが、しかし実行後には妨害するのである。

他方で、近代法においては、ローマ法では一般的に認められていた抵当権者による私的売却が禁止されている。BGB一一四七条、一一四九条は、抵当権者が強制執行の方法で（執行手続において）のみ満足することができることを規定する。日本でも、民法がこれに関する規定は含まないものの、この原則に異論を唱える者はいない。しかし、手続法におけるこの取扱いは、直ちに実体法における換価権の存在を否定するものではない。かつてゾーム（Sohm）は、抵当権は物権でも売却権でもなく、なんら占有権原を含まないという見解を主張した。[17] 彼はこのことを、抵当権者が強制執行においてしか客体から満足することができないことでもって理由づけたが、私の考えでは、ゾームは実体法と手続法を混同するものといえる。

ドイツにおける今日の支配的見解によっても、抵当権の本質は物権的換価権にあるとされている。それゆえ私は、担保の実行後、すなわち競売の申立後は、抵当権者に物権的請求権として引渡請求権を認めることは十分に支持しうると考える。これに対して、担保の実行前には、占有者が客体の毀損も破壊もしないかぎり、そのような請求権は成立しえない。

判例によれば、換価が第三者の不法占有によって妨害され、または困難になれば、抵当権者の引渡請求権はしかるべきであり、不動産の売買価格が不法占有によって客観的な価値より下落する場合には、抵当権は侵害されるという。もっとも、客観的価値を特定するのは困難である。さらに、不動産の客観的価値が単なる占有によって減少させられるのかも疑わしい。この基準によれば、交換価値が占有によって減少させられれば、抵当権者は担保の実行前にすでに占有者に対して妨害排除請求権を行使することができることとなろう。しかしながら、抵当権者に担保の実行前に占有を与えるのは過剰である。担保の実行前に抵当権者に認められた占有の法的性質を一体どのように説明できようか。

私見によれば、抵当権者は、担保の実行後にはじめて、しかしその場合には特別の要件なしに引渡請求権を有することになる。この場合、抵当権者の不動産上の占有は、自主占有として分類されるべきである。私は、そのような結論が物権的換価権としての抵当権の性質に最もよく相応すると思う。(18)

五　結　語

これまで私は、ドイツにおいて抵当権者が担保目的物上の占有を取得することができるか、という問いへの答えを見つけることができなかった。ＢＧＢにおいては、抵当権者が占有を得るのは不可能なのだろうか。あるいはドイツにおいて抵当権者はまったく占有を取得する必要もないのだろうか。債権者と買受人にとっては、たとえば強制競売強制管理法の明渡名義で十分となりうるのだろうか。

しかし、たとえ抵当権者が手続法において十分に保護されるとしても、このことは直ちに実体法上の請求権の否定の根拠とはなりえない。占有の権利は、ＢＧＢにおいては抵当権者に対し完全に拒絶されているのだろうか。この関連で、第一草案の理由書における以下の叙述は示唆的である。(19)

「抵当権では物権が問題となるということは、今日では、かつてのローマ法におけるのと同じ意義は持たない。というのは、このことはローマ法によれば、抵当権者はその債権の期限到来後は不動産の占有を得て、一定の期間の後にその満足のためにこれを譲渡することができる、ということにつながるのに対し、今日の法によれば、不動産の換価は強制管理または強制競売の方法によってしかなされないからである。この近代的抵当権のローマ抵当権との相違はしかし、権利の性質に関わるというよりも、権利の行使および実現の種類と方法に関わるものである。」

この注釈によれば、今日のＢＧＢの抵当権はローマ法における抵当権からそれほど異なったものとは思われない。私にドイツ民法を評することができるかぎりでは、そこでも抵当権者に占有を得させる可能性は存在するとの結論に至るのである。

（1）　Vgl. Baur / Stürner, Sachenrecht, 17. Aufl., 1999, § 11 A I.
（2）　我妻栄・新訂担保物権法（一九六八年、岩波書店）二〇八頁以下参照。
（3）　大判昭九・六・一五民集一三巻一一六四頁、我妻・前掲注（2）三八二頁以下参照。
（4）　民集四五巻三号二六八頁。
（5）　そのため、この制度は二〇〇三年に廃止された。
（6）　近江幸治・担保物権法〔新版〕（一九九二年、成文堂）一六六頁、高木多喜男・担保物権法〔新版〕（一九九三年、有斐閣）一四八頁参照。
（7）　Vgl. Wolff / Raiser, Sachenrecht, 10. Aufl., 1957, § 131 ; Westermann, Sachenrecht, 5. Aufl., 1966, § 94 ; Baur / Stürner, a. a. O., § 36 II 2 ; Wieling, Sachenrecht, 4. Aufl., 2001, § 26 I 1.
（8）　民集五三巻八号一八九九頁。
（9）　最判昭二九・九・二四民集八巻九号一六五八頁。

（10）松岡久和「債権者代位権に基づく抵当不動産の不法占有者に対する明渡請求」ＮＢＬ六八三号（二〇〇〇年）三七頁以下参照。

（11）Kohler, Pfandrechtliche Forschung, 1882, S. 47 ff.; derselbe, Substanzrecht und Wertrecht, AcP 91 (1901), 155 ff.

（12）我妻栄・近代法における債権の優越的地位（一九五三年、有斐閣）八三頁以下。

（13）我妻・前掲注（2）二九七頁以下。

（14）Kohler, Pfandrechtliche Forschung, S. 47 ff.

（15）Vgl. Wolff / Raiser, a. a. O., § 129.

（16）Dernburg, Das Pfandrecht nach den Grundsätzen des heutigen römischen Rechts, Bd. 1, 1860, S. 96 ff.

（17）Sohm, Über Natur und Geschichte der modernen Hypothek, Grünhuts Zeitschrift 5 (1878), 1 ff.

（18）本講演の直前に、抵当権者に占有権原を対抗することができない賃借人（転借人）に対する抵当権者の明渡請求に関する新たな最高裁判所の判決に接した（最判平一七・三・一〇民集五九巻二号三五六頁）。結論的に、最高裁は明渡請求を認めたが、この判決は、客体の占有の権利は担保の実行の場合でも原則として抵当権者ではなく所有者に帰属する、という前提をとっている。

（19）Vgl. Mugdan, Gesamten Materialen zum Bürgerlichen Gesetzbuch, Bd. 3, 1899, S. 336.

（追記）本稿は、筆者が二〇〇五年三月一七日にミュンスター大学で行った講演の原稿に若干の注記を付け加えたものである。

野沢紀雅

ドイツにおける父性否認訴訟の手続原則と「生物学上の父」の否認権

Norimasa Nozawa,

Prozessuale Grundsätze der Vaterschaftsanfechtung und Anfechtungsrecht des „biologischen Vaters“ in Deutschland

目次

一　はしがき

一九九七年から翌九八年にかけての一連の法律改正[1]により、ドイツの親子法は大きな変容を遂げた。実親子関係法（Abstammungsrecht：「出自法」「血統法」とも訳される）の領域においても重要な改正が行われた。一九九七年一二月一六日成立の「親子法改革法（Kindschaftsrechtsreformgesetz）」によって改正された実親子法は、嫡出・非嫡出という伝統的な概念区別それ自体を廃止し、その意味で一本化された法的父子関係を争う父性否認（Vaterschaftsanfechtung）に関する法律規定を整備したのである。種々の問題についての多面的な議論を背景とした改革であったが、その後現在に至るまでに、すでに二回の重要な変更が加えられている。その一つは、非配偶者間人工受精によって生まれた子に関して、第三者の精子使用に同意した男性と母の否認権を否定した二〇〇二年の改正であり[2]、いま一つが、否認権者に「生物学上の父（biologischer Vater）」を加えた二〇〇四年四月三〇日施行の改正（以下では単に「二〇〇四年改正」という）である。

本稿執筆の当初の意図は、この二〇〇四年改正をめぐる議論を整理して検討し[3]、日本で同様の問題を考える際の比較法的な素材を提供しようとするものであった。しかし、その立法過程における議論を整理するなかで、訴訟手続面での法律上・裁判実務上の諸原則を理解する必要に迫られた。ドイツの父性否認は、その権限、期間、要件について実体法の詳細な規律を受けているのみならず、——しごく当然のことではあるが——訴訟の手続原則や証拠法ルールの実際的運用によってもコントロールされている。そして、後者の手続法原則が既存の法的父子関係を争うことに対して、ある程度抑制的な機能を果たしているのである。具体的には、親子関係訴訟における職権探知主義の片面性、原告の主張責任の高度化による模索的証明の回避を挙げることができる。ドイツ民事訴訟法（以下ＺＰＯという）には、出自（血縁）関係解明のために鑑定強制の制度が用意されている。それと職権探知主義の相乗効果によって、生物学上の父子関係と一致しない法的な父子関係が排除される蓋然性がかなり高いと推測される。しかし、訴訟手続の実際は、その推測を必ずしも全面的に裏付けるものではない。二〇〇四年改正により生物学上の父を否認権者に取り込む際にも、そうした手続法的原則への配慮がなされているのである。

このような事情により、本稿は、父性否認訴訟の手続法原理の整理と、二〇〇四年改正の意味付けという二つの目的を追求することになった。そのために、論述の構成に不体裁な部分を残すことになったかもしれない。さらに、手続法に不案内な者がこの種の議論を取り上げることへのためらいも否定できない。しかしながら、概略的な素描であれ、その問題への言及なしには、ドイツ親子法の実像に接近することはできないと考えられるのである。

以下においては、まず、一九九七年の改正親子法における法的父子関係設定の概要を整理し（二）、次いで、それによって設定された父子関係を争う父性否認の諸要件を解説する（三）。さらに、父性否認訴訟の手続原理の概要を整理し（四）、その前提に立って、二〇〇四年改正の内容とそれに至るまでの議論を紹介したい（五）。最後に、本稿で得られた知見をもとに、日本の実親子法における類似の問題について若干の考察を加える。

二　第一次的な親子関係設定

ドイツ民法（以下BGBと略称する）は、実親子関係を嫡出親子関係と非嫡出親子関係に区別して規律する体系[4]をほぼ一〇〇年近く維持してきたが、冒頭に述べたように、一九九七年の改正によってこの区別それ自体が放棄された。この改正以後、法的父性は一本化され、父子関係の設定および修正に関する統一的な法規群によって規律されている。ドイツ法に限らないことではあるが、実親子法のメカニズムは、最初の段階で子どもの法的父を誰と定めるかという「第一次的な父子関係設定（primäre Vater-Kind-Zuordnung）」と、その設定が生物学上の父子関係（血縁）と一致しない場合の「父子関係の変更（Änderung der Vater-Kind-Zuordnung）」という二段階の枠組みでとらえると、よく理解できるように思われる。[5]

1　原　則

一九九七年改正によるBGB一五九二条は、子の父とされる者として、出生の時点において子の母と結婚していた男性（一号）、父性を承認（＝認知）した男性（二号）、および、一六〇〇d条（裁判上の父性確認＝裁判認知）により裁判上その父性が確定された男性、の三つを挙げている。以下、そのそれぞれについて解説する。

2　Pater-est 準則の維持と適用範囲の縮小

改正法は嫡出の親子関係と非嫡出のそれとを一本化し、実親子関係の統一を図っているが、「婚姻の指し示す者が父である（Pater est, quem mupitae demonstrant.）」（Paer-est 準則）という古来の原則までをも否定するものではない。この準則は、第一次的な父子関係設定の基準として依然として有用と考えられている。(6) ただし、旧規定では、婚姻中および婚姻解消後三〇二日以内に出生した子を嫡出子としていた（BGB旧一五九一条一項一文、一五九二条一項）が、この改正ではこの準則の適用を婚姻中出生子に限定した。ドイツでは離婚に一定期間の別居を要するのが原則であるため、離婚後に出生した子が前夫の子である蓋然性はきわめて低いと考えられるからである。「一部生活実体とそぐわない父子関係設定を制限することにより、現在必要とされている否認訴訟の多くは、今後は回避されるべき」(7) という基本方針によったものである。しかし、婚姻が夫の死亡によって解消された場合には、死亡した夫が父である蓋然性は依然として高いというべきである。そこで一五九三条は、母の婚姻が夫の死亡により解消した場合には、死亡解消後三〇〇日以内に出生した子について一五九二条一号を準用し、死亡した夫を父としている。この場合、母が夫と死別後間もなく再婚(8) して子を出産すると、前夫と後夫の父性が衝突しうるが、そのときは後夫の子とされ、後夫の父性を否認する判決が確定した場合には、前夫をもって子の父とすることと定められている。

3 認知

母の婚姻に基づいた父子関係設定がなされていない（もしくはそれが否認された）場合には、認知によって父子関係が設定される。認知には、母に監護権がある場合には母の同意のみが必要とされるが、母に監護権がない場合（子が成年に達している場合も含む）には子の同意も必要とされ[9]（ＢＧＢ一五九四条二項）、認知の意思表示も同意も公的に認証された文書によらなければならない（ＢＧＢ一五九七条一項）[10]。旧法では子の同意のみが必要とされており（ＢＧＢ旧一六〇〇ｃ条）、一四歳未満の子どもの場合にはその法定代理人の同意が必要とされていた（ＢＧＢ旧一六〇〇ｄ条二項）。さらに、非嫡の母の監護権は児童少年局（Jugendamt）の職権監護（Amtspflegschaft）によって制限されており（ＢＧＢ旧一七〇九条）[11]、父子関係の確定に関する職務は監護人に属していた（ＢＧＢ旧一七〇六条一号）。したがって、認知に対する同意は児童少年局がこれを行使し、一四歳以上の子は児童少年局の承諾を得て自らその同意をなしていた。しかし、一九九七年改正では、母の権利強化の見地から母自身の固有の権限として同意権を認め、他方で職権監護の制度を廃止して、任意的な補佐（Beistandschaft）の制度に置き換えた[12]。最終的に、認知には子および母双方の同意が必要となったものの、母が子の法定代理人である場合に双方の同意を要求するのは「無意味な形式主義」[13]と考えられ、結局前述のような規定となったのである。母が同意しない場合にこれに代替する制度は設けられていない。したがって、自ら父親と自認する男性が認知しようとしても、母が不同意であれば、父性確認の訴えによって自分が法的に父であることを確定する手段によらざるを得ないことになる。さらに、他の男性との父子関係がすでに存在している限りは、認知はその効力を有しない（ＢＧＢ一五九四条二項）から、母の婚姻に基づく父子関係が存在する場合はもちろん、他の男性が母の同意を得て認知している場合にも、任意認知も父性確認の訴えもなしえないことになる。

旧法における子の同意要件は、児童少年局による職権監護と相まって、父でない男性が子に押し付けられたり、正式の養子縁組を回避するために認知制度が濫用されることを予防する機能を果たしていた。何よりもまず、その要件は、子の発言権の保障により子の人格権侵害を防ぐという目的を有していた。[14] 認知における母の権限の強化は、一方において、父の名の告知を行政機関に強要されることはないという意味では母の人格を尊重するものであるが、他方では、後に紹介する事案にも現れるように、生物学上の父子関係に合致した法的父を可及的速やかに子に与えるという認知制度の目的達成の障害にもなりうるのである。

4　裁判上の父性確認

婚姻もしくは認知によって父子関係が設定されていない、あるいは父性が否認された場合には、裁判上の父性確認（Vaterschaftsfeststellung）によって父子関係を確定することになる（ＢＧＢ一六〇〇ｄ条一項）。父性確認は、親子関係訴訟手続（ＺＰＯ六四〇条以下）での判決によって父子関係を法的に確定するものである。その判決の効力を否定するには、再審によらなければならない。[15] その意味では、第一次的な父子関係設定ではなく、むしろ、父性確定の最終的な手段というべきであるが、父性の定義規定であるＢＧＢ一五九二条の構造に従い、また、説明の便宜にも配慮して、この部分で述べておきたい。

父性確認の訴えは、簡単にいえば裁判上の認知請求であるが、日本のそれとは異なり、原告適格は子だけでなく自ら父であるとする男性にも与えられている。一九九七年改正は、さらに子の母にも原告適格を認めた（ＢＧＢ一六〇〇〇e条)。それ以前は、職権監護制度の下で児童少年局が父性確認の訴えを提起するものとされていたのであるが、その制度は廃止された。その廃止と表裏一体の関係において、認知に対する同意権が固有の権利として母に与えられ、さらに、後述のように、母固有の父性否認権も認められている。このような母の権利の強化の一環として、父性確認の訴えについても母の権限が強化されたのである。その結果、母に監護権がある場合には、母は自身の名もしくは子の法定代理人として訴えを提起することができることになる。[16] 父性確認訴訟においては、子の懐胎期間中(出生前一八一日から三〇〇日)に子の母と同衾(beiwohnen)した者が父と推定される(BGB一六〇〇d条二項、三項)――ちなみに、この推定規定が二〇〇四年改正により追加された生物学上の父による父性否認の要件の前提に置かれている。父性確認の判決によって法的父子関係が対世的効力をもって確定され(ZPO六四〇h条一項)、原則としてその時点から父子関係の法的効力を主張することができる。

三　父子関係設定の変更――父性否認

1　原則と例外

母の婚姻もしくは認知に基づいて設定された父子関係が生物学上のそれと一致しない場合には、父性否認によって法的な父子関係を排除することになる。嫡出・非嫡出の区別を廃して法的親子関係を統一したことに伴い、旧法における嫡出否認(Ehelichkeitsanfechtung)と認知取消(Anfechtung der Vaterschaftsanerkennung)を一本化することになったのである。つまり、母の婚姻に基づく父子関係と任意認知による父子関係は、いずれも父性否認という統一的な法的手段によって排除されることになる。[17] BGB一五九九条一項は、「一五九二条一号および二号、一五九三条〔夫死亡後出生子の父子関係――前述〕は、当該の男性が子の父でないことが否認に基づいて既判力をもって確定したときは、適用されない」と規定している。

これを仮に「否認訴訟（判決）による父子関係設定の変更」の原則と呼ぶならば、一九九七年改正は、離婚訴訟係属の後、離婚判決確定の前に妻が生んだ子について、この原則の例外を定めている。つまり同条二項によれば、この期間中に出生した子について、離婚判決の確定後一年以内に第三者がその子を認知した場合には、前夫の父性は排除され、認知者との間に父子関係が設定されるのである。この場合、第三者のなす認知には母の同意に加えて、前夫の同意も必要とされる。前記の原則からすれば、まず父性否認によって前夫の父性を排除した上でなければ、第三者の認知はなしえないはずである。しかし、このような時期に出生した子が前夫の子であることは経験則上まず考えられない。この改正の制度設計によれば、当事者に無用の手続を強いることにならないし、認知がなされるまでの間子が父不在（vaterlos）の状態に置かれることが避けられるのである。[18] もちろん、この場合でも認知者が生物学上の父ではないことがありうるが、その場合には、父性否認（旧法でいえば認知取消）によってその者の父性を争うことになる。

2　否認権者

一九九七年改正前に嫡出否認の権限を認められていたのは、母の夫（BGB旧一五九四条）と子だけであり、[19] 母に否認権はなかった。夫の否認権には出訴期間以外には制限がなかったのに対して、子が否認をなしうるのは、夫が否認権を失うことなく死亡した場合や、母とその夫が離婚ないし破綻的別居に至っている場合等に限られていた（ＢＧＢ旧一五九六条）。他方、認知の取消については、認知者自身、子の母および子が取消権を有していた（ＢＧＢ旧一六〇〇g条）[20]。

前述のように、改正法は嫡出否認と認知取消を父性否認の制度に一本化し、その否認権者に母を加え、さらに、子の否認権の制限は人格権としての出自を知る権利を侵害するとする連邦憲法裁判所（Bundesverfassungsgericht）の違憲判断を受けて、従来の制限を撤廃した。一九九七年改正によるＢＧＢ一六〇〇条は「父性を否認する権限を有するのは、その者の父性が一五九二条一号、二号および一五九三条により存在している男性、母ならびに子である」と規定するに至った。本稿冒頭に述べたように、この規定は二〇〇二年に改正され[21]、本条に第二項が追加され、「男女の同意の下で第三者からの精子提供による受精によって子が生殖された場合には、当該の男性もしくは母による父性の否認は許されない」と規定されるに至った[22]。

3　否認期間

改正前の出訴期間は、夫による嫡出否認については、子の非嫡出性を示す事情を知ったときから二年間であった[23]。離婚や夫の死亡等の条件を付された子の否認権については、子の未成年中にその法定代理人が否認の訴えを提起しなかった場合には、子の成年（満一八歳）到達後二年間とされていた（ＢＧＢ旧一五九八条）。また、認知取消の期間は一年であったが、その起算点は、認知者については自己の父性に反する事情を知ったとき、子の母については認知を知ったときに設定されていた（ＢＧＢ旧一六〇〇h条）。一九九七年改正では、父性否認への一本化に伴い、母の夫、認知者、母および子による否認の期間を統一的に二年とし、その起算点についても、それらの者が父性に反する事情を知ったときに統一された（BGB一六〇〇b条一項）。この期間は子の出生前に進行を開始することはない（同条二項一文）。さらに、特に子の否認権に関しては、その未成年中に法定代理人が適時の否認をしなかった場合には、子が成年に達してから、父性に反する事情を知ったときを起算点とする二年間の否認期間が認められる（同条三項）。その上、子については、子が父子関係の維持を期待しえないような事情を知った場合には、その時点から再度二年の否認期間が進行する（同五項）。

このような否認権者の主観的事情に依存する規律の結果として、第一次的な父子関係設定は長期にわたって争いうることになる。母の場合には、通常、夫もしくは認知者が生物学上の父であるかどうかを知っていると考えられるから、子の出生から二年で否認権を失うであろう。これに対して、夫や認知者の場合には、「事情を知ったとき」の解釈によっては長期にわたることがありうるし、成年の子の否認権に至っては、それに加えて、父子関係の維持を「期待しえない」事情という、評価を必要とする不確定な概念によって否認権の復活の有無が判定されるのである。[24]たしかに、この期間の目的は、否認権者に熟慮と決心のための適当な時間を与えることにある。[25]その限りでは否認権者の利益を保護するものであるとはいえる。しかし他方において否認期間は、それを経過した場合に否認権の消失というサンクションを与えることにより、既存の第一次的な父子関係設定を保護するという機能も持っている。それゆえに否認期間経過の事実は、既存の父子関係を否定しようとする原告と、それを維持しようとする被告との間で重大な争点となる。その問題点については、以下の否認訴訟の手続原則の中で再度取り上げる。

四　父性否認訴訟の手続

1　当事者適格・父性推定

否認の訴えは、母の夫もしくは認知者が原告となる場合には子を被告とし、母もしくは子が原告となる場合には母の夫もしくは認知者を被告とする（BGB一六〇〇e条）。親の一方もしくは子が当事者となっていない場合には、裁判所は、その者に訴えを通知して口頭弁論期日に呼び出さなければならず、[26]それらの者は当事者のいずれかに補助参加することができる（ZPO六四〇e条）。否認の判決は、それが当事者の生存中に確定すれば、対世的効力を持つが、前記の呼出しを受けなかった者が親子関係の存在を主張する場合には、その者に対しては判決の効力は及ばない（ZPO六四〇h条一項）。[27]

否認訴訟においては、子が出生時における母の夫もしくは認知者からの出自を有することが推定される（BGB一六〇〇c条一項）。この推定を覆すために、原告は、反対事実の完全な証明をしなければならない。[28]旧法における父性推定は、嫡出子については懐胎期間中における母との同衾による父性推定規定（BGB旧一五九一条）として、非嫡出子については認知取消訴訟における認知者の父性推定（BGB旧一六〇〇m条）として別個に規定されていたが、一九九七年改正の基本理念に従って、これも一本化されたのである。[29]

2　訴えの有理性

ＢＧＢ一六〇〇ｃ条の推定により、通常の否認訴訟では、原告が生物学上の父子関係の不存在について主張・立証責任を負担することになる。その場合、原告としては、自分が父でないことを主張するだけでよいのか、それともそのように主張する具体的な理由を付さなければならないのであろうか。連邦通常裁判所（Bundesgerichtshof——以下ＢＧＨと略称する）の判例は、父でないことの主張だけでは不足であり、嫡出否認の場合の原告男性は「客観的にみて嫡出性に疑念を抱かしめ、かつ、非嫡の出自がまったくの的はずれともいえないと思わせるに足る事情」を主張しなければならず、その種の手がかりが主張されなければ、親子鑑定を実施するまでもなく、訴えは棄却されるとの立場をとっている。(30)この「端緒的嫌疑（Anfangsverdacht）」(31)が主張されない限り、原告の主張が「有理性（Schlüssigkeit）」を欠くものとして、そのことだけで原告敗訴となるというのである。下級審裁判例や学説には強い異論もあるが、学説ではこれが通説とされ、(32)またＢＧＨも最近に至るまでこの考え方を堅持している。

訴えの有理性は、日本では次のように説明されている。すなわち、それは「訴えにおける請求が原告の主張じたいにおいては実体法に照らし理由があること」であり、釈明によっても原告の主張それ自体が有理性をそなえるにいたらない場合には、「それ以上に弁論や証拠調べを進めることは無用であるから、事実主張の真否に立ち入るまでもなく、主張じたい理由なし（有理性の欠缺）として請求を棄却すべきである」(33)と。ドイツの民事訴訟実務では、訴えの適法性審査に続いて、当事者の主張の有理性審査が、原告→被告の順番で行われ、原告の主張が有理性を欠けばその段階で請求棄却、被告の主張が有理性を欠けば請求認容の判決となり、双方の主張が有理性審査をパスしてはじめて、

証拠調べの段階に至るとのことである。(34)

ＢＧＨが原告に「端緒的嫌疑」の具体的主張を求め、それが不足であれば、それ以上審理に入ることなく「有理性なし（unschlüssig）」として訴え（Klage）を棄却（abweisen）することにより、原告の主張にかなり高い要求をつきつけている背景には、実体的裏付けのない単なる疑惑によって、当事者（特に母子）を親子鑑定に巻き込むことを避けたいとの配慮が働いている。そして、その配慮を法的にバックアップしているのが、後述するような、「事情を知りたるとき」を起算点とする否認期間の手続法的構造と職権探知主義の片面性の微妙な連携プレーであると考えられる。

3　鑑定強制と端緒的嫌疑

かつて父子関係は謎であった。生物学上の父子関係に接近するために、種々の間接事実の積み重ねが必要とされた。しかし現在では、自然科学・医学の進歩によって精度を高めた親子鑑定により父子関係の存否を直接的に把握できるようになっている。あえて原告の主張に詳細な具体性を求めなくとも、鑑定さえ実施されれば主要事実が解明される可能性がきわめて高いのである。しかもＺＰＯには鑑定強制という格好の道具立てが用意されているのである。(35)

しかしながらＢＧＨは、原告が「端緒的嫌疑」を具体的に主張しなければ、鑑定は実施できないというのである。この点について、ＢＧＨ一九九八年四月二二日判決(36)は次のように述べている。


「ＢＧＢ〔旧〕一五九四条二項によれば、二年の否認期間（ＢＧＢ〔旧〕一五九四条一項）は夫が子の非嫡出性を示す事情を知った時点から進行を開始する——もっとも子の出生前には開始しない。否認期間の規律はもっぱらこの規定だけであるとする見解もある（……）が、それは受け入れられない。むしろこの規定から、子の嫡出性を否認する夫は自己の父性に反する事情を知ったこと、つまり、夫が根拠のある端緒的嫌疑を持っていなければならない、ということを法律が前提していることが明らかとなる。このように解することによってのみ、ＢＧＢ〔旧〕一五九一条以下の否認権と否認期間の規律全体がそれ自体において論理一貫したものとなる。ＢＧＢ〔旧〕一五九四条は否認期間の規律に尽きるのであり、原告は自分が被告たる子の父でないことを主張しさえすればよい、という反対の意見に従うと、法律が意図したものではありえない結果に至るであろう。自分が父でないことについて意味のある手がかりを持たない夫が、一切の時間的制限なしに嫡出否認の訴えをあてずっぽう（ins Blaue hinein）に提起することができ、鑑定人の鑑定をとることにより、妻から生まれた子が自分からの出自を持つかどうかを審査させることができるようになってしまうのである」。

このＢＧＨの論旨は、根拠薄弱の疑惑からとりあえず訴えを提起して、裁判所に鑑定してもらって真実を明らかにするようなことは阻止されるべきであるという、政策的判断を前提としていると考えられる。「とりあえず訴えを出して、あとは裁判所に下駄をあずける」式のやりかたは許されないということであろう[37]。その趣旨から、端緒的嫌疑は原告が主張すべき事実であると本判決は考えている。しかしその事実は、本来的には被告が主張すべきではないのだろうか。

4　否認期間経過の主張責任

父性否認の訴えがなされても、二年の否認期間がすでに経過していることが明らかになれば、否認権は消滅していることになり、血縁の有無とは関係なく、訴えは棄却される。そうであるとすれば、否認期間の経過は被告側の抗弁であり、原告が「父性に反する事情を知ったとき」から訴え提起まで二年が経過していることの主張・立証責任は被告にある。その限りでは、原告としては、「自分は被告の父親ではない」と主張しておけばよいことになる。しかし、起算点となる「事情を知ったとき」は原告の主観の領域に属する事実であり、被告がこれを具体的に主張立証することにはかなりの困難が伴う場合がありうる。

前記のＢＧＨ一九九八年四月二二日判決は、その事実については原告に「二次的主張責任」があるという。(38) すなわち、

「ＢＧＢ［旧］一五九四条における否認期間の規律は、いま一つの理由から、夫が、彼自身が考えて子の嫡出性に反している事情を主張しなければならない［と解した］場合にのみ、意味あるものとして扱われうる。たしかに、ＢＧＢ［旧］一五九四条の否認期間が経過していることの客観的証明責任は、原則として被告たる子が負っている（……）。この手続が職権探知主義に支配されることから、このことに関連して重要な事実は裁判所の職権によって探知されうる。通常の場合決定的に重要となるのは、原告が彼に嫡出否認の訴えを提起させるきっかけとなった事実を知ったのはいつかということである。原告が訴え提起の二年以上前にその事実を知っていたとすれば、否認期間は遵守されていないことになる。しかし、それに該当する事情を知っているのは、通常、原告だけである。原告がどのような事情がそれに当たるのかを告げてくれなければ、裁判所も被告たる子も、その事情が二年以上前から原告に知られていたことを証明できない。そのような場合において、判例は、訴訟の相手方の認識可能性の外部で起きた事象のもっと詳細な申述が期待できるならば、一次的には主張・立証責任を負わない当事者に、二次的な主張責任（sekundäre Darlegungslast）を課している（……）」。

さらに本判決は、こうした主張責任の解釈が、本問題に関するＢＧＨの政策的判断にも適ったものであると述べて

いる。

「正当にも、原審も、ここで主張された解決の方が、被告たる子と母の正当な利益と憲法上保護された権利により即したものであることを指摘している。すなわち、鑑定人の鑑定実施に際してしばしば必要となる医学的検査に伴う不快さを母と子が甘受しなければならないのは、夫が子の父でないことを示す手がかりが実際にある場合だけである。夫がそれに当たる事実を主張しなければ、嫡出否認の訴えは、鑑定人の鑑定をとることなしに棄却されるべきである。そのような事実がたしかに主張されてはいるが、職権により実施された証拠調べにおいてこの事実が正確であることの手がかりが得られなければ、同じ手続を取らなければならない。

このことによって原告が不当な負担を課せられることにはならない。婚姻中に生まれた子の非嫡出性を示す十分な手がかりなしに、鑑定人の鑑定によって強制的に審理してもらう可能性が夫から奪われる、ないしは少なくともそれが難しくなるだけである」。

5　職権探知主義の片面性

ＺＰＯでは、父性否認は親子関係事件（Kindschaftssache）に分類され、婚姻関係事件（Ehesache）に関する手続規定の準用（ＺＰＯ六四〇条一項、二項二号）により、弁論主義が制限され、基本的には職権探知主義が適用される構造になっている（婚姻関係事件に関するＺＰＯ六一六条一項の準用）。この原則の下では、裁判所が当事者の主張しない事実を斟酌することもできるし、職権によって証拠調べを命じることもできる。それゆえ「事情を知ったとき」の二次的主張責任が原告に負わされるとしても、職権探知主義によってその責任は実質上緩和されるのではないかとも思われる。

しかしながら、ドイツでは、職権探知主義は、親子関係事件においてその適用方向を限定されている。つまり、否認が肯定される方向では機能しないものとされているのである。この趣旨をZPO六四〇d条は、「父性が否認されている場合において、否認者の異議に反して、裁判所が当事者によって主張されない事実を斟酌できるのは、その事実が否認を妨げるのに適している場合に限られる」と規定している。(39) 母の婚姻に基づくのであれ、任意認知によるのであれ、既存の親子身分を否定することに公益性は見いだされないから、否定の方向で職権探知主義を適用する必要はないのであり、そもそも否認の訴えを提起するかどうかの判断が否認権者の自由処分に委ねられているのと同様に、否認の根拠となる事実の主張は原告の責任においてなされるべきである、との考え方がこの規定の基礎になっているようである。(40)

職権探知主義の片面性がクローズアップされた事例を紹介しておこう。それは、BGH一九九〇年二月一四日判決である。(41)

事案は、婚姻中に出生した子Yに対して、夫Xが嫡出否認の訴えを提起したというものである。子の出生が一九七八年六月一三日であるのに対し、訴え提起は一九八六年七月一一日であった。出生後一〇年近く経っているため、嫡出否認の出訴期間である「子の非嫡出性を示す事情を知ったとき」(BGB旧一五九四条)から二年が経過しているかどうかが問題となった。子の母である妻A女には、Xと知り合う前に婚約者B男があり、性関係を持っていた。Xは大略次のような主張をなした。①Aと知り合ったのは一九七七年の一〇月末か一一月初めであり、AがBとまだ同居していたことは知っていたが、AはBとの性関係はもうないと断言していた、②Xは同年の一一月半ばにAを自分の住居に迎え入れ、その頃はじめて性交渉を持った、③翌一九七八年の一月になってAから、生理が止まったことと妊娠の可能性を告げられたことから、自分が父であると思い、Aと婚姻をなした（一九七八年三月一六日）、④その後Yに対する扶養義務を怠っていたことから、扶養義務違反の罪責（ドイツ刑法一七〇条）により有罪判決を受けて服役中の一九八六年になってはじめて、Aが妊娠の経過を偽っていたこと、そのためにYを自分の子と誤信させられていたことを知った、したがって否認期間は経過していない。これに対してYの主張は、①Xは、AとBの性関係がYの法定懐胎期間（一九七七年八月一五日から一二月一四日の間）にわたっており、Bも父でありうることを知っていた、②Aの懐胎期間は普通であり、早産ではなかったことをXは最初から知っていたから、否認期間はすでに経過しているというものであった。第一審裁判所は、血液鑑定を実施し、Xの父性が排除されるとの結果に基づき、Xの訴えを認容した。Yは控訴したが棄却されたため、上告に及んだ。

問題はXの主張の②にあった。Xは裁判所の釈明による尋問に対しても、Aが引っ越してくる前に性交渉を持ったことはないと明言していたという。②の主張のままでは、最初の性交渉によってYが受胎されたとしても、Yは妊娠七か月で生まれたことになる。Yは出生時に普通の発育状態にあり、未熟児の特徴を示してはいなかった。よって、②の主張を前提として、④の時点まで自分の子であると信じていたというのは難しい。原審裁判所は、Aが証人尋問の際に、Xの住居に引っ越す前に性交渉があったかもしれないと供述していることから、性関係が持たれた後に同棲したと考えるのが合理的と判断し、最初の性関係は一一月一日前後であったと認定した。その時に受胎されたとすれば、Yの出生までには二二五日となり、懐胎から二三〇日以後は新生児が完全な成熟度を示すことがありうるから、医学の専門家ならぬXがわずか五日間の成熟度の違いに気づくことはなかったともいえることとなる、という。つまり、Xが②で主張した最初の性交渉を半月ほど前倒しすれば、④の時点まで自分の子と信じていたというXの主張は、必ずしも不合理とはいえないことになるというのである。

ＢＧＨは、Ｙの上告を容れ、原判決を破棄し、Ｘの訴えを棄却した。最初の性関係が持たれた時期に関する原審の認定は許されない、というのがその理由である。判決理由は次のように述べている。

「控訴審裁判所はその判断の基礎とした事実を一部ＺＰＯ六四〇ｄ条に違反して認定している、という上告理由は正当である。ＺＰＯ六一六条一項、六一七条と結び付いたＺＰＯ六四〇条一項および二項二号により、嫡出否認手続はそれ自体として職権探知主義に支配される。ＢＧＢ一五九四条の否認期間が遵守されているかどうかの問題も、裁判所が職権によって解明しなければならない。しかし、そのことはＺＰＯ六四〇ｄ条から明らかとなる制約の下でのみ妥当する。この規定によれば、否認権に有利な事実は、それが裁判所の職権により明らかとなったか、否認の相手方によって主張されたかどうかにかかわらず、それを否認者の異議に反して顧慮することは許されない。その場合、原告の側から主張する事実が、裁判所によって明らかとされたかもしくは被告によって主張された事実と一致しない場合には、否認原告の異議があるといえる。その結果として、裁判所は否認の申立てに有利な事実は、それが原告の明確かつ矛盾のない事実の主張と対立する場合には、それを斟酌してはならないということになる（……）」。

本件の場合、Ｘは②の事実主張を変更していないのであるから、「一一月一日前後」の性交渉という否認に有利に作用する事実を、裁判所が職権によって斟酌することはできないことになる。Ｘが固執する②の事実を前提とする限り、ＸはＹの出生後直ちに否認期間が進行を開始したことを前提とせざるを得ないのであり、したがって一九八六年の訴え提起時にはすでに否認期限が経過していたことになる。よって、その訴えは理由不備（unbegründet）であり棄却されざるを得ない、というのがＢＧＨの結論であった。

6　再訴の可能性

このBGH判決の結論には、いささか、いやかなり驚かされる。本件の一審では血液鑑定がなされ、父子関係なしの結果が出されているからである。原告の主張が有理性に欠けるのであれば、その点の審理だけで訴えは棄却されるべきであり、もともと鑑定をなすべきケースではなかったということなのかもしれない。けれども、手続法の理論からはそのような説明が可能であったとしても、この判決の確定により、裁判所の鑑定で父でないことが解明されたにもかかわらず、再度父子関係を法的に争う手段はなくなってしまい、再審という困難な道しか残されていないことになるのではないかと思われるのである。[42] 原告にとっては、なんとも割り切れないことであろう。

この点に関して、前述のBGH一九九八年四月二二日判決は、再訴は可能であると述べている。当該事件の原告は、上告理由の中で次のように主張した。原告に端緒的嫌疑の主張責任があるとの見解をとると、夫がある程度の嫌疑を抱いてはいたが、その嫌疑で十分かどうか判断がつかない場合には、その夫は、どうしたらよいか分らない困難な状態に置かれる。つまり、否認の訴えを思いとどまっていれば否認期間が経過してしまう危険を冒すことになるし、思い切って訴えたときには、その程度の嫌疑では鑑定実施には不十分であるとして棄却され、出自関係の解明なしに否認権が終局的に失われてしまうことをおそれなければならない、と。

この上告理由に対して、BGHは、次のような理由により再訴は可能であると応答している。

「この上告理由は、訴えを棄却する判決における判断が意識的に特定の観点だけに依拠しており、他の法的観点を意識的に考慮外において審理しなかったことが、判決理由から明らかとなる場合には、その判決の既判力の客観的範囲は制限される（……）ことを見落としている。原告が自分の父性への疑念を根拠付けることのできる事情を説明（dartun）しなかった、それゆえにもしかして存在するかもしれない否認権を実現できなかった、という理由で嫡出否認の訴えが棄却されているのであれば、出自関係それ自体については既判力ある裁判が行われていないのである。それゆえに、そのような理由による判決の既判力は、前訴訟の最終口頭弁論以後に明らかとなった（hervorgetreten）新たな事情に基づく、夫の新たな嫡出否認の訴えを妨げるものではない（……）。このことは、子からの否認の訴えには、なおのこと妥当する」。

このような理由付けにより再訴が可能であるとしても、実際にはかなりの困難が伴うようである。たとえば、夫の再訴が前訴判決の既判力に抵触するとして却下された事件として、BGH二〇〇二年一〇月三〇日判決[43]がある。

本件の原告Xは、前訴の嫡出否認訴訟において、離婚した妻Aが被告である子Y（一九七七年生まれ）の懐胎期間中に別の男性Hと親密な関係があったと主張したが、父性についての疑問を惹起した客観的な事情を証明できなかったとして、訴えが棄却され、その判決が確定していた。Xは次のような主張に依拠して、再度の否認の訴えを提起した。すなわち、前訴判決確定後にさらに調査したところ、その間にHは死亡していたがその妻B（証人）と連絡がとれ、Bの話では、Aはたびたびのところに電話をかけてきて、その会話の中で、AはHを愛していることを認めていた。この関係が原因で夫婦はしばしばつかみ合いの喧嘩をしていた、というのである。第一審裁判所は、本件訴えは前訴の既判力に抵触するから許されない（unzulässig）として却下（abweisen）し、控訴も棄却された。BGHは原判決を破棄して差し戻したが、その理由は、Yの母Aが口頭弁論期日への呼出しを受けていなかったことにあった[44]。その判決の中でBGHは、差戻し後の手続のために以下のような指摘（hinweisen）をなしている。

まず、既判力（materielle Rechtskraft）の範囲を画定する訴訟物（Streitgegenstand：訴訟上の請求 prozessualer Anspruch）は、原告の求める法律効果が具体化された請求の趣旨（Klageantrag）と、原告の求める法律効果が導かれる事実（Lebens-verhalt：請求原因 Anspruchsgrund）によって特定される。したがって本件の前訴の訴訟物は、被告たる子の身分を形成判決によって変更するという原告の請求の趣旨と、そのために主張された事実から明らかとなるのであり、その事実の核心になっていたのは、被告の母が懐胎期間中にHと親密な関係を持っていたということである。前訴において、この訴訟物に関する全面的な裁判（Entscheidung）がなされているわけではない。子の出自——身分——については積極的にも消極的にも裁判がなされておらず、裁判がなされたのは、原告が主張した事実は、存在するかもしれない否認権を訴訟で主張（durchsetzen）する権限を原告に付与するものではないということだけである。前訴判決の既判力の客観的範囲も、訴訟物に関する裁判のこうした限定性に応じて画定される。それゆえに既判力が生じているのは、原告は、存在するかもしれない否認権をすでに「最終決定を下されている（abgeurteilt）」事実に基づいて主張できない、という判断内容（Ausspruch）なのである。したがって、同一原告の再度の否認の訴えが許されるとすれば、それは、「端緒的嫌疑」の主張（Darlegung）が、前訴の最終口頭弁論後に明らかとなった、新たな、独立の事実に依拠する場合だけであると考えられる。しかし、新たな、独立の事実の存在が認められるためには、前訴における事実の陳述の組換え、補充、訂正だけでは十分とはいえない。本件のように、前訴でなした主張のための新たな証人を挙げたにすぎない場合には、ますますもって不十分といわざるを得ない。

このBGH判決の解釈論がドイツの民事訴訟法理論上どのような評価を受けるのかは、著者には詳らかではない。しかしながら、再訴の理論的可能性は承認しながら、実際的には、それにかなり高いハードルを設定しているように思われる。このケースで再訴が可能になるとすれば、それは子の母が他の男性とも繰り返し浮気を重ねていた場合だけ

ではないか、それほどにも既判力のハードルは高くなっている、という論評も見られるのである。(45)

7 秘密鑑定の取扱い

父性否認の最初の訴えにも、再度の訴えにも、かように厳しい有理性の審査が待ち受けているとすれば、原告としては確実な事実を根拠として父子関係なきことを主張する必要に迫られる。そのための格好の手段となりうるのが、私的に実施される親子鑑定である。日本と同様ドイツでも親子鑑定を業として営むことに対する法的規制はなく、その市場は急速に拡大しつつあるという。(46) しかも現在の技術では、当事者本人の協力がなくとも容易に手に入る検査試料によって分析することも可能になっている。そこで、自己の父性に疑問を持った男性が、子どもや母親の同意を得ることなく入手した検査試料を専門業者に送って鑑定を依頼し、それによって得られた消極的結果を根拠として父性否認の訴えを提起する、あるいは再度の訴えにおいてそれを新事実として主張するという事態が生ずる。そのような「秘密の父性検査（heimlicher Vaterschaftstest）」によって訴えの有理性審査をパスすることができるであろうか。手続の経過はどうあれ、検査結果自体は、少なくとも判例の要求する「端緒的嫌疑」の根拠事実として十分ではないかとも思える。しかしＢＧＨは、二〇〇五年一月一二日の二件の判決によって、否定の立場を明言した。(47) その一方の事案を用いて、ＢＧＨの見解をまとめておこう。

その事案は、認知による父子関係を否認しようとする再度の訴えである。一九九四年生まれの子Ｙを認知していた原告Ｘは、自分の生殖能力が減退していたとの検査結果を根拠として否認の訴えを提起した（二〇〇一年）ところ、その請求を棄却する判決が確定していた。その後、Ｘは、Ｙの母Ａに無断でＤＮＡ鑑定を業者に依頼し、試料提供者間には一〇〇パーセントの確実性で父子関係はないとの結果を得た。鑑定試料となったのは、Xの唾液とYが嚙んだチューインガムであった。Yの母（法定代理人）Aは、この鑑定を利用することに異議を述べている。

第一審は請求を棄却し、Xの控訴も棄却されている。この事件の最初の問題点は、本件訴えと前訴判決の既判力との関係である。原審裁判所は、その既判力には抵触しないから、訴えそのものは許されるという。前訴での請求が棄却されたのは、証明された生殖能力の減退は否認の訴え提起に要する端緒的嫌疑の根拠として適切でないという理由によるのに対し、本件訴えの基礎とされている父子関係を排除する裁判外でのDNA鑑定は、それとは別の新たな事実（Sachverhalt）だからである。しかし、第一審、原審とも(48)、この否認の訴えに有理性がないとして、やはり棄却している。その理由は、試料提供者の本人確認がされていないという鑑定の信頼性の問題もあるが、それよりも、その種の鑑定の違法性にある。

BGHも基本的に原審判断を支持して、上告を棄却している。秘密鑑定の違法性の理由は、本人もしくはその法定代理人の承諾なしに実施される鑑定が、憲法上保護されるべき一般的人格権（基本法二条一項）としての、情報に関する自己決定権（informationelles Selbstbestimmungsrecht）を侵害していることにある。この点について、原告Xは、出自関係の解明は、自己の出自を知る子(Y)の利益にも適うものであると主張したが、BGHは、たしかにその権利は尊重されるべきであるが、その権利の行使にかかわる決定はY自身ないしその法定代理人に委ねられるべきであり、「自己の出自を知る子の権利には、知らないでいる権利（Recht auf Unkenntnis）も含まれている」と応答している。BGHの見解によれば、その意味での人格権侵害を犯して獲得された証明ないし知識を裁判手続で利用することは、刑事訴訟においてであれ民事訴訟においてであれ許されない、というのである。（本件については、さらに本稿末尾の「追記」を参照されたい。）

8 小　括

実体法における否認権者の拡大、手続法における職権探知主義と鑑定強制の存在を前提として推測すれば、ドイツでは、第一次的父子関係設定の誤りが後の父性否認によって訂正され、生物学上の父子関係と法律上のそれとが最終的に一致する度合いが高いと思われる。しかし、ここまで述べてきた否認訴訟の現実が描き出すのは、十分な事実的根拠をもって説明された「端緒的嫌疑」が主張されなければ、否認の訴えは審理の初期段階で棄却されてしまうことが少なくないという実態である。そこには、無用の証拠調べの回避という訴訟運営一般にかかわる裁判所の姿勢だけでなく、強制的な鑑定命令に期待した模索的な訴えを事前抑制することで、被告が刑罰の威嚇をも伴う親子鑑定手続を強要されるのを防止したいとの実践的配慮も窺えるのではないだろうか。これは、裁判所自身が、自己に与えられた鑑定強制権能を、それなりに重く受けて止めていることのあらわれかもしれない。そして、こうした判例を法的に支えているのは、「父性に反する事情を知ったとき」を起算点とする否認期間経過の二次的証明責任を原告に負わせる解釈論と、職権探知主義の片面性である。しかし、前者の要因は、子の出生後二年以内の訴えであればそもそも問題とならないし[49]、後者の要因によって原告の訴えの有理性審査基準が高度化するとすれば、それは法的父以外の否認権者、つまり母や子自身に対しても要求されることとなろう。その他の否認権者、すなわち母や子自身が原告となる場合には、彼ら自身にとっての「端緒的嫌疑」を主張しなければならないことになるはずである[50]。要するに、この判例の見解は、誰から攻撃される場合でも、既存の父子関係を防衛するという役割を果たすといえよう[51][52]。しかし、下級審裁判所や学説では反対の意見も根強く主張されているようであり[53]、この判例が今後も長期的に維持されるかどうかを現段階で見通すことは難しい。

このことに関連して、当面は、最後に挙げた私鑑定問題の推移に注目する必要があるように思われる。この判決をきっかけとして連邦司法大臣は、当事者の同意のない無断鑑定を刑事罰によって抑制する方針を述べたが、その是非をめぐって活発な議論がなされているのである。民法の父性否認とは切り離したＤＮＡ鑑定を――人権保護の観点から――裁判官が命令できるような手続を新たに制定すべきであるとの提案も、連邦議会レベルでなされている。[54]また、次のような判例の展開も念頭に置く必要がある。すなわち、ＢＧＨ二〇〇六年三月一日判決[55]は、秘密鑑定に基づく否認の訴えのケースで、原審で裁判上の鑑定がすでに実施されてしまった場合には、その鑑定が子の基本権への新たな侵害とならない限り、当該の鑑定結果を裁判で利用しても違法ではないと判示しているのである。事態がこのように流動しつつあることを考え合わせると、訴訟提起前に裁判所の関与するＤＮＡ鑑定が行われ、結果次第では、それが後の否認訴訟にとってあたかも一種の予審の機能を果たすような事態も、必ずしもありえないわけではない。[56]（その後の展開について、本稿末尾「追記」を参照されたい。）

五　「生物学上の父」の否認権

1　一九九七年改正前後の議論

すでにみたように、一九九七年改正前に嫡出否認権を認められていたのは、母の夫と子（ただし条件付き）だけであった。したがって、（自称の）実父が否認の訴えをなすことはできなかったし、法的父と子の父子関係不存在確認の訴えや、自分と子との父子関係存在確認の訴えもなしえないものと解されていた。BGH一九八一年三月二五日判決[57]によれば、そのような訴えは、嫡出否認が確定した後でなければ子の非嫡出性を主張できない旨を定めるBGB旧一五九三条参照により許されない（unzulässig）という。この規定は、ZPO六四〇条以下の親子関係訴訟手続以外の手続で子の出自についての判断がなされることを否定しているから、本来否認権を有しない実父が別種の訴訟で争うこともできないことになるのである。この判決は、扶養請求権や相続権、子との交流や事後の準正の可能性に対する実父の利益（人格権）を一概には否定しなかったが、嫡出身分を否認されることなく成長する子の権利と、憲法上保障された婚姻と家族の特別の保護（基本法六条一項、二項）がそれに優先するというのである。

当時の法律規定上は、たしかに生物学上の父は、「嫡出否認との関連では法的に存在しない者（juristischer Niemand）」であったということもできよう[58]。しかし立法論としては、嫡出の父母と子との間に生活共同関係がない場合や、実父自身との共同生活がすでにあるような場合に限定して、固有の否認権を認めるべきだとの見解や[59]、それに加えて実父が父役割を引き受ける意思を示している場合でなければならないとして、否認の訴えと実父の父性確認の訴えを併合すべきであるとの提案もなされていた[60]。さらに、親子法改正問題をテーマの一つとして取り上げた、一九九二年の第五九回ドイツ法曹大会（Deutscher Juristentag）では、「別途の父性推定があるときでも、例外的な場合において、自己の父性を確認させることのできる可能性が実父に開かれるべきである」との決議が採択されていたのである[61]。

しかしながらこれらの提案は、最終的には立法者の採用するところとはならなかった。実父の否認権を採用できないことについて、政府草案理由書は次のように説明している。

「現行法におけると同様に、実父（Erzeuger）は、将来的にも固有の否認権を持つべきではない。たしかに、父性否認に対する実父の利益を否定することはできない。否認に成功しなければ、自分の父性の確認ができないからである。そのことによって実父は、子に対する権利（扶養請求権、相続権など）を取得できるのである。また、自分が子のないまま死ぬのかどうかを確実に知ることについての彼の利益を、まったく些細なものとして片付けてしまうこともできない。しかしながら、他の関係者に否認権があることを考えれば、実父固有の否認権は否定されなければならない。つまり、他の関係者が彼らに与えられた否認権を行使しないのであれば、そのことは、否認が『社会的家族（soziale Familie）』の福祉に反するであろうということの証左である。この否認権不行使を尊重することが、実父に求められてしかるべきである」(62)。

この立法段階での否定にもかかわらず、法律改正後においてもなお、否認権の全面的否定に批判的な意見が根強く主張されていた。たとえばエーファ・シューマンは、生物学上の父には基本法六条二項(63)により親としての権利が保障されているとの前提に立ちつつ、子の福祉が損なわれないことと、否認を求める生物学上の父の父性が確認されることを条件として、その否認権を認めるべきであるとしていた(64)。また、子が法律上の父母とではなく、実父と暮らしているような場合には、彼に固有の否認権を認め、否認の訴えと同時に認知の意思表示をなすようにしてはどうかとの提案もあった(65)。

母子が法律上の父と別れ、実父と生活しているような場合であれば、母が否認権を行使し、前父の父性を排除した上で、生物学上の父が母の同意を得て認知をなすことにより、法的な父子関係を確立することができる。しかし、そのためには母との協力関係が必要なのであり、母が生物学上の父に拒否的な態度をとる場合には、生物学上の父としてはなすすべがないということになる。たとえば、ＢＧＨ一九九九年一月二〇日判決(66)は、母Ａの前夫との婚姻中に関係を持った原告Ｘが、子Ｙの出生後にＹを認知しかつＡと婚姻したＢ男とＹとの間に父子関係なきことの確認を求めたという事案である。ＢＧＨは、自己の父性を明らかにすることについてのＸの利益が憲法上保護される人格権とも関係することを認めはしたものの、「家族共同体の馴染んだ社会的関係の中で支障なく成長できるという」、同様に憲法上保護される子の利益、および「子の母がＢＧＢ新一五九二条により子の父と見なされるべき男性と結婚している場合には、婚姻と家族に対する憲法上の特別の保護」が優先するのであって、やはり生物学上の父の否認権は認められないとの結論を述べている。

2　連邦憲法裁判所決定

かような状態に変更を求めたのが、連邦憲法裁判所（Bundesverfassungsgericht）、二〇〇三年四月九日決定[67]である。本決定は、生物学上の父の父性否認権と、子との面接交渉権（交際権 Umgangsrecht）に関する二つの憲法異議に対する判断であるが、ここでは、本稿の主題に即して前者（1 BvR 1724/01）に限定して解説する。[68]

事案は次のようなものであった。異議申立人Ｘは、イスラエルの公民権を有するパレスチナ人であり、一九九八年一一月生まれの子Ｙを最初は認知しようとしたが、母Ａの同意が得られる見込みが立たなかったため、父性確認の訴えを提起した。Ｘは、母Ａと自分との関係、Ｙ出生時の協力、命名の経緯などの事実を主張し、合わせて証拠の申出までなしたが、Ｙの法定代理人としてのＡは、Ｙの主張をすべて不知によって争い、さらに、この間に別の男性ＢがＹを認知したことを指摘した。[69]これに対してＸは、ＢがＹの父でないことの確認を予備的に申し立てた。一審裁判所は、Ｂの認知がなされたことによりＹＢ間に父子関係が形成されるに至ったことから、Ｘの訴えを許されないものとして却下し、控訴審裁判所（OLG Köln, FamRZ 2002, 480）もＸの控訴を棄却した。Ｘは、既存の父子関係の否認とそれに続く認知によって子の福祉が危険にさらされるおそれがない場合にも、生物学上の父による否認を許さないことは、基本法六条二項によって保障される親の権利の侵害になるとして、憲法異議の申立てをなした。

連邦憲法裁判所はこの異議を認容した。その理由は、大略、以下のようなものである。

まず、生物学上の父も基本法六条二項一文によって保護されているが、子の実父であるとの理由だけで親の権利の担い手として認められるのではない。親の権利は、子の監護・教育をその本質的要素として含んでいるから、生物学上の父が法律上の父に代ってその地位につくためには、親としての責任を引き受けることを目的とした法的拘束力のある父性の確認もしくはその受諾が前提になければならない。他方、法的な父が替わることは、当事者とりわけ子の福祉に重大な影響を及ぼすから、立法者が、現実に存在している社会的な家族の結びつきを維持する子および法律上の親の利益を、法的にも父と認められることに対する実父の利益よりも優先させ、その趣旨でBGB一六〇〇条が父性否認権者から実父を排除していることは、原則的には肯定される。しかしながらBGB一六〇〇条は、法律上の親が子と基本法六条一項により保護されるべき社会的家族をまったく形成していない場合にも、実父を父性否認から排除しているから、その限度において、基本法六条二項一文に違反している。

本決定は、このような理由により、控訴審判決を破棄して差し戻すと同時に、違憲と判断された部分について、二〇〇四年四月三〇日までに憲法に適合的な法律改正をなすべきことを、立法府に命じた。この期限付きの改正要請を受けて、二〇〇四年四月二三日付けで改正法(70)が成立したのである。

3　二〇〇四年改正

(1)　改正内容

最初に、これによって改正された関連の条文を確認しておこう（傍線部が追加・変更部分）。

（BGB一五九二条）父性

次の男性をもって子の父とする。

1　出生の時点において子の母と結婚していたもの

2　父性を承認［認知］したもの

3　その父性が一六〇〇d条もしくは民事訴訟法六四〇h条二項に従い、裁判所において確認されているもの

（BGB一六〇〇条）否認権者

(一)　以下の者が父性を否認する権限を有する。

1　その父性が一五九二条一号および二号、一五九三条によって存在するもの

2　懐胎期間中に子の母と同衾したことについて宣誓に代わる保証をなすもの

3　母、および

4　子

(二)　一項二号による否認は、子とその一項一号の意味における父との間に社会的家族関係が存しない、もしくはその者の死亡時点において存していなかったこと、および否認者が子の実の父であることを要件とする。

(三) 一項一号の意味における父が子のために実際的な責任を負担している、もしくはその死亡時点において負担していた場合には、二項による社会的家族関係が存するものとする。一項一号の意味での父が子の母と結婚している、もしくは子と長期にわたって家庭的共同関係において同居していた場合には、通常、実際的な責任の引受があるものとする。

(四) [旧二項(精子提供に同意した者の否認権排除)の繰り下げ]

(BGB一六〇〇b条) 否認期間

(一) 父性は二年以内に裁判所において否認することができる。その期間は、権利者が父性に反する事情を知ったときから始まる。一六〇〇条二項前半(erste Alternative)の意味における社会的家族の存在は、期間の進行を妨げない。

(BGB一六〇〇e条) 家庭裁判所の管轄権:原告・被告適格

(一) 子に対する男性からの訴え、および一六〇〇条一項二号の否認の場合における子と一六〇〇条一項一号の父に対する男性からの訴え、ならびに男性に対する母もしくは子の訴えについては、家庭裁判所が父性の確認もしくは否認の裁判を行う。一六〇〇条一項二号による否認の場合において訴えの相手方たるべき者たちの一方が死亡しているときは、その訴えは他の一方をもって相手方とする。

(二) 訴えの相手方たるべき者たちが死亡しているときは、一項により訴えをなしうる者の申立てに基づき、家庭裁判所が裁判する。(71)

(ZPO六四〇h条) 判決の効力

(一) [旧規定(対世的効力の原則)のまま]

(二) 民法一六〇〇条一項二号による否認の結果民法一五九二条による父性の不存在を確認する確定判決は、否認者の父性の確認を含むものとする。その効力は、職権により判決主文で言い渡されなければならない。

(2) 改正理由

この改正一六〇〇条二項によれば、生物学上の父が父性否認に勝訴するためには、①法的父との「社会的家族関係(sozio-familiäre Beziehung)」の不存在と、②自分自身との父子関係の存在を証明しなければならないことになる。①の要件は、現実に営まれる親子関係を保護するためのものであるが、「社会的家族関係」という概念の内容自体は明瞭なものではない。(72) 実の父による否認が認められてよいようなケースは多様であり、それらに共通する基準を設定しようとすれば、このような一般条項的な規定にならざるを得なかったであろう。(73) そのために改正法は、同条三項において解釈指針を示すことによってその概念の不明瞭さを補おうとしているのである。(74) また、生物学上の父の否認権は社会的家族関係の不存在を要件とするが、BGB新一六〇〇b条一項三文によれば、その要件が満たされていない状態でも否認期間が進行するから、社会的家族関係が後に消失しても、その間に否認期間が経過してしまっていれば、生物学上の父は否認権を行使できないことになる。(75)

②の父子関係の存在は、原告自身が子の父であることを前提とする訴えである以上、当然の要件である。これが証明されれば、法的父の父性が否定されるという論理関係にある。さらにこの要件は、否認判決に父性確認の効力を与えるZPO新六四〇h条二項と、それをもって法的父性の原因とするBGB新一五九二条三号により、「否認が成功した場合に子が父無き状態に置かれることを防止する」(76) という機能を果たす。これらの規定は、いってみれば法律上の父の自動的交替の仕組みである。

この場合の父性否認においても、法律上の父が提起する従来型の父性否認の場合のように、実質的な根拠付けを欠いた模索的な訴えから被告当事者を保護する必要がある。従来型の否認について判例は、訴えの有理性審査基準として「端緒的嫌疑」の具体的主張という比較的高いハードルを原告に要求することで、その種の訴えを排除しようとしていた。生物学上の父からの否認訴訟の場合にそのハードルの役割を期待されているのが、新一六〇〇条一項二号の「宣誓に代わる保証 (Versicherung an Eides Statt)」である。宣誓に代わる保証とは、ZPO二九四条により事実主張の疎明の方法として許される手段である。他方、懐胎期間中における子の母との同衾は、BGB一六〇〇d条における父性推定の前提事実である。つまり、この保証をなした原告は、その父性を法的に確認されうる者であり、実父である蓋然性がかなり高いとみることができる。したがって、この保証がなされれば、「自分が本当の父だから現在の法律上の父は父性を有しない」という主張が筋の通った有理性あるものとなる。また、虚偽の保証は刑法上の犯罪とされるから、(77) 実体的な根拠のない訴えから相手方当事者を保護することができることになると考えられているのである。しかし、この規定文言が最終的に「宣誓に代わる保証」に落着するまでに、実体法的解決を目指す連邦政府と手続法的解決にとどめようとする参議院との間で、若干の議論の応酬があった。父性否認訴訟の手続原則に関連するので、以下に、その議論をまとめておきたい。

(3) 実体法的解決と手続法的解決

(a) 政府草案段階のBGB一六〇〇条一項二号では、懐胎期間中における同衾について「宣誓に代わる保証をなすもの」ではなく、「疎明をなすもの」に否認権を与えていた。(78) この疎明要件について理由書は次のように述べている。

「しかし、実父である可能性のある者（der potenzielle Vater）は、自身が懐胎期間中に母と同衾したことを疎明する場合にのみ、否認を求める権限を有する。疎明の要求は、現行法上、実体規定（たとえばＢＧＢ六一一ａ条、八九九条、一七四七条一項二文）にも、手続規定（たとえばＺＰＯ八〇七条、九八六条）にも見られる。ＺＰＯ二九四条で規定されている疎明の場合は、たしかに、完全な証明（ＺＰＯ二八六条［自由心証主義］参照）に代えて蓋然性の確認がなされる。しかしここで問題としている否認手続で疎明が用いられるのは、訴えの有理性審査のためだけなのである。その疎明は、特に母、子および法的父の人格保護の理由から、——小さなものであるとしても——形式的ハードルとして、『あてずっぽう』な否認を防止するのである。刑法一五六条による制裁の可能性があるから、実父である可能性のある者が宣誓に代わる保証をなせば、疎明の方法として十分である」(79)。

(b)　この原案に対して、連邦参議院は政府草案の「疎明するもの」という文言を、「主張（behaupten）するもの」に置き換え、さらに、ＺＰＯ六四〇ｂ条に「否認の訴えの許容性」という表題を冠し、その二項として「ＢＧＢ一六〇〇条一項二号による父性の否認を目的とする争訟は、否認者が懐胎期間中に子の母と同衾したことについて、宣誓に代わる保証をなす場合にのみ、許される」という規定を置くことを提案した(80)。

連邦参議院は二つの提案理由を挙げている。一つは、政府草案の規定では、模索的な訴えの弊害の予防には必ずしもつながらないことである。つまり、父子関係の存在は原告の主張すべき事実であるところ、その主張の有理性を同衾の疎明によって判定するとしても、その主張事実を被告が争えば、原告の主張についての証拠調べが必要となる（在廷証人の尋問は疎明段階でもなしうる）。その結果として、「同衾に関する証拠調べやそれにまつわる当事者にとってのすべての不快さが、多くの事案において避けられない」ことになってしまう。政府草案の問題点は、疎明による主張の有理性の審査が、本来は主張それ自体の一貫性にとどまるべきであるのに、結局のところ主張された事実の有無

という、訴えの理由具備性（Begründetheit）の領域にまで及んでしまうことにある、と批判するのである。(81)

いま一つの理由として、原告が疎明に成功しなかった場合の判決の効力の問題が指摘されている。つまり、原告が子の実父であるにもかかわらず、何らかの理由で同衾の疎明ができなければ、その訴えは理由不備として棄却されることになる。そして、そのような内容の棄却判決の既判力によって、実父の否認権が失われてしまうことになる。これは、父となる実父の権利が憲法上の保障を受けていることからすれば、法的にもはなはだ疑問である。参議院は、「要するに、ある主張の疎明を訴えの有理性の要件とすることは、解釈学上体系違反でもある」という。

これらの問題点を解消するために、参議院は次のような提案をなした。

「それゆえ、『ハードル』を許容性要件（Zulässikeitsvoraussetzung）として構成する方が優れている。そうすれば、『ハードルを乗り越えられない』ことによる実父の権利の終局的挫折が避けられ、単なる（訴えを却下する）訴訟判決がなされるであろう。このような判決であれば、原告が後の時点で『ハードルを乗り越えられる』ならば、改めて自分の権利を主張し、裁判所による実体審理を受けることができるのである」。

最後に、そのハードルの内容としては、同衾の事実の疎明は、「口頭弁論において不快なことを詳細に取り上げる公算が大であり、それは特に母の利益となるよりは、母に害を及ぼす」と考えられるから、採用すべきではなく、結局のところ宣誓に代わる保証によるべきであるという。「この方法は、――草案理由と共に認めざるをえないように――どちらかといえば『小さなハードル』であるが、刑法一五六条の制裁の可能性に鑑みれば、やはりある程度のハードルにはなるのである」。

(c) 連邦参議院の前記の提案は、「疎明」を「宣誓に代わる保証」とすることを除いて、連邦政府の容れるところとはならなかった。連邦政府は、次のような理由を付して参議院案の提案を拒否し、実体法的解決に固執したのである。(82)

すなわち、実父による否認は、母と子、さらには法的父の人格領域への干渉となる。それゆえに、模索的な否認を避けるために、若干のハードルを設けておかなければならない。そのハードルは、否認の実体法的要件か、あるいは手続法的要件として法律に組み込むことができる。「草案は一六〇〇条一項二号で懐胎期間中に子の母と同衾したことを疎明した男性だけが否認をなしうると定めているが、これは実体法的な道を選択しているのである。この規律によって、否認者の主張責任(Darlegungslast)に対する要求が高められているのであり、その主張は訴えの有理性審査の枠内で評価されなければならないのである。これは、結局のところ、訴えの理由具備性の問題なのである」。

さらに、参議院の提案する手続法的解決には、次のような批判が加えられている。「手続法的解決には、特に実体法の問題が許容性審査と『混同』されることになるという難点がある。たしかに同衾の事実は否認のための請求権要件(Anspruchsvoraussetzung)として明示的に規定されてはいないが、結局のところ、それは実体法の問題なのである(BGB一六〇〇d条における、懐胎期間中の同衾による父性推定を参照されたい)。提案されている規律は、その意味で体系と調和しないように思われる。さらにこの提案は、訴訟判決がなされることから、訴えが繰り返される危険につながる。もしそうなれば、子の福祉の観点からみても法的平和に資することにはならないであろう。政府草案では本案の裁判(Sachentscheidung)がなされるから、この危険が回避される」。

このように、連邦政府の回答は参議院提案の基本的立場を否定するものであったが、疎明ではなく宣誓に代わる保証を求めるべきであるとの提案は考慮に値するという。なぜなら、原告がなすべき主張の程度の問題として、疎明ではなく直接に宣誓に代わる保証を求めるようにすれば、「原告が同衾の疎明に実際に成功したかどうかについての当事者の争いが避けられる」ことになり、法律実務の観点からみて有意義だからである。

(d) BGB一六〇〇条一項二号が現行法の形に落ち着いた背景には、上記のような経緯があった。最終的には、宣誓に代わる保証を実体法上の要件として位置づける、政府草案の方針が維持されたのである。

もっとも、採用された規定によって模索的な訴えが防止されるかどうかについては懐疑的な見方もある。刑事罰がありうるとしても、宣誓に代わる保証が虚偽であることを刑事手続で立証することは実際的に容易でないから、保証をなすことは簡単である。また、そのような刑事手続のためにドイツ国内での滞在期間が延長できるなら、[83] 子の母との交際が友人としての域を出ない者があてずっぽうに宣誓に代わる保証をなすこともありうる。こうした事情を考えれば、「この種の主張責任の強化は、母子を根拠のない否認手続から保護することにはならない」という評価も可能である。[84] さらに、審理の結果、原告の父性が証明されなかったとしても、同衾の保証が虚偽であったことにはならないであろう。[85] 結局のところ、連邦政府も参議院も共に認めているように、まさしく「小さなハードル」にすぎないのである。しかし、その「小さなハードル」の設置をめぐって前記のような議論の応酬があったことは、記憶されてよいことのように思われる。

4　否認権拡大の背景

ライナー・フランクはヨーロッパ各国の親子法を比較した上で、生物学上の父の父性否認権を依然として否定する国は存在するものの、それを容認する傾向が強まってきているとの認識を示し、その発展の原因として概ね次の四点

を指摘できるとしている。(86)

① 鑑定技術の進歩　DNA検査によって父性が絶対的確実性をもって確認できることが決定的な役割を演じていることは間違いないところである。

② 婚姻の制度的意味の衰退　婚姻が制度としての意味を相当程度失ったことにより、実親子法において婚姻と任意認知が完全に同価値の親子関係設定基準と考えられるようになった。以前は、制度的な婚姻保護があり、それによって姦通者が子の嫡出性を公然と問題にすることが例外なく禁止されていたが、現在問題とされているのは社会的家族関係の保護であり、その保護は絶対的なものではなく、常に、種々の利益の均衡を図った結果でしかない。

③ 出自を知る権利の拡大　特にドイツでは、連邦憲法裁判所が認めた「遺伝的出自を知る権利」が、生物学上の父の否認権を後押ししている。本来この権利は、父性否認とは関係ない（出自を知る養子の権利は、養子身分の変更をもたらすことはない）のであるが、それが「不幸にも」父性否認と結び付けられてしまった。その結果として現行法では、成年に達した子にも二年の無条件の否認権が与えられているから、父もまた誰が自分からの出自を有しているかを知る権利があるという議論も、あながち的外れとはいえなくなっている。

④ 家族法における個人的利益の強化　BGB施行当初は、夫だけが子の出生を知ってから一年間に限って嫡出否認をなしえたのであるが、現在では、子、母、そして――制限付きで――生物学上の父も否認ができるようになっている。また、否認期間は、この間に一年から二年に延長され、否認権者が父性に反する事情を知ったときから進行するとされるようになっている。さらに、非嫡の出生の場合も嫡出の出生の場合も、まったく同じやり方で父性が否認できるようになっている。こうした事情の下では、父子関係の安定性を語ることはもはやできなく

なっている。

フランクによれば、生物学上の父の否認権に関してどのような解決が正しいかを一般化することはできないのであり、判断を左右する基準の重みは国によって異なっているという。彼が取り上げている諸国の中で、否認権の拡大をもっとも推し進めているのは、ノルウェーであろう。二〇〇二年に根本的に改革された「子-親法（Kind-Elterngesetz）」の六条は、次のように規定しているという。(87)

「子、両親各自および子の父であると主張するすべての第三者は、婚姻もしくは認知に基づく父性を裁判所において否認することができる」

ここに定められた三種の否認権者にとっての否認の要件は同じであり、否認期間の定めもなければ、ドイツの実務におけるように「端緒的嫌疑」を主張する必要もない。ノルウェー法は「生物学上の父である者が法的な父と考えられることが、たとえそれが現在の父の親たる地位に異議を唱えることになったとしても、子の最善の利益である」という確信に基づいているという。具体的な家族としての関係は否認にとって重要でないし、子の出生からどれだけの時間が経過したか、あるいは、法的に間違った親子関係設定であることを当事者が知っていたかどうかも重要ではない、というのである。

ドイツ法の最近の展開を垣間見た者の眼には、このノルウェー法は血縁主義をかなり徹底させているように映る。しかし、日本の親子関係不存在確認訴訟における実父の法的地位を考えると、もしかすると日本法は、それと気づかずにノルウェー法の領域に足を踏み入れているのではないか、あるいはそれどころか、実質的にはその領域をも突き抜けた場所に位置しているのではないかという印象を拭えないのである。

六　むすびに代えて——日本法への照射

すでに見たように、ドイツの実親子法は「第一次的親子関係設定」と「父性否認による変更」という段階的構造を持っている。第一の段階では生物学上の父である蓋然性の高い男性をもって父と定め、第二段階では、類型的な利益考量を前提として否認権者、否認期間および否認の要件が定められている。それらの要件は、一九〇〇年施行のBGB以来徐々に拡大されて、現在に至っている。その到達点が、生物学上の父による父性否認を認めた二〇〇四年改正であった。しかし、彼の否認権には他の否認権者にはない要件が付されている。生物学上の父は、法律上の父と子の間の社会的家族関係の不存在と、自分自身の父性という二つの事実を証明しなければならないのである。それらの要件は、現実に形成された社会的親子関係の保護と、子の養育に責任を持つ法的父の不在状態の回避を意図している。この二つの立法趣旨を念頭に置いて、日本の状況との若干の比較を試みてむすびとしたい。

1　社会的家族の尊重と親子関係不存在確認の訴え

日本では、生物学上の父が子の父子関係を争うことは、判例・学説上すでに認められている。ただし、それは嫡出否認権の拡大によってではなく、親子関係不存在確認の訴えという手段が与えられることによってである。その一例を最判平成七年七月一四日（民集四九巻七号二六七四頁）に見ることができる。本判決は、特別養子縁組審判の準再審を問題とした事例として知られているが、その事案は、懐胎期間中に子の母と性関係を持った原告男性が認知をなす前提として、子と母の夫との間に親子関係が存在しないことの確認を求めたものである。原審が、特別養子縁組審判確定の効果（民法八一七条の九本文）によって原告はもはや当該の子を認知できなくなったから、認知の前提としてなされた親子関係不存在確認の訴えの利益も失われた、として原告の訴えを却下したのに対し、本件最判は、親の同意なくして特別養子縁組をなしうる特段の事情（民法八一七条の六但書）がない限り、当該の特別養子縁組手続は手続的瑕疵による再審が可能であり、その限りでは原告の認知はなお可能であるから、訴えの利益（確認の利益）が失われたと断定することはできないとして、その特段の事情の有無について再審理すべきであるとして原審に差し戻している。(88) 本判決に関しては、準再審がなされた場合の手続的問題や、親子関係の設定と遮断という両面的効果を一個の審判で行うことの制度的問題等、養子法の側から考えるべき点は多い。しかし、生物学上の父の否認権という本稿の視角から見た場合、原審判決でも最高裁判決でも、親子関係不存在確認について生物学上の父が確認の利益を有していることが共通の前提とされていることが際立つ。最高裁判決は、その理由の冒頭で、「子の血縁上の父は、戸籍上の父と子との間に親子関係が存在しないことの確認を求める訴えの利益を有する」との前提を確認した上でその判旨を展開しているのである。

しかしながら、そのような前提は、血縁上の父が夫の子でないことを争う事案に特有の問題を念頭に置いた、類型的な利益考量の結果として与えられているのではない。むしろ、嫡出推定が排除されれば、表見的な父子関係は嫡出否認によってではなく親子関係不存在確認によって否定することができ、その場合には確認の利益を有する者に当事者適格が認められるという、訴訟法上の論理の帰結として肯定されているのである。周知のように、民法七七二条二項の期間中に出生した子であっても、実質的にその推定が及ばない場合には、訴え（確認）の利益を有する者であれば、原則としていつでも親子関係不存在確認の訴えを提起することができると一般に解されている。推定が及んでいれば強力な（ときとして強すぎる）法的防御が働き、推定が排除されればほとんど無防備の状態になる。嫡出推定の排除要件をめぐって多様な見解が対立・錯綜した状態にある一因も、推定排除の結果の重大性にあると考えられる。最高裁判所の判例はいわゆる「外観説」の立場にとどまっており、[89]下級審では、この見解に立って、子の懐胎期間中に母と継続的に性関係を持った男性からの親子関係不存在確認の訴えを不適法なものとして却下した事例がある。[90]

しかしながら、外観説は子の懐胎時期における夫婦関係の客観的事情という、あくまでも過去の事実を問題とするから、ドイツ法が問題とする「社会的家族関係」の有無という出生後の生活事情を判断基準に積極的に取り込むのは容易でない。ドイツ法の分析で用いた枠組に当てはめるならば、外観説は第一次的親子関係設定それ自体の客観的不合理を問題にしているのであり、否認によってそれを排除することの実質的当否を正面に持ち出すものではないということができるであろう。結局のところ、外観的事実の存在が肯定されれば、親子関係は不存在であり、そのことについて確認の利益を有する者であれば原告適格が認められることになる。その場合には、生物学上の父のみならず、親子関係の直接的当事者でなくとも、相続等の財産的争いの前提として親子関係不存在の主張をなすことが許されることになる。たとえば、最判平成一〇年八月三一日（家月五一巻四号七五頁）は、夫の出征中に懐胎され復員後に出生した子について、夫婦の養子が夫死亡後に提起した親子関係不存在確認の訴えを、適法なものとして認容しているのである。この判決に付された福田博裁判官の意見には、推定の排除イコール親子関係不存在確認という従来の法律構成の再検討を促すような、傾聴すべき内容が含まれている。福田裁判官は、嫡出推定が排除されれば、訴えの利益のみを要件として、親子関係不存在確認が無期限に可能となることの不合理を指摘し、親子関係の安定による子の福祉確保や夫婦間のプライバシー保護という嫡出否認制度の趣旨は尊重されるべく、「嫡出推定が排除される場合であっても、父子関係の存否を争い得るのは、原則として、当該家庭を構成している戸籍上の父、子、母、それに、新たな家庭を形成する可能性のある真実の父と主張する者に限定されるべき」と主張している。

民法上母の夫に限定された否認権を他の者にも認める必要があるのなら、ドイツ法が子、母そして生物学上の父について行ってきたように、形成権としての否認権を拡大する方向で考えることも、理論的な選択肢としてあったのではないかと思われる。(91) そのような方向性をたどるならば、嫡出否認の要件の趣旨に配慮しつつ実質的な否認要件を考えていくことが可能となるのではなかろうか。(92) 少なくとも、確認の利益の有無だけに着目した個別的判断によって、実質的に否認権者が拡大していく事態も防がれるのではないだろうか。(93) また、「社会的家族関係」なきことといった実質的要件も、信義則や権利濫用などの一般条項に直接的に依拠することなく、個別類型ごとに否認の要件として取り込むことができるようになるのではないかと考えられるのである。(94)

2　父不在状態の回避

日本の学説の中で「父不在状態の回避」を自覚的に主張するのは、「新家庭形成説」（梶村説(95)）である。この学説では、「婚姻解消後三〇〇日以内に出生した子であっても、既に母と戸籍上の父との家庭が崩壊して、母・子と真実の父など新家庭が形成されていて、真実の父による認知の約束等があって、それを認めることが子の利益に合致するという特段の事情があり、かつ当事者の供述証拠等だけで父子関係の不存在が十分うかがえるという事情がある場合には、民法七七二条の嫡出推定は排除され、裁判所は血縁上の父子関係の存否に関する実質審理にはいることができる」[96]という主張がなされている。ドイツの二〇〇四年改正が意図した、父不在状態の回避という明確な問題意識が、この学説の中にすでに表明されている。しかもこの説は、「子に対して法律上の父を一人は確保してやることが法の最低限の任務というべきである」[97]との基本的視座から、親子関係不存在確認訴訟において民法七七二条の推定排除が問題となる場合一般を念頭に置いているから、生物学上の父からの否認に限定したドイツの二〇〇四年改正法よりも徹底しているといってよい[98]。しかしながら、ドイツ改正法では原告の父性の存在も実体的要件とされ、父性否認判決の主文には原告の父性確認（裁判認知）も含められ、父不在の状態が生じないことが制度的に保障されている。これに対して、日本では親子関係不存在確認判決の確定後、速やかに実父との法的親子関係が形成される制度的な保証はないという、実定法の限界がある。

父不在の回避という問題意識に適合的な制度を訴訟場面以外に求めるとすれば、それは、一九九七年改正ですでに導入されていたBGB一五九九条二項ではないだろうか。すなわち、離婚訴訟係属の後離婚判決確定前に出生した子は、婚姻中の出生であるから離婚した前夫の子とされるが、離婚判決の確定後一年以内に、母および前夫の同意を得て第三者が認知をすれば、前夫の父性が否定されて、認知者の父性が肯定されるのである（前述三1参照）。この場合には、当該の認知に父性を排除する効力が認められ、あらかじめ父性否認をなす必要はない。これによって、経験上結論の見えている否認訴訟を回避しつつ、法的父を同時点で交替させることによって、父不在の間隙を塞ぐことができるのである。

既存の父性排除と新たな父性の設定の同時的発生を強く意識した立法として、最近のオーストリア法の動向が注目される。オーストリア民法（Allgemeines Bürgerliches Gesetzbuch：ABGB）には、二〇〇一年七月一日施行の「親子法変更法（Kindschaftsrechts-Änderungegesetz）」によって「排除的認知（durchbrechend Anerkennung）」の規定が置かれたという。父子関係がすでに存在する場合（嫡出推定による場合を含む）に第三者が認知をなし、母がその認知者を父として指名しかつ子が同意するならば、その認知は有効なものとなるという規定が置かれた（ABGB一六三e条二項）――すでに父とされている男性は一年以内に認知に対する異議の申立てをなしうるにとどまる（同条三項）。この認知には、父子関係を設定する効力だけでなく、その前提として既存の父子関係を排除する効力が与えられるのである。[99] この排除的認知は、二〇〇四年の「家族法・相続法改正法二〇〇四（Familien- und Erbrechts-Änderungsgesetz 2004）」（大部分の規定は二〇〇五年一月一日施行）によって、その要件を緩和されている。すなわち、母が認知者を父として指名することが認知の有効要件からはずされ、母の関与は異議申立権に置き換えられているのである（ABGB新一六三e条二項、三項）。[100]
さらに注目されるのは、二〇〇四年改正によって導入された「父の交換手続（Väteraustauschverfahren）」である。ABGB新一六三b条は、「子は、他の男性の父性がすでに存在する場合においても、自己の出自の確認を申し立てることができる。その場合における出自の確認は、子が当該の他の男性からの出自を有しないことについての効力を持ち、その効力は裁判所によって言い渡されなければならない」と規定している。実父が判明している場合には、既存の父性の排除と実父の父性確認という二つの手続を一回で済ませることができる、「一石二鳥」の手段といえる。[101] また、機能的にみれば、ドイツの二〇〇四年改正で導入された生物学上の父による旧父性の否認と新父性の同時発生という効果を、子のイニシアティブによってもたらす制度設計と見ることもできるであろう。なお、この改正以後、実親子関係事件は「争訟外手続（Außerstreitverfahren）」によることになっているという。その詳細は明らかでないが、実体法における否認制度の変化と手続のあり方との関係も、重要な研究視角の一つであろう。
日本における学説の関心が推定排除の要件論に注がれている間に、各国の法制度は着実に変化しつつある。その変化を実体法と手続法の両面において観察し続ける努力を怠ってはならないであろう。

（1） これらの改正の概要については、ヴィルフリート・シュリューター（野沢紀雅・訳）「ドイツ家族法における親子間の法律関係の改革」比較法雑誌三三巻一号六三頁以下（一九九九年）、遠藤富士子「ドイツ家族法の変遷―最近の親子法改正を中心にして―」ケース研究二五六号三三頁以下（一九九八年）、岩志和一郎「ドイツの新親子法(上)(中)(下)」戸籍時報四九三号二頁以下、四九五号一七頁以下、四九六号二六頁以下（一九九八―九九年）参照。脱稿後に、片山栄一郎「ドイツ血統法における親子関係」法研論集（早稲田大学大学院）一一七号一頁以下（二〇〇六年）に接した。この実親子法改正の内容を概観する文献である。

（2） この改正については、トビアス・ヘルムス（野沢紀雅＝遠藤隆幸・訳）・生物学的出自と親子法（二〇〇二年）一二六頁以下参照。

（3） この改正を論じた文献として、すでに、三宅利昌「血縁上の父による法律上の父子関係の否定について―ドイツにおける血縁上の父の父性否認権を中心として―」創価法学三四巻二号八五頁以下（二〇〇四年）がある。脱稿後に、松倉耕作「ドイツの新しい(嫡出)否認権法（二〇〇四年四月三〇日施行法）」名城ロースクール・レビュー三号九三頁以下（二〇〇六年）に接した。この改正の概要を解説する論考である。

（4） 一八九六年成立、一九〇〇年施行のドイツ民法では、非嫡出子はその母および母方親族との関係では嫡出子の法的地位を有するものとされていた（BGB旧一七〇五条）が、父との身分関係は否定され（BGB旧一五八九条二項）、親子としての法律関係は父の扶養義務に限定されていた（BGB旧一七〇八条：いわゆる「支払いの父子関係（Zahlvaterschaft）」）。任意認知の制度はあったものの、それは身分としての親子関係を発生させるものではなく、扶養訴訟における多数関係の抗弁を遮断する効力しか有していなかった（BGB旧一七一八条）。民法典のこのような態度を受けて、ドイツ民事訴訟法（ZPO）も、我が国の認知訴訟に対応するような、非嫡の父子関係それ自体を確定させる手続を規定していなかった。その後、一九三〇年代末になって「血縁確認訴訟（Abstammungsklage）」が判例によって認められるに至った。しかし、非嫡の父子関係が身分関係として承認されるには、言い換えれば、任意認知と裁判上の父性確認（裁判認知）に親子関係を形成する効力が認められるには、一九六九年の非嫡出子法改正を待たなければならなかったのである。以上の経緯の詳細につき、野沢紀雅「ドイツ法における非嫡出父子関係の変遷―一八九六年民法から一九六九年非嫡出子法まで―」法学新報八七巻七・八号一五一頁以下（一九八〇年）、ヘルムス・前掲二四頁以下参照。

（5） ヘルムス・前掲書第二章はこのような枠組みでフランスとドイツの実親子法を比較している。

（6） 政府草案理由書（BT-Drucks. 13/4899）は、実際的観点からしても、母の夫を同時に婚姻中に出生した子の父とする考え方を放棄することはできないこと、婚姻関係のない母から生まれた子については父子関係を婚姻に結び付けることはできないから、異なった規律が不可避であると説明している。また、非婚生活共同関係がある場合には、母のパートナーが父である蓋然性は高いかもしれないが、そのような関係を外形的に一義的に確認できるとは限らないから、明確な「連結点（Aknüpfungspunkt）」がなく、「実親子関係の問題にそのような不確実性の負荷をかけてはならない」としている（S. 52）。

（7） BT-Drucks. 13/4899 S. 51.

（8） かつて一〇か月とされていた女性の再婚禁止期間（旧婚姻法八条）は、一九九八年五月四日成立の「婚姻締結法（Eheschließungsgesetz）」により廃止された。

（9） Sorge(recht) は「配慮(権)」と訳した方がそのニュアンスをよく伝えることができるが、本稿では、日本で理解されやすい語として「監護(権)」を用いる。

（10） 公的認証をなすのは、通常、公証人もしくは身分局（Standesamt）である（Dieter Schwab, Familienrecht 13. Aufl. Rdn. 460）。

（11） 職権監護制度の意義と役割について、詳しくは、田村五郎・非嫡出子の母の親権に関する研究（一九八一年）参照。

（12） 一九九七年一二月四日成立の「補佐法（Beistandschaftsgesetz）」による。シュリューター・前掲比較法雑誌三三巻一号八四頁以下、BT-Drucks. 13/4899, S. 54 参照。

（13） BT-Drucks. 13/4899, S. 84.

（14） Vgl. Hans Friedrich Gaul, Die Neuregelung des Abstammungsrechts durch das Kindschaftsrechtsreformgesetz, FamRZ 1997, S. 1441 ff. (1449).

（15） ドイツにおける父子関係事件の再審について詳細な分析を加える研究として、豊田博昭「父子関係事件における新しい鑑定による再審の訴え—ドイツ民事訴訟法四六一条·iに関する判例法理の検討—（一）（二・完）」修道法学二三巻二号三一頁以下、二四巻一号三一頁以下（二〇〇一年）がある。

（16） この改正に批判的な見解として、ヘルムス・前掲七八頁以下参照。

(17) ライナー・フランクは、これら二つの制度を父性否認に一本化したことについて、次のような批判的見解を述べている。「父性否認に関するドイツのシステムの特殊性は、一九九八年以降、婚姻と任意認知が完全に同価値の［親子］関係設定規準と考えられている点にある。嫡出子と非嫡出子の双方の場合において、夫ないし認知者、母および子が父性を否認できるのである。否認期間も全く同じである。私は、任意認知に、［親子］関係設定規準として婚姻と同じだけの重きを置いている法秩序を知らない。たいていは、嫡出否認の場合には、認知に基づく父性の否認の場合よりも高い障害が否認者によって克服されなければならないことになっている。なぜなら、認知が——母の同意が必要とはいえ——単なる意思表示に基づくのに対し、嫡出子の父性は客観的な［親子］関係設定規準、すなわち婚姻の存在に基づくのだからである」(Rainer Frank, Grundzüge und Einzelprobleme des Abstammungsrechts, StAZ 2003, S. 129 ff. (S. 133)。

(18) Vgl. BT-Drucks. 13/4899, S. 53. ただし、Gaul, a.a.O. FamRZ 1997, S. 1455 は、裁判所の審理によることなく、関係者の私的行為によって父子関係を否定することの妥当性や、無用な訴訟手続の回避という目的の達成可能性などに強い疑念を投げかけている。

(19) 一九〇〇年施行当初のBGBでは、否認権者は夫だけであったが、ナチス時代における血縁（血統）に対する公共の利益をも保護する目的で、一九三八年の改正により検察官の無期限の否認権が導入された。検察官の否認権は一九六一年の家族法変更法（FamRÄndG）によって廃止され、それに代わって子の否認権が認められた。この点の歴史的叙述としては、ヘルムス・前掲二六頁以下および後注23を参照されたい。

(20) 嫡出否認と認知取消に関しては、夫もしくは認知者の死後において、その親に二次的な否認権・取消権が認められていた（BGB旧一五九五ａ条、旧一六〇〇ｇ条二項）が、一九九七年改正はこれを廃止した。政府草案理由書は、大略次のような説明を加えている。たしかに、その者の親には、嫡出否認によって子の相続人となるなどの利益はあるかもしれない。しかし、それを根拠に否認権を認めるなら、その者の兄弟姉妹など、考えられる限りの相続権者にもそれが認められているはずのところ、法律の規定はそのようにはなっていない。むしろ、親の否認権は、親自身の利益のためにではなく、死んだ息子の利益の守護者として認められていると解されるが、そのような家族法上の形成権の相続とでもいうべきものを民法が規定している部分はほかにない。「出自問題の解明は、それが一身専属的（höchstpersönlich）な関心事への干渉につながるがゆえに、親族関係の中核的範囲に制限されるべきであり、父母と子だけが否認権者たるべきである。」(BT-Drucks. 13/4899,

S. 57)。

(21) 二〇〇二年四月九日成立の「子どもの権利改善法（Kinderrechtsverbesserungsgesetz）」による。

(22) 生物学上の父に否認権を認めた二〇〇四年改正により、この規定の位置は繰り下げられ、現行法では第四項となっている。なお、すでに一九九七改正の際に、連邦参議院（Bundesrat）はこの制限を提案していたが、連邦政府は、精子提供の許否についてはまだ議論があり、その許容性および要件如何という全体問題が未決定の状態で民法が部分問題の解決を示すのは好ましくないとの立場を崩さなかった、という経緯がある（vgl. BT-Drucks. 13/4889, S. 52, 148, 166）。なお、後述のように、二〇〇四年改正において否認権を認められた生物学上の父は、子の母と「同衾をなしたことについて宣誓に代わる保証」をなす者に限られるから、精子提供者は、生物学的には父であっても、否認権がないことになる（vgl. BT-Drucks. 15/2492, S. 9）。

(23) ＢＧＢ施行当初の規定では、夫のみに認められた否認の訴えの出訴期間は、現行日本民法七七七条と同じく、夫が子の出生を知ってから一年であった（ＢＧＢ旧一九五四条）。その起算点が「子の非嫡出性を示す事情を知ったとき」に変更されたのは、鑑定強制の導入（後注35参照）と同じく一九三八年の改正による。その立法理由では、「この規律は、その結果において今日の法見解に一致しえない」として、子の実父が異人種であるとか、子が遺伝病にかかっていることが判明した場合が挙げられている。さらに、それほどひどい場合でなくとも、「今日の見解が人間の血統（blutmäßige Abstammmug）に付与している意義は、夫から生まれたのでない子の嫡出性の否認を常に可能にし、そのことにより子の真実の血統の明確化の道を開いておくことを要求する」という。もちろん、無期限の否認権を与えることはできないのであり、自分の子でないことを推測できる事情を夫が知ったならば、速やかに所要の手続をとることが夫に求められると立法理由は述べている。ちなみに、この一九三八年改正では、夫が何らかの理由から否認権を行使しなかった場合でも、「家族身分の可及的速やかな終局的確定の利益は真実の血統の明確化に対する公共の利益の背後に退かなければならない」として、検察官に無期限の否認権が認められた（vgl. Werner Schubert, Das Familien- und Erbrecht unter dem Nationalsozialismus, 1993, S. 101 ff.; ヘルムス・前掲二九頁）。さらに一九六一年の改正では、一年の期間が二年に延長されるとともに出生から一〇年の除斥期間が設けられたが、一九六九年の改正によりこの除斥期間は廃止された（vgl. Alfred Wolf, Biologische Abstammung und rechtliche Zuordnung, NJW 2005, S. 2417 ff. (2417)）。

(24) 政府草案理由書では、その一例として、婚姻関係を壊したくないとの母の願いを容れて子が否認の訴えを思いとどまっていたのに、否認期間が過ぎてから、(表見的) 父が他の女性と親密になって、母とは離婚してしまったという場合が挙げられている (BT-Drucks. 13/4899, S87)。なお、政府草案一六〇〇b条五項は、この再度二年の否認期間をすべての否認権者のために規定していた。これに対して連邦参議院 (Bundesrat) が、出自関係を長期にわたって浮動状態に置くことになるとして削除を求めた (S. 148 f.) ところ、連邦政府はその反対提案を大筋で受け入れたが、子についてだけは、人格権たる出自を知る権利の保障という憲法上の見地から削除できないとしたのである (S. 166 f.)。否認権の復活の問題については、ヘルムス・前掲一〇一頁以下を参照されたい。

(25) Vgl. MünchKomm / Wellenhofer-Klein, BGB (4. Aufl.), § 1600b Rdn. 3.

(26) この呼出しは必要的であって、裁判所による呼出しの懈怠は絶対的上告理由となる (vgl. Rosenberg / Schwab / Gottwald, Zivilprozessrecht, 16. Aufl., § 168 Rdn. 21)。

(27) 後に取り上げる二〇〇四年改正により本条に第二項が追加されたため、現時点ではこの規律内容は第一項にある。

(28) Vgl. MünchKomm / Wellenhofer-Klein, BGB (4. Aufl.), § 1600c Rdn. 6.

(29) これに伴い、BGB旧一六〇〇m条二文に置かれていた、認知の意思表示の瑕疵に関する規律も引き継がれた。つまり、錯誤や詐欺、強迫によって認知がなされた場合は、この父性推定は適用されず (BGB一六〇〇c条二項)、親子関係の存在を争う当事者が、法定懐胎期間中における認知者と子の母の同衾の事実を主張立証しなければならないことになる (BGB一六〇〇d条二項、三項)。

(30) ヘルムス・前掲二二一頁以下に整理されている。なお、本文に述べるように、原告の主張が有理性を欠くときは、理由不備として原告敗訴となるが、それは本案判決であって訴訟判決ではないから、同書二二三頁、二二四頁の「却下」は、日本の訴訟法の用語法に従えば「棄却」と訳出されるべきであったように思われる。

(31) これは刑事法の用語からの借用である。起訴法定主義によるドイツでは、検察官はすべての犯罪行為を起訴しなければならないが、十分な実際の手がかりが存在することが必要とされており (刑事訴訟法一五二条二項)、単なる推測では不十分であるとされている。この「十分な事実の手がかり」を「端緒的嫌疑」と呼んでいるという (vgl. Alfred Wolf, a.a.O., NJW 2005, S. 2420 ; Creifelds Rechtswörterbuch, 18. Aufl., S. 56.)。

（32）MünchKomm / Wellenhofer-Klein, BGB (4. Aufl.), § 1600c Rdn. 9 f., Erman / Holzhauer, BGB, 11. Aufl., § 1600b Rdn. 4. は、これを支配的見解として扱っている。

（33）中野貞一郎「主張責任と証明責任—訴えの有理性について—」同・民事手続の現在問題（一九八九年）二一三頁以下（引用は二一六頁以下）。

（34）木川統一郎・訴訟促進政策の新展開（一九八七年）六七頁以下を参照されたい。なお、同書では、主張の「一貫性」の訳語が用いられている。

（35）ＺＰＯ三七二ａ条一項は「民法一六〇〇ｃ条および一六〇〇ｄ条の場合またはその他の場合において、出自の解明が必要となる限りにおいて、すべての者は、検査、特に血液型検査のための血液採取を受忍する義務を負う。ただし、その検査が、科学的に認められた諸原則により事実の解明を約束し、かつ、検査の方法からみて、また、その結果が被検査者および三八三条一項一号ないし三号に定める近親者［訴訟当事者との人的関係を理由に証言を拒絶しうる者］にもたらす効果からみて、被検査者に期待可能であり、その者の健康に不利益を及ぼさない場合でなければならない」と定め、二項は、正当事由のない検査拒絶が繰り返される場合に直接強制や検査目的の強制引致を許し、制度の実効性を担保している。本規定のより具体的な解説として、春日偉知郎「父子関係訴訟における証明問題と鑑定強制（検証協力義務）」法曹時報四九巻二号一頁以下（一九九七年）がある（特に二六頁）。

　この鑑定強制の制度はナチス時代の人種思想をも背景として、一九三八年四月一二日の「家族法規定の変更と補充および無国籍者の法的地位に関する法律」によって導入されたという背景を持つ。その沿革についてはヘルムス・前掲二九頁以下を、実務での運用については、同二〇八頁以下を参照されたい。なお、この制度は比較法的にきわめてまれな例外的なものである（vgl. Rainer Frank, Abstammung und Status, in: T. Ramm / A. Grandke (Hrsg.), Deutsche Wiedervereinigung, Zur Familienpolitik nach der Wiedervereinigung, 1995, S. 71 ff. (S. 84)）。

（36）FamRZ 1998, 955 = NJW 1998, 2976　原告Ｘ男が後に離婚したＡ女と婚姻中の一九七五年に生まれた子Ｙに対して、一九九五年に嫡出否認の訴えを提起したという事案である。子の出生から二〇年も経過しているが、それまでＸＹ間では扶養をめぐる紛争が繰り返されていた。Ｘの主張は次のような内容であった。①自分はＹの生物学上の父ではない、②自分がＹの父でないとの嫌疑（Verdacht）を抱いたのは一九九五年四月二三日付けの義姉からの手紙が原因であり、その手紙によれば、

YがXの子であるかどうかを義姉がAに質したところ、Aはその問いにまったく答えず、その嫌疑を否定しようともしなかったという事実がある。

第一審裁判所は、Aと義姉について証人尋問を行った（Aは手紙に書かれた会話の内容を争った）後、親子鑑定を実施することなくこの訴えを棄却した。Xからの控訴も受けた原審も、「少なくとも、子の出生からBGB［旧］一五九四条の二年の期間が経過している場合に夫が子の嫡出出自を否認しようとするときは、子が自分からの出自を有しないと考える具体的な手がかりを主張しなければならないとして、控訴を棄却した。

(37) 日本における嫡出推定の排除をめぐって主張される血縁説（実質説）が、証拠調べの結果として血縁の不存在が解明されればその段階で摘出推定が排除されて親子関係不存在確認の訴えが適法となる、という趣旨まで含んでいるとすれば、それは本文で指摘したような根拠薄弱な訴えを許容することになりかねないであろう。この点について、春日・前掲法曹時報四九巻二号三二頁以下は、「妻の不貞という『あてずっぽう』な主張をして、裁判所の鑑定決定を引き出すことはできず、嫡出推定を否定するための『具体的な手掛り』を提示することが必要となる（具体的理由付け責任）」とし、「このように考えた場合には、嫡出推定を排除できる場合又は範囲については、論理的に『外観説』よりも『実質説』に相当大きく傾くことにならざるをえない」との見解を述べていることが注目される。

(38) BGHのいう「二次的主張責任」に関する簡明な説明として、ハンス・プリュッティング（森勇・訳）「ドイツからみた証拠法と証明責任の現在問題」比較法雑誌三九巻四号一五頁以下（二〇〇六年）、特に二一頁以下を参照されたい。

(39) この規定は、かつては嫡出否認と認知取消の場合に関する規定であったが、一九九七年の改正により父性否認に一本化して規定されるに至った。用語の統一だけであって、その際の実質的な変更はない。これと同趣旨の規定は、離婚や婚姻取消等に関するZPO六一六条二項にも置かれている。これらの事件でも、職権主義は婚姻の維持の方向でのみ機能するのである。日本でも、平成一五年改正によって廃止された人事訴訟手続法一四条が、婚姻関係事件について「婚姻ヲ維持スル為メ」という職権探知主義の片面性を定めていた。この規定は、離縁訴訟に準用されていた（二六条）が、親子関係事件の手続ではそのような限定は付されていなかった（三二条二項）。現行人事訴訟法二〇条は、人事訴訟一般について、そのような限定を加えていない。

(40) Vgl. Zöller / Philippi, ZPO, 24.Aufl., § 640d, Rdn. 1.

（41） FamRZ 1990, 507 = NJW1990, 2813.

（42） ドイツにおける父子関係事件の再審については、豊田・前掲論文（前注15）が詳しく論じている。

（43） FamRZ 2003, 155 = NJW 2003, 585.

（44） 前注26およびその本文を参照されたい。

（45） Vgl. Staudinger / Rauscher, BGB (Neubearbeitung 2004), § 1599 Rdn.17； Sabine Aeschlimann, Heimlich eingeholte Abstammungsuntersuchungen — Bedeutung und Handhabung im Abstammungsprozesses in Deutschland und der Schweiz, FamPra. ch, 2005, S. 518 ff. (S. 522. Fn. 17).

（46） 後述のＢＧＨ判決を契機として組まれた『シュピーゲル誌』の特集記事では、次のように報じられている。「［ＤＮＡ鑑定業という］疑惑の市場が活況を呈しているのも不思議はない。ＤＮＡ検査産業の試算によれば、新生児の一〇人に一人はカッコウの子（Kuckuckskind）であるという。この数字を信ずるとすれば、昨年一年間だけでその数は七万人にのぼることになるだろう。父親たちの不安、子どもたちの［実父への］思慕、そして女性たちの自信のなさのおかげで、この不信の産業（Misstrauensindustrie）は潤っている。この業界のドイツ国内での売り上げは、年間、約五万件の検査で四千万ユーロに達している。四本ないし五本の試験管の一本には、カッコウの子の証拠が潜んでいる。ＢＧＨ判決以後、業界リーダーであるHumatirix社への依頼は一〇ないし一五パーセント増えている」（Der Spiegel, 4/2005, S. 42）。

（47） FamRZ, 2005, 340. いま一つの事案（FamRZ 2005, 342）は、子を認知した男性が、自分に似ていないと身内の者に言われたことから、ダニ駆除の際に得られた子の毛根付き頭髪を用いて秘密鑑定をなし、その消極的結果に基づいて父性否認の訴えを提起した、というものである。秘密鑑定の利用に関する判決内容は、本文に紹介したものとほぼ同一である。

（48） OLG Celle, FamRZ 2004, 481.

（49） ヘルムス・前掲二二三頁は、この問題点を指摘している。

（50） ペーター・シュロッサーは、ＢＧＨ一九九八年四月二二日判決に対する批判的評釈において、この判例理論が母や子からの否認の訴えに適用された場合に生じうる、過酷な結果に注意を促している（vgl. Peter Schlosser, JZ 1999, S. 43 f.）。

（51） ヘルムス・前掲二二四頁は、これらの問題点を指摘した上で、「結論として、連邦通常裁判所の判例は、すべての事案で、それも何の手がかりもなしに出自鑑定が求められることのないようにしようとする、それはそれで理解できる苦心に由来するものではあるが、しかし、こうした実務のよりどころを法律に見い出すことはできない」と述べている。

(52) MünchKomm / Wellenhofer-Klein, BGB (4. Aufl.), § 1599 Rdn. 2. によれば、年間一四〇〇〇件の否認訴訟のうち圧倒的多数は旧法にいう「嫡出否認」であり、かつては離婚手続伸延のために離婚判決確定前に子が出生したことがその主な原因であったという。しかし一九九七年改正後は、この種のケースは実父の認知と母および母の(元)夫の同意によって父子関係を排除できる(BGB一五九九条二項)から、訴訟の数それ自体としては減少するかもしれない。それに伴って、子や母からの否認が実際的に重要度を増してくるとすれば、「端緒的嫌疑」が子や母による否認権行使のハードルになるケースも無視できなくなるであろう。

(53) 前記BGH一九九八年四月二二日判決(FamRZ 1998, 955)自身、このことを強く意識している。シュロッサーは、「父性に反する事情を知ったとき」を起算点とする改正がなされた一九三八年当時は間接事実によって父子関係の不存在を証明せざるをえない場合が多かったのに対し、現在では精度の高いDNA鑑定によって証明が容易になっており、しかも、その検査のための試料提供が当事者にかける負担は軽微であることを指摘している(vgl. Schlosser, JZ 1999, S. 43 f.)。

(54) Vgl. BT-Drucks. 15/4727.

(55) FamRZ 2006, 686.

(56) このようなドイツの状況は、隣国スイスの法律家にとっても馴染みにくいものであるらしい。スイスの家族法雑誌に掲載されたある論文は、結論部分で次のように論じている。「ドイツの判例は、出自関係訴訟における原告に、訴えの形式的要件に加えて、請求(Klagebegehren)について特別の実体化義務(Substantiierungspflicht)を負わせているが、これはスイス法の知らないところである。この相違——原告は常に相当な証明困難に陥る——は、判例の要求する端緒的嫌疑を主張(darlegen)するために、出自検査を秘密裏に行う動機付けを、スイスと比較して著しく強める。計画されている法律的措置——同意なしに行われる出自鑑定の禁止と加罰性——が、ドイツで活発な議論を巻き起こしていることの一因はここにあるのかもしれない。BGHの二件の基本的判決の後、最近では、秘密裏になされた父性検査は裁判所では無意味であることが確定している。言及されたBGHの原則的判例におけるような、不十分かつきわめて疑問な結果を将来的に回避したいのであれば、ドイツのために次のことを提案できる。すなわちそれは、——秘密父性検査の禁止が発効しない限りにおいて——端緒的嫌疑の証明のためにその検査を許容するか、あるいは、——これは計画されている立法的措置よりも優先されるべきであるが――出自関係訴訟におけるハードルを撤去することのいずれかである」（Sabine Aeschlimann, a.a.O., FamPra. ch, 2005, S. 527 f.）。

(57) BGHZ 80, 218 = FamRZ 1981, 538 = NJW 1981, 1372.

(58) Ingeborg Schwenzer, Ehelichkeitsvermutung und Ehelichkeitsanfechtung, FamRZ 1985, S. 1 ff (S. 8), vgl. dieselbe, Vom Status zur Realbeziehung — Familienrecht im Wandel —, 1987, S. 246.

(59) Vgl. Schwenzer, a. a. O, FamRZ 1985, S. 8 f., Dieter Henrich, Familienrecht, 5. Aufl., 1995, S. 197.

(60) Günther Beitzke, Reform der Ehelichkeitsanfechtung?, in : Festschrift für Müller-Freienfels, 1986, S. 31 ff. (S. 51 f.)

(61) Verhandlungen des neunundfünfzigsten Deutschen Juristentages, 1992, M 258.

(62) BT-Drucks. 13/4889, S. 57 f.

(63) ドイツ基本法（Grundgesetz）六条は、その一項において婚姻と家族の特別の保護を定めると同時に、二項において「子の監護と教育は両親の自然的権利であり、なによりも彼らに課された義務である。父母の行動は、国家共同体がこれを監督する」と規定する。

(64) Vgl. Eva Schumann, Erfüllt das neue Kindschaftsrecht die verfassungsrechtlichen Anforderungen an die Ausgestaltung des nichtehelichen Vater-Kind-Verhältnisses?, FamRZ 2000, S. 389 ff. (S. 390 f.). さらに、ヘルムス・前掲一〇五頁以下を参照されたい。

(65) Vgl. Ulrike Wanitzek, Vaterschaftsanfechtung, FPR 2002, S. 390 ff. (S. 393 f.).

(66) FamRZ 1999, 716 = NJW 1999, 1632.

(67) BVerfGE, 108, 82 = FamRZ 2003, 816 = NJW 2003, 2151. この決定については、三宅・前掲創価法学三四巻二号八八頁以下に詳しい解説がある。

(68) 交際権については、生物学上の父が子と社会的家族関係を築いていた場合には、それも基本法六条一項によって保護される家族を形成するのであり、その父と子の交際権を常に排除することはこの憲法条項に違反する、と判断している。

(69) この認知はXの訴えを妨害する目的の、仮装的な虚偽認知ではないかとの印象を受ける。たしかに、この種の認知が外国人法（Aunsländergesetz）上の効果をねらって行われることがあるといわれている。つまり、ドイツ国内に合法的に滞在する家族と同居している場合には、強制退去処分を免れることができるから、そのような動機を持つ外国人男性に母親が認知をさせることがあるというのである。また、経済的に困窮している男性が、国外退去を求められた母親の滞在許可取得が容易になるように、対価の支払いを得て認知することもあるという。こうした事情については、vgl. Ingeborg Rakete-Dombek, FPR 2003, S. 478（本件評釈）, Johannes Hager, Der rechtliche und der leibliche Vater, in : Hofer / Klippel / Walter (Hrs.), Perspektiven des Familienrechts, Festschrift für Dieter Schwab, 2005, S. 773 ff. (775 f.). なお、ドイツ連邦司法省のホームページ (http://www.bmj.de) に掲載された報道発表記事によると、この種の虚偽認知に基づく父性を公的機関が否認できるように、民法を改正する法案が二〇〇六年四月三日に連邦議会に提出されたとのことである（二〇〇六年五月七日に確認）。脱稿後に確認した政府草案（FamRZ 2006, S. 1586 f. に掲載）によると、州政府が定める管轄官庁に認知による父性の否認権が与えられる（草案一六〇〇条一項五号）が、認知者と子との間に社会的家族関係が存在しない、もしくは認知者死亡時点において存在しなかったこと、および、当該認知によって親の入国許可もしくは滞在許可のための法的条件が整えられたことが要件とされており（草案一六〇〇条三項）、当該官庁は、この事実を知ってから一年以内に否認の訴えを提起しなければならない（ただし、ドイツ国内で出生した子の場合には認知の効力が発生してから五年を、その他の子については入国から五年を越えてはならない）ものとされている（草案一六〇〇ｂ条一ａ項）。

(70) Gesetz zur Änderungen der Vorschriften über die Anfechtung der Vaterschaft und das Umgangsrecht vom Bezugspersonen des Kindes, zur Registrierung von Vorsorgeverfügungen und zur Einführung von Vordrucken für die Vergütung von Berufbetreuern (BGBl, 2004 IS. 598).

(71) 否認の訴えの被告適格を有する者が訴え提起の段階ですべて死亡している場合には、家庭裁判所が非訟事件として裁判を行う（非訟事件法（ＦＧＧ）五六ｃ条一項）。

(72) ライナー・フランクは、この概念をロマン法国の「身分占有」に比肩しうるものとしている（Rainer Frank, Rechtsvergleichende Betrachtungen zur Vaterschaftsanfechtung durch den leiblichen Vater des Kindes, in : Perspektiven des Familienrechts, Festschrift für Dieter Schwab, 2005, S. 1127 ff. (1131 f.))。

(73) ヘルムス・前掲一一〇頁以下は、生物学上の父の否認権を導入する際には、一般条項の形をとった規律が避けられないであろうと指摘していた。

(74) Vgl. BT-Drucks. 15/2253, S. 9, S. 11.

(75) この三文の追加規定は、当初示された連邦政府草案には含まれていなかったところ、連邦参議院の提案によって取り入れられたものである。その理由としては、子の身分の効果が私法・公法の広範囲に及んでいることから、否認期間経過の不明確さによって法的な不安定をもたらすべきではないこと、さらに、社会的家族関係が一度終了してから再開したような場合に、否認の期間進行が中断するのかといった複雑な問題が生ずること、長期間にわたる社会的家族関係の終了後に、その間親責任を果たしていなかった生物学上の父に否認権を認めることには意味がないことが挙げられている（vgl. BT-Drucks. 15/2253, S. 15, BT-Drucks. 15/2492, S. 9）。しかし、フランクは「権利の付与は、権利の担い手がその権利を行使できる可能性をも有している場合にのみ意味がある」としてこの規律を強く批判している（Frank, a. a. O., Festschrift für Dieter Schwab, S. 1132）。

(76) BT-Drucks. 15/2253, S. 9, S. 11.

(77) 適時の訂正がなされた場合を除き、故意の場合三年以下の自由刑もしくは罰金（刑法一五六条）、過失による場合には一年以下の自由刑もしくは罰金（同一六三条）の刑罰がありうる。

(78) 同趣旨の規定は、子の養子縁組に対する同意権者としての法的父が存しない場合に、生物学上の父に同意権を付与する要件として、ＢＧＢ一七四七条一項二文にすでに見られるところである。

(79) BT-Drucks. 15/2253, S. 10.

(80) 以下の記述は、BT-Drucks. 15/2253, S. 14 ff., BR-Drucks. 751/03 (Beschluss), S. 1 ff. による。

(81) 参議院の理由書によれば、有理性要件と理由具備性要件との間に訴訟手続上大きな差異がないことから、かような事態が生ずるという（BT-Drucks. 15/2253, S. 14, BR-Drucks. 751/03 (Beschluss), S. 2.）。

(82) 以下の記述は、Gegenäußerung der Bundesregierung, BT-Drucks. 15/2253, S. 20 による。

(83) こうした背景については、前注69を参照されたい。

(84) Helmut Büttner, Der biologische (genetische) Vater und seine Rechte, in: Hofer / Klippel Walter (Hrs.), Perspektiven des Familienrechts, Festschrift für Dieter Schwab, 2005, S. 735 ff. (737).

(85) Staudinger / Rauscher, BGB (Neubearbeitung 2004), § 1600 Rdn. 39 は、原告が父であることが証明されないことを理由とする

棄却判決の効力を問題としている。否認の訴えの棄却判決は、法的な父の父性の存在を対世的効力をもって確定するのが原則であるけれども、原告の父性の不存在だけを理由とする判決にそこまでの効力を認めることはできないのであり、その場合に確定されるのは、原告が父でないことだけであると解すべきであると主張している。この既判力問題を立法者は見落としているという批判である。

(86) Rainer Frank, a. a. O., Festschrift für Dieter Schwab, S. 1137 f.

(87) Frank, a. a. O., S. 1136.

(88) 差戻審が特段の事情を肯定して再度訴えを却下したことから、再度上告され、最高裁は再び原判決を破棄して、差し戻している（最判平成一〇年七月一四日家月五一巻二号八三頁）。

(89) 最近のものとして、最判平成一二年三月一四日（家月五二巻九号八五頁）がある。

(90) 東京高判平成一〇年三月一〇日（判時一六五五号一三五頁、判タ一〇一五号二三〇頁）参照。

(91) 水野紀子「親子関係存否確認訴訟の生成と戸籍訂正(一)」名古屋大学法政論集一三四号四二頁（一九九〇年）では、親子関係存否確認訴訟という「一種のバイパス制度」によって「身分訴訟の厳格な要件及び手続が潜脱されている」という指摘がなされている。

(92) 本文中に引用した福田裁判官の意見において、「真実の父」一般ではなく「新たな家庭を形成する可能性のある」ものに出訴権限が肯定されているのも、そのような実質的考量の一つとみることが許されよう。

(93) 新堂幸司・新民事訴訟法第三版（二〇〇四年）二五八頁は、形成の訴えとその利益について次のように解説している。「形成の訴えは、元来、実体法自身が、法律関係の変動を形成の訴え＝形成判決の確定にかからせることの必要の有無を、事件の類型ごとに個別に検討し、その必要を認めた結果、これによる旨を法定した場合に限ってこの種の訴えを許す建前である。だから、所定の要件をそなえた訴えであれば、原則として訴えの利益があると考えてよい」。

(94) 本文に掲げた最判平成一〇年八月三一日では、原告（父の養子）のなした親子関係不存在確認の訴えは権利の濫用にあたらないと判断されている。被告たる子が生まれて間もなく実父と推測される男性の養子となり、そこで成長したという本件の事実が考慮されたのであろう。しかし一般論としては、親子関係不存在確認訴訟の判決が対世的効力を持つことから、個別事案ごとに異なりうる一般条項の適用には慎重にならざるをえないという背景も考えられるのではなかろうか。「藁の上からの養子」に関する最判平成九年三月一一日（家月四九巻一〇号五五頁）の判示は、この問題を示唆しているように思われる。（脱稿後に平成一八年七月七日の二件の最高裁第二小法廷判決（家月五九巻一号九二頁、九八頁）に接したが、これは本稿が取り上げた実親子関係法の場面においても一般条項の直接的適用の方向に進んでいく予兆のように思われる）。

(95) 梶村太市「嫡出子否認の訴えと親子関係不存在確認の訴え―嫡出推定排除と科学的証拠に関する最近の東京高裁の二判決を素材として―」判タ九三四号三五頁以下（一九九七年）。

(96) 梶村・前掲四四頁。

(97) 梶村・前掲四三頁。

(98) また、ドイツ改正法が否認権付与の要件として、懐胎期間中における子の母との同衾についての宣誓に代わる保証を規定したことは、「当事者の供述証拠等だけで父子関係の不存在が十分うかがえるという事情」を要求する梶村説と、当事者の私的領域への介入の抑制という実質において共通する部分があるように思われる。

(99) ライナー・フランクは、「多くの事案において、婚姻中に生まれた子の父性を否認するための裁判を不要にする」という実際的機能に着目して、「革命的な改正」であると評している（Rainer Frank, a. a. O., StAZ 2003, S. 134）。なお、排除的認知については、松倉耕作・概説オーストリア親子法（二〇〇三年）三〇頁に若干の記述がある。

(100) オーストリアの二〇〇四年改正については、Susanne Ferrari, Das neue österreichische Abstammungsrecht, in: Hofer / Klippel / Walter (Hrs.), Perspektiven des Familienrechts, Festschrift für Dieter Schwab, 2005, S. 1334 ff. を参照した。

(101) Ferrari, a. a. O., S. 1343.

（追記） 連邦憲法裁判所は二〇〇七年二月一三日判決（FamRZ 2007, 441）において、子が自分からの出自（血縁）を有するかどうかを知る父の権利もまた一般的人格権を保障する基本法二条一項によって保護されるとの見解を示し、その権利を実現するために、法的な父子関係の変更を目的としない出自の確認だけを目的とする法的手続を、二〇〇八年三月三一日までに導入すべきことを立法者に命じた。この憲法裁判は、本論四7で取り上げたＢＧＨ二〇〇五年一月一二日判決で敗訴した原告からの憲法異議の申立てによるものである。憲法裁判所判決の骨子を簡単にまとめれば、次のようになるであろう。すなわち、父性否認手続は法的な父子関係を否定する効果を持つから、判例が父性に対する疑念の具体的根拠の明示を原告に要求していることは、特に子の利益に配慮した父、母および子の基本法上の利益の調整として肯定される。その意味で父性否認は、父の知る権利を実現する方法としては適切なものではない。そこで、父の知る権利を保障するためには、法的父子関係の終了という身分的効果を伴わない法的手続を設ける必要があるというのである。

これはいわゆる「独立の出自確認の訴え」の考え方である。かつて出自を知る子の権利の保障という文脈において憲法裁判所によって提案されたが、一九九七年の親子法改革では採用されなかったという経緯がある（ヘルムス・前掲三九頁以下、一三〇頁以下参照）。しかし今回は期限を定めた立法の指示である。これを受けて連邦司法省は、二〇〇七年三月二七日付けでＢＧＢの改正案を公表している（vgl. FamRZ 2007, Heft 8, II）。具体的には、ＢＧＢ一五九八ａ条に「出自解明請求権（Anspruch auf Klärung der Abstammung）」に関する規定を新設するという提案である。父、母および子のいずれも他の者に対して出自の解明を求めることができ、その場合、当事者は遺伝的出自検査に同意しなければならず、同意なきときは家庭裁判所が同意を代替することができる。ただし子の福祉に配慮すべき重大な事由がある場合には、その手続は停止される。また、父性否認に関する一六〇〇条以下も変更され、当事者はこの出自解明を求めるか、あるいは父性否認の訴えを提起するかを選択することができ、前者を選択した場合には、その手続の継続中は二年の否認期間は進行しないものとされる。

その後連邦司法省は、二〇〇七年五月九日付けで、家事事件手続の統一的改革を意図した、「家事事件手続および非訟事件事項における手続の改革のための法律草案（Entwurf eines Gesetzes zur Reform des Verfahrens in Familiensachen und in den Angelegenheiten der freiwilligen Gerichtsbarkeit (FGG-Reformgesetz — FGG-RG)）を、同省のホームページ（http://www.bmj.de）上で公表した。これは政府草案であり、民事訴訟法（ＺＰＯ）や非訟事件手続法（ＦＧＧ）にある家事事件の手続規定を一本化するもので、二〇〇九年半ばの施行を目指しているという。本稿で取り上げた父性否認の手続規定も、片面的職権探知や鑑定強制に関するものを含めて、草案一六九条以下の「出自関係事件手続（Verfahren in Abstammungssachen)」に引き継がれている。注目されるのは、ＢＧＨ判例が原告に負わせている「端緒的嫌疑」の主張責任の扱いである。二〇〇六年二月に公表された報告者追加草案（Ergänzter Referentenentwurf）では、父性否認の申立てには「理由付けは必要としない」との規定を置いていた（同草案一八〇条二項二文）のに対し、最新の政府草案一七一条二項二文では、「父性に反する事情およびその事情を知った時点」を申述しなければならないものと変更されているのである。政府草案の記述（Entwurf, S. 543 f.）によれば、前述の憲法裁判所判決が有理性審査に関するＢＧＨの判例法理を追認したことが、草案内容の変更につながったもののようである。これはいわゆる「べき規定（Soll-Vorschrift）」であって、申述の内容が不十分である場合に、直ちに申立てが却下されることはないと説明されている。また、前記の「出自解明請求権」の規定がＢＧＢに採用された場合には、そこで明らかにされた出自（血縁）関係不存在の結論を援用すれば有理性審査には十分であるということになろう。ドイツの実親子関係法は、大改正から一〇年にしてまた大きな分岐点にさしかかっているようである。

丸山秀平

会社の組織に関する訴えにおける裁判所の裁量権の範囲

Shûhei Maruyama,
Gerichtlicher Ermessensspielraum bei der Nichtigkeitsklage in §§ 828 ff.
des japanischen Gesellschaftsgesetzes

目次

一　はじめに

会社法（平成一七年法八六号）は、株式会社および持分会社に関する単行法として、平成一七年に成立し、平成一八年五月から施行されている。[1]本稿は、会社法上の会社の組織に関する訴えにおける裁判所の裁量権の範囲に関する若干の個別問題を取上げて論ずることにしたい。

会社をめぐる各種紛争の解決手段として訴訟が利用される場合を会社訴訟というが、[2]会社法では、この意味における会社訴訟のうち、会社の内部組織に関する訴訟について、同法「第七編　雑則」の「第二章　訴訟」で統一的な規定を置いている。このうち第一節（会八二八～八四六条）が会社の組織に関する訴えに係る規制である。以下では、まず、会社の組織に関する訴えに属する各訴訟類型毎に会社法上の規制について概観した後、個別訴訟について裁判所の裁量権が問題となる点について論及したい。

二　会社の組織に関する訴えの類型

1　会社の組織に関する行為の無効の訴え

会社の組織に関する訴えに属するもののうち「会社の組織に関する行為の無効の訴え」[3]として会社法八二八条に列挙されているのは、①会社の設立無効の訴え、②株式会社の成立後における株式発行の無効の訴え、③自己株式の処分無効の訴え、④新株予約権の発行無効の訴え、⑤株式会社における資本金額の減少の無効の訴え、⑥会社の組織変更無効の訴え、⑦会社の吸収合併無効の訴え、⑧会社の新設合併無効の訴え、⑨会社の新設分割無効の訴え、⑩会社の吸収分割無効の訴え、⑪株式会社の株式交換無効の訴え、⑫株式会社の株式移転の無効の訴えの一二種類である（会八二八条一項一～一二号）。

以上の①～⑫訴えについて、それぞれ問題となる行為の効力発生日から一定の提訴期間が定められている（会八二八条一項一～一二号）。このことに関連して、従来、設立無効の訴えおよび設立取消しの訴えを除き、提訴期間内は口頭弁論を開始できないとされていた（平成一七年改正前商一〇五条二項）。これに対して、会社法では、この制限は廃止されている。このことの理由として掲げられていることは、従来も会社の組織に関する訴えについて口頭弁論開始の制限が一律に課せられていたわけでもなく、弁論・裁判の必要的併合に関する規制の他に口頭弁論開始を制限する必要性に乏しかったこと、口頭弁論開始の制限は裁判の迅速化の妨げとなることである。[4]

また、認容判決確定によって、無効・取消しの対象とされた行為は将来にわたって無効となるが、交付された株式・新株予約権も同様である（会八三九条）。

これらの訴えの当事者について、被告（会八三四条一～一二号）[5]および提訴権者について、会社の組織に関するそれぞれの行為に応じ規定が設けられている（会八二八条二項一～一二号）。このうち、株式交換の対価の柔軟化（会七六八条一項二号）との関係で、従来認められなかった債権者保護手続が認められており（会七九九条一項三号）、当該保護手続で異議を述べた債権者も、株式交換無効の訴えを提起できるものとされている（会八二八条二項一一号）。

2　新株発行等不存在確認の訴え

株式会社の成立後における株式の発行、自己株式の処分および新株予約権の発行について、当該行為が存在しないことの確認を訴えを以て請求できるものとされた（会八二九条）。

従来、新株発行の実体がなく、単に新株発行による変更登記があるにすぎないような場合には、新株発行不存在として、一般原則により無効主張をすることができると解されていた。この点で、判例は、会社を被告として、新株発行不存在の訴えを提起することができるが、[6]提訴期間について、新株発行無効の訴えに関する規定は類推されないとしていた。[7]これを受けて、会社法では、新株発行等不存在の訴えについて前記のような規定を設けたうえ、会社が被告となること（会八三四条一三・一四・一五号）、提訴期間の限定なきこと（会八二八条一項参照）、認容判決の対世効が認められること（会八三八条）、認容判決確定に遡及効あること（会八三九条）が明文化されている。

3　株主総会等の決議の不存在または無効の確認の訴え

株主総会・種類株主総会・創立総会・種類創立総会（「株主総会等」以下同様）の決議については、決議が存在しないことの確認または決議の内容が法令に違反することを理由として、決議が無効であることの確認を、訴えを以て請求することができる（会八三〇条一・二項）。この訴えの被告は、当該株式会社である（会八三四条一六号）。

4　株主総会等の決議の取消しの訴え

株主総会等の決議の日から三ヶ月以内に、株主等[8]（創立総会・種類創立総会の場合は、株主等、設立時株主、設立時取締役または設立時監査役）は、株主総会等の当該決議の取消しを訴えを以て請求することができる（会八三一条一項）。この訴えの被告は、会社である（会八三四条一七号）。

決議取消し事由として掲げられているのは、①株主総会等の招集の手続または決議の方法が法令もしくは定款に違反し、または著しく不公正なとき、②株主総会等の決議の内容が定款に違反するとき、③株主総会等の決議について特別の利害関係を有する者が議決権を行使したことによって、著しく不当な決議がされたとき、である（同項）。決議取消しの訴えが提起された場合において、株主総会等の招集の手続または決議の方法が法令または定款に違反するときであっても、裁判所は、その違反する事実が重大でなく、かつ、決議に影響を及ぼさないものであると認めるときは、請求を棄却することができる（同二項）。この裁量棄却については、項を改めて論ずる（後記三3）。

5　持分会社の設立取消しの訴え

持分会社の成立の日から二年以内に、①社員が民法その他の法律の規定により設立に係る意思表示を取り消すことができるときには、当該社員が、②社員がその債権者を害することを知って持分会社を設立したときには、当該債権者が当該持分会社の設立の取消しの訴えを提起することができる（会八三二条）。この訴えの被告は、①については当該持分会社、②については当該持分会社および債務者を害することを知って持分会社を設立した社員である（会八三四条一八・一九号）。

6　会社の解散の訴え

株式会社にあっては、一定の議決権または持株数を有する株主であれば、①株式会社が業務の執行において著しく困難な状況に至り、当該株式会社に回復することができない損害が生じまたは生ずるおそれがあるとき、②株式会社の財産の管理または処分が著しく失当で、当該株式会社の存立を危うくするとき、であって、やむを得ない事由があるときには、訴えを以て株式会社の解散を請求することができる（会八三三条一項）。また、持分会社にあっては、持分会社の社員であれば、やむを得ない事由がある場合には、訴えを以て持分会社の解散を請求することができる（同二項）。それぞれの訴えの被告は、当該株式会社・当該持分会社である（会八三四条二〇・二一号）。

三　個別問題

以下においては、二で論じた各種の訴えについて、何らかの問題を有する訴訟が提起された場合、その訴えの提起から判決に至る訴訟過程において、裁判所の裁量によって当該訴訟の進行に対する一定の抑止的効果をもたらすような個別制度について論じて行くことにする。まず、訴訟提起の段階では、不当かつ濫用的な訴えの提起に対して、いわゆる「門前払い」として、裁判所が当該訴訟を受け付けない可能性がある（後記1）。また、訴訟の受理に際して、被告からの申立てに基づいて、担保提供の命令が出されたが、担保が提供されなかった場合には、それ以上の訴訟は継続されないことになる（後記2）。さらに裁判所の裁量によって請求自体が棄却されることによって、当該訴訟に決着を付けることができる（後記3）。

1　不当訴訟による訴えの却下

会社法では、役員等に対する責任追及等の訴えに関して、当該訴えが請求権者たる株主もしくは第三者の不正な利益を図りまたは被告たる役員等の所属する株式会社に損害を加えることを目的とする場合には、株主の請求は認められないものとされている（会社八四七条一項ただし書）。ここで、「株主の請求は認められない」としているのは、裁判所が請求を却下すべきであるとの意であるとされている。(9) この規定は、新法によって新たに条文化されたものである。(10)

しかし、従来の規制上も訴権の濫用として訴えが認められないものとする解釈をとる可能性がなかったわけではない。[11]

これに対して、本稿で取扱っている会社の組織に関する訴えについては、責任追及等の訴えにおける前記会社法八四七条一項ただし書と同様の規定は存しない。それでは、責任追及の訴えにおける前記会社法八四七条一項ただし書のような明文規定がないことから、不当訴訟[12]と見られるものについて裁判所が訴訟を却下することは認められないのであろうか。この点で、有限会社の社員総会決議不存在確認の訴えについて、会社の経営の実権を握っていた者が、第三者に対し持分全部を譲渡して経営を事実上右第三者に委ね、当時社員総会を開いて譲渡の承認を受けることが極めて容易であったにもかかわらず、相当長年月を経た後に、右譲渡人が持分の譲渡承認およびこれを前提とする役員選任等に関する社員総会決議の不存在確認を求める訴えを提起するのは訴権の濫用に当るとした判決がある。[13]

民事訴訟法上の学説によれば、訴権の行使が権利濫用や信義則違反となる場合[14]について直ちに訴えを不適法却下とするのではないが、少なくとも、原告が本来の請求の実質的内容について裁判所の判断を求めることを意図せず、むしろ相手方や裁判所に対し損害を与えることを目的としていたり、事態の単なる引き伸ばしのために訴訟を利用している場合には、訴権の濫用として、権利保護の利益に欠けるから、本案について判断するまでもなく、訴えを却下できると解されている。[15] その意味で、前記判決は最高裁段階で、訴えの不適法却下を認めたものとして画期的なものであるとされている。[16] その後、会社訴訟ではないが、下級審において、訴権濫用により訴えを却下した判決があり、[17] さらに、私製手形を使った手形金請求について、それぞれ事案は異なるものの、手形制度および手形訴訟制度の濫用を理由として訴えを却下した判決が相次いで出されている。[18]

このような状況にあって、会社法は、役員等に対する責任追及の訴えについてのみ訴えを却下し得るとする根拠規定を設けたわけであるが、役員等に対する責任追及の訴えのような明文規定がない会社の組織に関する訴えについても、前記のような訴権の濫用が認められる場合には、訴えを却下することができると解すべきであろうか。役員等に対する責任追及等の訴えに関し、なぜ明文規定を以て、株主の請求が認められない場合が定められたのかについて、次のような解説が見受けられる。すなわち、明文規定がない場合には、一般条項に頼る他はないが「一般条項の適用は、予見可能性の点から問題があり、法的安定性を害するおそれもある」ことから、株主の請求が認められない場合についての明文規定を設けたとするのである。[19] 確かに、明文規定を設けることにより、どのような要件が充たされれば株主の請求が認められないかについて、当事者にとって予測可能となり、[20] 法的安定性にも資することとなる。しかし、そうであるならば、そのことは、役員等に対する責任追及の訴えのみに当てはまるものではなく、本稿で論じている株式会社の組織に関する訴えについても当てはまるのではないか。ここで、役員等に対する責任追及の訴えは、単独株主権であり、また訴え提起の費用も低額であるため不当な訴訟が提起される場合が多く、そのための対抗策として明文規定が必要であるとの意見もあろう。[21] しかし、このことは絶対的な理由とはなり得ない。会社法によって役員等に対する責任追及の訴えのみについて明文規定が設けられたこと自体を否定するわけには行かない。であるからといって、明文規定がない場合には訴えの却下が認められないとすべきではない。もとより、前記解説も一般条項の適用を否定しているとは読めない。株式会社の組織に関する訴えについても、役員等に対する責任追及の訴えについて明文規定によって訴えを却下すべき場合と同様の状況が存する場合には、やはり訴権の濫用ないし信義則違反として訴えを不適法却下すべきものと解される。

これに対して、明文規定のある場合については、却下ができるが、明文規定がない場合には、訴権濫用については、請求棄却によるべきであるとの見解もあり得る。これに関して「訴権濫用を訴訟法上の取扱いに反映するとしても、訴訟上の攻撃方法としての権利主張を信義則に反して許されないとし、勝訴に必要な主張なし（あるいは権利主張は成立たない）として請求を棄却する」との指摘がある。[22]確かに、門前払いとなる却下よりも、審理のうえ棄却とすることによって、原告の態様によって柔軟に対処しうる余地があるかも知れない。ただ、この問題は、却下か棄却かという二者択一ではなく、[23]裁判所として、事案に応じて、却下とも棄却とも可能とする解釈もなし得るのではないか。

いずれにしても却下の可能性を前提としたうえで、さらに問題となるのは、ある提訴権者からの提訴が、不適法却下とされた場合でも、他の提訴権者からの提訴可能性が当然に排除されるわけではないという点である。もっとも、株主総会等の決議の取消しの訴えのように提訴期間が限定されている場合には、提訴が不適法却下されるまでの間に一定の時間が経過するために他の提訴権者の提訴の可能性が事実上減殺されることは確かであろう。しかし、株主総会等の決議の不存在または無効の確認の訴えのように、提訴期間の定めのない訴えの場合には、そのような事態は生じない。この種の団体訴訟において提訴権者の一人に対する関係で信義則違反の問題が生じたとしても、そのことが訴訟全体に影響を及ぼすことは不合理であるかも知れない。[24]一方、商法・会社法上の訴訟の迅速かつ画一的処理の要請からすれば、人によって結果を異にすることは却って混乱を生ずることになる。[25]前記最高裁判決を巡って見解が対立しているが、それは前記判決の事案に依拠する展開となっており、[26]一般化し得るものとはなっていない。この点は今後も問題が継続することになる。

2　担保提供制度

会社の組織に関する訴えであって、提訴権者が株主または設立時株主であるものについて、裁判所は、被告の申立てにより、提訴した株主または設立時株主に対し、相当の担保を立てることを命ずることができる（会八三六条一項本文）。担保提供命令に関する会社法の規定の内容は、従来の商法二四九条に規定されていたものとほぼ同一である（平成一七年改正前商二四九条）[27]。ただし、従来とは異なり、設立無効の訴えについても、担保提供命令が認められることとなった[28]。なお、担保提供命令の前提として、前記株主が取締役、監査役、執行役もしくは清算人でないこと、または前記設立時株主が設立時取締役もしくは設立時監査役でないことが必要である（会八三六条一項ただし書）。この担保提供命令は、提訴権者が債権者である場合にも認められている（同二項）。

担保提供制度の趣旨を明らかにするためにも、会社法に至る前記旧法上の規定の変遷について論じて行きたい。まず、昭和二五年商法改正以前において、前記規定は「株主ガ決議取消ノ訴ヲ提起シタルトキハ会社ノ請求ニ依リ相当ノ担保ヲ供スルコトヲ要ス但シ其ノ株主ガ取締役又ハ監査役ナルトキハ此ノ限ニ在ラズ」とされていた。昭和二五年改正にあたって、同規定は一旦削除されることとなっていた。この点に関する当時の立法担当者の説明によれば、「会社の請求がある場合には訴を提起いたしました株主は相当の担保を供すべき義務を認めておるのでありまするが、若しこの担保を提供いたしませんで訴を提起いたしまするると、裁判所は民事訴訟法の一一七條、一一四條の規定（筆者注：現民訴八一・七八条）によりまして、口頭弁論を経ないで判決を以て訴を却下し得るわけでございます。株主の提起は、自分の個人的な利益を擁護するための訴ではありませんで、飽くまでもいわゆる共益権に基く訴でございまするが故に、その訴の提起につきまして担保を提供せしめるということにいたしましたのでは、株主の訴提起の事実上の権利が妨げられ、又場合によつては奪われるという事実上の結果を伴う虞れもありますので、株主の権利を保護する意味におきまして、二四九條を削除いたしたわけでございます。」とされていた[29]。ところが、前記改正法公布後の昭和二六年において、前記改正法施行前段階での改正によって、悪意の疎明を要件とすることによって、担保提供の制度が復活した[30]。そして、会社法成立によって、現規定が旧商法規定を引き継いだ形になったのである（会八三六条三項）。以上の経緯から明らかになることは、担保提供命令の制度が、株主の共益権に基づく権利行使を阻害するものであってはならない一方で、自己の個人的利益のために提訴権を行使した株主に対しては、その歯止めとして担保提供命令が機能すべきことである。

旧法下の担保提供命令に関わる近年の決定を見てみると、「本件訴訟の提起は、相手方が株主の正当な利益を保護するための権利行使として行ったものではなく、申立人に対する理不尽な要求が拒絶されたことに関連して申立人を困惑させる意図のもとに行ったものであると推認することができる」として「悪意」であるとしたもの[31]、「本件訴え提起の目的は、株主の正当な利益を保護するための権利行使ではなく、申立人を困惑させて在職中の処遇に対する不満や、土地取引をめぐる相手方の態度に対する不満を晴らすことにあったことが推認できる」として「悪意」であるとしたものがある[32]。一方、第三者に対する新株の有利発行について株主総会の特別決議を経ていないとして株主が提起した新株発行無効の訴えについて、特別決議なき新株発行が新株発行無効原因にならないとする最高裁判例を知りながら訴訟を提起することから、直ちに株主に悪意があるとは認められないとして、会社による担保提供の申立てが却下された事例では、「「悪意」とは、株主が新株発行無効の訴えを提起する目的が、商法が株主に提訴権を規定した趣旨に照らし、これを著しく逸脱していることを言うものと解するのが相当であ」り、「株主としての正当な利益を擁護するという目的以外の商法が許容しない目的により右訴えを提起した場合がこれに当たるのであり、請求原因の重要な部分に主張自体失当の点があり、主張自体を大幅に補充あるいは変更しない限り請求が認容される可能性がない場合、請求原因事実の立証の見込みが低いと予測すべき顕著な事由がある場合、あるいは申立人の抗弁が成立して請求が棄却される蓋然性が高い場合などに、そうした事情を認識しつつあえて訴えを提起したものと認められるときには、「悪意」の存在が一応疑われることになる。」としている。[33] これらの諸決定において共通する「株主の（株主としての）正当な利益」という観点は、先に示した共益権としての株主の権利行使という点に相応するものと解される。一方、株主としての正当な利益とは異なる（個人的）利益を得るための提訴権の行使のみが「悪意」の存在に結びつけられるのではなく、請求自体が認容される可能性がないのにもかかわらず提訴したことも「悪意」とされる可能性があることが示唆されている。旧商法二四九条との関係で、学説上も「悪意」とは、訴えの提起が株主としての正当な利益の擁護の目的に出ずして、不当に会社の利益を害する意図を以てなされていることを意味するものと解されていた。[34] この点は、会社法八三六条三項の「悪意」の内容としても同様に引き継がれているものと解されよう。

以上の意味における「悪意」の疎明が認められ、担保提供命令が出された場合には、提訴した株主は担保を提供すべきことになる。[35] そして、担保の提供がなされなかった場合には、訴えは却下されることになる。[36] この意味では、訴権の濫用の場合に訴えが却下されることと重なり合う制度趣旨を担保提供についても見て取ることができる。前記2で論じたように、会社法上の会社の組織に関する訴えについて、役員等に対する責任追及の訴えのような明文規定がなくても訴権の濫用と認められる場合には、訴えを却下し得ると解されるが、裁判所が自ら却下するのではなく、被告の申立てを受ける形で、前記「悪意」が認められる場合に担保提供命令を下し、相応の担保を提供し得ない提訴者を排除することによっても同様の結果を導き得るのである。被告としては、悪意の立証までは必要なく、疎明で足りるのであるから、担保提供における「悪意」と、訴権濫用の場合の濫用の意図がほぼ同一であるとしても、担保提供の方が利用し易いのではないか。前記1で述べたように、役員等に対する責任追及等の訴えに関しては不当訴訟と見られるものについて裁判所が訴えを却下し得るとする明文規定が向けられたが、同類型の訴訟については従来から担保提供命令に関する規定が置かれており、それが会社法にも引き継がれてきている（会八四七条七・八項）。このことから、役員等に対する責任追及等の訴えに関する担保提供制度の見直しに関する議論もなされなければならない。勿論、役員等に対する責任追及等の訴えにおける前記明文規定は「株式会社」の保護を目的とするのに対し、担保提供の制度は、「被告」の保護のための制度であるので、(37) 濫訴防止という見地から両者は同一視できず、それぞれの制度を独自に運用して行くことでよいとの意見もあろう。しかし、担保提供の制度が、先に述べた「悪意」の認定に関わる学説判例の見解にもあるように、被告のみならず会社の利益保護も視野に入れていることは、否定できない。

以上の点はもともと明文規定のない場合であっても同様に論じられるべきものである。その限りにおいて、本稿で扱っている会社の組織に関する訴えについても考慮されなければならない。先に述べたように、担保提供命令は、被告の申立てを待ってなされるものであり、また証明の程度も異なる以上、当初からの訴訟却下の場合に比べてその運用は相対的に柔軟であり得るものと解されよう。

3 裁量棄却

決議取消しの訴えが提起された場合において、株主総会等の招集の手続または決議の方法が法令または定款に違反するときであっても、裁判所は、その違反する事実が重大でなく、かつ、決議に影響を及ぼさないものであると認めるときは、請求を棄却することができる（会八三一条二項）。

この規定も、会社法成立前の商法二五一条が、決議取消しの訴が提起された場合に、招集手続または決議方法が法令・定款違反であるとしても、その違反する事実が重大でなく、かつ決議に影響を及ぼさないと認められるときは、裁判所は、その裁量によって、決議取消しの請求を棄却することができると規定していたことと変わりはない（平成一七年改正前商二五一条）。この裁判所の裁量棄却権は、昭和二五年改正前商法二五一条に定められていた。[38]しかし、この規定は同改正にあたって削除されたため、[39]裁量棄却権がその後も存在するか、存在するとしてもそれはどのような要件で認められるかについて争いが生じた。これに関する判例は、違反事実の非重要性に重きを置いたものと、[40]決議への非影響性に重きを置いたものに分かれた。[41]昭和五六年商法改正に際して、これらの判例による基準を考慮した形で、裁量棄却権に関する規定が復活したのである。このような規定の復活に至るまで学説も多岐に分かれていた。[42]

本稿との関係では、前記１で述べた不当訴訟との関係では、会社荒らしその他不当な利益追求を目的とする訴えに対し裁判所は訴えを却下し得るとする見解がある。[43]これに対して、瑕疵が軽微であっても、裁判所としては目的が不当であるということだけで却下すべきではなく、訴えを受理したうえで、請求の実質的当否を審理すべきであるとする見解がある。[44]また、同様の見地から、決議への非影響性との関係で、瑕疵が決議の結果に影響を与えるような場合には不当訴訟の場合も請求を排斥し得ないとする見解がある。[45]前記１で述べてきたことからすれば、会社の組織に関する訴えについて訴権の濫用と見られるべき不当訴訟については、裁判所による訴え却下の可能性を否定し得ないと思われる。ただし、同じ会社の組織に関する訴えであっても、決議取消しの訴えについては裁判所による裁量棄却に関する明文規定が存することから、裁判所としては、却下の可能性がある場合でも、右の見解のように、却下せずに、審理を行なうべきであると解される。なぜなら、裁量棄却に関する旧商法二五一条の復活の趣旨からすれば、特定の株主ではなくすべての株主にとって利害関係が生ずるような決議の結果に影響を及ぼすような瑕疵あるいは重大な瑕疵については、裁判所の裁量権は制限されていると見るべきであって、その限りで、却下の権限も制限されていると解されるからである。

四　まとめに代えて

これまで論じてきたように、会社の組織に関する訴えについては、役員等に対する責任追及等の訴えにおける前記会社法八四七条一項ただし書と同様の規定は存しないが、不当訴訟のうち訴権の濫用と見られるものについては、不適法却下とする可能性が存する。その意味するところは、前記明文規定の存する場合とは異なり、裁判所は必ず不適法却下すべきというわけではなく、訴えを受理したうえで棄却することもできると解したい。ただし、会社の組織に関する訴えのうち決議取消しの訴えについては裁量棄却に関する明文規定が存し、非影響性と非重要性という判断基準が示されていることとの関係で、本来不適法却下が可能であっても、訴えを受理すべき場合があると解される。(46) これと並んで、従来、濫訴防止という機能を担うものとして位置付けられてきた担保提供制度は、今後とも訴訟受理を前提としたうえで、不利益を被る被告の救済を図るための制度として運用されるべきである。それぞれの具体的な適用要件の設定については新たな会社法に基づく判例法の形成に委ねられなければならない。さらに本稿で論じられなかった個別問題(47)については今後の研究に委ねたい。

(1)　会社法附則一条によれば、公布の日から起算して、一年六月を超えない範囲内において政令で定める日から施行されることとなっていたが、公布の翌年である平成一八年六月に多くの会社が株主総会を開催する予定であり、その総会の段階で新たな法律に基づく定款変更等を行なわせるために同年五月から施行されることとなったのである（日本経済新聞二〇〇六・

三・二四記事参照)。

(2) 同旨、家近正直「大小会社をめぐる会社紛争の実務」岡本正治＝片山信弘＝小櫻純＝三島徹也＝山下真弘・会社訴訟をめぐる理論と実務、中央経済社二〇〇二年、一頁。

(3) 会社法では、従来とは異なり、殆どの条文毎に、当該条文の内容に係る表題が付されている。この点で、八二八条に付された表題は、会社の組織に関する訴えのうちで、組織に関する行為の無効を争う訴えを表わしている。注意しなければならないことは、「無効の訴え」であって「無効確認の訴え」とはなっていないことである。例えば、八三〇条の訴えは、「決議の不存在または無効の確認の訴え」であり、その提訴権者も限定されていない。これに対して、「無効の訴え」は形成訴訟としての性質を有するものであって、提訴権者も法定されている。

(4) 相澤哲＝葉玉匡美「新会社法の解説(一六)外国会社・雑則(上)」旬刊商事法務一七五四号九八―九九頁。

(5) 従来は、被告が誰であるかについて明示規定がなかったが(ただし、平成一七年改正前商一四一条)、会社法では、各訴え毎にこれを明示することとなった。相澤＝葉玉、前掲九九頁。

(6) 最判平九・一・二八民集五一巻一号四〇頁。

(7) 最判平一五・三・二七民集五七巻三号三一二頁。

(8) 提訴権者としての「株主等」とは、株主、取締役または清算人(監査役設置会社では株主、取締役、監査役または清算人、委員会設置会社では株主、取締役、執行役または清算人をいう(会八二八条二項一号)。とりわけ、決議取消しの訴えについては、当該決議の取消しにより取締役、監査役または清算人となる者も提訴権を有する(会八三一条一項)。

(9) 相澤哲＝葉玉匡美「新会社法の解説(一六)外国会社・雑則(下)」旬刊商事法務一七五五号四頁。

(10) 会社法案では、①責任追及等の訴えが当該株主若しくは第三者の不正な利益を図り又は当該株式会社に損害を加えることを目的とする場合、②責任追及等の訴えにより当該株式会社の正当な利益が著しく害されること、当該株式会社が過大な費用を負担することとなることその他これに準ずる事態が生ずることが相当の確実さをもって予測される場合にも株主の請求を認めないものとされていた(会社法案八四七条一項ただし書)。しかし、国会審議段階での修正によって、②は削除され、①のみが残ったという経緯がある。

(11) 長崎地判平三・二・一九判時一三九二号一三八頁、参照。同判決では、株主代表訴訟が、原告において会社を困惑させ、会社を権利者とする抵当物件の任意処分や会社から自己に対する融資等を実現させて利を図ろうとする意図に出たものであって、会社の利益を害し、株主たる資格とは関係のない純然たる個人的な利益を追求する手段として提起されたものであるときは、訴権の濫用に当る不適法な訴としてこれを却下すべきものであるとされている。同判決について、新山雄三・会社判例と実務・理論（判例タイムズ九四八号）一四二頁、南隅基秀・法学研究七一巻三号一〇一頁、内海淳一・福山平成大学経営学部紀要経営法学科編平成法学一号二一二頁。

(12) 最判昭六三・一・二六（民集四二巻一号一頁）は、訴えの提起が相手方に対する違法行為となる場合として、「当該訴訟において提訴者の主張した権利又は法律関係（以下「権利等」という。）が事実的、法律的根拠を欠くものであるうえ、提訴者が、そのことを知りながら又は通常人であれば容易にそのことを知りえたといえるのにあえて訴えを提起したなど、訴えの提起が裁判制度の趣旨目的に照らして著しく相当性を欠くと認められるとき」と判示している（本判決について、加藤新太郎・民事訴訟法判例百選二四頁、梅善夫・昭和六三年度重要判例解説（ジュリスト九三五号）一一九頁、等）。このような訴訟を不当訴訟と呼んでよいと思われる。もっとも、このような意味における不当訴訟が、訴権の濫用として、直ちに訴えの却下・棄却に結びつくか否かは別に考慮しなければならない（本文参照）。この意味において、本稿では、不当訴訟という言葉を、訴権の濫用となるような濫用的訴訟よりも相対的に広義で用いることとしたい。

(13) 最判昭五三・七・一〇民集三二巻五号八八八頁、同判決について、吉川義春・民商法雑誌八〇巻五号五九四頁、阪埜光男 Law School 二巻八号一二〇頁、新堂幸司・判例評論二四四号三〇頁、森田章・会社判例百選（第四版）一八二頁、谷口安平・判例タイムズ三九〇号二五六頁、平尾賢三郎・金判五六五号五三頁、福永有利・判例タイムズ三七五号五七頁、別府三郎・ジュリスト六九三号一〇四頁、同・法律のひろば三二巻八号七六頁、中島弘雅「株主総会決議訴訟と訴権の濫用」法学五四巻六号一九八頁。本判決以前の下級審判決として、大分地判昭二七・一二・二〇下民集三巻一二号一八〇六頁、広島高判昭四三・一二・一七判時五五二号七六頁は、権利の濫用を認めているが、いずれも請求棄却としていた。

(14) 民事訴訟法上の信義則と権利濫用については、裁判所と当事者間の関係と当事者間相互の関係を区別しつつ、前者について信義則は両者の実質的協同を確保する機能を有し、後者について、信義則は当事者間の実質的衡平を維持する機能を有するとの見解がある（中野貞一郎「民事訴訟における信義誠実の原則」訴訟関係と訴訟行為七三頁以下）。他方、信義則は、平等な当事者間でのみ問題となるものであって、裁判所と当事者間の関係では問題とならないとの見解がある（竹下守男

「訴訟行為と信義則」判例演習一四六頁）。いずれの見解も信義則が適用される場面では、同時に権利濫用の法理も適用されると解されている（林屋礼二「民事訴訟における権利濫用と信義則の関係」新実務民事訴訟講座一巻一七四―一七五頁）。

(15) 山木戸克己「民事訴訟と信義則」末川古稀記念・権利の濫用(中)二七〇頁、中野、前掲七三頁、山本、前掲八二頁以下、新堂幸司・新民事訴訟法（第三版）二四三頁。なお、ドイツ法における株主総会決議取消しの訴えについても、同様の見解を示すものとして、Godin-Wilhelme, Aktiengestz, 4.Aufl., 243. Anm. 3.

(16) 谷口、前掲二五八頁。もっとも、同、二五九頁で指摘されているように、本件において原告敗訴の結論は妥当であるとしつつ、訴えを不適法却下とする本判決の法律構成については、前注(5)で引用した本件評釈のすべてが賛成しているわけではない。

(17) 東京地判平一二・五・三〇判例時報一七一九号四〇頁、同事件の控訴審、東京高判平一三・一・三一判タ一〇八〇号二二〇頁。地裁判決では、「訴えの提起において、提訴者が実体的権利の実現ないし紛争の解決を真摯に目的とするのではなく、相手方当事者を被告の立場に立たせることにより訴訟上又は訴訟外において有形、無形の不利益・負担を与えるなど不当な目的を有し、提訴者の主張する権利又は法律関係が事実的、法的根拠を欠き権利保護の必要性が乏しいなど、民事訴訟制度の趣旨・目的に照らして著しく相当性を欠き、信義則に反すると認められる場合には、訴権を濫用するものとして、その訴えは不適法として却下すべきである」としている。控訴審でも支持されている。

(18) 東京地判平一五・一〇・一七（判時一八四〇号一四二頁）東京地判平一五・一一・一七判時一八三九号三九頁。前者について、丸山秀平・平成一五年度重要判例解説（ジュリスト一二六九号）一一五頁。

(19) 相澤＝葉玉、前掲(1)四頁。

(20) 相澤＝葉玉、前掲(1)四頁によれば、判断資料の収集の責任は当事者にあるとされる。

(21) 相澤＝葉玉、前掲(1)四頁。

(22) 新堂、前掲一六三頁。もっとも、この見解は、必ず棄却すべきであるとの立場に立っているわけではない。

(23) この点に関し、訴権の濫用と権利の濫用を峻別する基本的立場に立ちつつ、いずれについても権利濫用は成立しないとの見解も存する（中島、前掲二〇八―二〇九頁）。これに対して、私見は、訴権の濫用と権利の濫用を峻別しつつ、そのいずれについても不当訴訟のうちの一定のものについては、権利濫用の成立の余地を認め、前者については、不適法却下、後者については請求棄却の可能性を肯定する立場に立つものである。

(24) 加茂、前掲三〇二頁は、その意味において訴えの却下は「少なくとも当座限りの問題回避にすぎない」とする。

(25) 平尾、前掲五七頁。

(26) 谷口、前掲二五九頁、森田、前掲二一一頁参照。

(27) 担保提供制度は、もともとドイツ法に依拠するものであった。すなわち、一八八四年ドイツ商法典一九〇条a第三号に依拠したものであった。同規定は、一九三七年株式法一九九条四項となったが、一九六五年改正によって削除された（新版注釈会社法(五)株式会社の機関(一)三六四頁〔岩原紳作〕）。旧一九九条四項が削除された理由として掲げられているのは、その他の民事訴訟の場合に認められていないような担保提供の義務が原告たる株主に課せられるのは、不平等であることである（Die Begründung des Regierungsentwurfs zum Aktiengesetz 1965 in § 246, 慶応義塾大学商法研究会訳・西独株式法三九二頁参照）。

(28) 設立無効の訴えについても担保提供命令を認めた理由としては、敗訴した原告に損害賠償責任（会八四六条）を課しながら、担保提供命令の対象としないという合理的な理由がないこと、濫訴防止や他の組織に関する訴えとの平仄を考慮すべきこと、である。相澤哲＝葉玉匡美「新会社法の解説(15)外国会社・雑則(上)」旬刊商事法務一七五四号九九頁、江頭憲治郎「会社法制の現代化に関する要綱案の解説(Ⅰ)」商事法務一七二一号一二頁。

(29) 第七回国会　参議院法務委員会議事録第一〇号（昭和二五年三月一一日）。

(30) 岩原、前掲新版注釈会社法三六四頁、田中誠二編集代表・株式会社法辞典六九六頁〔鴻常夫〕。

(31) 東京地決平五・三・二四判例時報一四七三号一三五頁。

(32) 仙台地決平三・一二・一六判例時報一四三三号一三六頁。

(33) 大阪地決平一〇・七・七判例時報一六七九号一六一頁。

(34) 岩原、前掲新版注釈会社法、三六五頁。

(35) 担保として供すべき額は、公告費用・弁護士費用・訴訟遂行のための雑費の合計額とした例がある（東京地決昭六二・一一・二七判例時報一二六三一三七頁、本判決について、奥島孝康・法学セミナー三三巻七号一二八頁）。

(36) 仙台地判平四・一・二二判例時報一四三三号一三八頁（本判決について、土田亮・ジュリスト一〇六六号二三九頁、西尾

幸夫、平成会社判例一五〇集九二頁)、東京地決昭六三・一・二六判例時報一二六八号一三九頁。

(37) 相澤＝葉玉、前掲(1)四―五頁。同旨、江頭憲治郎「会社法制の現代化に関する要綱案の解説(Ⅲ)」商事法務一七二三号八頁。

(38) 旧商法二五一条は、昭和一三年商法改正によって新設されたものである。

(39) 昭和二五年改正によって旧二五一条が削除された理由として、裁判所の裁量権が広すぎるという占領軍の見解によると指摘されている(岩原、前掲新版注釈会社法、三七三頁。)。ただし、当時の政府委員の見解では、「裁判所が当該の事案を公正に判断せられまして、法律の解釈といたしまして、原告の請求を棄却せられるということは毫も差支ないわけでございまするし、その意味におきまして裁判所に公正な裁量権がありまするということはもとよりでありまして、これをも奪う趣旨でないことは申上げるまでもないと考えます。」とされている(前掲第七回国会 参議院法務委員会議事録第一〇号)。石井照久「株主総会決議の瑕疵」株式会社法講座第三巻九五七頁は、この改正は適切でなく、削除は立法上の手落ちであると批判している。

(40) 最判昭三一・一一・一五民集一〇巻一一号一四二三頁、同昭四六・三・一八民集二五巻二号一八三頁。

(41) 最判昭三〇・一〇・二〇民集九巻一一号一六五七頁、同昭三七・八・三〇判時三一一頁二七頁、同昭四二・九・二八民集二一巻七号一九七〇頁。

(42) 以上の判例および規定の復活に至るまでの法状況について、岩原、前掲新版注釈会社法、三七三頁以下。いずれにせよ「非影響性」と「非重要性」のメルクマールは、前者が決議の結果に直接結びつく要素であるのに対し、後者は決議の結果に直接結びつくものではなく、むしろ決議に至る過程の公正さに関わる会社あるいは株主の利益確保に結びついている(豊崎光衛「株主総会決議取消の訴と裁量棄却」商法演習Ⅲ五〇頁、大隅健一郎「株主総会決議取消の訴と裁量棄却」会社法の諸問題二八一頁)。

(43) 谷口安平「議決権の不統一行使と決議取消訴訟の裁量棄却」企業法研究一二三輯二六頁。

(44) 今井宏「株主総会決議取消の訴裁量棄却」株主総会の理論二一二頁。

(45) 大隅・前掲(14)二六二頁、同「会社訴権とその濫用」末川古稀記念・権利の濫用(中)一七五頁。

(46) 山木戸、前掲二七一頁によれば、訴権の濫用としての訴えの不適法は、原告の請求の実体法的評価とは無関係であるが、裁判所が実体的評価を必要とする場合には不適法とはならないが、信義則違反の態様によっては、不法行為責任を生ずるとされている。この点は、本稿の個別問題に共通する観点である。

(47) 例えば、設立無効の訴えに関し、かつては無効原因である瑕疵が補完されたとき、または会社の現況その他一切の事情を斟酌して設立を無効とすることを不適当と認めるときは、裁判所は請求を棄却することができるとの規定があった（昭二五年改正前商一三六条三項、一〇七条）。この規定は、昭和二五年商法改正によって削除されたが、それ以降も、訴え提起が権利濫用に当る場合や、瑕疵が極めて軽微であるか既に補完されて原告が訴えを提起する正当な利益を有しないとされるときには、裁判所は請求を棄却しうるとの見解がある（大隅＝今井・会社法論上（第三版）六九頁）。この点も、本稿で論じた個別問題との関連で考慮すべき問題である。

（補注） 三1との関係で、本稿脱稿後、東京地判平一七・三・一〇（金版一二三九号五六頁）に接した。同判決は、前訴と同一の被告たる取締役に対する代表訴訟の提起は、前掲で認められなかった請求・主張の蒸し返しであり、特段の事情のない限り、信義則に反し、不適法却下すべきものと判示している。

山内惟介

ドイツ国際私法における〝法人の属人法〟の決定基準について*

――ヴェッツラー提案の場合――

Koresuke Yamauchi,

Zum Gesellschaftsstatut im deutschen Internationalen Privatrecht :
unter Berücksichtigung vom Vorschlag von *Wetzler*

目次

〝現在、法比較は世界的にみて矛盾した状況にある。法比較にはうまくいっているところとそうでないところとがある。法比較は一部では熱心に行われているがその一方で、理論的見地からは、およそ断片的といえるほど小さく分割されてしまっている。行われているのは、はたして記述的比較か解釈学的比較か、実務的比較か理論的比較か、マクロ比較かミクロ比較か、対照的比較か統合的比較か、伝統的比較か新しい比較か、それともまったく別種の比較なのか。〟**

一　はじめに

一　国際私法上、「法人（団体）の属人法（従属法（Gesellschaftsstatut））」の決定基準は何に求められるべきか。この点をめぐっては、わが国でもすでに多くの研究が行われてきたが、(1)なおまだ決着は付けられていない。そのことは、法例を全面改正した「法の適用に関する通則法」（平成一八年法律第七八号）の成立に至るこれまでの審議の過程でこの主題が一時的には取り上げられたものの、(2)わが国にこの主題に関する確定の見解が存在していないといった事情などから、最終的に立法化が見送られるに至っていることからも明らかであろう。(3)

二　筆者はこの主題に関する法比較研究の素材としてこれまでドイツ連邦共和国における動きの一端を継続してフォローしてきたが、(4)その後の動きをみると、ヨーロッパ裁判所における著名なセントロス判決、(5)イィーバーゼーリンク判決、(6)インスパイアー・アート判決などに対する(7)多くの評釈等を通じて、ドイツでは今なお活発な論議が行われ、また国内裁判所の判決も陸続として下されつつある。(8)他方で、この国の立法作業においても、ドイツ国際私法会議内に特設された国際会社法部会での集中的な審議を経て、「Vorschlag des Deutschen Rates für Internationales Privatrecht für eine Regelung des Internationalen Gesellschaftsrechts auf europäischer / nationaler Ebene（ドイツ国際私法会議提案）」(10)がすでに公表されている。(9)その立法化まではなお曲折があろうが、遺憾ながら、この国における論議の現況はわが国でもまだフォローされていない。(11)

三　以下では、右のドイツ国際私法会議提案に先立ち、私的な研究成果として二〇〇四年に公表されたヴェッツラー氏の提案を取り上げることとする。[12] ヴェッツラー氏の提案は広範囲にわたるが、ここでは、紙幅の制約およびわが国の法制との関連を考慮し、特に、「定義」(第四七条)、「団体準拠法」(第四八条)、「準拠法変更――方式変更」(第四八a条)および「団体準拠法の適用範囲」(第四八b条)の四点に限って、その全体像を紹介することとしたい。ここでの紹介は、今後に予定される「ドイツ国際私法会議提案」の特質をよりよく理解する上で必要な前提的作業をなすものでもある。そのことを通じて、わが国における国際会社法をめぐる論議[13]の素材が新たに追加され、今後における論議に資することになるならば、何よりのこととされよう。

二　ヴェッツラー提案

1　「まえがき」

一　まず「まえがき」部分についてである。ここでは、ヴェッツラー提案の策定に至る経緯、すなわち立法の必要性が明らかにされている。

〝I　はじめに

ヨーロッパ裁判所は、最近の一連の裁判(セントロス(Centros)判決、イィーバーゼーリンク(Überseering)判決およびインスパイアー・アート(Inspire Art)判決――訳者注)において、加盟国法に従って設立された団体(Gesellschaften)がヨーロッパ共同体条約上保障されている居住移転の自由（Niederlassungsfreiheit）をどこまで享有できるかという、その適用範囲について基本的な論述を行ってきた。ヨーロッパ裁判所が明確に述べていたように、加盟国法上有効に設立されている団体——そして、加盟国にその定款上の本拠（satzungsmäßiger Sitz）、主たる管理機関（Verwaltung）、または主たる営業所（本店）（Hauptniederlassung）を有する団体——は、現在では、どの加盟国においても、居住移転の自由を有する。団体がその設立国では事業活動（Geschäftstätigkeit）をまったく行っておらず、しかも全面的に他の加盟国で活動するという目的だけで当初から設立されている場合であっても、そうした団体が居住移転の自由を主張することは妨げられていない。ヨーロッパ裁判所は、このように、多様な加盟国の法秩序により提供されている団体形式の中から、（予測される）団体の活動地を顧慮して準拠法選択を行うことを制限せずに発起人に対し最大のものを約束するような団体形式を選ぶ自由を団体の発起人に対して認めている。ヨーロッパ裁判所は、発起人による準拠法の自由な選択が居住移転の自由の濫用となるという主張をはっきりと退けている。むしろ逆に、居住移転の自由が主張される場合、ヨーロッパ共同体条約上の基本的自由が（適法に）行使されていると考えられているのである。

ヨーロッパ法上の居住移転の自由は、それゆえ結果的には、団体設立の際の準拠法選択の自由を認めることを意味する。ドイツ法（およびその他のヨーロッパ大陸の法秩序）にとって、ヨーロッパ裁判所が下した右の諸判決は、伝統的な、いわゆる本拠地法説（Sitztheorie）に基礎を置く国際団体法の方向転換を意味している。こうしたパラダイムの変換は、実質法に対しても、影響を及ぼさないわけにはいかない。団体設立に際して準拠法選択の自由が認められた結果、ドイツの国内会社法も他の諸国の会社法秩序との競争にさらされてしまっている。発起人は、なんら特定の法秩序上の団体形式を利用することを強要されていない。それは、適法な選択肢が与えられているという理由からではなく、発起人が各国の法秩序の限界を超えて多様な団体形式の長所と短所とを相互に比較検討したうえで発起人自身にとって最も魅力的なものを選ぶことができるようになっているからである。

このように、正当な指摘であるが、ドイツの立法者もドイツ法も法政策上の挑戦を受けているという見方に対して、特に注意が向けられなければならない。検討する必要があるのは、ドイツの団体法がはたして諸法秩序間の競争に参加する用意ができているか否か、もしそうした用意ができていないとすれば、今、競争能力を改善するために何をなすべきかという点である。検討を要するテーマを具体的に挙げれば、資本調達・資本維持、資本代替権（Kapitalersatzrecht）、企業共同決定、有限責任会社法における形式主義などがある。さらに、ヨーロッパ裁判所の判例を通じて、ドイツの租税法において適応の必要性が生まれているということも指摘されている。これらのテーマだけでなくその他のテーマについても、引き続き論議が行われなければならない。

法政策的な課題――つまり、ドイツ実質法に競争能力があるかどうかについて検討すること、そして、改善が必要な場合にはどのように改善すべきかについて検討すること――は、本稿の中心的主題ではない。むしろ、本稿の主たる対象は、ドイツ国際団体法上どのような規定を設けるかであり、これに関連してヨーロッパ裁判所のセントロス事件、イィーバーゼーリンク事件およびインスパイアー・アート事件の各判決が提起しているさまざまな論点や課題について検討することである。これらの論点や課題は、たった今略述した実質法的な挑戦とは異なる性質を有するものである。法秩序間の競争への参加の度合いをみると、国際私法の場合は、実質法の場合ほど強いものではない。というのは、国際私法により規律されているのは、具体的な係争問題がいかなる法に従って判断されるべきかという点だからである。どの裁判所も自国の国際私法に制約されている。それゆえ、たとえ国際私法が定める規則が法廷地漁り（forum shopping）や仲裁合意によってある程度制限を受けているということが認められなければならないとしても、国際私法それ自体は、原則として国家法間で行われる競争の埒外にある。

どの実質法が適用されるか、その場合に当事者に対してどの程度の選択可能性が認められているかといった点について国際私法が判断することを通じて、国際私法はいわばゲームのルールを決定するのであって、そうしたゲームのルールに従って実質法間の競争が行われることになる。

その限りでいえば、国際私法というものは、ひとつの秩序枠組を形成している。国際私法がこうした機能を確実に果たすことができるようにするためには、国際私法上のルールが明確であり、予測可能であり、それ自体調和の取れたものであり、そしてなるほどと思わせるものでなければならない。現代のドイツ国際会社法が、セントロス事件、イィーバーゼーリンク事件、インスパイアー・アート事件のヨーロッパ裁判所における各判決後に現れているような内容を反映したものであるべきだとす

ると、現在の法制には次に掲げるようないくつもの難点があることが分かる。すなわち、

―ヨーロッパ連合に属する他の加盟国法に従って設立されている団体に対しては設立準拠法説が適用されなければならない。その場合、原則として、団体法上の諸問題はすべて統一的に連結されなければならない。それゆえ、設立の法(Gründungsrecht)が当該団体の存在ならびに権利能力および行為能力だけでなく、特にその内部組織およびその責任の秩序をも決定することになる。付言すれば、加盟諸国の抵触法が居住移転の自由を直接に把握しているか否かという点は問題にならない。このような取扱いは、少なくともその結果において、本拠地法説が抱える課題を解決している。というのは、本拠地法説は、それ自体では、ヨーロッパ法と合致するようないかなる解決策も担保することができないからである。居住移転の自由を有する外国の団体に対する、本拠の法(Sitzrecht)上の取扱いはどれも皆すぐに設立の法の内容上の基準に即して計られなければならず、必要な場合にはしかるべく修正されなければならない。しかし、そのことをもって、本拠の法を継続的に顧慮するとすれば、それは実際的必要性のない無意味な思考の遊戯に堕することになろう。

―これと同じことは、ＥＷＲ(ヨーロッパ経済地域(Europäischer Wirtschaftsraum))条約加盟国法に従って設立されている会社についてもあてはまる。というのは、居住移転の自由がこれらの団体にも認められているからである。

―設立準拠法説は、さらに、一九五四年一〇月二九日のドイツ・アメリカ友好通商航海条約(ドイツ連邦共和国官報BGBl. II 1956, 487)に基づき、アメリカ合衆国に対する関係でも適用される。この場合、設立準拠法説がどこまで及ぶかという点は、もちろん、決定的確実性をもって明らかにされているわけではない。学術文献の一部では、設立準拠法説の適用範囲が「真正な連鎖の有無という要件(genuine link-Erfordernis)」の審査を介して制限されている。ドイツ連邦通常裁判所は、最近、アメリカ合衆国に対する関係で設立準拠法説の適用範囲についてひとつの判断を示したが、そこでは、真正な連鎖の有無という要件を満たしているか否かという点は取り上げられていない。この場合、連邦通常裁判所が真正な連鎖の有無という要件を一般的に拒否しているためにその点に関する論述が行われていないのか、それとも、連邦通常裁判所が当該個別具体的事案においてそうした論述をなす契機を見出していないだけなのかといった点はむろん明らかにされていない。

――その他の場合、現行法（de lege lata）は伝統的な本拠地法説の適用を起点に据えることとなろう（その場合、もちろん、個別具体的事案では、現に存在していない国際法上の条約が異なる内容を求めているか否かという点が審査されなければならない）。

以上を整理すると、結局のところ、ドイツ国際団体法は分裂していることが分かる。それは、あるときは本拠地法が適用されるが、またあるときは団体が設立されていた地の法によるということを通じて、異なる複数の連結基準が用いられ、必要な場合には各連結方法の適用範囲もそれぞれ変わっているからである。

それゆえ、国際団体法上のこのような不満足な状況を除去することが緊急に必要とされている。こうした課題を引き受けるようにという要請が立法者に向けられている。確かにこの課題が最終的に裁判所による法の継続形成によっても克服することができるという点は排除されるべきではない。しかし、それでも、そのような見込みはかなりの程度不確かなものであるし、またとりわけ迅速な除去対策を約束するものではない。

それゆえ、立法者にとって、民法典施行法中に現に含まれている、国際私法の部分的法典化を、その他の章、すなわち国際団体法に対しても拡大する時期がいよいよ到来しているのである(14)。〃

二　ヴェッツラー氏の場合、このように、成文化の理由は結局のところこの分野におけるルールの明確性および予測可能性を確保するという点に求められている。これに対して、同提案の内容が「調和の取れたもの」であるか否かという点については、後に明らかになるように、評価が分かれよう。

2　立法形式

一　それならば、この提案ではどのような立法形式が考えられているか。ヴェッツラー氏は民法典施行法中に新たな規定を追加することを提案する。この点についての説明は次のように行われている。

〝II　国際団体法の（新）規定のための提案

本稿には、筆者の立場から、国際団体法の規定がどのように表現されるかを述べた提案が、補遺として、付されている。この提案の基礎を成す内容的説明が本草案に対する趣旨説明の形式で以下に述べられている。本草案中の条文の番号は――民法典施行法の現在の諸規定と区別するために――イタリック体で表現されている。

1　本草案の民法典施行法中の地位

本草案は、民法典施行法第一編（Teil）第二章（Kapitel）新設の（第七）節（Abschnitt）として起草されている。それゆえ、各規定は、従前の第四六条に続くものである。「国際団体法」という規律対象項目は、それゆえ、人事法、家族法、相続法、債務法および物権法といった諸分野と同じ次元で設けられている。

この提案を作成するに当たり、筆者は、ここでの判断をまずもって実際的な諸考慮によって説明するというやり方を採用した。国際私法の従来の部分的法典化の末尾に新しい節を付加することには、現在の節や款（Unterabschnitt）の番号を振り直さなくてもよいという長所がある。そのほか、ここには三つ、条文（第四七条―第四九条）の欠番がある――これらの条文は、現在、「その他の規定の変更」という注記を付されており、それゆえ、国際団体法の諸規定を取り入れるために利用することができるはずである。

また、この判断は実質的にも正当とされる。ここでは、ドイツ実質法上、会社法という題材が民法典を構成する枠組には明らかに含まれないという点が想起されなければならない。というのは、たとえば、いくつかの規定は民法典総則中に見出される（社団（Verein）、財団（Stiftung））が、その他の規定は債務法各則（民法上の組合（Gesellschaft bürgerlichen Rechts））に、そしてさらにその他の規定は商法典および特別法（株式法など）の中に見出されているからである。これらのことが、国際団体法に対して固有の節を割り当てること、そして、たとえば人事法や債務法のようなその他の法領域に続けて国際団体法を掲げるよう試みることを正当としているのである。(15)〟

二　ここで考えられているのは、国際法人（団体）法・国際会社法もまた国際私法各論のテーマに含まれるという理解である。これが、リヒテンシュタインにおけるような特別法という形式が採用されなかった事情といえよう。[16]

3　第四七条――定義

一　それならば、ヴェッツラー氏は、民法典施行法中に挿入すべき規定として、どのような文言を提案しているか。以下、「定義」（第四七条）、「団体準拠法」（第四八条）、「準拠法変更――方式変更」（第四八a条）および「団体準拠法の適用範囲」（第四八b条）の順に、規定案と立法理由を並置することとする。

まず、「定義」について、次のような規定が提案されている。

〃民法典施行法への挿入

第七節　団体法および類似の法律関係

第四七条　定義（Definition）

(1)　本節において、次に掲げる用語の意義は以下に定める意味で用いる。

―「共同体（Gemeinschaft）」　ある対象（物または権利）が一緒に帰属する者が複数であること。但し、そのことを通じて、これら複数の者の間に、対象の保持（Innehabung）と管理につき必要とされる範囲を超える結び付きが基礎付けられていてはならない。

―「団体（Gesellschaft）」　私法上組織された人的結合。固有の法人格を有するか否かを問わない。共同体および相続共同体（Erbengemeinschaft）を除く。会社には、さらに、社員を一人しか有しないが、それでいてこの単独社員

(Alleingesellschafter) に対する関係で法的に独立しておりかつその他の社員の参加の余地が開かれているような私法上の組織 (Organisation) が含まれる。

—「社員 (Gesellschafter)」 ある会社において社員権 (Mitgliedschaftsrechte) を有する者。他の団体および特有財産 (Sondervermögen) たる者も社員となることができる。

—「非営利社団 (Idealverein)」 経済的事業 (wirtschaftlicher Geschäftsbetrieb) を目標としない団体。経済的事業とは、事業活動、および、自由業が有償で行われる場合の自由業の実施をいう。

—「特有財産 (Sondervermögen)」 私法上の諸規定に従ってある者 (発起人) から分離された財産であって、受託者により、もしくは、受益者のための管理機関により、または、継続して固定された目的を追求するために管理されており、かつ、設定者および受益者のその他の財産から、特に私法上の財団、アンシュタルト (Anstalt) または信託 (Trust) の形式で、法的に独立しているもの。財産が独立していると判断するためには、当該財産が、設定者または受益者の破産に際して破産財団に含まれないこと、または、設定者もしくは受益者の私法上の債権者が当該財産に対する請求権をあらかじめ差押えることをせずにはこの財産への執行を行うことができないこと、これらをもって足りる。当該財産が固有の法人格を有することは必要ではない。当該財産の目的物に関する権利が管理者にとどまらず権利所有者でもある受託者に帰属するときは、当該財産は受託者のその他の財産からも法的に分離されなければならない。遺産 (Nachlaßvermögen) は、本項の定義の意味における特有財産にあたらない。
(2) 公法に従って組織された団体および特有財産は、私法上組織された団体および特有財産と同じ地位を有する。但し、それが、主権的使命を担っておらず、主権免除特権を行使することができず、かつ、同じく私法上組織された団体および特有財産が当該の法的取引 (Rechtsverkehr) に関与しているときに限る。(17)〟

二 それではなぜこのような定義が採用されたのか。この点については、「団体および特有財産」、「権利能力ある単位および権利能力なき単位」、「非営利社団」および「公法上の単位」、これら四点に分けて、次のような説明が行われている。

〃第四七条　定義

本草案の最初に置かれているのはいくつかの定義である。これらの定義は、同時に、以下に述べられる諸規定の適用範囲をも決定している。

(a)　国際団体法の対象の一般的決定——団体および「特有財産」

伝統的な見解では、国際団体法上きわめて広い概念が前提とされている。たとえば、グロスフェルトは、次のように書いている。「国際団体法が問題とするのは、団体法上の諸関係がいかなる法秩序に従って判断されなければならないか、すなわち団体に適用される法はどの法かという点である」と。彼は次のように補充する。「『団体』という表現は広義で用いられており、すなわち、すべての人的結合、法人および組織されたその他の財産の単位について用いられている」と。キントラーも国際団体法の対象についてこれに似た表現を採用している。「主観的観点では、連結対象は実質法におけるそれよりもずっと広く理解されなければならない。国際団体法の連結規則は、すべての、『組織された人的結合および組織された財産単位』に、……すなわち、すべての権利能力を有する組織体（Gebilde）」、たとえば資本会社、社団、財団、公共事業体などに適用される。このほか、これらと比較することのできる、権利能力を有しない構成体（たとえば人的会社）もすべて含まれる。その際、目標設定が事業・企業のそれであるか、非営利（ideelle）であるか否かという点は重要ではない。」

この手がかりは適切なものである。というのは、これらすべての事案において創設されている組織的単位（Einheit）は、その単位を設けたり、それ以外のやり方でその単位を担ったり、また管理したりしている者から多かれ少なかれはっきりと独立性を保っており、したがって、ある種の独立した生活を行っているからである。一定の諸目標を追求するためには往々にしていろいろな組織形式を相互に交換することができるのであり、その結果、組織形式（人の結合または財産の集合、法人または権利能力なき単位）に応じて、いろいろな組織を国際私法上相異なるレジーム（Regime）のもとに服せしめることがかなり恣意的に行われることとなろう。それゆえ、本草案は広い意味を有するこの手がかりを採用している。

それにも拘わらず、いろいろな組織形式をすべてカヴァーするような統一的概念を形成することは除外された。この種の広い概念は、筆者の見解では、抽象的度合いが高く、そのため、当該概念の分かりやすさが損なわれてしまうように思われる。それに代えて、二つの概念の定義が相互に並行して行われている、すなわち、一方で「団体」は、社員資格をもって組成されている一人会社を含めて、人の結合すべてを表す集合概念と定義され、他方で、「特有財産」は、社員資格という構造を欠く組織形式、特に財団、アンシュタルト、信託を表すものと定義されている。個別具体的事案では、ある組織体が前述の定義に挙げられている諸基準を示しているか否かという点が実質的基準（materielle Kriterien）に従って審査されなければならない、すなわち、財団、アンシュタルト、信託といったたんなる表示のみでは足りないという点が、特有財産という概念の場合、むろん、考慮されなければならない。これに対応して、本草案中で述べられているのはたんに、特有財産は特に「私法上の財団またはアンシュタルトまたは信託という形式で」存在し得るということのみであって、特に財団、アンシュタルトおよび信託がつねに上記の定義の意味での特有財産であるということではない。

個々の規定（第四八条～第四八g条）が志向しているのは、その場合、団体であって、これと結び付いている包括的指定（第四九条）が、特別財産に対するこれらの規定の準用を規定しかつこのことを若干の特別規定を通じて補充している。

(b) 権利能力ある単位と権利能力なき単位

伝統的見解と一致している点であるが、権利能力ある組織形式と権利能力なき組織形式とは区別されていない。そのような区別を行うことは問題でもある。一度は心に留めておかなければならないのが、相互にきわめて類似しているが、しかしこと権利能力についてはまったく異なっている組織形式をいろいろな法秩序が規定することができるという点である（たとえば、合名会社（offene Handelsgesellschaft）や合資会社（Kommanditgesellscahft）はフランス法上は法人であるが、ドイツ法上は法人ではない）。国際団体法に関する諸規定の適用範囲につき、ある具体的な組織形式が法人であるか否かが問題となるときは、このような事案では、不必要なほど実際的困難が生じる。さらに、ドイツ法それ自体にあっては「権利能力」という概念はながらく以前に備えていたような明確性を失ってしまっており、それゆえ、利用可能な区別の基準としてもはやほとんど用いることができないという点が考慮されなければならない。最後に、ヨーロッパ共同体条約第四八条が挙げられなければならない、というのは、同条において、共同体市場における居住移転の自由が自然人から「団体」へと拡張され、しかも、この「団体」には、「民法上および商法上の会社、協同組合およびその他の法人……」も数え上げられているからである。このように表現形式がまったく望ましいものではないにも拘わらず、結果をみると、この定義が思考上は広く理解されなければならず、権利能力ある単位も権利能力なき単位も同じように含むという点において一致がある。

(c) 非営利社団（Idealverein）

団体という概念の中に非営利社団を取り入れることも伝統的な見解に叶っている。本草案中で団体の下位概念として非営利社団を別個に定義することは、第四八条～第四八g条の諸規定が非営利社団の特性をばらばらに考慮しているということから、明らかになっている。

(d) 微小な一部の共同体および共同相続関係（Bruchteils- und Erbengemeinschaften）

団体の概念から除外されるのは、（微小な一部の）共同体および共同相続関係である。本草案は、これらの共同体の中に、第四九a条における独自の規律提案を含めている。共同相続関係に適用される法は民法典施行法第二五条以下の諸規定から引き出される。

(e) 公法上の単位

本草案は原則として、私法上の団体および特有財産についての国際私法規定に限定されており、それゆえ、「団体」および「特有財産」についての定義は限定的に表現されている。筆者の見解によれば、公法上の組織形式を一般的に取り入れることは、国際私法において法律を定める際に設けられている枠を超えることとなろう。ただ、第四七条第二項はこれに対する例外を成す。すなわち、公法上組織されている組織体が主権の行使という任務を担っておらず、主権免除を求めず、かつ私法上組織されている組織体と同じ目の高さで法的関係（Rechtsverkehr）に関与しているときは、国際団体法上の諸規定がそうした組織体に対しても適用される。帝国法（Ius imperii）の埒外にある公法上の組織形式をこのように部分的に包含することは、実務の需要からみて緊急に必要となっている。ドイツに目を向けると、考えられるのはたとえば公法上の銀行という分野（Bankensektor）である（貯蓄銀行（Sparkassen）、州立銀行（Landesbanken））。国境の彼方に目を転ずると、ルノー（Renault）

を挙げることができる。というのも、ルノーは一九四五年から一九九〇年までフランス国家の国営企業（Regiebetrieb）という形式で運営されていたからである。

ヨーロッパ法は、居住移転の権利を有する団体の決定にあたり、私法上の組織と公法上の組織を区別していない。ヨーロッパ共同体条約第四八条第二項には明示的にこれら二つが挙げられている。もちろん、公法上の組織に対し居住移転の自由の規定を適用することは、ヨーロッパ共同体条約第四八条第二項が営利を目的としない会社を居住移転の自由という基本的自由の適用範囲から除外しているということを通じて、制限されている。しかし、公法上の組織――その活動は古典的な、主権を有する国家行政の範囲内にある――の場合、営利目的という要件は、通例、欠けている。さらに、ヨーロッパ共同体条約第四五条によっても、居住移転の自由は、一般に、公権力の行使と継続してまたは一時的に結び付けられている諸活動に対して適用されない。本草案第四七条第二項は、それゆえ、表現は限定的であるにも拘わらず、居住移転の自由を有するすべての公法上の組織を対象とするものである。

ドイツの抵触法文献における従来の見解も「公共企業体（öffentliche Unternehmen）」――そこには公法上組織された企業も含まれる――を国際団体法に加えている(18)。〟

三　右の説明が示すように、この提案ではきわめて広い定義が採用されている。法人に関する諸国法制間の相違を考慮すれば、国際法人(団体)法・国際会社法では想定可能なあらゆる形式の組織体が考慮されなければならない。ただ、そうした団体の表記にあたってドイツ国内法上の表現が採用されているのは、国内実質法上の文言との調和を考慮する「法廷地法」主義の限界ともいえよう。

4　第四八条——団体準拠法

一　次に、「団体準拠法」の決定基準に関しては以下のような規定が提案されている。

〃第四八条——団体準拠法（Gesellschaftsstatut）

(1)　団体の法律関係につき基準となる法は、当該団体が属する国の法とする（団体準拠法）。第二項および第四八a条第二項の諸規定を留保して、団体が属する国は、当該国法に従って団体が設立されている国とする（設立の法）。次の各号に掲げるものは、設立の法とする。

a　団体が公簿に登記されているとき、または、団体の設立に関する所管官庁が団体に対して証明書を発行していたときは、公簿が運営されている国の法または証明書発行官庁の属する国の法。支店の登記および支店設置に関する証明書の発行は考慮されない。

b　公簿への登記も団体設立に関する官庁の証明書もないときは、設立発起人が選択した法。但し、準拠法は明示的に選択されなければならず、また定款上の諸規定もしくは当該事案の諸事情から十分な確実性をもって明らかにされるものでなければならない。

c　準拠法選択もないときは、当該団体が設立時に最も密接な結び付きを示している国の法。この場合、団体がその法人住所（Sitz）を有する国との間に最も密接な結び付きがあるものと推定される。ここにいう法人住所は、発起人が明示的に団体の法人住所に決定した地（定款上の法人住所（statutarischer Sitz））、また、このような決定がないときは、団体の主たる管理機関（Hauptverwaltung）が所在する地を意味する。

(2)　反致および転致は、第四条第一項所定の基準に従って顧慮されなければならない。第四条第二項は適用されない。反致および転致が介入するか否かの審理は、団体設立時における事実状態および法状態のみに依拠して行われなければならない。設立後の諸事情は考慮されない。

(3) 反致および転致が、非営利社団(Idealverein)ではなくかついずれか他の国の法に従って設立されている団体に対してドイツ法を適用するという結果をもたらさないとき、当該団体は、ドイツ民法典第一四〇条所定の諸要件のもとに、ドイツの民法上の組合(Gesellschaft bürgerlichen Rechtes)またはドイツの商事合名会社(offene Handelsgesellschaft)に読み替えられる。但し、発起人により選択された外国の法形式とドイツの民法典上の組合またはドイツの商事合名会社との間の相違が本質的なものでないとき、特にその内部構成および団体債務についての責任につき両者間の相違が本質的なものでないとき、または、読み替えにより、代表関係が不明確もしくは不透明であるがゆえに法律関係が混乱するときは、この読み替えは排除される。読み替えが考慮されないときは、設立に瑕疵ある団体(fehlerhafte Gesellschaften)に関するドイツ法上の諸規定が合目的的なものとされ、設立の法における諸実質規定と結び付けて適用される。

(4) 反致および転致が、いずれか他の国の法に従って設立されている、非営利社団に対してドイツ法を適用するという結果をもたらすときは、この非営利社団はドイツの権利能力なき社団(nichtrechtsfähiger Verein)とみなされる。(19)〟

二 右のような提案がなされた理由については、「設立への連結」、「連結基準」、「反致」および「『誤った法に従って』設立された団体の取扱い」の四点に分けて、ヴェッツラー氏により以下のような説明が行われている。

〝第四八条——団体準拠法

(a) 設立への連結(Gründungsanknüpfung)

本草案は統一的な、設立への連結に賛成している。ヨーロッパ共同体条約第四八条により居住移転の自由を援用することができる会社の場合、このことは、前述のように、ヨーロッパ法上の諸基準から明らかになる。設立への連結のための選択肢(Alternative)は、それゆえ、どのみちこの範囲内には存在しない。これと同じことは、結局のところ、アメリカ合衆国の部分的法秩序に従って設立されている会社の場合にもあてはまる、というのは、その場合、一九五四年一〇月二九日のドイツ・アメリカ友好通商航海条約が設立への連結を命じているからである。この場合にも、すでに前述した詳論に言及することができる。

団体準拠法についていろいろ考えられる連結の間での選択は、それゆえ、限定された数の会社についてのみまだ行われている。このような団体の場合にも、これまで通用していた本拠への連結（Sitzanknüpfung）にしがみつこうとすれば、そのことから、結局は、二つの階層を持つ国際私法（Zwei-Klassen-IPR）——つまり、こちらでは、（選択された）設立の法（Gründungesrecht）が尊重される、特権を付与された団体があり、他方にはそのことがあてはまらないその他の団体があるというように——が引き出されることとなろう。このような区別をすることは国際団体法を分かりにくくし、あまりにも複雑なものとする。そうするための実際に納得の行く理由がなければ、このような区別は拒否されなければならないとするのが、自明のことであろう。しかるに、納得の行く理由は明らかにされていない。考えられるのは、せいぜい、これまで本拠地法説（Sitztheorie）のために挙げられていた諸理由が、そうした理由があるがゆえに、少なくとも、ヨーロッパ法に対して違反していないのであれば、イィーバーゼーリンク判決およびインスパィアー・アート判決の後も、本拠地法説がなお維持されるべきであるというほどに重要だということであろう。しかしながら、この点はそうではない。

本拠地法説は、まず第一に、団体発起人の形成可能性を切り詰めるという機能を持っていた。会社発起人は、団体がその事実上の本拠（Sitz）を有している国の法により提供されている団体形式に結び付けられていたのであり、このようにして制限されていた。そのことを通じて、国内立法者が債権者保護のために、そしてその他の考慮からそれぞれ必要なものとみなしていた強行規定の実施可能性が保障されていたが、そのために、あまり狭めてはいない外国の法形式への回避が不可能とされるというやり方が採用された。グロスフェルトが、本拠地法説は「規律意思を有する実務の必要性（Bedürfnisse einer regelungswilligen Praxis）」を保護しているとか、本拠地法説がなかったならば、「規律意思を有する諸国とそれぞれの国における諸利益（die regelungswilligen Staaten und die dortigen Interessen）」は不利益をこうむるとかと表現しているところに、本拠地法説の背後にある動機付けが良く現れている。結局のところ、国際競争に直面して、国内実質法を保護することが大切なのである。

この目標――たとえ、それが本質的なものだといわれるとしても――を本拠地法説が達成することができるのは、しかしながら、わずかに、本拠地法説が特記するほどの例外を設けずに適用され、それゆえ、自国法に対して独占的地位を与える場合だけである。また個々の国家に対する関係でのみ設立準拠法説（Gründungstheorie）が適用されるとすれば、本拠地法説は、その目標設定に照らしてみると、総じて空振りに終わる。

ヨーロッパ連合加盟諸国およびEWR締約諸国（ならびに国際法的合意に基づいて特典を与えられた諸国）の団体法秩序が互いに競争関係に立ち、これら特権を与えられた諸国の団体形式がドイツに事実上の本拠（Sitz）を有する組織のために利用されている限り、ドイツ法上の団体形式をこれまでのように独占することは終わりを告げている。そのことは、その他のすべての法秩序上の団体形式が今後も引き続きドイツから離れたところから保持されるべき場合にも、変わるものではない。というのは、このことはせいぜいのところグラデーションのように変化のある相違を作り出すに過ぎないからである。

特権を与えられた法秩序とその他の法秩序とを区別することは正当化することができるのは、せいぜい、これら二つの区分の間で「保護水準」（あるいは、ドイツ法に対する関係での魅力的な突出部分）に著しい格差がある場合である。しかし、本拠地法説の従来の支持者は、デラウェア州やリヒテンシュタイン（これらは、ステレオタイプのように「札付きのオアシス諸国」に数え上げられる頻度が益々増してきているが、しかし、国際法上の合意やヨーロッパ経済地域に属していることにより特権を与えられている）の団体法の保護水準が、たとえば日本やカナダの州やスイスの団体法よりも、そのことが不平等取扱いを正当化するほどに著しく優れているということを論証しようと試みていたが、おそらくはいくつかの説明で苦労していることであろう。

一方におけるヨーロッパ連合およびその他の特権を与えられた団体と他方におけるその他のすべての団体とを不平等に取り扱う十分な根拠のある理由は明らかではない。しかし、不平等に取り扱う十分な根拠のある理由がなければ、統一的取扱いの長所が、それゆえ、一定の法秩序に従って設立されている団体に関して、すなわち、すべての団体に関してどのみち要請されている設立への連結の拡張の長所が優先するのであって、そのことを通じていずれにせよ明確性、予測可能性、国際団体法の対内的調和ともっともらしさが強化されることとなろう。

公法上の組織について特別規定が必要か否かという問題もまた、統一的な設立への連結を通じて、不必要なものとなる。どの国も公法上の組織をつねに自国法に従って設立している。設立の法（Gründungsrecht）と法人格付与国の法（Recht der inkorporierenden Staates）とはそれゆえ一致する。

(b)　連結基準（Anknüpfungskriterien）

次に、第四八条第一項は、諸基準を挙げ、論理的な順序でそれらを排列することにより、設立への連結を具体化している——この順序に基づいて設立の法を確定することができる。

設立準拠法説を採用することは最終的に団体設立の際に準拠法選択の自由を意味することになるので、団体準拠法の連結に際して、契約準拠法の連結に関する諸規定（民法典施行法第二七条以下）に沿うことは明らかである。団体準拠法の連結と契約準拠法の連結との並行性をできるだけ大きくすることは、最終的ではないにせよ、関わり合いになっているのがいろいろな人々の間での債務契約関係だけなのか、それとも団体と評価される余地のある組織なのかという点が当初から明らかではない事案については望ましい。その限りで言及されるのが第四八条第二項についての説明である——それは特にこの問題に割り当てられている。

それゆえ、本草案は、広範囲にわたり、民法典施行法第二七条以下の諸規定に従っているが二つの小さな修正が加えられている。

一方では、明示的な準拠法選択よりもなお優先する基準として、団体の公簿上への登記ないし団体設立に関する所管官庁による証明書の付与（たとえば、アメリカ合衆国の諸法秩序に規定されているような法人設立証書（Certificate of Incorporation））が挙げられている。設立準拠法説は準拠法選択の自由を意味するという認識との矛盾はない。登記簿への登記も会社設立に関する証明書の付与もそれらに対応した発起人の自発性を、すなわち、ある特定の国の官庁のもとへの団体設立の届出（Anmeldung）を要求している。この届出は、通例、当該国の実質法上の諸規定に意識的に従うことで行われている（すなわち、法定届出義務）。このことは、しかし、まったく当然のことであるが、準拠法選択の宣言であると評価することができるし、しかも、場合によりこれと文言を異にするあらゆる意見表明に対して、「従前の行動に対する違反（venire contra factum proprium）として後退しなければならないという内容を明示した宣言であると評価することができる。

他方では、客観的な（補助）連結（第四八条第二項c号）の枠内で、民法典施行法第二八条第二項とは異なる推定が定式化されている――それに従えば、疑わしいときは、団体がその定款上の本拠（statutarischen Sitz）または――補助的に――事実上の本拠（tatsächlichen Sitz）を有する国との間に最も密接な結び付きがある。そうしたことが生じる背景には、民法典施行法第二八条第二項を模倣した推定が通例は空転する――というのは、普通の事案では、団体設立は「特徴的な給付をもたらす」当事者であるとして識別することができないからである――ということがある。そもそも、団体の場合、社員（Gesellschafter）（団体設立に際しての当事者）の住所（Domizil）に依拠することはまったく不適切である。団体が独自性を伴って登場するということに基づいて考えると、会社固有の本拠（Sitz）に依拠することがきわめて当然とされよう。準拠法選択を欠く場合の補助連結のためには、それゆえ、本拠（Sitz）が確固たる評価を得続けている。もちろん、本草案は、主たる管理機関の事実上の本拠（tatsächlicher Sitz der Hauptverwaltung）よりも、場合により生じ得る定款上のSitzに対して、意識的に優位を与えている、というのは、このことは設立準拠法説において意図されていた準拠法選択の自由とよりよく合致しているからである。定款上の本拠（Sitz）の決定に際して、察するところ、しばしば、決まった推論を可能とする準拠法選択――準拠法選択は、いつもそうであるように本来的な客観的（補助）連結をどのみち排除することであろう――に目を向けることができよう。さらに、登記管轄権（Registerzuständigkeit）も、通例、定款上の本拠（Satzungssitz）により定められている。

(c)　反致（Renvoi）

第四八条第二項は、国際団体法につき、何よりもまず、民法典施行法第四条に定められている一般的な原則――すなわち、反致が顧慮されなければならないという原則――を確認しており、それゆえ、従前の諸原則に従っている。民法典施行法第四条第二項の適用を排除することは、反致が、普通は、ある法秩序が（設立への連結にとって有利にするための）準拠法選択を認めないときに初めて、設立への連結へと移行することによって、登場するということに基づいている。しかしながら、両当事者による準拠法選択が行われている場合、民法典施行法第四条第二項に定められている、実質規範への指定という原則は、当該実質規範が指定されている当の法秩序がみずからの実質規範への指定を認めていなければ、まったく意味がない。

それゆえ、依然として、団体が「誤った法（nach falschem Recht）に従って」設立されているといった事案が存在することとなろう。すなわち、発起人により選択された法が本拠地法説に従っており、しかも発起人により選択されたその法の抵触法が、管理機関の本拠（Verwaltungssitz）が自国法の適用範囲外にあることを理由に当該他国法を指定しているという場合である。いずれにしても、これらの事案が生じることは、これまでよりもずっと稀なことになろう。

本草案は、さらに、反致が生じるか否かという問題を設立時に審査しなければならないということを明らかにしている。反致を認めるための根拠が後になって初めて現れるとき（本拠地法説に従っている国で設立するとき、管理機関の本拠（Verwaltungssitz）を本拠地法説に従っている国から事後的に移転するとき）に提起される準拠法変更という問題は第四八a条で取り扱われる。

(d)「誤った法に従って」設立された団体の取扱い

第四八条第三項および第四項は、第四八条第二項のあとをうけて、誤った法に従って設立された会社を取り扱うための諸原則を取り上げている。このことをもって、本草案は国際私法を乗り越えている、というのは、――反致に従って――準拠法として認められた法を通してこのような誤って設立された団体を取り扱うことは実質法上の論点であるし、もちろん、国際私法を通じて惹起され、それをこの場で取り扱うことが賢明であるといえるほどに規律上国際私法と密接に関連している論点でもある。そうした規律を、ドイツ実質法に従って裁判されなければならないような事案に限定することは、むろん、この論点が実質法的性質を有するということから生じている。

本草案は、誤った法に従って設立された団体の取扱いに関する、ドイツ法上これまで展開してきた諸原則に依拠している。これらの原則を無制限に継続することには、以下の理由から、疑問がある。

まず、これまでの法は、ドイツ法上許されていない、発起人の準拠法選択を是認するという考えにきわめて強く支配されている。このことは、きわめて明白であるが、当該団体に対し承認を拒むという従来の実務のもとにとどまることである――そのことは、このほか、「制裁」として明示的に示され、そして評価されていた。

しかし、設立への連結に移行し、それゆえ、発起人による準拠法選択を許容するときは、制裁という考え方はもはや適合しない。それゆえ、不承認はもはや適切な解決策ではない。

ところで、最近では、判例および一部の文献が不承認という方法をまったく捨て去ってきたということはもちろん正しい。それに代えて、誤った法に従って設立された団体は、内国の人的団体（事案に応じて、民法上の組合や商法上の会社）として取り扱われるべきであり、「そのようなものとして」権利能力および当事者能力を有する。これを最初の手がかりとすることは、一定の条件の下では、なるほどと了解できるものであり、その限りで、本草案中に取り上げられてもいる。こうした解決策の試みを一般的に適用することに対しては、しかしながら、以下のような疑念が残る。

会社を不承認しないことだけでなく、会社を内国の人的団体へと改めて性質決定し直すことも、是認に類似した性質を持つ余地があり、その場合、設立への連結と準拠法選択の許容を通じて設けられた枠組と矛盾している。このことがあてはまるのは特に、発起人により選択された外国の組織形式が、その本質的な諸点において、内国の人的団体――この内国団体へと当該団体が改めて性質決定されるべきこととなる――と異なる場合、たとえば、当該組織を内国の人的団体と分類することに基づいて、社員および行為が――当該外国の法形式の選択を通じてまったく排除されるべき――人的責任を課される場合である。

実務の観点では、このほか、内国の人的団体に改めて性質決定し直すことでは満足感が得られないのが、選択された外国法形式が有する内部組織構成・事業執行規則・事業代表規則――これらはもちろん行為する者により通例遵守されている――がドイツ人的団体法上の諸基準と異なっている場合、その結果、会社の名において行われた法律行為の有効性についていくつもの問題が提起される場合である。この場合、不幸なできごとの後始末をしなければならないのは、とりわけ、内国の法的取引である。

内国の人的団体へ改めて性質決定し直すことの要件が欠けているという解釈上の弱点も実務上十分ではないことを示している。ドイツ実質法上、団体がたんに事実上存在しているというのではなくて、団体が法律行為（組合契約（Gesellschaftsvertrag））を通じて創設されているということが、あらゆる考慮の出発点でなければならない。発起人により行われた法律行為――組合契約――は、しかしながら、たとえどのような形式のものであれ、通例、なんらかの団体の設立に向けられているのではない（その場合、誰か別の者、たとえば裁判所がこのことを判断することになろう）。それに代えて、通常の組合契約は一定の法形式での団体の設立に向けられている。それゆえ、発起人が団体を（外国法上の）法形式xで設立している場合、それはドイツの民法上の会社や商法上の会社の設立契約ではまったくない。これと文言を異にする判断がこうした解釈の限界を乗り越えるのである。このような組合契約は、それゆえ、当該契約がそのことを志向した組合契約へと解釈し直すことができる場合にのみ、民法上の組合または商法上の会社を基礎付けるものとして利用することができる。そのための要件を定めているのが民法典第一四〇条である。これによれば、行われた法律行為が無効であることを知っているときは、「それとは異なる法律行為」が妥当することが意欲されているか否かは、重要ではない。この点を肯定することができ、それゆえ事案ごとに判断されなければならないとすれば、外国の法形式を内国の民法上の組合や商法上の会社へと改めて性質決定し直すことは確固たる解釈上の基盤を持っていることとなり、そして通例は、実務上より大きな問題を提起することにはならないであろう。というのは、選択された外国の法形式とドイツの民法上の組合や商法上の会社という法形式との間に大きな相違がほとんどないとき、それゆえ、外国の法形式と内国の法形式とが発起人の視点からみてほぼ同種のものとみなされるときにのみ、前述の推定的意思があると考えることができよう。

本草案は、それゆえ、民法典第一四〇条所定の諸要件が存在する場合につき、この種の、改めての性質決定のし直しを定めている。この解決策をこのように定義された範囲を超えて拡大するためには、当該法形式間に重要な相違が存在する場合、または、法的取引を余りに強く侵害することが、代理関係を不明確にしたり不透明にしてしまうという理由で、配慮されなければならない場合には、改めての性質決定のやり直しは考慮されないということが、もちろん明示的に明らかにされている。

解釈をし直すための諸要件が存在しない限り、本草案は、瑕疵ある会社の取扱いに関する、ドイツ法上展開された諸原則の適用を提案している。これを手がかりとすることは、新しいものではない。この手がかりは、すでに従来の文献中に見出される。もちろん、この手がかりはこれまでのところ拒否されている、というのは、この手がかりが、その――法政策的に望ましい――是認を得るために、本拠地法説をもたらしてきたからである。すでに述べたように、制裁という考えに有利になるように、設立への連結・発起人の準拠法選択の自由の承認へ移行した後では、もはや余地はない。瑕疵ある会社に関する諸原則の適用に対する従前の異議は、それゆえ、もはや考慮されない。

本草案は、そのほか、この場で、非営利社団ではない会社と非営利社団との区別を含んでいる。これまでの詳論があてはまるのは第一のグループの会社についてである。非営利社団の場合には、ドイツの権利能力なき社団へと解釈し直すことは、一般的に、適切な解釈とされよう。なぜこのことが社団発起人の推定的な意思に合致していないのか、また第三者の利益を余りにも強く侵害する結果をもたらすのかという点についての理由は、その限りで、明らかではない(20)。〟

三　右の説明が示すように、ヴェッツラー氏の提案では、本拠地法説との対比のもとに設立準拠法説が優先されている。その根底にあるのは、すべての団体を平等に取り扱おうとする姿勢である。設立準拠法がどれかの決定基準としては、公簿への登記および所管官庁が付与する証明書がまず優先され、これらがないときに設立発起人の意思が考慮されている。発起人の意思を探求できないときは団体と最も密接な関係にある国の法が設立準拠法とされている。このような連結基準の解釈に関する段階的構成も同氏の実務上の経験に裏打ちされたものであろう。さらに、注目されることに、反致の構成(21)も承認されている。そして、本拠地法説が特に規制の対象としてきた類型を「誤った法に従って」設立された団体として取り上げ、その取扱いについて特別の工夫を示している。

5　第四八a条――準拠法変更――方式変更

一　次に、「準拠法変更――方式変更」に関しては、以下の規定が提案されている。

〝第四八a条　準拠法変更（Statutenwechsel）――方式変更（Formwechsel）

(1) 団体準拠法は、原則として、変更され得ない。

(2) 団体が法的独立性を維持したままで団体準拠法を変更することは、旧団体準拠法および新団体準拠法がともに準拠法変更を許し、かつ、これら二つの法が準拠法変更につき設けている諸要件が累積的に充足されているときにのみ、例外的に生じる。

(3) 当該団体の団体準拠法の変更を条件とする、団体法形式の変更は、準拠法変更についての第二項所定の要件が満たされており、かつ、準拠法変更の範囲を超えた、望まれた新しい法形式への変更が新団体準拠法により行われるときにのみ、行われることができる(22)。〟

二

右の文言が提案された理由は以下のように説明されている。

〝第四八a条　準拠法変更——方式変更

本拠への連結（Sitzanknüpfung）とは反対に、設立への連結は、最初に関連した設立準拠法の継続を有利にし、そのことを通じて団体の活動を過度に阻害することがない。というのは、団体の事実上の可動性が、ある特定の法秩序への固定的拘束にも拘わらず、広範囲にわたって保障されているからである。

第四八a条第一項は、それゆえ、団体準拠法の不変更性を原則とすることを確認したものである。けれども、第四八a条第二項は、旧団体準拠法と新団体準拠法とが準拠法変更を許すときは、この原則の例外を認めることを許容する。A国法に従って設立された団体がその同一性を維持したまま引き続いてB国法のもとに服するものとされ、A国法もB国法もそれに対して異議を唱えていないときは、この準拠法変更を許さない理由はない。けれども、その準拠法変更が旧法上も新法上も有効に行われるということが要件とされる、というのも、そのように考えなければ、跛行的な団体の発生が危惧されるからである。そのためには、通例、——少なくとも資本会社の場合——定款上の本拠（statutarischer Sitz）を移転先国の領域内に移すこと、そして旧い国の登記を新しい国へと書き換えることが必要とされるからである。実務上、現時の法状況によれば、このような準拠法変更が可能となるような事案はさほど多いというわけではない。

これと区別されなければならないのが、定款上の本拠（statutarischer Sitz）が、団体の存在と同一性を損なうことなく、その設立の法に従って（準拠法変更を伴うことなく）設立国とは別の国において選ばれることができるか否かという論点である。この点は、もっぱら、設立国の実質法上の論点である。

これと同様に、設立国の実質法に従って判断されなければならないのが、設立国の抵触法に従えば準拠法変更が生じているが、しかし第四八a条第二項によればそうではないという場合に何が生じるかという点である。特に、団体が、それが最初に有効に設立されていた本拠地法説採用国（Sitztheoriestaat）から、（主たる管理機関の移転（Verlegung der Hauptverwaltung）という意味で）他へ移転する場合がこれに入る。本草案の考えによれば、この場合、ドイツ抵触法の視点からみると、設立国の従来の実質法が適用される――第四八条第二項の場合には当たらない、というのは、反致を呼び起こすできごとは団体が有効に設立された後に初めて生じているからである。また、第四八a条第二項による準拠法変更でもない。この例で考えられているような要件が満たされていないからである。それゆえ、設立国の実質法が、特に、当該団体がなお引き続き存続しているか否かについて判断しなければならない。その場合、設立の法の判断は尊重されなければならない。極端な限界事例（たとえば、設立の法が、所定の清算手続をとることなく、即時解散を命じているが、しかし、たとえばその解散がまったく意識されていないために、当該団体がその移転先国でその活動を継続している場合）では、内国との関連性が十分ある場合、公序の留保が介入し、外国法の適用結果を無効とする制裁（Nichtigkeitssanktion）が適用されない――この場合には、そこに生じた欠缺が瑕疵ある団体に関するドイツ法上の諸原則を通じて埋められる余地がある。

第四八a条第三項は、設立国法とは異なる法による、団体形式の、方式変更を伴う変更の事案に関する。このことは意図的な準拠法変更を含んでおり、その結果、この種の変更は第四八a条第二項所定の諸要件のもとでのみ行うことができる。準拠法変更を超えた方式変更（たとえば資本会社の人的会社への変更やその逆）は、もっぱら新しい団体準拠法によってのみ判断されるべきである。このことは、事態が二段階で行われている場合、すなわち、最初に新しい団体準拠法のもとに置かれるものとして、その後第二段階で、今から適用される新しい団体準拠法に従って方式の変更を行ったものとしてというように二段階で行われている場合には、自明のことであろう。これら二つのことがひとつのステップにまとめられるときは、これと異なることは行われるべきではない[23]。〃

三　「準拠法変更――方式変更」に関するヴェッツラー提案の要点は、団体準拠法については原則として不変更主義を採用すること、ただ新旧双方の団体準拠法が認めているときは例外として変更主義を許容すること、これら二点に整理されよう。

6　第四八b条――団体準拠法の適用範囲

一　最後に、「団体準拠法の適用範囲」に関しては以下のような規定が提案されている。

〃第四八b条――団体準拠法の適用範囲（Geltungsbereich des Gesellschaftsstatuts）

(1)　団体が属する国の法は、特に次の各号に掲げる事項につき基準となる。

(a)　団体の設立、存立（Bestand）および清算（Auflösung）、ならびに、瑕疵ある設立の効果

(b)　団体の権利能力および行為能力、ならびに、場合によってはその範囲、ただし、その基準として、自然人について第一二条に定められた規律が会社に準用される。

(c)　商号（Firma）ないし団体の表示（Gesellschaftsbezeichnung）、

(d)　団体の組織代表、

(e)　団体の内部構成、と国、団体機関の形成および任用、ならびに、その権能、決議および決議の無効または取消、
(f)　団体の資本（Gesellschaftkapital）、その調達と維持、ならびに、資本をカヴァーする社員の給付の取扱い、
(g)　決算（Rechnungslegung）、決算書の作成、審査および開示、
(h)　利益の利用と損失の負担、
(i)　隠された出資金または隠された配当金としてなされる、団体と社員との間の給付の取扱い、
(j)　社員の責任、または、団体機関の会社債務についての責任、
(k)　団体とその帰還、団体と社員、および社員相互の間で、団体関係から生じる権利義務、
(l)　社員たる地位または社員権の譲渡、および、それに関する、その他の処分。

(2)　団体がそもそも存在しているか否か（団体に代って、異なる者の間に債務法上の関係しか存在していないかどうか）、または、団体が有効に設立されているか否かが問題とされている場合、これらの問題の解明につき、団体が存在しているとされるときおよび団体が有効に設立されているとされるときに団体準拠法とみなされる法が適用されなければならない。

(3)　団体準拠法の適用範囲内に置かれる法律行為は、団体が属する国の法のうち、方式に関する強行法規に服する。この場合、第一一条は適用されない。

(4)　外国団体が属する国の法に従えば、当該外国団体に法人格が認められていないが、当該国の裁判所で当事者能力を有するときは、外国団体は、ドイツ裁判所でその当事者能力を有するか否かを判断するために、権利能力を有するものとみなされる。

(5)　ドイツ法に服する法律行為につき、外国団体に対して商人資格（Kaufmanneigenschaft）が付与されるのは、外国団体が属する国の法に従えば外国団体がこの資格を有するとき、または、外国団体がドイツの商事会社と機能上比較可能であるときとする。

(6)　団体を介して内国で事業活動または自由業活動を実施することは、ドイツ法上の、事業、職業、監督に関する法規およびこれらに類する諸規定の枠内でのみ、許容される。これらの規定は、団体が属する国の法上の、内容を異にする諸規定に優

先する。

(7) 非営利社団の内国における活動は、非営利社団に対する公的監督に関するドイツ法上諸規定に服する。これらの規定は、非営利社団が属する国の法上の、内容を異にする諸規定に優先する。

(8) 団体準拠法は、団体により経営されている事業に関与している労働者を代表する委員会が団体の組織構成の枠外に存在する場合、当該委員会の設置および権能については、基準とならない。

(9) 団体準拠法は、団体財産に関する倒産手続の要件、実施、効果および終了については基準とならない。この場合に基準となるのは、当該手続が開始される国の法である。(24)〟

二　次に、右のような提案が行われるに至った事情をみよう。ここでは、「統一的連結」、「推定的団体準拠法——性質決定の指定」、「団体法上の方式規定」、「当事者能力」、「商人資格」および「周辺領域における団体準拠法の限界確定」について個別の説明が行われている。

〝第四八b条——団体準拠法の適用範囲

(a) 統一的連結

第四八条第一項は、ルールの事例（Regelbeispiele）を用いて、団体準拠法の適用範囲を——実定法上——決定している。ルールの事例の選択は、適用範囲の決定につき、これまでにもすでに主張されている有力なやり方に従っている。それゆえ、本草案は、意識的に、団体法のすべての問題をこれまでどおり統一的に連結するという立場にとどまっている。

このような統一的連結の長所は一般によく知られており、しかも往々にして十分に説明されている。特に高く評価されなければならないのが、そのことを通じて、通例は相互に十分には同調されていない相異なる法秩序から取り出される諸規範が互いに結合されなければならないわけではないとすることによって、法律問題の論理的に筋の通った解決策という点で負担が軽減されるという点である。

設立への連結への移行はこうした評価の方向性をなんら変えるものではない。イィーバーゼーリンク判決への反応として、特別連結（そして、それとともに、統一的団体準拠法の分裂）について特に十分に熟慮することが要請されていた限りにおいて、これに従うことはできない。ひとつには、ヨーロッパ法は、多数の会社、すなわち、居住移転の自由を享受している団体の場合に、インスパィアー・アート判決から明らかになるような余地をまったく認めていない。これに加えて、外国法上の「保護の欠落（Schutzdefizit）」を内国規範を通じて埋め合わせることが求められてもいるしヨーロッパ法上許されているようにみえる場合にも、すべてのテーマ領域を一般的に特別連結するという方法は誤った道であろう。というのは、特別連結は、そのことが具体的事案で必要であるか否かを顧慮することなく、――できる限り避けなければならない――「規範混合」をもたらすからである。いいかえれば、個々のテーマ領域（たとえば、社員の人的責任）を特別に（たとえば、事実上の管理機関の本拠（tatsächlicher Verwaltungssitz）に）連結することにつき判断されるならば、そのことは、設立の法における関連諸規定が具体的にみて（in concreto）内国の諸規定と比べてもさほど悪くはない、それゆえ保護の欠落がまったく存在しないような場合にも、行われることとなろう。本草案は、外国法上場合により生じ得る保護の欠落の調整について、まったく別の技術的糸口、すなわち、外人法および介入規範における考え方、いいかえれば、ザントロックにより展開された重層化説に連結するという糸口に従っている。これについては、第四八f条についての説明をみよ。

(b) 推定的団体準拠法――性質決定の指定（Qualifikationsverweisung）

第四八b条第二項は、団体準拠法の限界確定における、決して重要でないとはいえない二つの周辺的問題に関するものである。一方で問題となるのは団体の有効な設立であり、これは団体準拠法に従って判断されなければならない。本草案は、ここでは必要な場合、推定的団体準拠法に依拠しなければならないことを、それゆえ、団体準拠法の連結に際して最初に有効な設立が仮定されることを明らかにしている。このことは、国際契約法について民法典施行法第三一条第一項で設けられている規定に相当する。

そのほか、第四八b条第二項は、ある一定の組織体がそもそも団体（またはこれに代えて、団体としての性質を持たない債務法上の契約）として性質決定されなければならないか否かという問題に答えることも（推定的）団体準拠法に割り当てている。このことは、なるほど、性質決定が適用される国際私法それ自体、それゆえ法廷地法（lex fori）によって行われるという一般的原則から離れてはいる。しかし、例外的規定のために、実際上の必要性が存在する。

それを団体として性質決定することが相対的に明らかである現象と、団体として評価することがさほど明らかではない現象との間には、軽視することのできないグレーゾーンがある。厳密にみてどこに限界線が走っているかという問いに対しては、いろいろな法秩序により、まったく異なった回答がなされる余地がある。たとえば、研究チーム（Arbeitsgemeinschaften）、コンソーシアム（借款団）（Konsortien）、銀行シンジケート（Bankensyndikate）、およびこれらに類似する協力形式（Kooperationsformen）は、イギリス法上、しばしば団体法的性質を持たないたんなる債務法上の契約として形成されている（partnership は形成されていないという明示の条項が付されている）が、ドイツ実質法によれば、たいていは民法上の組合が考えられなければならないであろう。一度ならず、なお、比較法的考察が必要である。ドイツ法の内部を展望する場合でさえ、この問題性が十分に明らかになる。たった今述べた諸事案の場合、伝統的なドイツ国際私法は、実質法的評価からは独立して、たんに対内的団体（Innengesellschaft）が存在している（この場合、契約準拠法による）のか、それとも対外的団体（Außengesellschaft）が存在している（この場合、団体準拠法による）のかという点の判断に応じて区別することであろう。この限界もいつでも明確に引けるというわけではない。

本拠への連結から設立への連結への移行は、その場合、著しい簡素化へのチャンスを、それとともにより大きな明確性を示している。設立への連結が準拠法選択の自由を意味するということを通じて、契約準拠法と団体準拠法との間の広範な並行（Gleichlauf）が生じている。本草案第四八条第一項の文言は意識的にこのことを考慮している。しかし、その場合、ある現象が契約であるか団体であるかの性質決定を、――若干の理論的例外事案はおそらく除かれるであろうが――契約準拠法であるとか団体準拠法であるとかというかたちでそのようにして適用される法秩序自体に委ねることは明らかである。先に示唆された、従来のドイツ国際私法上行われてきた、対内的団体（Innengesellschaft）と対外的団体（Außengesellschaft）との区別は、この場合、広範囲にわたって無用のものとなろう。そうした区別は、どのみち、本質的には、少なくとも純粋の対外的会社

――その場合、部外者の利益は関わらない――の場合には、団体法的性質決定をする場合には、本拠地法説が適用されるところから、不可能となる、準拠法選択の可能性が開かれるべきであるという事情にかかっている。

(c) 団体法上の方式規定

第四八b条第三項は、過去において再三にわたり論じられた、団体準拠法に数え上げられる、法律行為についての方式規定についての問題を、団体準拠法上の方式規定の排他的適用という意味で、決定している。この種の法律行為の方式上の有効性を行為地の方式（Ortsform）に委ねる可能性（民法典施行法第一一条）は排除されている。その理由は、団体法上の行為の場合、往々にして当該の法的取引が具体的に参加している当事者の範囲を超えて関連させられているという点にある。たとえば、登記簿への登記は一般的な善意保護の基礎として考慮されている。方式に関する法の諸局面と実質に関する法の諸局面との間にはしばしば密接な関連性がある。たとえば、ドイツの資本会社を商業登記簿へ登記する場合、一方には手続が履践され、また他方では実質に関する法からみて権利を設定する効力が生じている。

これらの事情が、団体準拠法上の方式に関する諸規定の遵守を要求すること、そして、これと種類を異にする、行為地の方式への回避を不十分なものとすること、これらを正当としている。

契約債務関係の準拠法に関するヨーロッパ経済共同体のローマ条約――それはその第九条において民法典施行法第一一条の規定を定めている――は、矛盾するものではない、というのは、団体法上の諸問題はその適用範囲内に置かれてはいないからである。これについて参照されるのは右のローマ条約第一条第二項e号である（民法典施行法第三七条第二号）。

方式規定が第三者の利益に関わっているか否か、そしてまた、実質法たる団体法と絡み合わされている（その場合、団体準拠法のみが排他的に適用される）か否か、それとも、このことがあてはまらない（その場合、選択的に、行為地の方式を遵守することもできる）か否かということを個別具体的事案で判断するという点を理論的には考慮することができる。けれども、このことは実際的ではないし、法的不安定性をもたらす。

第四八b条第三項において行われている、団体準拠法上の方式規定のみを排他的に適用するという判断は、ドイツ団体法上の登録要件がどの程度まで外国での登録によって――たとえばスイスの公証人によって――満たされることができるかという問題と関わり合うものではない。この点は実質法上の問題であって、抵触法上の問題ではない。

(d) 当事者能力

第四八b条第四項は、たんに明確化する機能を持つのみである。というのは、民事訴訟法第五〇条第一項は当事者能力を実体法上の権利能力に結び付けているが、しかし、準拠外国法たる団体準拠法が「権利能力」という概念や概念的にこれに相当するものを、ドイツ法がこの間に行っているよりも場合によって狭く理解していることがあるからである。

(e) 商人資格（Kaufmannseigenschaft）

第四八b条第五項（商人資格）は、筆者の提案である。国際団体法上の諸問題はたいていは商業的取引関係において提起されているので、若干のことが商人たる地位の保護（favor status mercatorii）に賛成している。ある種のこれと並行した評価は民法典施行法第一二条第一文に見出される。

(f) 周辺領域における団体準拠法の限界確定

第四八b条第六項および第七項は、団体準拠法の適用範囲を消極的に限定することを内容としている。団体の存在、団体の権利能力および行為能力、団体の内部組織などの問題から区別されなければならないのが、団体は一定の活動をする場合にどの程度まで公法上の諸基準および諸制限に服するのかという問題である。関連する公法上の諸規範は団体準拠法に属するのではなく、それゆえ、原則として、当該団体の「国籍（Staatsangehörigkeit）」を顧慮することなく、遵守されなければならない。非営利社団とそうではない団体との区別を行う意図は、具体的な諸事例を挙げることを通じて、そのつど問題となる公法上の諸規定を明らかにすることにあるにとどまる。

第四八b条第八項は、共同決定の問題を取り扱っている。本草案は、従前の見解と一致して、経営的共同決定（betriebliche Mitbestimmung）と企業的共同決定（unternehmerische Mitbestimmung）とを区別している。

ドイツ法上の経営的共同決定は、経営体（Betrieb）を保持している団体の一定の組織構成に連結されておらず、その組織構成に介入してもいない。むしろ、経営的共同決定は、経営体（Betrieb）の事実上の現存在に依存しており、一定の諸要件のもとで、ある種の結果を、特に、経営協議会（Betriebsrat）を設けたり一定の権限を有する経営協議会を整えたりすることを事実上の現存在に結び付けている。けれども、経営協議会は経営体の「機関（Organ）」ではない（それは、どちらにしても、それ自体が国際団体法の視野に入るような、法的に独立した単位ではない）し、また当該経営体（Betrieb）が属している、企業（Unternehmen）や企業の担い手（Unternehmensträger）の機関でもない。それゆえ、経営的共同決定は団体準拠法の外側に存在する。ドイツ法上のこれに相当する規定の適用範囲は、そのつどの経営体の所在（Belegenheit）に従って定められる。

企業的共同決定（unternehmerische Mitbestimmung）については、これと異なること――それが逆の結論になるということ（e contrario）はすでに第四八b条第八項の文言から明らかになる――があてはまる。企業的共同決定（unternehmerische Mitbestimmung）はドイツ団体法上の一定の法形式（株式会社（Aktiengesellschaft）、株式合資会社（Kommanditgesellschaft auf Aktien）など）の存在に結び付いている。企業的共同決定（unternehmerische Mitbestimmung）は、使用者代表と労働者代表とが会社の機関（経営監査役会（Aufsichtsrat））における構成員資格（Mitgliedschaft）を認めることを通じて、獲得目標とされた共同決定を実現するものである。企業的共同決定は、それゆえ、団体の組織構成に対してしっかりと介入している。企業的共同決定は、団体法的性質を有するものと性質決定されなければならず、団体準拠法を外国法とする団体には適用されない。このことは、従前の支配的見解に対応している。本草案の条文では、このことは、第四八b条第一項e号に明記されている。

企業的共同決定を団体準拠法の枠内に引き続き放置すること、そしてその限りで特別連結を見合わせることは、得策でもある。ヨーロッパ法の視点からみると、おそらく問題になるのは、せいぜい、法形式の点でまったく中立的に（したがって、差別を伴うことなく）形成されるという考え方であろう。しかしながら、とりわけドイツの共同決定は、今では、ドイツ法とは異なって組織されている、外国法上の団体に対してそれを拡張することがまったく非実用的であるといえるほど、自国の団体法に合わせて裁断されている。ヨーロッパ会社（Societas Europea）に関する諸規定がこのような拡張について使用可能なモデルを提供しているということも、右のような理解に異を唱えることはできない。これらの規定は、一方で、特別の団体形式（ヨーロッパ会社）のために構想されたものであり、したがって、まさしく法形式の点で中立的なものではない。他方で、その実際的な確実性は説明されていない。ドイツの共同決定規定を適用することがドイツの団体に対してのみ競争上の不利益をもたらすことを意味している限り、そうした競争上の不利益は、ドイツ実質法のしかるべき改正を通じて、除去されなければならず、外国の競争者に対して抵触法上の強制措置を通じて除去されるべきではない。

第四八b条第九項は、最後に、団体準拠法を倒産準拠法から区別している。この区別は従前の支配的見解に対応するものであり、ヨーロッパ法からみると、倒産規則を通じて要請されている。この倒産規則の第四条にならっているのが本草案の文言である(25)。〟

三　団体準拠法の適用範囲に関しては以下のようにまとめることができる。すなわち、第四八条第一項により統一的連結が原則とされていること、団体の有効な設立は団体準拠法によること、ある組織体が団体であるか否かの性質決定も団体準拠法によること（性質決定の指定）、法律行為の方式に関する民法典施行法第一一条に代えて団体準拠法上の方式規定を排他的に適用すること、外国団体の本国法上法人格が認められていない場合でも当事者能力が認められているときは、ドイツでの当事者能力の有無を判断する前提としてその権利能力があるものとされること、取引の安全を確保すべく外国団体に対しても商人資格が認められる場合があること、公法上の制限が適用されること、共同決定のうち経営的共同決定は団体準拠法の適用対象に含まれないが企業的共同決定は団体準拠法の適用対象とされること、団体財産の倒産手続等も団体準拠法の適用対象とならないこと、これらが述べられている。

三　結びに代えて

一　右に長大な引用を伴って行われたヴェッツラー氏による提案は、基本的に、広範囲にわたる事項につき、設立準拠法説を団体準拠法とする統一連結の立場をドイツ民法典施行法中に採用するよう提言するものである。反致の部分的採用や団体準拠法不変更主義の原則的維持、団体と認定されるか否かに関する性質決定の指定など、細目についても言及されているこの提案は、もっぱら実務家の視点からする提言ということができる。その背景には、ヨーロッパ裁判所のセントロス事件判決、イィーバーゼーリンク判決、インスパイアー・アート判決等によりヨーロッパ規模で設立準拠法説が承認されるようになっているという認識のもとに、他の諸国との間で団体法秩序をめぐる競争にドイツ企業が勝ち抜く上で求められる対策を講じようとする動きがある。実質法たる会社法上の規定も接触法上の諸規定もともに広範囲にわたる利害関係者の間で調整を行った結果であり、国際会社法が政策決定を前提とする領域であることに変わりはない。立法化に至るまでにはなお多くの論議が残されていることと思われる。

二　むろん、ヴェッツラー提案をドイツ国際団体法の文脈においてどのように評価することができるかという点も無視することはできない。ただ、冒頭に触れたように、この点への言及は「Vorschlag des Deutschen Rates für Internationales Privatrecht für eine Regelung des Internationalen Gesellschaftsrechts auf europäischer / nationaler Ebene（ドイツ国際私法会議提案）」の検討等を経た後に全般的な視点から行われるべきであろう。ここでは、あくまでも、純然たる外国法研究の一環として、ドイツ国際団体法におけるヴェッツラー提案の紹介が行われたにすぎない。(26)

＊　小稿の主題は、筆者のこれまでの国際会社法研究の歩みにおいて大きな影響を与えられたグロスフェルト、ザンドロック両教授への感謝の念を示すために選ばれたものである。一九八三年以降、折りに触れ、筆者の研究意欲を刺激された両教授も執筆される、この中央大学とミュンスター大学との法学者交流二〇周年を記念する論文集への寄稿としては、何よりの主題といえよう。

＊＊　Husa, Jaakko, Rechtsvergleichung auf neuen Wegen ?, ZfVG 2005, 55.

(1) 山田鐐一博士『国際私法』、河村博文教授『外国会社の法規制』、同『国際会社法』、河野俊行教授「会社の従属法の決定基準―本拠地法主義・設立準拠法主義―」ジュリスト一一七五号九頁以下、森田果教授「ヨーロッパ国際会社法の行方(一)(二・完)」民商法雑誌一三〇巻四・五号一七五頁（七七三頁）以下および一三〇巻六号一三五頁（一〇九七頁）以下、山内『国際会社法研究　第一巻』他参照。

(2) 法例研究会『法例の見直しに関する諸問題(3)―能力、法人、相続等の準拠法について―』別冊 NBL no. 88 七七―一〇二頁他参照。

(3) 「[座談会] 法適用通則法の成立をめぐって」ジュリスト一三二五号二頁以下、特に三八頁において、小出邦夫氏の発言によれば、「立法を行うには、単位法律関係を明確に画してその外延をはっきりさせた上で、適切な連結点を定める必要がありますが、そのような意味での立法に足りる程度の学説上の議論の蓄積がなく、諸外国の立法も少ないか、又は流動的であったり、実務的にも立法の必要性・緊急性は低いとされたために改正が見送られたものがあります。法人……等です。」とされている。

(4) 山内(前注1)。

(5) 森田教授・前掲論文(前注1)一八四頁（七八二頁）以下、山内(前注1)三三一頁以下他参照。

(6) 森田教授・前掲論文(前注1)一八七頁（七八五頁）以下、エプケ教授著（山内編訳）『エプケ教授講演集　経済統合・国際企業法・法の調整』（日本比較法研究所翻訳叢書48）（中央大学出版部、二〇〇二年）一六頁他参照。

(7) 森田教授・前掲論文(前注1)一三六頁（一〇九八頁）以下他参照。

(8) その概観については、たとえば、Ralpf Drouven / Robert Düren, US-Gesellschaften mit Hauptverwaltungssitz in Deutschland im deutschen Recht, NZG 1/2007, S. 7 ff. 他参照。また、ヨーロッパ裁判所のその後の裁判例については、Andreas Spahlinger / Gerhard Wegen, Deutsche Gesellschaften in grenzüberschreitenden Umwandlungen nach „SEVIC" und der Verschmelzungsrichtlinie in der Praxis, NZG 19/2006, S. 721 ff.; Jessica Schmidt, Innovation durch „Innoventif"?, Die EuGH-Entscheidung „innoventif" und die Eintragung der Zweigniederlassung einer englischen Limited ins deutsche Handelsregister, NZG 23/2006, S. 899 ff. 他参照。

(9) Hans Jürgen Sonnenberger / Frank Bauer, Vorschlag des Deutschen Rates für Internationales Privatrecht für eine Regelung des Internationalen Gesellschaftsrechts auf europäischer / nationaler Ebene, RIW Beilage 1 zu Heft 4 (April 2006). 〟この情報は、当初、〝

ユンスター大学名誉教授のザンドロック氏から私的に提供されたものである。

(10) ヨーロッパ裁判所における判決についてはすでに部分的な紹介が行われてきた。たとえば、森田教授・前掲論文（前注1）他参照。これに対し、立法における動きはほとんど取り上げられていないようにみえる。

(11) 神前禎教授「法人の従属法」櫻田嘉章・道垣内正人編『国際私法判例百選［新法対応補正版］』別冊ジュリスト一八五号（二〇〇七年）四二頁以下他参照。

(12) Christopf F. Wetzler, Rechtspolitische Herausforderungen, in : Sandrock / Wetzler (Hrsg.), Deutsches Gesellschaftsrecht im Wettbewerb der Rechtsordnungen — Nach Centros, Überseering und Inspire Art — , Heidelberg 2004, SS. 129-198.

(13) 二〇〇六年国際法学会秋季研究大会（二〇〇六年一〇月八日、横浜国立大学）では「国境を越えた企業合併・買収」という主題で分科会が開催された（<http://wwwsoc.nii.ac.jp/jsil/> 参照）。

(14) Wetzler（前注10）, S. 129 ff.

(15) Wetzler（前注10）, S. 135 f.

(16) 小島華子氏「国際私法に関するリヒテンシュタインの新法について一九九七年施行の二法典」法学新報一〇五巻一号一二九頁以下参照。

(17) Wetzler（前注10）, S. 184 f.

(18) Wetzler（前注10）, S. 136 ff.

(19) Wetzler（前注10）, S. 185 ff.

(20) Wetzler（前注10）, S. 140 ff.

(21) 山内（前注1）、一八五頁以下。

(22) Wetzler（前注10）, S. 187.

(23) Wetzler（前注10）, S. 150 ff.

(24) Wetzler（前注10）, S. 187 ff.

(25) Wetzler（前注10）, S. 152 ff.

(26) 小稿一の三参照（前述三五三頁）。

第三部

ベルンハルト・グロスフェルト

追悼　ヘルムート・コロサー教授

（一九三四年四月二二日——二〇〇四年一二月三〇日）

Bernhard Großfeld,
Nachruf Helmut Kollhosser (22. 4. 1934 – 30. 12. 2004)
übersetzt von Koresuke Yamauchi

山内惟介訳

目次

「ほら、お空にあるたくさんの星を眺めてごらん。道路を歩きながらだから、十分気をつけて。

(„Blick auf zu den Sternen, hab Acht auf die Gassen!")

故ヘルムート・コロサー教授は、中央大学との深い関わりを表すべく、当初、この論文集『中央大学・ミュンスター大学交流二〇周年記念　共演　ドイツ法と日本法』の編者の一人としてその御名前をともに本書の表紙に掲げられるはずであった。しかしながら、誠に遺憾なことに、その死によって、同氏も一緒に参加された、ミュンスター大学と中央大学との間での人間的かつ学問的に有意義な多くの方々との交流を一層強化する機会が同氏から永遠に失われることとなった。わたくしは、ここにその人柄が示す同氏の「魅力」を改めて描き出し、コロサー教授が両大学間の交流においていかに大きな貢献をされたかを書き留めることによって、同氏の御名前を読者の記憶に残すこととしたい——ここでは、民事法および民事訴訟法という広範な分野でコロサー氏が挙げられた学問的業績を素材とすることを通して、同氏の人柄に光を当てることとしよう。

一　魅　力

ヘルムート・コロサー教授はオルガマリア夫人（旧姓ヴェックマン）を伴い、一九八五年八月末から九月末に至る一ヶ月間、中央大学に客員教授として滞在された。同氏は中央大学でドイツの民事法をテーマに四本の講演を行われた。この滞在はコロサー夫妻の心を深く揺り動かすものであった。専門家との間で交わされた学問的対話、多くの人々との出会い、異文化に対する夫妻の旺盛な好奇心、そして美しい自然環境との巡り合い、これらから得られた印象はそのいずれもが夫妻の心にいつまでも残るものであった。最も印象に残ったのは富士山への登山であったという。

ヘルムート・コロサー氏はわがミュンスター大学法学部において発揮された熱意を日本の方々との交流においても同様に示された。特に、折り目正しく調和をとろうとする意識、温厚な解決案、これらはわれわれの脳裏にいつも記憶されている同氏の魅力の一面である。「平和こそあらゆるものの中で最上のものである（Pax optima rerum）」という同氏の考えもその一例である。

このように、日本訪問はヘルムート・コロサー氏にとって特別のものであったことが分かる。同氏の魅力は、人間的で温かい愛情、生活に密着した司法（「法の賢慮」）、そして、学生を知的に刺激する教育、これらにもわたっている。

二　法比較

ここでの考察の対象には、同氏の一身に関わることだけでなく、法比較も含まれる。その理由は、ヘルムート・コロサー氏が、ドイツの法文化の一例でもある「法律学」が一体どのようにしていわゆる「小さな町の名士」のような限られた位置付けを乗り越えて活気溢れる秩序へと展開していったのかを示しているという点にある。(1) この点は日本に対する関係では特に重要な意味を持つことであろう。というのは、ドイツ法の抽象的で論理的な請求権という構成が、日本ではどちらかといえば「異質のもの」と思われており、それがどのようにして日常生活と融合するのかという問題が提起されていたからである。大切なのはいつも一緒にいてしかも互いに働きかけることである。そうした手ほどきをするのがまさに「小さな町の名士」であるが、そうした立場において傑出した「役割を果たされた」のがまさにヘルムート・コロサー氏であった。同氏はわがミュンスター大学法学部でも、学問的な「活動」においても、専門分野での討議でも、また広い範囲にわたる実務においてもいつもそのような役割を果たされた。

三　人格形成

法律家は誰でも、父母が生活する地理的、文化的、そして職業的な環境から法に対する基本的な見方を学び取るものである。

ヘルムート・コロサー教授の出身地はライン川の支流、ルール河畔のフォルマーシュタイン（ハーゲン北西部）である。同氏が生まれた当時、フォルマーシュタインは「ルール工業地帯」の端に位置する人口わずか数百人の小さな村であった。少し起伏のあるその地形は地元の鉄鋼産業を反映したものである。同氏が幼年時代を過ごしたのは、第二次世界大戦の時期とそれに続く時代であった。同氏はアンナ（母）とゲオルク（父）の間に、この夫妻の次男として生まれた。彼の父は長年軍務についていた。父は第二次大戦後も長い間行方不明であったが、その後、ソヴィエト社会主義共和国連邦（今日のロシア）に捕虜として収容されていたことが分かった。彼の父は一九四七年に収容先で亡くなった。彼の母はパン屋として生計を維持し続けた——母はこのようにして二人の子供を手元で育てた。コロサー氏一家の生活はすべてこの村の中で、また村を中心として営まれた。手作業による仕事、そして腕の立つ商人、これらが同氏の理想のモデルであった。多くの人々との出会い、人々に歩み寄る術や具体的なイメージを持って話す術、これらにより同氏の社交スタイルが確立されたものと思われる。

知識が実際に使えるものかどうかを確かめようとする経験をヘルムート・コロサー氏は学修にも持ち込んでいる。彼は最初ケルン大学で学び、その後マインツ大学へ移った――そしてかなり早い時期に「どのようにして知ったか」という点に関心を持った。フリッツ・バウアー（Fritz Baur）教授の講義を介して、コロサー氏は民事訴訟法と出会った。このことを明らかにしているのが、彼が博士論文『Der Anscheinsbeweis in der höchstrichterlichen Rechtsprechung（最高裁判所判例にみる表見証明）』で取り上げたテーマである。この論文により、コロサー氏はヨーゼフ・エッサー教授のもとで一九六三年に法学博士号を取得された。博士論文執筆の過程で、彼は、うわべの表現だけから判断すると比較的分かりやすい「表見証明」という概念が、実際には、証拠法上の諸規定の運用をどれほど簡単に歪める結果をもたらしてしまっているかということを学んだ。こうした経験から、後に、コロサー氏は、裁判官が訴訟法規範を継続的に発展させることを許容するためには、厳格な要件を付加することが必要であるという点を強調していた。

学問的な洞察と実生活に即した形での実務への反映とを根底で結び付けることがこうしてコロサー氏の生涯のテーマとなった。そのことがよく現れているのは、コロサー教授の大学教授資格取得論文『Zur Stellung und zum Begriff der Verfahrensbeteiligten im Erkenntnisverfahren der freiwilligen Gerichtsbarkeit（非訟事件の実体判断手続における手続参加者の地位と概念）』である。彼は一九六九年にこの論文により同じマインツ大学のヨハネス・ベァマン（Johannes Bärmann）教授のもとで大学教授資格を取得された。一九七〇年にヘルムート・コロサー氏はミュンスター大学法学部に教授として着任された。

コロサー氏が同夫人と知り合われたのはマインツ大学の教室においてである。彼女は彼を「トーマス」と呼んでいた。二人はマインツで結婚し、そこで二人の息子、ペーターとフィリップが生まれた。ヘルムート・コロサー氏は高い山に登ることが好きであった。それは、高い山によっていつも挑戦の意欲がかき立てられていたからである。「いつも頂上を目指して（semper sursum）」というのが彼のモットーであった。このモットーに従って彼が登った山々として特に挙げられるのは、マッターホルン、モン・ブラン、モンテ・ローザ、ベルニナ山頂などである。

四　非訟事件法

絵の方が文字よりも強く働きかけるように、具体的で分かりやすいイメージを持たせるのが職人や商人である。こうした人々を父母として育った学生は、抽象的なものに直面すると、何よりもまず深く感動してしまい、ときとして我を忘れることとなりがちである。そうした抽象的なものとして現れるのがまさしく法律学である。小さな村における人々との出会いと異なり、学生が出会うのは図書館での文字である。法律学の学修にあたっては、環境の変化に耐えて、混乱の中でも自己の立脚点を見出し、そして貫徹する、そうした力が必要となる。

そうした方向へ向けて歩みを進め、しかもそのようにして自信を得ることがある。コロサー氏は、大学教授資格取得論文において非訟事件法と取り組んだことによって、明らかにそのような経験を積まれた。非訟事件法はきわめて広い分野であり、その対象は一八の連邦法とそれよりももっと多くの数から成るラントの法律にわたっている。「訴訟」ではないというその表現からは親しげに聞こえるが、この非訟事件法という名称の背後には、民事法と行政法との限界領域に位置するたくさんの問題を対象とした国家的手続が存在する。非訟事件法は人の身分や地位に関わる諸分野に大きな影響を及ぼしている。その典型例は後見法であり、土地登記簿法であり、そして商業登記簿法である。

このように取り上げる輪郭がはっきりしないイメージを持つ分野に対して敢然と立ち向かい、秩序立った手がかりを見つけ、独自の学問的視野を展開しようとするには、特別の勇気が必要である。

ヘルムート・コロサー教授はこのような主題をめぐって「もつれ」が生じる原因を「手続参加者」に関する問題のうちに見出した。彼が提起したのは、誰が手続の当事者（形式的参加者）であるか、また誰が出発点から手続に関与させられている（実質的参加者）か、といった問題であった。このことから必然的に展開することであるが、彼は体系的な結び付きを示しかつそうした結び付きから個別具体的事案のための諸解決策を見出そうとした。そこには、立法者と裁判官との間で、憲法とその余の下位法との間で、社会的なバランスと個人的な折り合いとの間で、それぞれに委ねられている異なる課題に対する法理論的な論議が錯綜するかたちで並存している。教授の結論では、参加者の決定に関するテーゼと参加者の権利に関するテーゼとが明確に区別されている。

豊かな内容を持つ研究成果はむろん言葉でまとめられている。言葉は無条件に必要なものであるが、必ずしも学問的な言葉である必要はない。「ごちゃごちゃの状態」を整理してわれわれが歩むべき道を示そうとする声に耳を傾けることが大切である。ここにコロサー教授という一人の偉大な教師によって新たな道が開かれたのであった。

五　贈与・使用貸借

ヘルムート・コロサー教授が「学問」を生活の中に確実に定着させようと努力されたことには、十分な理由がある。同氏がハム上級地方裁判所裁判官として長期にわたり活動されたこと（これについては後述八参照）がその何よりの証であるが、それと同様に、（一九八〇年から二〇〇三年までに）四版を重ねている代表的な大コメンタールにおける贈与法（そこには贈与税法も含まれている）および使用貸借法に対する教授の注釈もこのことを証明している。この領域は学者にとって決して「魅力」を抱かせるものではないが、それでいてその取扱いには細やかな気配りが必要とされている。というのは、これらの分野には概して金銭のように明確な計量基準が全面的に欠けているからである。ヘルムート・コロサー氏によって設けられた諸基準には、「贈与」として分類するために改めて簡略化された命題が含まれている。「贈与者は、贈与の結果、前よりも貧しくなっていなければならない」という命題がそうである。

この命題は確かに月並みに聞こえるかもしれないが、しかし、強い影響力を持つものであった。そのことは彼の弟子の一人であるトーマス・ヘェーレン（Thomas Hören）教授が『Festschrift für Kollhosser（コロサー教授七〇歳記念論文集）』(2)の中で「オープン・ソース・ソフトウェア」を例として示している通りである。(3)そこで問題とされたのは、たとえばリナックスという源泉コードが無料で作業処理のために公表されている場合に、責任の基準をどうするかというものであった。はたして贈与法上の責任軽減規定をここでも適用することができるのだろうか。この点は、新しい現象を古い概念のもとに「圧搾する」ことができるか否かという問題でもある。トーマス・ヘェーレン教授は、その師コロサー教授の考えを全面的に支持し、従来の基準から見ると到底「手に負えないような」新しい事象に対しても忍耐をもって取り組んでいる。まさしく、「プレハブのように前もって組み立てられている」完成した体系は決して新しい問題に対していつでも迅速に解答することができるわけではない。

六　ヴェストファーレン地域銀行

歴史上誰も手を付けていなかった事象についてみると、こうした態度はどのような意味を持つのだろうか。この点を明らかにしているのが、『ヴェストファーレン地域銀行』（一九八八年発足）という組織に関するコロサー教授の活動である。この活動は、ヴェストファーレン地域銀行の「諸制度」を現代金融市場の諸要請に合うように置き換えることに大いに貢献するものであった。

ヴェストファーレン地域銀行は一九世紀後半に設立された団体である。設立の目的はこの地域で活動する者に対し資金を貸し付けることにあった。消費貸借による貸付金は債務者所有不動産に対する抵当権で保護されていた（抵当銀行）。伝統的な法形式のもとでは、事業規模の成長に応じて自己資本を増やすことは許されていなかった。そこで、同銀行の組織形態を株式会社へ転換することができるかどうかという問題が提起された。この点について特別の法律もなければ先例もなかった。

ヘルムート・コロサー氏はそこに「コロンブスの卵」を見出した。同氏によれば、何よりもまず明らかな点であるが、ヴェストファーレン地域銀行の従来の構成員がそのまま新会社の株主になるよう要求することはできない。というのは、構成員が構成員資格を有するのは、構成員が債務者たり得るからである。ヴェストファーレン地域銀行の構成員には「利用者資格」はあったが、それ以上の財産権はなかった。それゆえ、唯一の株主となったのはヴェストファーレン地域銀行という財団法人それ自体であり、その構成員ではなかった。株式会社に転換した後、ヴェストファーレン地域銀行は資本金を増額した。協同組合形式の二つの大規模銀行が新しく発行された株式を引き受けた。ヴェストファーレン地域銀行という名のこの財団法人は、その後、自己所有株式の一部を同銀行の株式を保有する別の新しい株主に売却し、その売上金を「ハウス・ホーフェシュタット（Haus Hovestadt）」という会議場、すなわちミュンスター市から多少離れた地にある貴重な建物を建設するために使用した。

七　保険法

ヘルムート・コロサー教授は一九八〇年代初めに保険法との取り組みを強めた。その取り組みは二つの主要な主題、すなわち保険契約法と保険監督法とにわたっていた。こうした事情から、同氏に捧げられた記念論文集には『Recht und Risiko（法とリスク）』という表題が付けられただけでなく、その第一巻が保険法に割り当てられている。(4) 同氏の活動の中心は、（一九九二年から二〇〇四年にかけて）三版を重ねたこの法分野の、折々に指導力を発揮したコメンタールで示された綿密かつ禁欲的な注釈作業である。ここにも、実務から生まれた事案との出会いがある。これらの事案を通じて、体系的関連性が見出されかつ実務で使えるような注釈作業が進められた。こうした作業に必要なのは展望と自制心を持つことである。

さらに付言されるべき点がある。それは、出会いも指導力も職人芸（Kunst）だという点である。ヘルムート・コロサー氏は、まずミュンスター大学で、保険法研究大会を開催され、その後、Münsterische Forschungsstelle für Versicherungswesen（ミュンスター保険制度研究所）を創設された。これらの活動はいずれも、統合を進める彼の指導力、そして新しいテーマへの彼の耐えざる好奇心がいずれも花開いたことの反映でもある。ミュンスター大学はこのようにしてこの分野におけるドイツ最初の研究所を手に入れることができたのであった。

八　ハム上級地方裁判所

ヘルムート・コロサー教授は一九七四年から一九八九年にかけてハム上級地方裁判所裁判官を兼務された。彼はそこでの経験を『Festschrift für Hans Kiefner（ハンス・キーフナー教授六五歳記念論文集）』において記している。この時期は、同氏にとって、抽象的な学問である法律学を生活に即した司法実務に置き換えるうえで、学ぶことの多い時期であった。コロサー氏は他の裁判官と一緒に、法廷では六人目の陪席裁判官として、特に保険法と銀行法における控訴事件を処理された。

コロサー氏は裁判官職に付随する長所と短所とを見出していた。裁判官の独立性に関する最初の弱点は昇進への配慮にある。この点での抑圧が大きいのは、通例、裁判長が陪席判事の能力を判定する際に必然的にその成績に注目しているからである。その結果、陪席判事自身が当初正しいとみなしていた通りに自己の見解をいつも主張するわけではないという方向に、陪席判事が誘導される可能性がないわけではない。大学教授という地位を有するヘルムート・コロサー氏の場合は「昇進の可能性がなかった」ので、同氏は何ものにもとらわれない態度を全面的に示すことができた。同氏はその経験を総括して次のように述べている。「裁判所では、判決言渡し機関たる裁判長が指導力、自己規律および客観性、これらの点で最高のものを備えるよう求められなければならない」。同氏は教授としてもこれらの要請を十分に満たしていた。

そうした「法の分野での職人芸」を十分に示しているのが、七面鳥飼育業者と七面鳥食肉業者との争いを取り上げたコロサー氏の論稿である。この事件の訴訟記録は地方裁判所の第一審においてすでに相当分厚いものとなっていた。口頭弁論において両当事者は裁判官席に歩み寄り、口を揃えて「双方の弁護士が全身全霊で取り組むまでは、本件はきわめて単純な事件であった」と述べた。話し合いの結果、「もつれた」事件の全貌が「明らかになった」。そして一時間後、この争いは和解により収拾された。絶対の権限を有しながらも謙虚に活動する裁判官には「健全な人間としての理性」が、——われわれの言葉でいえば——「生活に根差した正義感」が必要なことが示されたのである。

九　ハリー・ヴェスターマン教授

ヘルムート・コロサー教授の印象は、ハリー・ヴェスターマン教授（Harry Westermann）（一九〇九年—一九八六年）の功績に対する彼の評価（一九九四年および一九九七年）にも現れている。コロサー教授は、ミュンスター大学法学部を「代表するこの人物」と一九七〇年代に Verein zur Förderung der Westfälischen Wilhelms-Universität（ヴエストフェーリッシェ・ヴィルヘルム大学振興協会）理事長として身近で仕事をされたことがあった。同氏のみるところ、ハリー・ヴェスターマン教授は研究者であり、教育者であり、そして同時に法の形成者でもあるという古典的な三つの要請を調和の取れた形で備えていた人物であった。コロサー氏は、ハリー・ヴェスターマン教授は意欲満々であり、語る言葉はすがすがしく、態度は開放的であり、そしてユーモアもあるという点を強調された。一例は、ヘビー・スモーカーであったハリー・ヴェスターマン教授自身の、自分自身が吐いた煙なのに、あたかも他人事であるかのように、「煙が立ち込めてきたから、空気をきれいにしよう」という発言である。こうした話が何度も繰り返されたのは、ハリー・ヴェスターマン教授の言葉にとげがなかったからであろう。このことはヘルムート・コロサー氏についても同じようにあてはまる。

一〇 結び

ヘルムート・コロサー教授はまずもって緻密な「職人的芸術家（Handwerker）」として登場したが、同時に、同氏は「美術工芸家（Kunsthandwerker）」でもあった。専門分野でも人間的にも、同氏は何かを決めたり説明したりするうえで簡明さを求める芸術家であった。コロサー氏は、みずから手本を示すことにより、さまざまな場面で人々の仲を取り持つ行動によって、しかも穏やかな言葉遣いを通して、われわれに多くを残された。

ミュンスター大学法学部はヘルムート・コロサー教授に対して大いに感謝の念を抱いている。細かな点を挙げれば、同氏が正当に評価されるべき点はこのほかにも少なくないことであろうが、ここではこれ以上触れないこととしたい。ヘルムート・コロサー氏はどんな大きな問題にも敢然と立ち向かった人であった。同氏は決して逃げることなく、同僚を信頼して共に行動された。同氏のすべてに対してわたくしも心から感謝の念を捧げたい。

ヘルムート・コロサー氏が安らかに眠られんことを（Requiescat in pace）祈るのみである。

（1）Rheinstein, Die Rechtshonoratioren und ihr Einfluss auf Charakter und Funktion der Rechtsvergleichung, Rabels Zeitschrift für ausländisches und internationales Privatrecht 34 (1970) 1. なお，Herbert Bernstein, Rechtsstile und Rechtshonoratioren. Ein Beitrag zur Methode der Rechtsvergleichung, Rabels Zeitschrift 34 (1970) 443 参照。

（2）Recht und Risiko : Festschrift für Helmut Kollhosser zum 70. Geburtstag, Bd. 2, Zivilrecht, Karlsruhe 2004.

（3）Open Source und das Schenkungsrecht – eine durchdachte Liaison?, aaO S. 229.

（4）Recht und Risiko, Bd. 1, Versicherungsrecht, Karlsruhe 2004.

山内惟介

中央大学・ミュンスター大学間における法学者交流の回顧と展望

——二〇周年を迎えて——

Koresuke Yamauchi,
Vergangenheit, Gegenwart und Zukunft in der Partnerschaft der Bereich Rechtswissenschaften
zwischen Chuo-Universität Tokio und Westfälischen Wilhelms-Universität Münster (1985–2005)

目次

一 緒言

中央大学法学部および日本比較法研究所が、ドイツ連邦共和国ノルトライン・ヴェストファーレン州ミュンスター市にあるヴェストフェーリッシェ・ヴィルヘルム大学（Westfälische Wilhelms-Universität Münster、通称・ミュンスター大学。以下、「ミュンスター大学」と略記する）との間で企画し実行してきた法学者交流計画も、その実質的な発足から数えてすでに二〇年を経過することとなった。こんにち、この交流計画はほぼ安定して運営されるようになっている。交流計画の発足に立会い、その最初期から今日に至るまで、運営、協力等、参加の仕方に立場による相違はあるものの、ほぼ一貫してこの交流事業に関与してきた筆者には、一方でようやく二〇年目を迎えたという安堵感を抱きながら、他方でミュンスター大学から得られたこの大きな信用と信頼を今後も維持し続けて行くうえでなお当事者として責任を担わなければならないという焦燥感に駆られることもないわけではない。

この間、当初の双子版刊行計画は断念せざるを得なかったものの、幸いにも志を同じくする同僚諸氏の協力を得てこのたび両大学間での法学者交流二〇周年記念論文集（日本語版）をなんとか刊行する目処が立つようになった。この時期に、両大学間での法学者交流の経緯を回顧し、併せて今後の展望についてもいささか思うところを述べてみたい。両大学の交流計画に直接関与された方々の中にもすでに物故者や退職者が出ており、交流の経緯を正確に記録しておく必要性が高いと思われたからである（なお、筆者自身、これまでにも繰り返し、ミュンスター、ミュンスター大学および法学者交流の経緯に触れる機会があったが[1]、小稿は今日的視点からの回顧と展望を試みるものであり、旧稿とは趣旨を異にするものであることをあらかじめお断りしておきたい)。

二　萌芽

ミュンスター大学との交流ははたしていつから、そしてどのようにして始まったのか。この点は、率直にみて、「une rencontre inattendue(思いがけない出会い)」としか言いようがないように思われる――この点に関連して思い出されるのが、一九七〇年代後半の法学部教授会におけるひとつの象徴的なできごとである。中央大学が最初に締結した「中央大学とエクス・マルセイユ法・経済・科学大学(エクス・マルセイユ第Ⅲ大学)」(一九七八年四月締結)との交流協定発足に絡む逸話である。[2] 協定締結の可否に関する審議の過程で、「今なぜ、エクス・マルセイユ第Ⅲ大学と交流協定を結ぶ必要があるのか、その明確な理由を説明してほしい。フランスにはパリ第Ⅰ大学やパリ第Ⅱ大学など、歴史と伝統のある大学が他にもある。それらよりエクス・マルセイユ第Ⅲ大学との交流を優先するのはなぜか?」という質問が寄せられたことがある。当時、協定締結交渉に当たられていた故高柳先男教授は、「この点はひとつの縁と言うしかない。今回は先方から交流協定締結の話を持ちかけられたのであって、これを受け入れるか否かが当面の論点である。他の大学との交流協定締結の話は、後に、その実現可能性が生まれた段階で改めて審議すれば足りる」と即答された。ミュンスター大学との交流協定締結に至る動きも、エクス・マルセイユ第Ⅲ大学との交流協定締結の動きと同様、ひとつの縁によって生まれたものであった。ただ本質的な違いは、中央大学側がミュンスター大学に対して交流協定の締結を申し入れたのであって、その逆ではないという点にある。

中央大学とエクス・マルセイユ第Ⅲ大学との交流協定締結と相前後して、一九八一年一一月一日に中央大学に国際交流センターが創設された。それまで、学部や研究所を単位として別々に行われていた国際交流事業が大学として組織上一本化されることとなったが、実質的には、一本化には至らなかった。というのは、当時、国際交流センターは学部や研究所を主体として実施される交流計画の調整機関であって、独自の予算を持ち固有の意思決定を行うという意味での主体性は国際交流センターにはないとの認識が支配していたからである。一九八〇年代初めは、中央大学にとっても、ようやく国際交流活動に本格的に踏み出そうとする、いわば創世記であったことが分かる。初代の国際交流センター所長を務められたのは法学部の桑田三郎教授（現名誉教授）であった。桑田教授は、エクス・マルセイユ第Ⅲ大学との交流協定締結に大いに刺激を受けて、交流対象校の拡大を目標に掲げられた。国際交流委員会委員を初め、関係者に対し、協定締結の可能性を探るよう、所長が直々に要請されたのもそのことと無関係ではない。(3)

ミュンスター大学との間に交流協定締結の可能性があるか否かを打診する旨の要請は、当時、ミュンスター大学への留学を予定していた筆者が桑田教授から出発前に多摩校舎二号館四階にあった国際交流センター所長室で直接に依頼されたものである。(4) ただ、ドイツの他の大学との間での交渉の経緯をみる必要性から、公式のルートに乗せるまでしばらく待つようにという留保が付されていた。おそらくは他の大学との交渉の経緯が芳しくなかったためであろうか、ミュンスターに到着後ほどなく、桑田教授から私信の形で、ミュンスター大学との間で交流協定締結の可能性を探るよう、正式の依頼が筆者に寄せられた。交流協定の締結には、当然のことながら双方の側に推進役となる人物（交流事務担当者（Kontaktperson））が求められる。桑田教授がミュンスター大学を交流対象候補として選ばれた最大の理由が何よりもミュンスター大学法学部の中心メンバーとして、欧米で活躍されていたベルンハルト・グロスフェルト教授の存在にあったことに間違いはない。(5) 当時、桑田教授はグロスフェルト教授の啓蒙書『Rechtsprobleme der multinationalen Unternehmen（多国籍企業の法律問題）』を通読され、その書評を「比較法雑誌」に掲載されており[6]、国際経済法への造詣が深い同教授の国際的活動に着目されていたからである[7]。

桑田教授の依頼を受けた当時の筆者には、筆者の受入教授（Gastgeber）であったグロスフェルト教授につれられて、当時の法学部長）にこの話を伝える以外、効果的な手段を持ち得なかった。筆者はグロスフェルト教授につれられて、当時のミュンスター大学学長、ヴィルフリート・シュリューター教授をシュロス（同大学本部棟）に訪ね、交流計画について簡単な説明を行った。筆者は、中央大学側にミュンスター大学との交流を希望する強い意志があること、計画を実施するうえで予算が必要となるためにまず交流協定の締結を先行させたいと中央大学が考えていること、これらを説明した。ミュンスター大学側でも、国際交流それ自体に異存はなかったが、ミュンスター大学はすぐには協定の締結に応じなかった。それは、ミュンスター大学の首脳が、世界中の著名な大学との交流協定締結の経験から、実態を伴わない「紙の上だけの協定（Papierabkommen）」の無意味さを十分に自覚していたからでもある。さらに、ミュンスター大学側の関心は、中央大学との交流から実質的に何が得られるのかということにあった。残念なことに、当時の中央大学は、ミュンスター大学側に証明できるほどの国際交流の実績を持っていなかったし、「エキゾチックなもの」という以上に提供可能な実態や成果をも十分に示すことができなかった（こんにちでは、想像もできないであろうが、欧文パンフレットさえまだ刊行されていなかった）。

桑田教授とグロスフェルト教授との間に挟まれ、「平重盛」の心境に陥った筆者を救ったのが、「何よりもまず交流の実績を作ることから始めよう」というグロスフェルト教授の好意的な提案であった。「必要は発明の母」である。折しも一九八四年秋に日本学術振興会の外国人研究者招聘計画に基づき六週間日本全国を訪問される予定を組まれていたグロスフェルト教授自身が、日本各地での講演用に用意された四本の原稿のほかに、交流協定締結を希望する中央大学のためにわざわざ三本の原稿[8]を追加されたのであった。中央大学との関係を創設するための工夫ということができる。中央大学客員教授という身分を付与することとの関係で実体も必要とされたからである。このようにして中央大学多摩校舎（一五一〇号室）で行われた懇親会での歓談に際して、グロスフェルト教授から桑田教授および筆者に対し、第二の提案が行われた。それは、ミュンスター大学側での基盤整備に向けて、ミュンスター大学から国際交流に熱意のある同年代の教授をほかにも中央大学の客員教授として招請することが望ましい旨の提案であった。

この提案を受け入れた中央大学は一九八五年に故ヘルムート・コロサー教授を客員教授として招聘した。コロサー教授は帰国後、ミュンスター大学側でも答礼のために外部資金を利用して日本から客員教授を招く計画を立てられ、一九八八年にそれが実現する運びとなった。中央大学が予定した最初の派遣候補者は故木内宜彦教授であったが、一九八八年夏に病没されたため、計画の履行に障害が生じた。せっかく確保された予算を無駄にしないようにというミュンスター大学からの要請と学年歴進行中のため代替候補者を確保し得ないという中央大学側の事情から、一九八八年秋も深まった頃最終的に、在外研究中の筆者の代理派遣が急遽決定されたのであった。筆者は一九八九年二月にミュンスター大学を訪れ、二本の講演を行った[9]。中央大学はその後一九八九年にハンス・ウーヴェ・エーリヒセン教授を招聘した。このことが交流協定の締結に向けて大きく前進する契機となった。ミュンスター大学側の実力者エーリヒセン教授は、帰国後強力なリーダーシップを発揮され、ミュンスター大学で内部資金を利用して中央大学から客員教授を受け入れる措置を講じられた。中西又三教授のミュンスター派遣はその結果である。中央大学は二年後の一九九一年にベルトルト・クーピッシュ教授を招請し、法学者交流の実績を着実に積み重ねる努力を継続した。

中央大学の、このような実績と経験はその後ミュンスター大学から好意的に評価されることとなる。中央大学（日本法）がミュンスター大学（ドイツ法）に対して何を提供できるかが次第に明らかになるとともに、中央大学側がミュンスター大学に対して何を求めているかも次第に明確にされてきた。こうして双方の歩み寄りの結果を経て、ミュンスター大学側においても中央大学との協定締結を歓迎する動きが広がり、一九九二年にようやく交流協定の締結に至ったのであった(10)。

三　目　標

国際交流の目標は、むろん、ミュンスター大学との交流協定（後掲五〇八頁）に記されたとおりである。しかしながら、協定の文言には現れていない、交流関係者から成る継続的共同体に固有の雰囲気というものがある。そうした雰囲気は、周知のように、協定の文言を字義通りに解釈することによって明らかにされるというよりも、交流に参加することによってのみ体感できる性質のものでもある。ドイツ人のいう Gemütlichkeit も、フランス人のいう sympathique も、「居心地のよさ」とか「共感」とかと日本語に直訳しても、日本語の語感から得られる印象と決して同じではない。そして、長い歴史的社会的背景のもとで形成されてきたそれぞれの社会に固有の「文化」への深い理解がなければ、到底、そうした感覚を経験することができない。この意味において、異文化を経験すること以外に、この垣根を乗り越えるすべはない。

極論すれば、国際交流の最大の目的は、その他のコミュニケーションの場合と同様に、異文化体験それ自体にあるのではなかろうか。ドイツの一流大学の長老および中堅の研究者が欧米の学界での長い活動を通して得た深い思索と豊富な知見に基づき、どのような問題関心のもとに、どのようなテーマを選び、どのような資料を、どのように分析して、どのような提言へと結び付けているか、日本語への通訳を介在させざるを得ない場合が少なくないとはいえ、これらを直接経験することのできる場を恒常的に確保することは、交通通信手段が大きく変化したこんにちにおいてさえ、なかなか維持できるものではない。ミュンスター大学からの客員教授が中央大学の教員、大学院生、学部生と直接に話し合う経験を通じて、ドイツ法が日本法にとっていかに重要な役割を占めているかをドイツ人教授自身、身をもって理解することができるし、そうした交流経験の反覆・拡大を通じて異文化体験の深化を図ることにより、双方の側でいっそう交流の実を挙げることができよう。

そうした恩恵を被る学部生、大学院生、教員の人数をも念頭において国際交流の波及効果を考えれば、客員教授一人に支払われる金額は微々たるものでしかないことが明らかになろう。こうした経験を通じて、ミュンスター大学の諸教授は中央大学の同僚諸教授および多くの学生に対して好意的な印象を抱かれ、皆等しく「日本びいき (Japanliebhaber)」となって帰国されている。後述する出版活動への協力を含めて、ドイツの諸教授が帰国後もことあるごとに、中央大学との交流を支援して下さっていることを考慮すれば、金銭では到底あがなうことのできない、信用と信頼という大きな副産物をもわれわれ中央大学の関係者は手に入れることができたものといわなければならない。

四　事　業

協定締結後の一九九二年度以降、これまでに企画され、実施された法学者交流事業を整理すれば、さしあたり以下の五つを具体的な成果として挙げることができる。

第一は、教員の相互派遣と協定先大学での講義および講演である（日本比較法研究所での講演会は公開されている）。交流協定の締結以降、隔年に交換教授を派遣する計画がつつがなく実施されている。ミュンスター大学からは、オットー・ザントロック教授、ディルク・エーラース教授、ヴィルフリート・シュリューター教授、ディーター・ビルク教授、ハインリッヒ・デルナー教授、シュテファン・カーデルバッハ教授、そして前回のインゴ・ゼンガー教授まで、私法と公法の分野から交互に第一線の研究者が派遣されてきた。ミュンスター大学から派遣された諸教授は、それぞれに、ドイツ、ヨーロッパにおける法律学研究の最先端の成果を中央大学側に提供された。他方、日本側からも二年ごとにミュンスター大学へ派遣する計画が組まれ、丸山秀平教授、津野柳一教授、角田邦重教授、野沢紀雅教授、石川敏行教授、工藤達朗教授、古積健三郎教授、そして鈴木博人教授まで、多くの同僚が派遣された。このほか、工藤教授は一九九三年度から二年間、ミュンスター大学エーリヒセン教授のもとに留学された。

ミュンスター大学の諸教授は主宰される研究所を挙げて、また家族ぐるみでわれわれを歓待され、学問的交流に加えて、ヴェストファーレン地方のいろいろな文化を紹介して下さった。これらの歓待も中央大学の同僚に対してミュンスターへのよき想い出をもたらしていることであろう。

第二は、交流協定枠とは別にアドホックに行われる、ミュンスター大学教授の、講演を伴う短期訪問である。当初は、犯罪学に関する国際研究集会等との関わりで、ハンス・ヨアヒム・シュナイダー教授が藤本哲也教授を訪問された例があるにとどまっていた。ミュンスター大学はその後日本の法律家との交流を深めるべく、協定校を拡大してきた。これまでのところ、一九九六年に新潟大学との間で交流協定を結び、毎年二名の学部生を相互に交換するほか、教員の相互派遣も行い(11)、現在では、関西地区の大学とも交流協定締結に向けた話し合いを行っている。そうした機会を捉えて訪日される教授が中央大学とのこれまでの縁を大切にされ、本学を再訪される機会も増えてきた。

第三は、大学院生の受入である。ミュンスター大学エーラース教授の指導下に博士論文を執筆されたユリア・ヴァルクリンク氏が行政手続法に関する日独比較研究を希望して中央大学に滞在され、石川教授の指導を受けられた例もある。大学院生の場合、外国語修得の視点から教員の相互交流ほどに活発化してはいないが、外国語運用能力を有する大学院生が入学するようになれば、この分野での交流も進展することが期待されよう。

第四は、出版物の刊行である。ここでは以下の三つが挙げられる。第一に、ミュンスターから派遣された客員教授の講演録が帰国後に刊行される例が増えてきた。日本比較法研究所翻訳叢書としてこれまでに刊行されたのは、エーリヒセン教授[12]、ザントロック教授[13]、デルナー教授[14]およびカーデルバッハ教授[15]の講演録であり、エーラース教授およびゼンガー教授の講演録はそれぞれ準備中の段階にある。第二に、両大学関係者の共同事業として、すでに『Beiträge zum japanischen und ausländischen Bank- und Finanzrecht（国際銀行法・金融法論集）』[16]が刊行され、また交流二〇周年記念論文集のドイツ語版（Bernhard Großfeld u.a. (Hrsg.), Probleme des deutschen, europäischen und japanischen Rechts, Berlin 2006）も昨二〇〇六年に刊行されている（交流二〇周年記念論文集の日本語版としての本書の刊行もここに付加される）。第三に、ミュンスター大学の諸教授が日本比較法研究所の創立を祝う記念論文集に寄稿されている。『日本比較法研究所創立四〇周年記念 Conflict and Integration：Comparative Law in the World Today』[17]および『日本比較法研究所創立五〇周年記念 Toward Comparative Law in the 21st Century』[18]がそうである。

第五に、資料の交換も行われてきた。ミュンスター大学国際経済法研究所の叢書 „Abhandlungen zum Internationalen Wirtschaftsrecht“と日本比較法研究所の機関誌「比較法雑誌」、欧文書籍等との交換などが定期的に行われている。

五　評　価

　これらは中央大学が何をミュンスター大学に提供できるかを具体的に示してきた証拠でもあるが、これらの事業を通じてミュンスター大学の名声は日本国内でも次第に広まってきた。ミュンスター大学側も、同様に、中央大学の同僚を積極的に受け入れて講演等を行う機会を用意され、講演後に日本側教員の原稿がドイツの専門雑誌に発表される機会も個別に提供されてきた。これらの成果は一九九二年に締結された交流協定がもはや「Papierabkommen」ではなく、真に機能していることを示すものといえよう。

　それならば、これまでの活動はどのように評価することができるか。まず中央大学との交流に対するミュンスター大学側の評価を取り上げよう。その一端はミュンスター大学が刊行する公文書(19)によっても窺い知ることができる。「Internationale Kontakte（国際交流）」の項には、今日機能している一七件の交流事業のうち、Deutsche-Niederländische Juristenkonferenz、Kooperation mit der University of Virginia at Charlottesville、これらに続けて三番目に Partnerschaft mit der Chuo-Universität Tokio が取り上げられ、以下のように説明されている。

　〃日本の法文化とドイツの法文化との間には、伝統的に、特別の関係がある。特に目を引くのは、多数の日本人教授がドイツを訪れ、熱心にドイツ法と取り組んできたことである。このようにして、ドイツ法は日本の法の発展に対し持続的な影響を及ぼしてきた。日本との良好な関係を確固たるものとすべく、ミュンスター大学法学部と、東京にある日本で有数の私立大学の一つ、中央大学法学部は、研究者交流を目的として交流協定を締結した。この協力関係を推進したのは、当時、法学部長であったベルンハルト・グロスフェルト教授と中央大学の山内惟介教授であった。

一九八五年以降、隔年で交互に一ヶ月ないし二ヶ月の滞在を伴う客員教授一名が中央大学とミュンスター大学の双方から派遣され、協定先で講義を行っている。ドイツ側から、これまでに東京へ派遣された客員教授はアルファベット順に、ビルク教授、デルナー教授、エーラース教授、エーリヒセン教授、カーデルバッハ教授、クーピッシュ教授、ザントロック教授、そしてシュリューター教授である。このようなやり方で生まれたネットワークは、その他の大学に所属される多くの学者にも大いに利用されるようになっている。

二〇〇一年に入り、この交流プログラムは拡大された。こんにちでは、大学院生や博士論文執筆者の交換も奨励されている。たとえば、二〇〇二年から二〇〇三年にかけての一年間ミュンスター大学の博士論文執筆候補者ユリア・ヴァルクリンク氏が中央大学でドイツと日本の行政手続法の比較を行った博士論文を書き上げた（指導教授は、ディルク・エーラース教授と石川敏行教授である）。この例が示しているように、言葉の壁も十分に克服することができる。もちろん、言葉は特にドイツ側にとっては障害と感じられているが、それでも日本語を操ることのできる少数のドイツ人がいる。日本側の状況はこれとはまったく異なっている。

交流二〇周年を祝って、中央大学法学部とミュンスター大学法学部とは二〇〇五年に一緒に記念論文集を刊行する予定である。交流事務の現在の担当者は、山内教授（中央大学）とエーラース教授（ミュンスター大学）である。〃

他方、中央大学にあっても、ミュンスター大学との交流はすでに国際交流事業として定着している。この交流に直接関わった教員は一〇名近くに達しており、二〇〇四年四月の法科大学院開設後もドイツ法研究者が法学部のスタッフに新たに加わりつつある。

中央大学とミュンスター大学との法学者交流の経緯は、大略すれば、およそ以上のとおりである。それならば、現時点で、この法学者交流について、われわれはどのような展望を描くことができるだろうか。

六　展　望

国際交流の意義それ自体については概ね賛同が得られており、ある意味ではすでに言い古されている観もないわけではない。しかしながら、交流を成功させるうえでなお留意しなければならないのが、目的意識の共有、目的意識を具体化した事業計画、その着実な実行などである。「Wer fremde Sprachen nicht kennt, weiß nichts von seiner eigenen（外国語を知らない者は自国語をも知ることがない）」[20]というゲーテの言葉に共感する者は、常に大胆に異文化体験を積み重ね、そこで感じた違和感を昇華すべく普段の努力を積み重ねるべきであろう。外国法研究の名のもとに外国実定法上の文言を確認したり、日本法の外国への紹介を試みたりすることのみが比較法研究者のなすべき課題ではない。むしろ、法比較の実践を通じて、異なる文化のいずれか一方のみにとどまることなく、新たな調和の試みを模索することこそ、比較法研究者に求められる「時代の要請」かと思われる。そうした自覚を持つ研究者によって担われてこそ、両大学間の法学者交流はさらに進展することであろう。この意味において、直接的であれ間接的であれ、今後、交流計画に関与する者には、日独のいずれをも問わず、そうした決意と責任ある行動とが求められているものと思われる。

われわれがすでに幾度も経験してきたように、どのような事業もそれを担う主体の交代とともに、消滅の憂き目をみることが少なくない。過去のいくつもの例が示しているように、ひとつの失敗がそれまでに積み重ねられた実績と評価、対外的な信用を跡形もなく消し去ってしまいかねない危険性が国際交流にもたえず付随している。それは、そうした事業が組織として取り上げられておらず、個人の才覚に委ねられた結果だからである。国際交流の現場においては少数の直接的な関係者だけでなく、多くのみえざる人々の協力もまた必要不可欠である。小さなつぼみが良好な環境に恵まれてやがて大輪の花を咲かせるのにも似て、国際交流の歩みもまたわれわれの日々の地道な積み重ねの上に百年後、二百年後にようやくにしてひとつの成果が現れるかどうかというものにすぎない。その意味において、交流はまさしく掌中の玉を慈しむかのように慎重な姿勢で取り組まれるべき手作りの作品（Handwerk）であり、その形成過程においてこそ、本学の国際交流に対する独自性が反映され得る余地がある。幸いにして、中央大学の場合、若い同僚の中にそうした問題意識を共有される方々が少しずつ増えつつあることが唯一の救いといえよう。

（1）　山内「《海外通信》ミュンスターの街から」中央評論三五巻一号（通巻一六三号）（一九八三年四月号）三六頁―四一頁、山内「《海外通信》ミュンスターの街から（続）」中央評論三五巻二号（通巻一六四号）（一九八三年六月号）四二頁―四六頁、山内「中央大学・ミュンスター大学間における法学者交流の経緯について」中央評論四一巻四号（通巻一九〇号）（一九八九年一二月号）一一八頁―一二五頁。

（2）　その根底には、中央大学の複数の政治学者が長年に亘りフランスの学界代表者との間で作り上げてきた、相互信頼を伴う好ましい人間関係があった。政治学の分野でのこの交流は、中央大学教員の視野を外国に開かせる大きな契機となった。

（3）　桑田所長の要請に応えて寄せられた情報が当時いくつあったのか、またドイツのどの大学との間で並行して交流協定締結の話が進められていたのかといった点は筆者に知らされていない。バイエルン・ユリウス・マクシミリアン・ヴュルツブルク大学（ヴュルツブルク大学）との間で一九八七年に交流協定が締結され、またテューービンゲン・エーベルハルト・カールス大学（テューービンゲン大学）との間で一九九〇年に交流協定が締結されたのは文学部独文学科に在籍されたドイツ人教員の力によるものと思われる(『中央大学百年史 通史編 下巻』六一六頁以下ほか参照)。いずれにせよ、ミュンスター大学との縁は、中央大学が何も手がかりがない、いわばゼロの状態から立ち上げたという点においてひとつの挑戦的な試みであったということができる。

(4) 筆者がミュンスター大学に留学したきっかけは、桑田教授の示唆を得て『Rechtsprobleme der multinationalen Unternehmen(多国籍企業の法律問題)』の単独訳を完了したことに対するグロスフェルト教授の御厚意にあった。

(5) グロスフェルト教授の令名は、一九七三年度に在外研究の地としてミュンスターを選ばれた加美和照教授(現名誉教授)によってすでに本学に伝えられていた。加美教授がミュンスター大学のグロスフェルト教授のもとでの研究を志された背景には、グロスフェルト教授のゲッティンゲン大学在籍中に親交を結ばれた久保欣哉教授(一橋大学名誉教授)による強い推薦があった。

(6) 桑田三郎教授「B・グロスフェルト『国際私法・国際経済法の実務』」比較法雑誌一〇巻一号八九頁。

(7) そこには、グロスフェルト教授が、桑田教授も留学された経験のあるマックスプランク外国私法・国際私法研究所(ハンブルク)で初期の研究者生活を送られていたという同窓意識と、同研究所への留学時代に桑田教授が知り合ったディーター・ヘーンリッヒ教授(レーゲンスブルク大学名誉教授)によるグロスフェルト教授の人物保証が決定的なものであったことと思われる。

(8) グロスフェルト教授(山内惟介訳)「多国籍企業と国際経済法の新たな方向付け」法学新報九一巻一一・一二号八一頁以下、グロスフェルト教授(木内宜彦訳)「経済制度の中での小株主の地位」法学新報九二巻五・六号一六三頁以下およびグロスフェルト教授(山内惟介訳)「言葉、法、民主主義」比較法雑誌一八巻四号三七頁以下。

(9) Yamauchi, Ausländisches Recht und Rechtsvergleichung in der japanischen Juristenausbildung, 11 Juristische Ausbildung (JURA) (1989), Heft 9, SS. 459-465 ; Yamauchi, Zu den Bank- und Effektengeschäften im japanischen Gesetzes- und Gewohnheitsrecht, 24 Comparative Law Review (1990), Heft 2, SS. 1-20.

(10) 中央大学は他に五つのドイツの大学と協定を結んでいる(一九八七年・ヴュルツブルク大学、一九九〇年・テュービンゲン大学、一九九七年・ベルリン自由大学、一九九八年・オスナブリュック大学、一九九九年・ベルリン・フンボルト大学)。

(11) Dirk Ehlers / Ursula Nelles (Hrsg.), Die Rechtswissenschaftliche Fakultät der Westfälischen Wilhelms-Universität Münster, Ein

Porträt, 2. Aufl., Münster 2005, S. 216 f. この交流は、ドイツ側の租税法研究者からの提案によって開始されたという。

(12) H・U・エーリヒゼン著（中西又三編訳）『西ドイツにおける自治団体』（中央大学出版部、一九九一年）。

(13) O・ザンドロック教授著（丸山秀平編訳）『国際契約法の諸問題』（中央大学出版部、一九九六年）。

(14) ハインリッヒ・デルナー著（野沢紀雅・山内惟介編訳）『ドイツ民法・国際私法論集』（中央大学出版部、二〇〇三年）。

(15) シュテファン・カーデルバッハ著（山内惟介編訳）『国際法・ヨーロッパ公法の現状と課題―カーデルバッハ教授講演集』（中央大学出版部、二〇〇五年）。

(16) 山内惟介編著『Beiträge zum japanischen und ausländischen Bank- und Finanzrecht（国際銀行法・国際金融法論集）』（中央大学出版部、一九八七年）。

(17) 『日本比較法研究所創立四〇周年記念 Conflict and Integration: Comparative Law in the World Today』（中央大学出版部、一九八九年）には、ハンス・ヨアヒム・シュナイダー教授、ベルンハルト・グロスフェルト教授およびヘルムート・コロサー教授がそれぞれ寄稿されている。

(18) 『日本比較法研究所創立五〇周年記念 Toward Comparative Law in the 21st Century』（中央大学出版部、一九九八年）には、ベルンハルト・グロスフェルト教授、ヘルムート・コロサー教授、ハンス・ウーヴェ・エーリヒセン教授、ハンス・ヨアヒム・シュナイダー教授およびオットー・ザントロック教授がそれぞれ寄稿されている。

(19) Dirk Ehlers / Ursula Nelles (Hrsg.), Die Rechtswissenschaftliche Fakultät der Westfälischen Wilhelms-Universität Münster, Ein Porträt, 2. Aufl., Münster 2005, S. 200 f.

(20) 相良『大独和辞典』（博友社、一九五八年）一七八四頁。この点は、Yamauchi, Die Rezeption ausländischen Rechts in Japan - Beispiele aus dem Wirtschafts- und dem Familienrecht, Verfassung und Recht in Übersee 36. jahrgang - 4. Qualtal 2003, S. 492 でも言及したことがある。

（二〇〇七年二月二七日稿）

Ⅰ 交換教授（客員教授）（Gastprofessor）

年度	滞在期間等	aus Chuo Universität	aus Universität Münster
1994	14.09.1984-29.10.1984		Bernhard Großfeld
1985	01.09.1985-30.09.1985		Helmut Kollhosser
1988	01.02.1989-31.03.1989	Koresuke Yamauchi	
1989	09.09.1989-07.10.1989		Hans-Uwe Erichsen
1990	30.03.1990-30.04.1990	Yûzô Nakanishi	
1991	15.09.1991-14.10.1991		Berthold Kupisch
	16.10.1992	交流協定締結	
1992	30.03.1993-30.04.1993	Shûhei Maruyama	
1993	09.09.1993-08.10.1993		Otto Sandrock
1994	30.03.1995-06.05.1995	Rûichi Tsuno	
1995	23.03.1996-19.04.1996		Dirk Ehlers
1996	18.03.1997-02.05.1997	Kunishige Sumida	
1997	10.04.1998-09.05.1998		Wilfried Schlüter
1998	23.03.1999-23.04.1999	Norimasa Nozawa	
1999	30.03.2000-27.04.2000		Dieter Birk
2000	04.03.2001-20.03.2001	Toshiyuki Ishikawa	
2001	24.03.2002-20.03.2002		Heinrich Dörner
2003	31.03.2003-27.04.2003	Tatsurô Kudô	
2004	02.09.2004-01.10.2004		Stefan Kadelbach
2005	02.03.2005-01.04.2005	Kenzaburô Kozumi	
2005	07.02.2006	20周年記念行事	
2006	16.09.2006-15.10.2006		Ingo Sänger
2007	21.03.2007-20.04.2007	Hirohito Suzuki	

Ⅱ 短期訪問（Kurzfristiger Besuch）

1986	17.11.1986		Hans Joachim Schneider
1989	06.10.1989		Hans Joachim Schneider
1992	05.10.1992		Hans Joachim Schneider
1997	15.07.1997		Dieter Birk
1998	10.02.1999-18.02.1999	Koresuke Yamauchi	
1999	22.06.1999-27.06.1999	Koresuke Yamauchi	
1999	07.10.1999		Hans D. Jarass
2000	14.03.2001		Ingo Sänger
2003	20.05.2003		Klaus Boers
2005	05.04.2005		Dirk Ehlers
2005	07.02.2006	Koresuke Yamauchi	

Ⅲ　留　　学（Langfristiger Studienaufenthalt）

	01.04.1973-31.03.1974	Kazuteru Kami	
	01.02.1983-31.07.1984	Koresuke Yamauchi	
	01.10.1985-31.03.1986		Heinrich Menkhaus
	01.04.1987-31.03.1989		Heinrich Menkhaus
	01.04.1993-31.03.1995	Tatsurô Kudô	
	01.04.2002-31.03.2003		Julia Walkling

Ⅳ　非常勤講師（Lehrbeauftragter）

	01.04.1989-31.03.2001		Heinrich Menkhaus

第四部

ベルンハルト・グロスフェルト

法比較における詩学*

Bernhard Großfeld,
Rechtsvergleichende Poetik
übersetzt von Koresuke Yamauchi

山内惟介 訳

目次

「そして、創作活動から何の声も聞き取れない者は、
それが誰であろうとも、皆、野蛮人である。**」

一　はじめに

「法比較における詩学（Rechtsvergleichende Poetik）」というこのテーマを御覧になって、皆さんはもしかすると笑い出されるかもしれません。しかしながら、わたくしには、このテーマが、むしろ逆に、おそらくは法文化に対する、そして――もっといえば、今日の法実務という点からみた――法比較に対する学問的な関心をも表しているように思われるのです。「Poetik（詩学）」という言葉は、「Dichtkunst（詩作活動）」（この言葉のもともとの意味はおそらく「創作者の術（Schöpferkunst）」ということでしょうか）を意味しております。「法を比較するという視点」からみても、同じことがいえます――「ああもいえるし、こうもいえる」という見方は、国境の彼方に目を向ければ、誰もが思いつくことです。[1]何といっても、ヨーハン・ヴォルフガンク・フォン・ゲーテ（Johann Wolfgang von Goethe）は詩作活動を「世界からの贈り物、そして民族からの贈り物」[2]といっておりました。以上の事情から、われわれはひとつの冒険に踏み出すことにしましょう。[3]

今日はミュンスター大学と中央大学との交流二〇周年を祝う記念の日です。記念日には色とりどりの花束を捧げるという習慣がありますので、ここでもそうした習慣に従い、詩という「言葉の花束（Sprachblumen）」についてお話しすることにします。このことは、同時に、実定法解釈という、法をめぐるわれわれの日常活動からしばらく離れ、法律学における美しいもの、そして法律学の賢慮と思われるものに取り組むよう提案することを意味しています。

「法比較における詩学」という領域は、「文学と法（Literatur und Recht）」に関する研究――この主題それ自体も国際的にみると急激に発展してきています――を通して、広く開拓されてきました。[4] たとえば、ドイツの劇作家・詩人フリートリッヒ・フォン・シラー（Friedrich von Shiller）の「Wilhelm Tell（ヴィルヘルム・テル）」、イギリスの詩人・劇作家ウィリアム・シェークスピア（William Shakespeare）の「Kaufmann von Venedig（ヴェニスの商人）」、イギリスの小説家チャールズ・ディケンズ（Charles Dickens）の「Bleak House（荒涼館）」、イギリスの詩人・批評家・劇作家トーマス・スターンズ・エリオット（Thomas Stearns Eliot）の「Mord im Dom（大聖堂の殺人）」といった作品はどれも法律家にとって重要な研究対象となっています。こうした傾向に賛同して、わたくしもかねて「Dichtung und Recht（詩と法）」[5] というテーマを取り上げたことがありました――今年は「シラー没後二〇〇年」がちょうど終わったばかりであり、また「ハイネ生誕一五〇年」に当たっています。[6] この二人とも法律学と関わりがあります。シラーは、当初、法律学を学んでおりましたし、ハイネは一八二五年にゲッティンゲン大学で法律学の博士号を取得していました。

法を比較するという視点は、ドイツと日本との出会いからも必然的に浮かんでくることです。法を比較する場合に生じる思い違いや混乱に対する心構えをわたくしに植え付けたのは、オランダとの国境にある郷里の高等学校で得た経験でした。当時読んだドイツの詩人・小説家ヨーハン・ペーター・ヘーベル（Johann Peter Hebel）の作品『Kannitverstan（ドイツの詩人の物語）』[7] がそうです。「ドイツの手工業職人」と呼ばれたヘーベルが読者に感動を与えていたことは、「彼がまったく相手にしていなかったドイツ人による多くの弔辞によってよりも、むしろ彼が一語も理解していなかったはずの一人のオランダ人の弔辞から明らかになっています」。このことから分かるように、われわれはドイツ国内でよりも、むしろ外国においてこそ、何に注意すべきかということを学んでいるのです。

二　背　景

1　ヤーコプ・グリム

われわれが出会うテーマには、はるか昔から取り上げられてきたものがあります。それは、こんにちの表現でいえば、「信義則の事例」を通じてほぼカヴァーされているものです。(8) 最初に取り上げるのは、ヤーコプ・グリム（Jakob Grimm）の文章です。(9) 彼は「法と詩とは互いにひとつの苗床から育ってきた」(10) と述べています。法と詩とは「あの世のものとこの世のものとの混合物であって、決して分離できないものです」(11)。法の歴史を一瞥すると、このことがよく分かります。

2　旧約聖書詩篇における掟

われわれが出会うのは旧約聖書詩篇第一一九篇における掟です。そこでは秩序のモデルである「掟」とその見事な姿が詩の形式で賞賛されています。

「Deine Befehle zu befolgen,（わたしはあなたの諭しを守ったことによって、）

Ist das Glück das mir zufiel（この祝福がわたしに臨みました。）」（旧約聖書詩篇第一一九篇第五六節）

「Die Weisung deines Mundes ist mir lieb,（あなたの口の掟は、わたしのためには、）
Mehr als große Mengen von Gold und Silber.（幾千の金銀貨幣にもまさるのです。）」（旧約聖書詩篇第一一九篇第七二節）

「Wäre nicht dein Gesetz meine Freude,（あなたの掟がわが喜びとならなかったならば、）
ich wäre zugrunde gegangen in meinem Elend.（わたしはついに悩みのうちに滅びたでしょう。）」（旧約聖書詩篇第一一九篇第九二節）

「Wie köstlich ist für meinen Gaumen Deine Verheißung,（あなたのみ言葉はいかにわがあごに甘いことでしょう、）
süßer als Honig für meinen Mund.（蜜にまさってわが口に甘いのです。）」（旧約聖書詩篇第一一九篇第一〇三節）

これらのテキストのドイツ語表現形式は御覧のように韻を踏んでいます。そのことによって、韻を踏んだ言葉が社会的なリズムを表しています。ユダヤの数を表すアルファベット――それゆえ本質的にはわれわれが用いている数字を示すアルファベット――の排列順もこの形式で決められています。たとえば、旧約聖書詩篇第一一九篇の各連の前には、字母が見出しとして置かれています。つまり、アレフ（Alef）、ベス（Bet）、そしてギメル（ガンマ）（Gimmel（Gamma））の順に始められ、タウ（Taw（Tau））まで続きます。そしてそれぞれの連を始めるときはそのすぐ前に置かれた文字が使われているのです。われわれは「アルファからオメガまで」[12]、すなわち「AからZまで」と言っています。「法を語ること（Rechtsprechung）」と「正しく書くこと（Rechtsschreibung）」とは最後にはひとつに合流するのです。このことは、旧約聖書詩篇第一一九篇が二二の連から構成され、また各連がそれぞれ八つの単位から編成されていることからも明らかになります。

言葉および数と並んで、言葉と数を映し出しかつ結び付ける要素として登場するのが文字です。言葉、数、文字、これら三つの単語はヘブライ語で書き表すとすべて同じに、つまり、「r、f、s（r p s = resch pe samech）」となります。このことは、われわれが使う単語「Ziffer（数）」では、もっとはっきりと示されています。「Ziffer」という単語はセム語の語根「sifre」から生まれたものです。「r、f、s」を数字で表すと「二〇〇、八〇、六〇」ですが、これら三つの数字を足すと三四〇になります。さらにこれら三つの数字を足すと、各桁の数字の和は七です。七はすべてを意味する数です。つまり、あらゆる秩序が、驚くことに、こうした記号に基づいているのです。言葉、数、文字、これらは、「絵で表すことが禁止されている」(13)ために、保持されているといえます。

どの文化も記号に依存しています。(14)掟も、秩序という見方も、一定の記号システムと結び付けられているのです。記号システムを用いた「遊び」から宇宙が生まれてきました。ユダヤの「セフェル・イェジラ（Sefer Jezira；Buch der Schöpfung；Book of Creation、主に数の神秘主義について書かれたもの）」(15)は次のように述べています。

「二二　文字。宇宙が秩序を書き記した。宇宙が秩序を刈り揃え、吟味し、交換し、結び付け、そしてこれらの行為をもって、あらゆる創造物の精神、および、将来創造されるもののすべてを形成した。」

われわれが思い出すのはドイツの詩人ハインリッヒ・ハイネ（Heinrich Heine）(16)の詩、『Belsatzar（バビロンの王ベルシャザル）(17)』です。

「Und sieh!　und sieh!　an weißer Wand（ほらみろ、あそこをみろ。白い壁の上を）
Da kams hervor wie Menschenhand（そこに現れた、人の手のようなものを）
Und schrieb und schrieb an weißer Hand,（書いた、あ、また書いた、白い壁に）
Buchstaben von Feuer, und schrieb und schwand.（火という文字、そしてまた書いた、今度は消えた。）

……

Die Magier kamen, doch keiner verstand（魔法使いが現れた、でも誰も気が付かなかった）
Zu deuten die Flammenschrift an der Wand.（壁の上に炎の文字（重大な警告）が現れていたことを。）
Belsatzar ward aber in selbiger Nacht（でも、ベルシャザルはこの日の夜に
Von seinen Knechten umgebracht.（召使いによって殺されたのだ。）」

神が書き表し、そして書かれた文字が影響を及ぼす。このことを示しているのが、「文字は神聖なり（Heilige Schrift!）」という言い回しです。掟に関するわれわれの理解は確かにその後変わってきていますが[18]、それでも、かつてそうであったように、掟が後々まで影響を及ぼす「神々」のような存在であることに変わりはありません。ミュンスターでも「聖画像破壊者」はわれわれの記憶にあります。また、最近われわれを驚愕させているのが、「神のみ恵みによって」アラビア語でしか「姿を表さない」ことになっている、例のムハンマドの姿をめぐる争いです[19]。

3　ザクセンシュピーゲル

以上に述べたことをすべて明らかに示しているのがザクセンシュピーゲルです。ザクセンシュピーゲルは、神学の分野で高い教育を受けかつヨーロッパ全体に影響を及ぼしたアイケ・フォン・レプゴゥ（Eike von Repgow）が一二三〇年にわれわれに書き残した贈り物です。この著作が示しているように、ザクセン、ノルマンディー、それにイングランド（リンカーン）、これらの地域の間には結び付きがあります。この結び付きを取り持っていたのがカトリック・シトー会修道士およびホラント伯爵の仲立ちによるアングロノルマン（英国に移住したノルマン人）の教会法学でした。[20]ミュンスターラントでは、エルデ近郊クラールホルツ修道院内に置かれたトーマス・フォン・カンタベリー聖遺物匣に、こうした結び付きの跡が見出されています。[21]金箔で装飾された銅製皿の付いた高価なリモージュ産七宝（約一一七五年頃の作品）には一一七〇年の「大聖堂の殺人」が描かれています。[22]この絵が一二一五年のマグナカルタを生み出すもととなっています。

ザクセンシュピーゲルは、「文字の魔術」を用いたローマ教会法に対するひとつの答えを表しているものです。ローマ教会法は、「書かれたる理由（ratio scripta）」として、「普遍的文字（universitas litterarum）」という栄光を、また同時に「学術性」という栄光をみずから獲得しようとしていました。文字という形で固定された、しかも象徴として高められた言葉には、聖なるオーラが、またそれ自体の中から発する意味が含まれています。[23]すなわち、「公文書にないものは、世界（裁判所）に存在しない（Quod non est in actis, non est in mundo）」とされ、そのことから、さらに「書かれたものによってこそ（sola scriptura）」証明が行われるのだと考えられてきました。われわれのふるさとの法が、ローマ教会法と同様に、文字の神秘性を利用していたこと——そして、そうした神秘性が詩という、二八〇行（この数の各桁の数字の和は一〇になります）で書かれ、また絵文字で書かれたものを介して、伝統と結び付けられていたこと[24]——を想えば、われわれのふるさとの法をローマ教会法と同じように考えることができます。

「Diz recht en habe ich selbir nicht erdacht,
ez haben von aldere an uns gebracht
Unse guten vorevaren.
Mag ich ouch, ich will bewaren,
Daz min schatz under der erden
mit mir nicht verwerden.
Von gotis genaden die lere min
sal al der werlt gemeine sin[25]」.

4 「ナッサウ伯ウィレム一世」（オランダ王国国歌）[26]

「アルファベット順」という考え方は特に宗教改革以降に広がったものです。このことを示しているのがオランダの国歌（およそ一五七〇年頃）です。その歌詞は「余はナッサウ伯ウィレム一世なり（Wilhelmus van Nassouwe）、ドイツの由緒正しき血筋の子孫なり（Ben ick van Duytschen bloet）」という言い回しで始まっています。作者フィリップ・フォン・マルニクス（Philip von Marnix）[27]は、この国歌を「新しいキリスト教徒の歌（Een niew Christelicke Liedt）」として発表し、「各連の最初に掲げられた大文字をつなげるとWillem van Nazzovとなり、結果的に、ナッサウ伯ウィレムの名を再現している（Waer van de erste Capitael letteren van elck veers, syner F.G. name metbrengen）」と述べていました。オランダの国歌では、八行から成る全部で一五の連が、冒頭のこの「余はナッサウ伯ウィレム一世なり」という言い回しの後に置かれています。

5　近　世

われわれはさらに大きく一歩を踏み出すことにしましょう。一七世紀に作られた「Glück auf, der Steiger kommt!（やった、さあ掘り出せ、お偉いさんが来るぞ）」という歌がありますが、一九世紀のルール工業地帯で歌われたものでは、次のような連が追加されていました。

「銀もあれば金もある
俺たちを誘惑するほど魅力的な宝だ
それでも、掘り当てた俺たち鉱山労働者は決して泥棒ではない
神様がわれわれを助けて下さったのだ、神様がわれわれを助けて下さったのだ。」

ここにみられるように、神への恐れが法への忠誠を創り出しているのです。このように、当時のドイツでは、人々

はまだ法に希望を持っておりました。

6　法比較における記号学[28]

こうしたできごとをわれわれに思い起こさせるのは、エリク・ヴォルフ（Erik Wolf）[29]の著作『Vom Wesen des Rechts in deutscher Dichtung（ドイツの詩における法の本質について）』[30]ですが、そのことが特にあてはまるのはオイゲン・ヴォールハウプター（Eugen Wohlhaupter）の三巻本『Dichterjuristen（詩人法律家）』です。これは、『Dichtung und Recht（詩と法）』[31]というテーマで書かれた彼のライフワークの中核を成すものでした。この作品をみると、記号の構造と記号のリズムが法の確かさを示す上で力になっていることがわれわれにわかります。そこから、われわれは法比較における記号学へと足を踏み入れることになります。[32]

三　ミュンスター

この話はミュンスターにも関わりがあります。われわれが今日のテーマをうまく「着地」させることができるのも、この点においてです。[33]

1　アントン・マティアス・シュプリックマン

ミュンスター大学の法学部棟がある場所には、かつて詩人法律家であり法律学の教授であったアントン・マティアス・シュプリックマン（Anton Matthias Sprickmann）[34]が住んでいました。彼はミュンスターというこの一都市をはるかに超越した、全国的規模でその名が知られていた、法学部唯一のメンバーでした。その後、彼はブレスラウとベルリンでも教えました。彼が書いた喜劇「Der Schmuck（装飾）」は一七七九年にウィーンで賞を受け、ゲーテの演出によりワイマールで上演されました。[35] 彼は、次に取り上げるアネッテ・フォン・ドロステ・ツー・ヒュルスホフ（Annette von Droste zu Hülshoff）のほかならぬ後援者でもありました。[36]

2　アネッテ・フォン・ドロステ・ツー・ヒュルスホフ

アネッテ・フォン・ドロステ・ツー・ヒュルスホフの作品をみると、文学と法との結び付き、そして詩と法との結び付きがあることが分かります。ミュンスター大学の同僚ハインツ・ホルツハウアー（Heinz Holzhauer）教授は、彼女の短編小説『Die Judenbuche（ユダヤ人のブナの木）』に関する論文「Annette von Droste-Hülshoff und das Recht（アネッテ・フォン・ドロステ・ツー・ヒュルスホフと法）」[37]においてこのことをわれわれに伝えています。わたくしはこれに彼女の詩「Die Vergeltung（復讐）」を付け加えることにします。その内容は、ご存知のように、海難事故に遭って、自分が助かろうとしたある乗客が、角材にしがみついていた病人から無理やり角材を引き剝がしたというものです。角材には「バタヴィア、五百十」と書かれていました。後に、この乗客は反乱者とみなされ、絞首刑に処せられました[38]。その絞首台に使われたのがまさしくこの角材でした。

「バタヴィア」号はオランダ東インド会社の持ち船でしたが、一六二九年に、処女航海の途中、オーストラリア西海岸手前の香料群島（モルッカ海峡）で沈没しました[39]。この船は一九六三年に発見されました。今では、積荷の一部とともに、西オーストラリアのフリマントルにある「Australian Maritime Museum（オーストラリア海事博物館）」に陳列されています。そこには、わたくしの故郷ベントハイムとの密接なつながりが示されています。つまり、バラスト用積荷の大部分は、インドネシアのジャワ島にあるジャカルタのバタヴィア城砦建設のために、ベントハイムの砂岩で作られた、彫刻付きの玄関用柱（それは一三七の部分から成るもの）だったのです。この柱は、現在、この博物館に置かれています[40]。

3　フーゴー・グロチウス

われわれミュンスターの法律家とフーゴー・グロチウス（Hugo de Groot; Hugonis Grotii; Hugo Grotius）[41]とはずいぶん近い関係にあります。彼の著作『De Iure Belli ac Pacis（戦争と平和の法）』（一六二五年）は一六四八年のウェストファリア平和条約に対し、ほかの作品とともに、大きな影響を与えました。そこには、古代に生きた者が著した数百篇の詩が見出されます。グロチウスの兄弟により一六三九年に編集された彼の詩集『Poemata Collecta (Poemata, collecta & magnam partem nunc primùm edita à fratre Gulielmo Grotio. Leiden, Andreas Clouquius, 1617)』[42]は六〇三頁に及ぶ分厚いものです。その中の何篇かを見本としてドイツ語で紹介しましょう。

「Rohe Gewalt ist dem Herzen der Götter zuwider!　Wer schafft（野蛮な暴力は神々の御心に添うものではない。創造主からの）
Danke es ehrlichem Werk, nicht seiner größeren Kraft!（感謝は誠実な働きに対して向けられるのであって、力の大きさに向けられるわけではない。）
Güter, zu unrecht erworben, können verächtlich nur sein.（不法に手に入れた財産は物笑いの種でしかない。）」

「Stellt sich die Herrschaft noch so grausam an,（無慈悲なことに、支配がなお大きな顔をしていても、）
So ist man trotzdem ihr von Herzen zugetan.（それでも、人は、心の底では、支配に対して目を背けている。）」

「Wenn einer Arbeit tut, der andere gibt Geld,（ひとりが仕事をすれば、他の者は金を手に入れ、）
So ist ihrer beider Teil auf gleiche Art gestellt.（こうして二人とも同じやり方で過ごしている。）」

『戦争と平和の法』のまえがきでは（拒絶を示しつつ）次のように述べられています。

「Gedenkst du diese ungewissen Sachen（おまえは、そんないい加減なことを考えているのか、）
Allein durch die Vernunft gewiss zu machen?（理性によってしか確実にならないというのに。）
Das wär', mir fällt kein andres Beispiel ein,（本当にそうだった、わたくしにはほかのどんな例もまったく思いつかない、）
Als wollst du mit Vernunft wahnsinnig sein!（理性的にみると、まるで気が触れようとでもしているみたいだ。）」

アネッテ・フォン・ドロステ・ツー・ヒュルスホフとフーゴー・グロチウスを、ミュンスターとのつながりを考慮したために、わたくしはこのように優先して取り上げてきましたが、それは、この二人がわれわれをホラントへ、それとともにわれわれと日本との間の、きわめて重要な文化的架橋へと向かわせているからです。長崎の出島でも鹿児島の県立博物館でも、われわれは今なお、こうした「架橋」を示すものに出会います。

四　転換

「われわれが、象徴を介する以外に、神に近づく方法を取ることができないとすれば、最上の方法は数理的象徴を用いることである。というのは、数理的象徴には不滅の確実性があるからである。[43]」

神話からロゴス（言葉）への転換、また「理性」への転換によって、「詩趣に富んだ時代」は一時的に終わりを告げました。[44] 最初に、多くの古典主義に立つ（異教徒の）詩人たちに対して抵抗が向けられました。たとえばフーゴー・グロチウスに対して向けられたものがそうです。この新しい見方を強化するのに使われた「学術的方法」では、啓蒙主義時代の[45]「mos geometricus（幾何学的習慣）」と、そこから生まれた「合理的選択という考え（rational choice-concept）」とが用いられていました。このようにして成熟してきた数のモデル――そのことはわれわれがドイツ民法典（民法典総則は「括弧の前に（vor die Klammer）」設けられています）において目にするとおりです――が詩よりも優先する[46]ようになりました。ドイツの実験物理学者ゲオルク・クリストフ・リヒテンベルク（Georg Christoph Lichtenberg）は当時流行したスタイルを次のように風刺しています。

「彼はゆっくりと上ってきて、六歩格（六つの同一の詩脚または単位韻律から成る詩行）のように先頭を誇らしげに歩き、彼の妻は五歩格（五つの同一の詩脚または単位韻律から成る詩行）のようにその後からちょこちょことついてきた。[47]」

ヨーハン・ヴォルフガンク・ゲーテは『Dichtung und Wahrheit（詩と真実）』[48]においてこうした急激な変化に触れています。彼は、ライプツィッヒ大学で学修を始めたとき、「Geschichte und Staatsrecht（歴史と国法学）」を教えたボヘミア人の宮廷顧問官と出会いました。

「歴史家であり国法学者である彼は、すばらしい学問によって認識できるすべてのことに対して明らかな憎悪を抱いていた。不幸なことに、彼は、学問の成果として得られたことを聞き取っていなかった。……彼は、そのため、文献学と言語研究を激しく誹謗していたが、しかし、もちろんわたくしがその背後に垣間見ていた詩作に関する学修結果をそれ以上に毛嫌いしていた。」

ゲーテは、彼が「青少年期以降に学んだこの法学教師」が「脈絡もなく分かりにくいスタイル」を取り続けているという気持ちを抱いていました。[49] ハインリッヒ・ハイネはドイツの法学者フリートリッヒ・カール・フォン・サヴィニィ（Friedrich Karl von Savigny）[50]を「パンデクテン法学における吟遊詩人（一一世紀から一四世紀にかけて南フランスのプロヴァンス地方で活動した詩人たち）」と呼んでいました。もとよりこのことは決して肯定的な意味で使われていたわけではありませんでした。ドイツの法学者ルードルフ・フォン・イェーリンク（Rudolf von Ihering）[51]は、「詩人が持っているファンタジーが全体的に過剰であること」――これは「法律家が書いた文学の領域で現れて」いるものです――を攻撃していました。[52] このことは――「機能的」であってもよいとされていたにすぎない――法比較にも転用されました。[53]

「法とファンタジー」というテーマは文学の領域からは消えてしまっています。[54] オーストリアの劇作家でもある法律家グリルパルツァー（Franz Grillparzer、ヴィーン大学にて法律学を学修[55]）はこのことを次のように述べています。

「時計職人たちの中から、時計作り用の道具を作る、ドイツの数理器具製造者が生まれた。そして、とうとう時計職人の技術がすっかり失われてしまったときには、誰も、今、何時かを知ることができなくなっていた。[56]」

その後の時代になると、「具象を司る」右脳よりも「論理を司る」左脳を過度に強調する方に向かっています。このことは記号に関する知識を増やすことにはなりましたが、しかし、逆に人生経験は乏しくなっています。[57] 両者のバランスが失われた結果、記号を「内部的に完結したものとして内側からみる見方（Innensicht）[58]」が主張されるようになり、また当然のことながら、記号の正統性が主張されるようになってきています。記号の正統性は全般的に貧困化し、[59] それ以上にタブーが生まれ、使用禁止文字のリストが提供されるようになっています。[60]

五　抗　議

最初に行われた抗議は詩の排除に対するものでした。ある著者は、「Von dem juristischen Werth der Dichtkunst（詩作の法的価値について)」という論文を書くために、一七七五年の『Beiträge zur juristischen Literatur in den preussischen Staaten(プロイセン諸国における法的文学のための論文)』[61]を利用しました。この論文はライプツィッヒ大学の法律学教授カール・フェルディナント・ホンメル(Carl Ferdinand Hommel)[62]に関連するもので、「卓越したホンメル教授がわれわれに彼の『詩的色彩を帯びた法律学(Jurisprudentiam poeticam)』を完全な形で贈ってくれるよう」期待を込めたものでした。[63]しかし、ちょっとみただけでもわかるように、そうしたことは行われていません。

この同じ著者は、さらに続けて、詩作活動が「昔から、法的知識を有するという点でも、その威信を主張していた」と考えていました。文字が普及する前から、詩作活動は、子孫に対し法を伝える唯一かつ最も都合の良い手段でした。ローマ皇帝コンスタンティヌス(Kaiser Konstantin)は、彼には詩人としての才能が欠けているという「忠告」をまったく受け入れませんでした。詩人としての才能とは、「人間の心を知ること」であり、「鋭い洞察力をもって風習を観察すること」、「善良という感情を純粋にかつ正しく持つこと」、そして、「普通の公共的生活における決まりごとの正しさと誤りとを健全に判断すること」です。

「法における詩(Poesie im Recht)」というテーマを擁護しているのは、イングランドでは特にイギリスのロマン派詩人パーシー・ビッシ・シェリィ(Percy Bysshe Shelley)[64]です。彼の著作『A Defence of Poetry(詩歌の防御)』[65]が刊行されたのは一八二一年のことでした。彼は詩人を「法の制定者であり、市民社会の創設者である」という言葉で賞賛しています。詩というものは理性によって操作されるものではありませんし、もちろん意識や意思に由来するものでもありません。彼は「詩人は、世間では認められていないが、世界の立法者である」[66]と述べています。これに対し、現在では、詩人に対し「市民が与える最高の栄誉」に代えて「理屈屋で機械論者」という名称が与えられるべきでしょう。彼は「打算的能力が全面的に使われること」を残念がっています。そして、「われわれの打算は当初の構想をはるかにしのぐものとなり、われわれは自分が消化できる以上に多くのものを食べ、そして……必要な諸要素を奴隷のように取り込んでしまうことによって、却ってみずからが奴隷の状態にとどまっている」と考えていたのでした。(67)

これに似たことを考えていたのはドイツの哲学者フリートリッヒ・ニーチェ（Friedrich Nietzsche）です。(68)

「非論理的なものが人間にとって必要だという認識や非論理的なものから多くの善なるものが生まれているという認識は、思索する者をして捨て鉢な気持ちにさせている。非論理的なものは、情熱、言葉、芸術、宗教、それに生活に価値を与えるもののすべて、これらの中にしっかりと根を下している。それは、非論理的なものを抜き出そうとすれば、この美しいものをひどく損傷しかねないほどである。人間の性質を純粋に論理的なものに変えられるということは、思い込みの激しい余りにも単純な人間だけにしか通用しない。しかし、こうした目標に接近する度合いが強ければ、結局のところ、そこではこうした方法を採っていても、すべてが消え去ってしまうというわけではない。理性に富んだ人間も、時としてふたたび、こうした性質を、すなわち、あらゆるものに対して非論理的な基本姿勢を採ることを必要としているのである。(69)」

この点の指摘は法においては特に適切であるように思われます。というのは、不変の空間と時間は「われわれの精神の外におけるひとつの現実ですが、……われわれはわれわれの法律をそうした現実に合わせて最初から完全に規定し尽くすことはできない」からです。これに対して、数は「たんにわれわれの精神の産物でしかありません」(70)。ですから、われわれは好んでそれにすがりついているだけに過ぎません。あたかも「安全は数の中にある（Safety in numbers!）」とでもいうように考えているのです。それでも、集合論がわれわれに示してきたように、数自体はその固有の世界においてはさほど確実ではありません。現状は御覧のとおりです。(71)

六　検討の結果

詩をめぐって行われてきた戦いの結果は、われわれが知るところでは、こうなっています。つまり、「法的知識を有すること（Rechtsgelehrsamkeit）」は却って「法律学（Rechtswissenschaft）」が対象とする範囲を狭めることになってしまっています。それ以降、論理的な分析が「法律学的思考（juristisches Denken）」であるとみなされてきたからです。[72] 詩はいわば路上に取り残されてしまったままです。詩はいくつかの童謡（たとえば、「Das ist der Gänsedieb, den hat kein Mensch mehr lieb（こいつはガチョウ泥棒だ、だから、誰だってこいつのことを嫌っていた）」）の中に、また多くの「箴言に込められた英知（Spruchweisheiten）」[73] の中にみられるだけです。こうした表現は決して敬意に満ちたものではありません。

詩は風刺的な批判としても用いられてきました。ひとつの極端な例をわたくしは何年も前に週刊誌『Die Zeit（ツァイト）』で読みました。「Der Mörder（殺人犯）」という詩がそうです。この犯人は一二名を殺害しました。最後の連は次のように書かれています。

「心を動かされた裁判官たちは力なくうなずいた。
彼らは犯人に自由と生命を与えたのである。
結局は、将来の人間形成に向けた措置であった。

この町の六人もの市民の命が犯人に差し出された。
年の暮れが訪れたとき、なんと犯人は釈放されたのだ。」

総じて、詩を放逐した後に生じるこのような結果はわれわれを正気に立ち返させることになりました。詩自体がもはや「言葉の学校（Sprachschule）」として活動することはできませんでした。法律学は、絶えず変化し続ける、口頭での、具象的な言葉の文化の中へみずからを埋め込む機会をすっかり失ってしまったのです。

「言葉が支配した良き邦もすっかり荒れ果ててしまった。
そして、どの文章も勝手な表現が目立つようになり、殺風景で、また木の葉もすっかり落ちてしまっている。
どの枝にも何も付いていない。慣用的言い回しは、
そこでは無視されてしまい、その根も空中にしか生えていない。(74)」

このことは、真面目に法を比較してみると得られる結果のひとつでもあります。(75)

七　新たな思慮

われわれがすでに何度も耳にしてきた表現ですが、「神々は、かつてそうであったように、姿をみせないままいろいろな影響をずっと及ぼし続けています」。この点を考慮し、今度は、今日のテーマの第二部に入ることとしましょ

う。そこに、法比較における中心的な部分があることは明らかです。われわれは法の比較を通じてわれわれ自身について学ぶのです。

1 ドイツ

もう一度、法の歴史を取り上げることにします。わがドイツ民法典の根底にある市場経済モデルはいったいどこからきているのでしょうか。この問いはわれわれをイングランドへ、そしてイギリスの経済学者アダム・スミス（Adam Smith）の著作『The Wealth of Nations（諸国民の富）』(76)へ導いています。この本によりわれわれにもたらされたのが、市場は「invisible hand」、つまり「見えざる手（unsichtbare Hand）」であるという考えでした。スコットランドの神学者でもあったアダム・スミスはこのことによりドイツ民法典の最も重要な形成者となったのです。

この「見えざる手」という考えは中世中期（最盛期）における「deus geometra（幾何学の神）」の像と関連しています。この神は黄金のコンパス（両脚規）を用いて混沌とした状態を秩序付けています――フラクタルの分野ではそう説明されています。(77)アダム・スミスはドイツ生まれの作曲家ゲオルク・フリートリッヒ・ヘンデル（Georg Friedrich Händel）のオラトリオ「Judas Maccabaeus」(78)からその着想の示唆を得ていました。

「戦争に勝ったといって自慢する者は、なんとつまらない存在であろうか。
力が強大であることに価値を見出すなんて。
誰も知らないのだ、見えざる手（a hand unseen）が、大きな機械を操作し、管理していることを。[79]」

ドイツ民法典の「根底」には詩があります。その影響は、時折り、言葉の中に後々まで残っています。特に第一条にその影響をみることができます。

「Die Rechtsfähigkeit des Menschen beginnt mit der Vollendung der Geburt.（人の権利能力は出生の完了をもって開始する。）」

これこそ、「詩的な色彩を帯びた」作品（Ein „poetisches" Programm）の一例です。

2 アメリカ合衆国

話は「跳んで（Springen）」、今度はアメリカ合衆国のことについてお話しましょう。[80] わたくしは数年前に、ニューヨーク州のカドーゾ・ロースクールにおけるある行事で、当時流行していた詩を目にしました。[81]『New York Times（ニューヨーク・タイムズ）』紙のあるジャーナリストがサンフランシスコの第九巡回連邦控訴裁判所の一判決について報道していました。[82] 問題は、絞首刑による死刑が「grausam（残酷）」であるかどうかということでした。詳しく述べた後、裁判所は多数意見をもって「残酷ではない」と判断しました。多数意見を述べた裁判官ラインハルト（たぶん、偉大なベルリン出身の文芸評論家オスカー・ラインハルト（Oskar Reinhardt）の息子ではないかと思いますが）は、補足意見において、「hängen（絞首台につるすこと）」を「lynchen（リンチに処すこと）」と結び付け、そして、アメリカの詩人ルイス・アレン（Lewis Allen）の詩「Strange Fruit（不思議な果物）」を引用していました。

「Southern trees（南の国の木々には）
Bear a strange fruit（不思議な果物がなっている。）
Blood on the leaves（血のように真っ赤な色が葉の上に）
And blood at the root.（そして、この色は根元にもみえる。）
Black bodies swingin,（黒い肌をした人々が歌っている。）
In the Southern breeze（南の国のそよ風の中で）
Strange fruit hanging（不思議な果物がぶら下がっている。）
From the poplar trees.（ポプラの木々の下に。）
……
Here is a fruit（これが果物なんだ。）
……
From the tree to drop（木々から滴り落ちるしずく）
Here is a strange（これが果物なんだ。）
And bitter crop.（それに、苦味のある穂もある。）」

詩は、われわれの法律学（Rechtswissenschaft）よりももっと多くのことを処理することができます。アメリカ合衆国最高裁判所ならびに連邦および州の上級裁判所が下した判決には、しばしば詩が含まれています。[83] その頂点に位置しているのが、聖書からの引用とウィリアム・シェークスピア[84]の著作からの引用です。文学はその後を追いかけてきました。[85] 一例を挙げると、「Judges of our highest courts should have the poetic touch（わが国の最高裁判所の判事たちは詩人の流儀を身に付けるべきである）」という指摘があります。[86] アメリカ合衆国の諸判決が国際的に通用する根底には、「lawyer-missionaries（法律家は伝道師である）」[87] というこの国の考え方のほか、文化的な影響力もあります。このことはよく見落とされている点です。シェークスピアの作品からの引用は世界的規模でコモン・ローを結び付け、その絆を強めてきました。それは幾分か――割り引いて言えば（cum grano salis（鹽の一粒をもって））――あたかもシェークスピア同盟とか詩人同盟とかとでもいえるようなものです。[88] イギリスの女流小説家ジェーン・オースティン（Jane Austen）[89] の表現にならえば、「They all talk Shakespeare（彼らは皆シェークスピアを論じている）」ということができます。

残念ながら、われわれの法をみても、ゲーテやシラーに関してこれに類似した状況を見出すことができません。ドイツ、オーストリアおよびスイスの間には、詩的・法文化的な同盟関係は存在していないのです。われわれは、グローバル化の進展に直面する中で、このような詩的・法文化的な同盟関係を放棄することができるのでしょうか。また、われわれはヨーロッパで通用している、あたかも「Pidgin English（ピジン英語（二言語間の意思疎通のために極度に単純化された混成語））のようなもの」の中に埋没してしまってもよいのでしょうか。[90]

3　オーストラリア

「Dichterisch wohnet der Mensch（人の生活には詩情がある）」[91]、このように教えているのがドイツの哲学者マルティン・ハイデガー（Martin Heidegger）[92] です。この言い方は、ドイツの詩人フリートリッヒ・ヘルダーリン（Friedrich Hölderlin）

にならったものです。あなたはこれに賛成されるでしょうか。[93] 法の比較を介してわれわれは予期せぬことに遭遇します。その一例として、オーストラリアの所有権に関する規定を取り上げましょう。それは一九九二年以来適用されているものです。当時、オーストラリア最高裁判所は、ある画期的な判決において、植民地は「terra nullius（所有者が誰もいない地である）」という立場を捨てて、先住民に対しもともとの土地所有権を承認しました。[94]

こうして、われわれには、オーストラリアの先住民アボリジニによる「大地の歌声」が聞けるようになりました。このことをわれわれは、ドイツ出身のテオドール・ゲオルク・ハインリッヒ・シュトレーロゥ（Theodor Georg Heinrich Strehlow、ドイツの宣教師・民族学者 Carl Friedrich Theodor Strehlow の息子）[95] のすばらしい著作『Songs of Central Australia（中部オーストラリアの歌）』[96] によって想像することができます。彼はルター派の宣教師の息子として、出生地である中部オーストラリアのヘァマンスブルクで使われていたアレンテ語を話しました。簡単な例を英訳で紹介しましょう。

「This is not a rock, it is my grandfather.（こいつは岩じゃない、爺さまだ。）
This is a place where the dreaming（ここもひとつの場だ。ここは、夢みる行為が
Comes up, right up from inside the ground.（大地の中から湧き出し、お上により正しいものと認められるところだ。）」[97]

この地の先住民は、一部には四万年以上も前からあったといわれる古い歌謡を通じて、自分たちの関係を規律しています——彼らの念頭にあるのは伝説的な祖先であり、祖先は母なる大地の秩序として歌われています。死んだ地と結び付けられている歌謡、それを伴奏する吹奏楽器（didgeridoos（オーストラリアの先住民が使う木製楽器））、そして習俗儀式、これらが神秘的な先祖を「眼前にありありと思い浮かべさせ」、そしてまた「霊魂再来（reincarnation）」を通じ

て新たな創造を生み出してきています。このようにして生まれた「風景は詩に詠まれ賛美されています」。そうした風景はどれも「歌の小道（Gesangspfade）」を通じて織り込むように互いに絡み合わされています。この歌の小道から、どの歌がどこで歌われているかを示す「歌謡地図（Gesangskarten）」が作られています。われわれがこのような「始祖（Urahnungen）」を思い出すのは、グリム童話「Der singende Knochen（歌う骨）」とドイツの作曲家ヴォルフガンク・アマデーウス・モーツァルト（Wolfgang Amadeus Mozart）の「Zauberflöte（magic flute；魔笛）」です。こうした事情を考慮したオーストラリアの女性詩人で法律家のクローニン（M. T. C.（Margie）Cronin）は著書『Poetry & Law：Discourses of the Social Heart？（詩と法には関係があるか――社会的心情に関する論集）』の表題においてこうした疑問を呈していました。この疑問に対して、われわれはもちろん「両者の間には関係はある」ということができます。

オーストラリアの裁判所は、こうした歌謡によって諸部族の居住地域の範囲が明らかになりかつ歌謡に基づいて先住民が土地の所有者であることを確認できる場合、歌謡を「歌で示された土地登記簿」として利用しています。歌謡の影響力は、中部オーストラリアでは、地名を表す場合も接近を禁止する場合にもみて取ることができます。たとえば、有名な岩山「Ayers Rock（エアーズ・ロック）」はこんにちではアボリジニの言葉に従って「Uluru（ウルル）」と呼ばれています。その結果、観光客からの収入や地下資源から生じる所得の配分に際して新しい方法が採られることになりました。特にゲームや賭け事を扱う会社が増えてきたのです(98)。このことはアリス・スプリングスにある公認の賭博場であるカジノで体験することができるとおりです。

4 日本／中国

本来から言えば、わたくしは今日この場で日本と中国[99]の[100]「『法』に関する詩（„Rechts“ poesie）」を取り上げなければならないことでしょう。われわれはこれらの国で、美しい響きに、書に、そして頻繁に行われる古典からの引用に、そしてこれら言葉の文化に出会っています。[101] しかし、「法」という言葉からしてすでに、理解することが困難です。法を比較する際にわたくしがこれらの国の法をうまく分類することができない一因は、人口密度が極めて高いこととの関係で、法の機能を十分に理解できていないという点にあるのかもしれません。[102] 個々人の権利という、わたくしが慣れ親しんだ出発点は、集団的で階層性のあるこれら両国の社会構造に対しては、うまく使えないようにみえます。[103] ここでは、日本の今様歌謡集『梁塵秘抄（巻第二・法文歌—佛歌）』から次の詩を引用するにとどめます。[104]

「Lord Buddha is everywhere but —（ほとけは、常に在せども、）
alas! — invisible（うつつならぬぞあはれなる）
In the silent dawn（人の音せぬあかつきに）
I see him faintly in a dream.（ほのかに夢に見え給ふ。）[105]」

それゆえ、わたくしは、わたくしよりもずっと、東アジアの諸文化、それに東アジア文化と結び付いている漢字、これらと慣れ親しんでいる方々にこうしたテーマについての研究をお任せしたいと思います。[106] ここでは、日本の詩人、

安西冬衛の有名な一行詩のみを挙げておくだけにします。(107)

「蝶々が一匹、ひらひらと韃靼海峡を渡っていった（A single butterfly crossed the Tartar Strait）。(108)」

謎だらけのものには、もちろんタブーもそうですが、推測すると、驚くようなことが隠されています。(109) おそらく実定法解釈学（Dogmatik）よりも詩の方がずっと強く、そうしたものとわれわれとを結び付けていることと思います。

八　習俗儀式の一体性

最前線で手探りのまま詩と取り組む場合、われわれが出会うのは普遍的な人間性（menschliche Universalien）です。(110) ヤーコプ・グリムは、法、言葉、詩、これら三つをもともとは一体のものだとみていました。Recht（法）、Ritus（習俗儀式）、それにRhythmus（リズム）、これら三つの単語は古代インドのバラモン教の聖典ヴェーダの単語「rita」に遡るものです。この単語は「Ordnung（秩序）」を意味しています。アメリカの詩人ワィスタン・ヒューズ・オーデン（Wystan Hughes Auden）(111) はこの点について次のように述べています。

「Only in rites（儀式においてのみ）
can we renounce our oddities（われわれはわれわれ自身が持っている奇妙な風習を捨て去ることができる。）

and be truly entired.（そうすれば、本当に完全無欠になることであろう。）」

それと同時に、詩を介してわれわれは、ドイツ語では「spielerischer Hintergrund」と言いますが、われわれの経験の背後にある遊びの要素を思い起こすことができます。われわれはいくつもの「Beispiele（例）」を介してそうした遊びの要素を経験してきましたし、そうした経験は「Vorspiele（前奏曲）」をはさんで導き出されたものでした。これら二つの言葉にも遊びの要素を示す「Spiel」という単語が含まれています。その背後にはおそらく「verdeckte Theologie（姿の見えない神学）」が隠れ潜んでいることでしょう。連想されるのは、「Tempeltänze（神に捧げられる神殿での舞踊）」や「heilige Spiel der Liturgie（典礼（礼拝）の聖なる動き）」です[112]。このような遊びの要素を持った動きの中にわれわれの人間性がすっかり現れているのです。

九　詩の力

「どんな種類の名人芸（Meisterschaft）もこの世では高くつく。そこでは、あらゆるものの値段が余りにも高くつけられてしまっている。人は値段についての専門家となると同時に、そうした専門の犠牲者ともなっている[113]。」

以上のような考察がいったいどんな役に立つというのでしょうか。望ましいのは、このような考察の結果、熟慮するという雰囲気が生まれ、また「Sprache und Recht（言葉と法）[114]」というテーマについての研究が一層進展することです。このような考察によって、われわれの思考や行動のパターンは社会文化的に埋め込まれたものであるということが分かってきました。(115) また、このような考察によって、われわれは身をもって、法秩序というものがどんなにか記号、リズム、それに習俗儀式に依存しているかという点を経験することもできました。(116) このことは、われわれがどうしても手離したがらないわれわれの理性の内側の問題であると同時に、理性を越えた問題でもあります。要はバランスの問題なのです。

以上のお話によって、たぶん、わたくしは「法を比較する際の魅力（比較法学の魅力、Zauber der Rechtsvergleichung）」を皆さんにお伝えすることができたのではないかと思います。法比較も「Märchenblume（御伽噺の花束）」のように大きな影響を及ぼしてきています。「高い代価を支払った者はもはや故郷には戻らない」というギリシャ人たちの言い伝えがありますが、このことは法比較にもあてはまります。(117) この分野の研究を進める大学教授たちには、法比較を行う国際的な研究者集団の動きに合わせて、みずからの可能性を推し量る好機があるからです。

ミュンスターでは、このような詩的な「遊び（Spiel）」がわたくしには特に合っていたように思います。ミュンスターから東の方角にヴァーレンドルフという町がありますが、(118) その南部近郊にあるオステンフェルデ出身のドイツの偉大な数学者カール・ヴァイアーシュトラース（Karl Weierstraß）は、「同時に詩人の妙技を持たない数学者は決して完全な数学者にはなれない」と述べておりました。ボン大学法学部は、四年間の学修の後、ヴァイアーシュトラースには学問的素質がないとして彼を退学させましたが、彼は当地の専門学校を経て世界的名声を得る道を見つけたのです。(119) ミュンスターで彼を教えたドイツの数学者クリストフ・グーデルマン（Christof Gudermann）は彼の才能を認め、彼がその後の生活を支えられるよう、彼に「穀物、塩、そして詩」を十分に与えました。(120)「ヴァイアーシュトラースの推論」を介して、彼の弟子、ドイツの数学者ゲオルク・カントル（Georg Cantor）(121) は「集合論」の研究をするようになりました。こうして世界最高級の研究が生まれたのでした。

ヴァイアーシュトラースがカントルに対して行った教育に似たことを、われわれは、われわれに信頼を寄せている多くの法学部の学生、助手、そして博士学位論文執筆者に対しても実際に行ってきているでしょうか、それとも、われわれは彼らを「Kommentierungen（実定法の注釈活動中心の生活）」に没頭させてしまっているのでしょうか。(122) しかしながら、誰も将来のことについて「kommentieren（注釈活動を行うこと）」などできません。われわれが若い法律家に対してなすべきことは、法の分野で感じ取れる「Stimmungen（全般的な雰囲気）」を体験できるように導くことです。(123) その目的は、注釈活動を通じて文化に「eintauchen（浸る）」(124) ためであり、そして当該文化の内部で「inneres Erleben（内的体験）」を「erfahren（経験するように）」(125) させることにあります。ここに登場するのが「schöne Gefühl（麗しい感情）」、つまり、「人間性というものは真の人間が存在して初めて同時に存在し得るものであり、みずからの全人格を感じ取る勇気を持つときにのみ、個々人は喜びを感じかつ幸せになれるのです」(126)。グローバル化の時代にあって、このような考えはなんら悪いものではありません。(127)

一〇　結　び

法というものは希望とともに夢を与えるものでもあります。ドイツの作曲家リヒャルト・ワーグナー（Richard Wagner）(128) はドイツの職匠歌人ハンス・ザックス（Hans Sachs）(129) に次のように歌わせています。(130)

「Mein Freund! Das grad ist Dichters Werk,（わが友よ。これこそまさに詩人の作品である、）
Dass er sein Träumen deut, und merk,（君がみた夢の数々を示し、記憶にとどめることこそ、そうなのだ。）
Glaubt mir, des Menschen wahrster Wahn（わたくしに信じられるのは、真実に最も近い空想を抱く人である。）
Wird ihm im Traume aufgetan：（夢の中で君に見出された。）
All Dichtkunst und Poeterei（どんな詩作活動も作詩法も）
Ist nichts als Wahrtraum-Deuterei.（存在していないし、本当に夢に見たということのこじつけでしかない。）」

また、オーストリアの詩人で法律家のフーゴー・フォン・ホーフマンシュタール（Hugo von Hofmannstahl）[131]は次のように考えています。

「Wir sind aus solchem Zeug wie das zu Träumen（われわれはまさにこのようなシロモノから夢を見ている）
Und Träume schlagen so die Augen auf,（夢はこうしてわれわれの両の目を開けさせる）
Wie kleine Kinder unter Kirschenbäumen.（桜の木々の下で遊ぶ幼子たちがそうするように。）
……
Das Innerste ist offen ihrem Weben,（夢を織り込もうとしてもその一番奥底にあるものはしばしば残されたままで織り込めない、）
Wie Geisterhände im versperrten Raum（ちょうど、閉ざされた空間に現れた幽霊の手のように）
Sind sie in uns und haben immer Leben.（それはわれわれの心の中にあり、いつも生き続けている。）
……
Und drei sind eins：Ein Mensch, ein Ding, ein Traum.（人、物、夢、これら三つはつまるところひとつに帰着する。）」

結論をいえば、法を比較するにあたり、わたくしは、フリートリッヒ・ニーチェとともに、次のように考えているといってよいでしょう。

「瞬く星を見付けられるようにするためには、すべて解決済みだとする硬直した考えを捨て去り、みずからも混沌とした状況になおとどまっていなければならない。（Man muss noch Chaos in sich haben, um einen tanzenden Stern gebären zu können.）[132]」

そして、私がこの講演で示そうと試みたこともまさにこの点でした。

御清聴に心から感謝致します。（Domo arrigato!　Danke schön!）

＊　この講演は、二〇〇六年二月七日に、ミュンスター大学法学部・中央大学法学部交流二〇周年記念式典（Akademische Feierstunde — 20 jähriges Bestehen der Partnerschaft mit der Rechtswissenschaftlichen Fakultät der Chuo-Universität Tokio）において行われたものである。

＊＊　Johann Wolfgang von Goethe, Torquato Tasso, 5. Aufz. 1. Akt

（1）　詳しくは、Bernhard Großfeld, Rechtsvergleichung, Wiesbaden 2001 をみよ。

（2）　Dichtung und Wahrheit, 2. Teil 10. Buch.

（3）　基本的な部分については、Edward Eberle / Bernhard Grossfeld, Law and Poetry, Roger William L. Rev. (2006).

（4）　特に見事な例として、Andreas Wacke, Gute oder böse List, in : FS Dietz-Rüdiger Moser, 1999, S. 672 がある。

（5）　Bernhard Großfeld, Dichtung und Recht, in : FS Peter Nobel, Bern 2005, 1129.

（6）　Bernhard Großfeld, Poesie und Recht, Paderborn 2005.

（7）一七六〇年—一八二六年。

（8）Bernhard Großfeld, Die Augen der Studenten: Jurastudium zwischen Lokalisierung und Globalisierung, in: FS Jayme, Bd 2, München 2005, S. 1104; ders., Globale Wirtschaft und Internationales Recht, in: FS Rückle, Berlin 2006, S.; Martin Schwab, Juristische Staatsprüfungen und das Grundgesetz, Hamburg 2005.

（9）わたくしはここでは、詩作に固有の韻を踏んだ形式を採る諸判決や「韻を踏んだ形式を採るドイツ民法典（BGB in Reimen）（これを著作の表題としているものとして、Jörg-Michael Günther (Hrsg.), Frankfurt / M. 1994）を除外している。

（10）Jakob Grimm, Von der Poesie im Rechts, Zeitschrift für geschichtliche Rechtswissenschaft 2 (1816) 25, 27.

（11）AaO S. 28 f.

（12）新約聖書ヨハネの黙示録第二二章第一三節「わたしはアルファであり、オメガである。最初の者であり、最後の者である。初めであり、終わりである」参照。

（13）旧約聖書出エジプト記（Ex：Exodus）第二〇章第四節「あなたは自分のために刻んだ像を造ってはならない」、旧約聖書申命記（Dt：Deuteronomium）第五章第八節「あなたは自分のために刻んだ像を造ってはならない」。

（14）Daniel Tyradellis / Michal S. Friedlander, 10 + 5 = Gott, Berlin o. J.

（15）紀元三世紀—六世紀または七世紀—八世紀。

（16）一七九七年—一八五六年。

（17）旧約聖書ダニエル書（Dan：Daniel）第五章による。

（18）Meinrad Limbeck, Das Gesetz im Alten und Neuen Testament, Darmstadt 1997.

（19）Dan Diner, Versiegelte Zeit, Berlin 2005.

（20）Peter Landau, Der Entstehungsort des Sachsenspiegel. Eike von Repgow, Altzelle und die anglo-normannische Kanonistik, Deutsches Archiv zur Erforschung des Mittelalters 61 (2005) 73.

（21）Johannes Meier, Das Kloster Clarholz mit den Pfarrkirchen von Lette und Beelen, Lindenberg 2005.

（22）Farbphoto in: Clarholz und Lette in Geschichte und Gegenwart 1133–1983, Clarholz / Lette 1983, S. 101. このほか、M. Barth, Zum Kult des heiligen Thomas Becket im deutschen Sprachgebiet, in Skandinavien und in Italien, Zeitschrift des Freiburger Diözesanarchivs

80 (1960) 97；Werner Bauermann, Die Abkunft der ersten Grafen von Tecklenburg, 68. Jahresbericht des Historischen Vereins für die Grafschaft Ravensberg, Bielefeld 1972, S. 9をも参照。

(23) Caspar Hirschi, So hochtrabende Worte auf so kleinen Schnipseln, FAZ, 2. 1. 2006, Nr. 1 S. 40；Otto Ludwig, Geschichte des Schreibens, Bd. 1：Von der Antike zum Buchdruck, Berlin 2005 参照。

(24) Dazu Bernhard Großfeld, Bildhaftes Rechtsdenken, Opladen 1995.

(25) このことを現代のドイツ語で表現すると次のようになる。

「Dies Recht habe ich selber nicht erdacht,（この法はわたくし自身が考え出したものではない、）
es haben von Alters her zu uns gebracht（この法をはるか昔にわれわれのもとに持ち込んだのは）
unsere guten Vorfahren.（われわれの優れた祖先である。）
Auch ich möchte es bewahren,（わたくしもこの法を守りたい、）
damit mein Schatz unter der Erde（わたくしの財産が地下で）
mit mir nicht verderbe.（わたくしと一緒に滅びないようにするために。）
Von Gottes Gnaden die Lehre mein（神の恩寵による教えが意味すること）
soll all der Welt gemeinsam sein . . .（それは、世界中のすべてのことが一緒にあるものと考えるべきだという点である。
……）」

(26) 一五三三年—一五八四年。

(27) 一五三八年—一五九八年。

(28) これについては、Bernhard Großfeld, Poesie und Recht - Rechtsvergleichende Zeichenkunde, Paderborn 2005.

(29) 一九〇二年—一九七七年。

(30) Frankfurt / M. 1946.

(31) H. G. Seifert, Vorwort des Herausgebers, in：Eugen Wohlhaupter, Dichterjuristen, Bd. 1, Tübingen 1953, S. V.

(32) Bernhard Großfeld, Rechtsvergleichung, Wiesbaden 2001, S. 40.

(33) 新約聖書ヨハネによる福音書（Jh：Johannesevangelium）第一章第三八節以下参照。

（34）一七四九年―一八三二年。
（35）Erpho Bell / Walter Gödden (Hrsg.), „Bin ich denn nur ein Schönschreyber?“. Ein Anton Matthias Sprickmann Lesebuch, Münster 1999.
（36）一七九七年―一八四八年。
（37）Heinz Holzhauer, Annette von Droste-Hülshoff und das Recht, Heidelberg 1999, S. 423.
（38）Arthur Herman, The Devil and His Island, The Wall Street J. Europe, Thursday, January 19, 2006, p. 12 参照。
（39）Mike Dash, Der Untergang der Batavia, München 2002；Simon Leys, The Wreck of the Batavia, New York 2005.
（40）Liesel Schmidt, Bentheimer Sandstein und ein Schiffswrack in Indischen Ozean, Bentheimer Jahrburg 2005, S. 63；Mike Dash aaO S. 85；Marit van Huystee, The Lost Gateway of Jakarta, Freemantle 1994.
（41）一五八三年―一六四五年。
（42）London 1639. Deutsche Texte Walter Schaetzel (Hrsg.), Tübingen 1950.
（43）Nikolaus von Kues, 1440, zitiert nach 10 + 5 = Gott, oben Fn., S. 13.
（44）基礎的な部分については，Hartmut Krauss (Hrsg.), Das Testament des Abbé Meslier. Die Grundschrift der modernen Religionskritik, Osnabrück 2005. Der Abbé lebte von 1664-1729.
（45）その背景については，Leonard Mlodinow, Euclid's Window, 2002.
（46）一七四二年―一七九九年。
（47）Aus den Sudelbüchern, Nr. 95.
（48）2. Teil 6. Buch.
（49）Dichtung und Wahrheit, 2. Teil 7. Buch.
（50）一七七九年―一八六一年。
（51）一八一八年―一八九二年。
（52）Eugen Wohlhaupter, Dichterjuristen, Bd. 3, Tübingen 1957, S. 433.
（53）これについて批判的なものとして，Oliver Brand, Grundfragen der Rechtsvergleichung, Juristische Schulung 2003, 1082；ders.,

Conceptual Comparisions - Towards a Coherent Methodology of Comparative Legal Studies, American J. Comparative L.（近刊）

(54) Adolf Bachrach, Recht und Phantasie, Leipzig 1912.

(55) 一七九一年—一八七二年。

(56) Franz Grillparzer, Werke, Bd. 2, München o. J., S. 278.

(57) Bärbel Mohr, Bestellungen beim Universum, 25. Aufl., Aachen 2005, S. 34 参照。

(58) Bernhard Schlink, Der Preis der Gerechtigkeit, in：Horst Dreyer (Hrsg.), Rechts- und staatstheoretischen Schlüsselbegriffe, Berlin 2005 参照。

(59) Jack A. Hiller / Bernhard Grossfeld, Comparative Legal Semiotics and the Divided Brain：Are We Educating Half-Brained Lawyers?, American J. Comparative L. 50 (2002) 175.

(60) たとえば、東欧やドイツに在住するユダヤ人の子孫のラビ（ユダヤ教の律法学者・聖職者）の場合、ユダヤ以外の文学を読むことは固く禁じられていた。Christof Schulte, Die Mathematik in der jüdischen Aufklärung, in：Daniel Tyradellis / Michal S. Friedlander (Hrsg.), 10 + 5 = Gott, Berlin o. J., S. 47.

(61) S. 75.

(62) 一七二二年—一七八二年。ホンメルについて詳しく説明されているのが Adriaan Pitlo, Der Floh im Recht, Baden-Baden 1982, S. 83 の場合である。

(63) S. 79.

(64) 一七九二年—一八二二年。

(65) Shelley's Poetry and Prose (Donald H. Reiman / Sharon B. Powers, eds.), New York / London 1977. イングランドにおける当初の状況については、Karl Reichl, Die Anfänge der mittelenglischen weltlichen Lyrik：Text, Musik, Kontext, Paderborn 2005 をみよ。

(66) S. 508.

(67) S. 502.

(68) 一八四四年—一九〇〇年。

(69) Menschliches, Allzumenschliches, Bd. 1 Nr. 31.

(70) Carl Friedrich Gauß（一七七七年―一八五五年）この引用は Ludwig Kronecker, Über den Zahlenbegriff, Jornal für reine und angewandte Mathematik 101 (1887) 337, 339 による。

(71) Sharon Begley, Definition of Infinity Expands for Scientists and Mathematicians, The Wall Street Journal Europe, July 29–31, 2005, S. A5.

(72) James R. P. Ogloff u.a., More than „Learning ti Think a Lawyer". The Empirical Research on Legal Education, 34 Creighton L. Rev. 73, 227 (2000).

(73) Andreas Wacke, Europäische Spruchweisheiten über das Schenken und ihr Wert als rechtshistorisches Argument, in：FS Hermann Seiler, Heidelberg 1999, S. 325.

(74) Günther Anders, Sprachelegie.

(75) Otto Sandrock, Die deutsche Sprache und das internationale Recht：Fakten und Konsequenzen, in：FS Bernhard Großfeld, Heidelberg 1999, S. 971 参照。

(76) 一七七六年。

(77) 一六八五年―一七五九年。

(78) 一七四五年。

(79) Bernhard Großfeld, Europäisches Erbe als europäische Zukunft, JZ 1999, 1.

(80) Ira Russelle Warren (ed.), The Lawyers Alcove：Poems by the Lawyer, fort he Lawyer, and about the Lawyer, Buffalo, N.Y. 1990.

(81) Brady Coleman, Lord Denning & Justice Cardozo：The Judge as Poet-Philosopher, 32 Rutgers L. J. 485 (2001) 参照。

(82) Campell v. Wood, 18 F. 3d 662, 692 (9th Cir. 1994).

(83) Gabi E. Kupfer, Margaret's Missing Voice：Using Poetry to Explore Untold Stories in the Law, 21 Women's Rights L. Rep. 177 (2000) 参照。

(84) 一五六四年―一六一六年。

(85) Tim Nolan, Poetry and the Practice of Law, 46 South Dakota L. Rev. (2001).

(86) Daniel J. Kornstein, The Double Life Wallace Stevens, New York L. School L. Rev. 41 (1997) 1187, 1221. Vgl. Anthony T.

Kronman, Is Poetry Undemocratic?, 16 Georgia State U. L. Rev. 311 (1999).

(87) Paul D. Carrington, Spreading America's Word, Durham NC 2005 参照。

(88) Wayne R. LaFave, Mapp Revisited : Shakespeare, J., and Other Fourth Amendment Poets, 47 Stanford L. Rev. 261 (1995) ; Andrew J. McClurg, Poetry in Commotion : Katko v. Briney and the Bard of First-Year Torts 参照。

(89) 一七七五年—一八一七年。

(90) Andreas Wacke, Eine Gesetzessammlung von 1807 für die Deutschen in Pennsylvania, in : FS Alexander Lüderitz, München 2000, S. 811. Otto Sandrock, Die deutsche Sprache und das internationale Recht : Fakten und Konsequenzen, in : Festschrift Bernhard Großfeld, Heidelber 1999, S. 971 参照。

(91) 一八八九年—一九七六年。

(92) 一七七〇年—一八四三年。

(93) Martin Heidegger, Übungen für Anfänger. Schillers Briefe über die ästhetische Erziehung des Menschen. Wintersemester 1936/37, Marburg 2005 をも参照。

(94) Bernhard Großfeld, Kernfragen der Rechtsvergleichung, Tübingen 1996, S. 124.

(95) 一九〇八年—一九七八年。

(96) Sydney 1971.

(97) George Timamin, One Land, One Law, One People, zitiert nach Lynne Hume, Ancestral Power, Melbourne 2002 , p. 70.

(98) Ernest Hunter, Aboriginal Health and History, Cambridge 1993, S. 241 ; Sam D. Gill, Storytracking, New York / Orxford 1998, S. 121.

(99) Mark D. West, Law in Everyday Japan : Sex, Sumo, Suicide, and Statutes, Chicago 2005 ; ders., Economic Organizations and Corporate Governance in Japan, Oxford 2004.

(100) Peter Schulz, Die zweite Revolution, FAZ 28. 12. 2005, Nr. 302, S. 6. Knut B. Pissler / Thomas v. Hippel, Stiftungsrecht in der Volksrepublik China : Zwischen Zivilgesellschaft und Überwachungsstaat?, Rabels Zeitschrift 70 (206) 89 を参照。

(101) Bernhard Großfeld, Rechtsvergleichung als Kulturvermittlung, in : Bernhard Großfeld / Koresuke Yamauchi / Dirk Ehlers / Toshiyuki

Ishikawa, Probleme des deutschen, europäischen und japanischen Rechts, Berlin 2006, S. 71.

(102) Peter Schulz, Die zweite Revolution, Frankfurter Allgemeine Zeitung, 28. Dez. 2005, Nr. 302 S. 6 参照。

(103) Darius Mehri, Notes from Toyota-Land, 2005；Oranong Swasburi / Sun Yong-hon, Cultural Diversity：An Effect to the Communication in the Classroom, Academy of Taiwan Business Management Rev. 1 (2005) 73 参照。

(104) 一二世紀の作品。

(105) この引用は、Oriori no Uta, Poems for all Seasons, Tokyo u. a. 2000, S. 37 による。

(106) Kiyoshi Igarashi, Gibt es einen ostasiatischen Rechtskreis?, in：Festschrift Knut Noerr, Köln 2003, S. 419, 430.

(107) 一八九八年—一九六五年。

(108) この引用は、Oriori no Uta（前注(105)）S. 47 による。

(109) Jakob Strobel y Serra, Der Meister lacht, der Krake nicht, FAZ 1. 12. 2005, Nr. 280, S. R1. Zum historischen Japanbild siehe auch Sepp Linhart, „Niedliche Japaner“ oder Gelbe Gefahr?, Münster 2005.

(110) 幾何学については、Stanislas Dehaene / Veronique Izard / Pierre Pica / Elizabeth Spelke, Core Knowledge of Geometry in an Amazon Indigene Group, Science 311 (381) 2006 参照。

(111) 一九〇七年—一九七三年。

(112) Johan Huizinga, Homo Ludens, 1938.

(113) Friedrich Nietzsche, 一八四四年—一九〇〇年、Die fröhliche Wissenschaft, 5. Buch Nr. 366.

(114) これについては、Bernhard Großfeld, Unsere Sprache – Die Sicht des Juristen, Opladen 1990；Hans Hattenhauer, Zur Geschichte der deutschen Rechts- und Gesetzessprache, Hamburg 1987 参照。

(115) Matthias Schramm, Verhaltensannahmen der Transaktionskostentheorie, Berlin 2005.

(116) Bernhard Grossfeld, Zeichen und Bilder im Recht, in：L. E. Kotsiris (Hrsg.), Law at the Turn of the 20th Century, Thessaloniki 1994, S. 307.

(117) Ludwig Kronecker, oben Fn. 70, S. 337 参照。

(118) 一八一五年—一八九七年。

(119) 一七九八年—一八五二年。これについては、Bernhard Großfeld / Josef Hoeltzenbein, Language, Poetry and Law : Order Patents, 10 L. and Business Rev. of the Americas 669, 679 (2004).

(120) Bernhard Grossfeld / Josef Hoeltzenbein, Language, Poetry, and Law : Order Patents, Law and Business Rev. of the Americas 10 (2004) 669, 679.

(121) 一八四五年—一九一八年。

(122) Vgl. Looking at legal education from all sides of the podium, University of Michigan Law School, Law Quadrangle Notes, 48. 2, Fall 2005, p. 80.

(123) これについては、Wilhelm Dilthey, Das Erlebnis und die Dichtung, 1905 ; これについては、Hans Ulbrich Gumbrecht, Erinnerung an Herkünfte, FAZ 30. 11. 2005, Nr. 279, S. N 3 参照。

(124) Vivian Curran, Cultural Immersion, Difference and Categories in U. S. Comparative Law, American J. Comp. L. 46 (1998) 43.

(125) Otfried Höffe, Vom Nutzen des Nutzlosen, FAZ 9. 1. 2006, Nr. 7 S. 6 参照。

(126) Johann Wolfgang von Goethe, Dichtung und Wahrheit, 2. Teil 9. Buch.

(127) Patrick Glenn, Legal Traditions of the World, 2nd ed. 参照。

(128) 一八一三年—一八八三年。

(129) 一四九四年—一五七六年。

(130) Die Meistersinger von Nürnberg, 3. Aufzug, 2. Szene. これについては、Friedrich Nietzsche, Die Geburt der Tragödie, Nr. 1 をもみよ。

(131) 一八七四年—一九二九年。

(132) Friedrich Nietzsche, Also sprach Zarathustra, 1. Teil 5.

(付記) この講演は、Freundeskreis Rechtswissenschaft (Hg.), SCHLAGLICHTER 5 - Ansprachen und Reden an der Rechtswissenschaftlichen Fakultät Münster im Akademischen Jahr 2005 / 2006, SS. 53-78 に収録され、また ZVglRWiss 105 (2006), SS. 343-361 に転載されている。

山内惟介

文化、法、法文化

Koresuke Yamauchi,
Kultur, Recht, Rechtskultur

目次

ヴェストフェーリッシェ・ヴィルヘルム大学（以下、ミュンスター大学と略称）、同大学法学部、同法学部後援会（Freundeskreis Rechtswissenschaft）、同大学法学教育振興財団（Verein zur Förderung der juristischen Ausbildung an der Universität Münster e. V.）、法学部の諸先生、そして、本日御列席の皆様。ミュンスター大学と中央大学との法学者交流二〇周年を記念する論文集『Probleme des deutschen, europäischen und japanischen Rechts（ドイツ法、ヨーロッパ法および日本法の諸問題）』の刊行を祝って開催された、この両大学交流二〇周年記念学術集会（Akademische Feierstunde）にわたくしをお招き下さった御厚意に対し、篤く御礼申し上げます。

一　はじめに

この「二〇周年」という表現に含まれた「二〇」という数は――日本人、特に法律家にとっては常識となっておりますが――日本法ではきわめて重要な意味を持っております。というのは、ドイツ民法典が定める成年年齢と異なり、二〇歳が成年年齢を意味しているからです（このことは日本民法第四条に規定されています――ドイツ法によれば、一八周年を祝うべきであったかもしれません）。日本法からみると、満二〇年を経たことをもって、ミュンスター大学と中央大学との交流も「成年」に達し、それゆえ「一人前」として評価されることとなりました。日本の場合、毎年一月の第二月曜日は国民の祝日（国民の祝日に関する法律第二条）であり、この日は「成人の日」と呼ばれております。この日には全国各地で、多くの自治体が当該所管区域内に居住する新成人に対して祝意を表する式典を催し、そこでは来賓諸氏から新成人に対して祝辞が贈られてきました。

満二〇年を迎えたわたくしたちの交流の経験と実績、わたくしたちが一緒に生み育てた、この「交流」という名を有する「子」に対して祝意を表するため、わたくしはこの機会に、「文化、法、法文化」というテーマのもとに、社交（われわれの交流を含む）に関する若干の日独比較を行うとともに、ミュンスター大学と中央大学との交流について簡単な歴史的回顧を行いたいと思います。そして、異なる文化を持ちながらも、わたくしたちがこのようなひとつの「共通財産」を作り上げるにあたって、交流を担ってきたわたくしたちがいったい何を目標として、どのように協力し合い、どのような壁を乗り越え、どのように中間的目標を達成してきたかをお話ししたいと思います。そのことによって、ミュンスター大学・中央大学間の交流を今後担われる次の世代の方々に対して、両大学間の交流をさらに深めかつ発展させて戴けるよう、御協力と御支援をお願いしたいと思います。

二　異類婚姻——グリム童話から「蛙の王様」

多くの経験が示している通り、わたくしたちの社会における異文化交流の典型は身分関係、特に国際婚姻に求めることができましょう。ヨーロッパでは何世代にもわたって国際婚姻がますます増えてきております。そしてこんにち、ドイツ人とフランス人の婚姻がドイツの家族法の講義で日常的に取り上げられる時代になりました。国家法間の壁は次第に低くなってきつつあります。

国際婚姻がこのように日常化する前の時代において、同様に、異文化交流の話題をわたくしたちに提供していた素材のひとつは、神話や民話、そして童話のたぐいでした――それらは、当時の社会生活をわれわれによりよく伝えております。国際婚姻との関わりでいえば、そうした民話や童話の中から、人間と動物との間で行われる異類婚姻を挙げることができます。

ここでは、ドイツ人であればどなたもよく御存じの『グリム童話』の巻頭に収められたお話から始めることに致します。つまり、異類婚姻の例としての「蛙の王様」(1)の話です。

いろいろな変形があるようですが、要約すると、王女が金色の鞠で遊んでいるうちに深い井戸(泉)に鞠を落としてしまいます。困って泣いている王女の前に蛙が現れて、「褒美と引き換えに、金色の鞠を探し出してあげよう」と提案します。王女が「望みどおりの褒美を与える」旨を約束したところ、蛙はほどなくその鞠を見つけ出し、王女に手渡しました。王女は喜んで鞠を受け取りましたが、蛙との約束のことなどはすっかり忘れてしまい、お供を連れて城に帰ってしまいました。

腹を立てた蛙は王女の後を追いかけて城に行き、「王女と同じテーブルに座って一緒に食事をしたい」という当初の望みを王女に伝えました。これに対し、王女は醜い蛙と食卓をともにすることを拒みました。しかし、王様が「約束したことは守らなければいけない」と王女を諭しましたので、蛙は王女と一緒の食卓で食事をすることができました。さらに蛙が「王女と一緒のベッドでやすみたい」(2)といったときも、王女は拒否しましたが、王様がまたもや王女に約束を守るようにと諭したため、王女はしぶしぶ蛙を連れて自分の部屋に戻りました。しかし、蛙の厚かましい要求に腹を立てた王女は自分の部屋に入ったとたんに蛙を摑み上げて、いまいましそうに、「おまえの要求をこれ以上受け入れることはできません。おとなしくしていなさい」と言って、蛙を思いっきり壁に叩き付けました。

するとそのとき、不思議なことが起こったのです。そこに現れたのは醜い蛙ではなくて、美男の王子様でした。悪い魔女が王子様に呪いをかけて蛙の姿に変えてしまい、井戸に閉じ込めていたのでした。先ほどは蛙に助けられた王女が今度は王子様を助けたのです。王子様は王女と結婚した後、王女を連れて自分の国に帰り、二人は幸せに暮らしました。

この童話では、王女が苦境に陥ること、動物、すなわち蛙が結婚を条件に王女を助けること、動物が王女を訪ねること、王女が動物を殺そうとすること、動物が人間に姿を変えること、二人が結婚すること、これらが述べられています。そして、金色の鞠を拾う行為を通して王子様が王女を助けることと交換に、蛙を人間に変えるという暗示的行為を通して王女が王子様を助けるのです。わたくしたちはここに援助の交換（社交の相互性）という社会的文化的な関係性をみいだすことができます。当事者が婚姻という最も密接な交流関係を成立させ、幸せな生活を送るという結びで、この話は終わっています。

三　異類婚姻——たにし（蛙）長者

この「蛙の王様」の話は『グリム昔話集初版第二巻』（一八一五年）では「蛙の王子」という題名になっています。(3)この話は、早期にドイツ語から別の言語に翻訳されて、他の国、たとえばトルコなどにも伝えられてきました。東アジアにも、蛙と人間との婚姻の話が伝わっています。日本の岩手県にも同じ趣旨の民話が残っています。地域によっては、蛙の代わりに、たにしが登場します。(4)「たにし長者」(5)という民話がそうです。

この話のあらすじは以下のようなものです。四〇歳をすぎて子供のいない百姓夫婦がおりました。二人は「なんとかして、子供が一人ほしいものだね、わが子と名のつくものなら、かえるでもよい、たにしでもよいが」といって水神さま（農耕社会の水田の守護神）にお詣りし、願をかけていました。水神さまに祈っていると、その最中に妻は腹痛に襲われ、這うようにして家に帰り、近所の産婆さんにみてもらいました。しばらくすると、子供が生まれました。その子供はなんとたにしの姿をしていました。生まれてから二〇年経っても、たにしの息子は少しも大きくならず、一言も話しませんでした。

ある日、父親は、大家の長者に納める年貢米を馬に積みながら、ため息をついてこうひとり言をいいました。「せっかく水神さまに子供を授かってやれ嬉しやと思ったのに、あろうことかたにしの子だ。たにしの息子であってみれば何の役にもたたない。われはこうして一生働いて、女房や子供を養わなければなるまい。」この嘆きを聞いたたにしは、父親の代わりに、自分が年貢米を納めに行くと言いました。父親は今までものを言ったことのなかったたにしが言葉を発していることに驚きましたが、「水神さまの申し子のいうことにそむいたら罰が当たるかもしれない」と思って、三頭の馬に米俵を乗せ、その上にたにしを置きました。年貢米を納めにきたたにしをみた長者は何でもできるたにしをただで家のものにすることができないかと悪巧みをめぐらし、自分の娘たちのひとりと結婚してはどうかとたにしに話しかけました。姉はたにしとの婚姻を嫌がりましたが、末娘は父の言いつけに従ったので、たにしは末の娘を連れて父母のもとへ帰り、結婚しました。

結婚後、ある祭りの日に、たにしと嫁は薬師様（瀕死の病人を治す、苦悩を救う神：サンスクリットの Bhaisajya-guru に当たります）に参詣しました。たにしは薬師堂の入り口で、「わしはわけがあってこれから先へは入れない、一人でお詣りしてきておくれ、わしはここで待っているから」と嫁に頼みました。嫁がお堂に参詣して戻ってみると、たにしが見当たりません。いくら探してもたにしがみつからないので、嫁は田の中に入り、泥だらけになって探しましたが、やはり、夫のたにしをみつけることができませんでした。いっそうのこと、田の中の深い泥沼の中に入って死んでしまおうかと思って、嫁が深みに飛び込もうとすると、声をかけるものがありました。深編み笠を被った立派な男でした。嫁がわけを話すと、「そなたが尋ねるたにしはこのわしじゃ。わしは水神さまの申し子で、これまでたにしの姿でいたが、今日そなたが薬師さまに参詣してくれたので、このように人間の姿になることができた」と話して聞かせました。二人は喜んで家に帰り、両親と一緒に幸せに暮らしました。

このように人間が一旦は動物の姿をとっているものの、なんらかの行為を契機としてふたたび人間の姿に戻るという内容のお話は朝鮮や中国にもあります。

この民話では、子供が欲しいという欲望を人間が持っていること、神が人間の欲望を叶える（神が人間に子供を与える）こと、水神さまの子が神の意志で動物に姿を変えていること、動物と娘が結婚すること、人間が神を訪ねて感謝の奉納をすること、娘の神への感謝に基づいて動物が人間の姿に変わること、そして関係者全員が幸せに暮らすこと、これらが述べられています。ここにも、援助の交換（社交の相互性）という社会的文化的な関係が現れますが、「蛙の王様」と同様に、幸福という結果で終わります。

ドイツの童話や民話でたにしがどのように取り扱われているかはわかりませんが、ドイツでは、蛙は死者の魂を具体化したものと考えられているようです。蛙が家を訪れるのは幸運の前触れであるという意味においてです。(6) 稲作社会の日本でも、蛙は田の神の使いとされ、雨の予報係り、善玉を意味すると考えられていました。(7) たにしも同様の意味を持っていたのかもしれません。

四　異類婚姻——鶴の恩返し

異類婚姻を題材とした、日本で最も有名な昔話は「鶴の恩返し」[8]です。鶴という鳥は稲田で虫を食べるため、穀物の神、吉兆、そして幸福をもたらす象徴であると考えられています。[9]これと同じ内容の話に、鶴ではなく蛙を主人公としたものもありますが、[10]鶴ほど有名ではありません。そのあらすじは次の通りです。

ある炭焼きの男が老いた母親と山の中で貧しく暮らしていました。あるとき、町に布団を買いに行く途中で、男は、わなにかかった鶴が悲しんでもがきながら泣いている光景をみかけました。男は、鶴を助けようとして、布団を買うために母親から渡された大事なお金のすべてを猟師に渡しました。男は仕方なくそのまま家に帰りました。母親が男に布団はどうしたと聞いたとき、男はかわいそうな鶴を助けるために支払ったと答えました。母親は息子の親切な行為をほめ讃えました。

翌日の夜、不思議なことが起こりました。みたこともないようなきれいな若い女が男の家にやってきて、「今夜泊めて欲しいのですが……」と頼み込みました。男は貧しい家では泊める部屋もないといいましたが、女があまりに熱心に頼むので、泊めてやりました。翌日、女が自分を嫁にして欲しいと男に申し出ました。男は貧しくて女を養えないといって二度、三度と断りましたが、女が是非にと頼むので、母親ともども、そこまでいうのならばと女を嫁に迎えました。

数日後、女は「自分を三日間戸棚の中に入れてください、三日の間は決して戸棚を空けないように」と熱心に頼みました。そして四日目の朝に、女は戸棚の中で織ったみごとな反物「綾錦」を持って戸棚から出てきて、「この反物を町で売ってきておくれ」と男に頼みました。男はその反物を持って領主の屋敷に出かけました。領主はみたこともないような立派な品物をみてたいそう感心し、男の言い値よりもずっと高く、一生の間困らずに母親と暮らせるだけのお金で反物を買うとともに、「もう一反ほしいのだが」といいました。男は帰宅して「もう一反ほしいといわれた」と女に伝えました。女は初めはためらっていましたが、男のほとほと困った様子をみて、「一週間待ってくれれば、織りましょう」と答えました。女は、今度も、「一週間は、戸棚を絶対に覗かないでください」と依頼しました。

しかし一週間経っても女は戸棚から出てはきませんでした。心配になった男は、妻との固い約束をたがえ、思い切って戸棚の中を覗き込みました。すると……そこには、一羽のやせ細った鶴がいるだけでした。鶴は自分の細い最後の一本の羽を抜いてちょうど反物を織り上げたところだったのです。女(鶴)は、自分の本当の姿を見られた以上、ここにとどまることはできないといって、反物を置いたまま、空の彼方へと飛んでいってしまいました。男は、鶴に「戻ってきておくれ」と何度も声の限り叫び続けましたが、その声は二度と鶴には届きませんでした。男は鶴を失って大いに悲しみました。

この童話では、鶴が苦境に陥ること、炭焼きの男が鶴を助けること、感謝の意を表すために鶴が男を訪ねること、鶴が男と結婚して男を助けること、特に一度限りの恩返しが行われること、男が鶴との間で交わした約束を破ること、その結果、婚姻が解消されること、これらが述べられています。細かくみると、有償で鶴を解放する行為を通して男が鶴を助けることと交換に、鶴が男の生活を支えた上に男を金持ちにするという行為を介して鶴が男を助けています。ここにも、援助の交換(社交の相互性)がみられますが、最終的な結果は「蛙の王様」とは異なっています。さきの二つの話とは異なり、約束の遵守という条件が追加され、約束が守られなかったことを原因として、幸せな生活ではなく、別れ、つまり、婚姻の破綻という結果が導き出されています。それとともに、人の欲には限界があるべきだという道徳的規範の存在も暗示されています。

五　異類婚姻——ウミネコと娘

もうひとつ、日本のかつての最北の地、樺太サハリンに、「ウミネコと娘」(11)いう話が伝承されています。これはウミネコと人間との婚姻の話です。

あらすじは以下のようなものです。サーナイベツに三人の娘が住んでいました。日中、一番上の姉は薪を採りに、次の姉は野草の根を取りに出かけていました。日が暮れると家に戻ってきて、長姉は水を汲み、次の姉はご飯をこしらえました。二人の姉がはたらいて、末の娘に食べさせていたのでした。

ある日、二人の姉はどこへも出かけずに、異口同音に「来る日も来る日も、毎日、薪採りや水汲みで疲れた。犬のような顔の男でもいいから、薪採りや水汲みをしてわれわれを養ってくれる男が欲しい」と不平を言いました。その途端に、不思議なことが起こりました。一羽の大きな白いウミネコが窓のふちに止まって家の中を覗き込んだかと思うと、部屋に入り込み、長姉のそばに座って、口から鰊の精子を吐き出しました。長姉は「そんなもの食べたくないし、おまえを婿になどしたくない」と言いました。その声を聞くと、ウミネコはすぐに長姉の髪の毛をくわえて窓から飛び出し、大きな断崖の中腹の洞穴に連れて行きました。ウミネコがやかましく啼き交わす声を聞いて、長姉は悲しくて毎日泣いて暮らしていました。ある日、長姉は自分が妊娠しているのに気付きました。そして、子供が生まれました。長姉は、ウミネコの子供など欲しくないといって、がけから突き落としました。怒ったウミネコは長姉を殺してしまいました。次の姉も同様の行為をしたために、同じ結果になりました。

二人の姉をウミネコにさらわれた末の娘は悲しくて毎日泣いて暮らしていました。ある日、例のウミネコが窓に止まり、鰊の精子を吐き出しました。娘はそれを食べました。ウミネコは満足して、末の娘の髪の毛をくわえて、断崖の洞穴に連れて行きました。ある日、末の娘はこどもを生みました。どんな者の子であろうと自分の腹から生まれた子だから大事に育てようと考え、末の娘はウミネコの子供を大事に育てました。

ある朝、気がつくと、末の娘は、大きく立派な御殿で寝ていました。そばに、神のような青年が大勢の部下を連れて座っていました。男は、「私はウミネコの王様だ。おまえの二人の姉は、自分の子供を殺したので、わたしが殺して、山に埋葬した。しかし、おまえは大切にこどもを育てているので、大切にしよう」といいました。ウミネコの王様との間に六人の子供を授かった末の娘は子供たちを大事に育てて、幸せに暮らしました。

この話でも、娘たちが貧しい生活をしていること（困っていること）、ウミネコが娘たちを訪ねること、ウミネコが娘たちに食料を援助すること（娘たちを助ける第一の行為）、ウミネコが娘たちと結婚することにより娘たちに安楽な暮らしを提供すること（娘たちを助ける第二の行為）、これらが述べられています。末娘は出産によりウミネコを助けています。ここでも、鰊の精子を食べるというウミネコの申し出が無言の条件として追加されており、この申し出を拒否した姉二人は殺されてしまいますが、逆にこの条件を受け入れた末娘は婚姻して幸せに暮らすことができています。ここにも、援助の交換（社交の相互性）という社会的文化的な関係と条件の遵守という二つの内容が盛り込まれています。「蛙の王様」の場合には幸福な結果で終わり、「鶴の恩返し」では不幸な結果が生じていますが、「ウミネコと娘」では、ひとつの話の中に幸福な結果と不幸な結果（死）とが並存しております。

六　異類婚姻の否定——結婚したがらない娘

荻原眞子教授によれば、「人と動物の婚姻が生ずるのは……『狩猟の場』、すなわち、人間社会から隔たった山中やタイガの中である」(12)と説明されています。その含意は、もともと動物の世界では、動物は人の姿にも獣の姿にも自由に変身すること、動物と親密な関係を持つ、つまり、動物に対して親愛の情を示した人間に対してのみ、動物が恩恵を与えること、この恩恵行為を介して人間と動物の世界とが共存すること、これらにあるとされています。この話は、そのまま、農耕社会でも田の神と人間との交流を成功させる条件として理解することができるものでしょう。

社交の相互性を前提として、申し出を拒否すると不幸になるという話をもうひとつ挙げておきましょう。北東シベリアに伝承された「結婚したがらない娘」(13)という昔話がそうです。

あらすじは以下の通りです。あるところに、美しい娘がいました。父親は腕の良い鯨猟師で、村長でした。近隣の若者たちは皆、娘に求婚しましたが、娘はすべての申し出を拒絶しました。腹を立てた若者たちは村長の船に乗ることを拒否しました。困った父親は、娘には告げず、仕事を探すため、妻とほかの土地へ移り住みました。娘は一人ぼっちになり、食べ物にも困るようになりました。

ある日、見知らぬ男が家の戸口に食べ物を置いていきました。男は毎日漁に出かけ、獲物を持ってきてくれました。娘は命を助けてくれた男と一緒に暮らすようになりましたが、食べ物を少ししか食べないため、太りませんでした。男は、「なぜたくさん食べないのか」と娘を責め立てました。あるとき、狐の老婆が娘を訪ねてきて、いいました。

「あの男の正体は邪悪な白熊だ、このまま一緒にいると、白熊に食べられてしまうよ」と忠告し、娘に逃げ道を教えました。娘は無事に逃げ出し、両親の元へたどり着きました。

この話では、村の若者たちが鯨猟師の生活を支えていること、彼ら若者たちの求愛を娘がすべて拒絶したために父親が仕事を失ってしまうこと、娘が飢えと寒さで困ること、動物が人間を助けること、動物が娘と結婚すること、この結婚には動物の側にえさの確保という目標があること、この意味で動物との婚姻が人生の破局を招く危険なものであること、娘が動物の支配下から逃げ出して婚姻が解消されること、これらが述べられています。細かくみると、人間との婚姻の拒絶の結果としての動物と人間との婚姻は危険で望ましくないことが述べられています。ここでは、これまでに紹介した例と異なり、一方では、人間と動物（白熊）との間では社交が成立しないのに、他方では、人間と動物（狐）との間に社交が成立することが示されています。ヨーロッパでは、熊は農耕儀礼では成長の魂、穀物の霊、多産の象徴などとして知られているようです。[14] 日本でも熊は山の守り神とみなされますが、この話に出てきた白熊は獰猛な肉食獣で嫌われていたようです。

七　社交の相互性——交換と信頼

これらの童話や民話は、すでにお分かりのように、社交の本質が関係者間の行為の相互性にあることを示しております（「得ようと思ったら、先ず与えよ（do ut des）」）。[15] ご存知のように、「贈与・交換」という行為は法文化比較における重要な主題のひとつとなっています。[16] もうひとつ、大切なのは、どの範囲で社交が成立するかという視点です。ドイツでは、人と人との間で社交が成立しますが、日本では、人と神との間で、人と動物との間で、それぞれ社交が成立しています。私の推測では、ドイツでは、人間の世界と神の世界とが共存することはなく、人間の世界と動物の世界とが共存することもないのでしょう。中村禎里教授によれば、西欧では、動物が人間に化けるという話は日本にくらべてきわめて少ないが、そこには動物たちが人間のなれのはてを意味し、動物に対する人間の優越感があるのではないかと述べられています。[17] 他方、動物が人間に化けることを許容する日本では、動物と人間とが同格に位置付けられていることも指摘されています。[18]

ドイツでも日本でも、家庭のような小さな単位から国家のような大きな単位まで、対内的にも対外的にも、交流を成功させる上ではいくつもの条件が同時に充足されていなければなりません。社交の相互性をもたらす要素としては、共通する達成目標の設定、無理のない計画、当事者意識に基づく着実な実行などが挙げられましょう。これらがすべて満たされることにより、事業は成功し、達成感と相互信頼が生まれるからです。これに対して、社交の始まりは、多くの場合、偶然の事情に左右されているようです。あるいは、そうした出会い自体が神の意志によるというべきなのでしょうか。

ザントロック教授が一九九九年に述べたように、[19] 二〇世紀半ばごろまでの約三〇〇年間は国民国家の時代でした。第二次世界大戦後、国際的規模での経済復興が進み、その結果、二〇世紀末にはグローバル化の時代を迎えました。この間の時代状況を整理する上では、山崎正和教授の概観が参考になります。[20]

山崎教授によれば、グローバル化は、三つの点で、国民国家の機能を弱体化させました。第一に、グローバル化によって、経済活動においては国家の役割が大幅に低下してきました。国家が自由貿易協定を結ぶよりも、企業が連携し、合弁事業を営む方がずっと経済活動の最先端を歩んでいるという意味です。生産者も消費者も投資家も選択肢は国家の枠を超えています。第二に、グローバル化の結果、人々がインターネットで情報を入手し交換する時代になってみると、世界中の人々が文化を共有しています。生活様式、生活習慣、流行などに国家的特徴を見つけ出すことはますますむずかしくなってきています。第三に、グローバル化が進行したために、NGOの積極的な統率のもとに、人権、女性解放、環境や資源の保護、これらにおいて国境を越えた世論が形成されるようになってきています。これに対抗して、国民国家の側も連帯して統治の範囲を普遍化しようとしています。欧州連合はその典型といえましょう。グローバル化を通じて、法と制度の普遍化が進むに連れて、伝統的な国家概念は相対化し、また法も制度も国家性を薄め、無国籍化、共通化が進んできています。その結果、一体感、連帯を求める人々の意識は国家から次第に離れ、より小さい単位、たとえば郷土のような地域、所属する組織に移行しています。社交の単位も二国間文化協定を締結した国民国家ではなく、個々の企業、大学、さらには、個人単位にまで細分化してきています。(21)

さらに、グローバル化と平行して脱工業化（ポスト工業化）が進んでいます。知的革新の時代といわれますが、知的革新のもとでの知的活動は基本的に個人の創造に基づいて行われています。個人の個性を否定する大量生産、無名化・匿名の時代から、個人の個性が重視される個別化・個性化の時代への変化です。そのことは個人の独創性を反映しているという意味で「芸術（アルス）の復活」を意味します。消費の多様化・商品需要の多様化は個性化の反映であり、サーヴィス提供でも個人が特別の存在として認められる時代です。分業や時間給になじまないものでも営業担当者の個性がカヴァーする時代です。これはサーヴィス側の贈与を意味します。(22)

こうした時代には、法律や忠誠心、義務が組織を支配するのではなく、個人の相互評価が、信頼感が、友情（名誉）が組織を維持する重要な役割を果たし、誠意や共感といった情緒的な付加価値が重視されます。敬意に値する他者の存在、相手への敬意という認知の循環、贈与と見返り、これらの連鎖に立脚する社交社会では、組織への帰属意識が唯一絶対のものではなくなっています。近代は自由を建前とする社会であり、すべてが個々人の自由な選択の結果です。これに伴い、今や、個々人が、また小さな組織が単位となる社交の時代が復活しました[23]。

このような国際社会の動きをみると、伝統的な国家概念の相対化、また法と制度における国家性の希薄化、無国籍化、共通化がいっそう進展していることがわかります。そしてその結果、一方では、比較法の研究対象が国家法から地域法へと、またヨーロッパ法から非ヨーロッパ法へと拡大してきましたし、他方では、国家法を支える基盤である法文化への探求へ、法文化相互の比較へと研究対象がますます広がってきております。

グローバル化に伴い、契約法や不法行為法、そして登記制度を伴う物権法も国家法から国家性を薄めてきつつあります。日本でも国際私法や債権法の改正が進行し、法の改正も頻繁に行われるようになってきています。そこでは、国家法という立法形式をとりつつも、その内容上、国家法の特殊性の減少も垣間見られます。実質法の調整・調和・統一は民事法にとどまらず、国家法という色彩が強い行政法でも刑事法でも徐々に進んできています。国際私法の存在意義はこんにち最盛期を迎えているといいたいところですが、実態は必ずしもそうなっておらず、国際化に背を向けて、国内化がいっそう進展する例もみられます。法の分野ではまだまだグローバル化への対応が完了していないようにみえます。

八　ミュンスター大学と中央大学——現代の社交

中央大学は、二〇〇四年五月現在、一二三カ国六六三人の外国人留学生を受け入れています（中国四四二名、韓国一三五名、台湾一八名、フランス一〇名、マレーシア九名、タイ八名、ドイツ七名、イギリス五名、その他二九名)。中央大学は、現在、アジア、ヨーロッパ、アメリカ、オセアニアなどにある六七校と交流協定を結んでいます。一九八〇年代に一〇校と、一九九〇年代に三一校と、二〇〇〇年以降二五校と世界的規模でそれぞれに協定を結んできました。

一九七〇年代末までの中央大学は国際交流に消極的でした。実定国家法の解釈を対象とする伝統的な法律学、特に裁判実務法学は国内に向けられ、外国法を対象とした研究も主として国内での立法や解釈の指針を得るために行われていました。このような状況のもとでは、外国法への関心は生ぜず、外国との交流も必要とされてきませんでした。渉外事件の実務においてもいつも準拠法が決定されるわけではなく、外国法の適用自体がいわば例外でしかない状況です。遺憾なことに、国際私法は法律学の中心科目ではありませんでした。

中央大学は一九七八年にエクサンプロヴァンスにあるエクス・マルセイユ第Ⅲ大学との間で最初の国際交流協定を結びました。その根底には、中央大学の複数の政治学者が長年に亘りフランスの学界代表者との間で作り上げてきた、相互信頼を伴う好ましい人間関係がありました。政治学の分野でのこの交流は、中央大学の視野を外国に開かせる大きな契機となりました。

ミュンスター大学と中央大学との交流協定は、ご存知のように、一九九二年に締結されました。(24) これには前史があります。交流計画の話し合いが始まったのはわたくしの最初のミュンスター滞在時代でした。それは一九八三年春のことです。当時、国際交流センター所長の職にあった私の師、桑田三郎教授の希望に基づいて、わたくしは、一九八三年五月、わたくしを客員として受け入れて下さっていたベルンハルト・グロスフェルト教授(当時、法学部長)に、中央大学がミュンスター大学と法律学の分野で研究者、大学院生、学部生の交換を行いたいという希望を持っている旨を伝えました。当時、国際交流センターは、エクス・マルセイユ第Ⅲ大学のほかに、いくつかの有力な大学と協定を結ぼうと考えていました。

交流協定の締結には、当然のことながら双方の側に推進役となる教授が求められます。中央大学がミュンスター大学を交流対象候補として選んだ理由は何よりもグロスフェルト教授の存在でした。当時、桑田教授はグロスフェルト教授の啓蒙書『Rechtsprobleme der multinationalen Unternehmen（多国籍企業の法律問題）』を読み、書評を「比較法雑誌」に掲載していました[25]（わたくしがミュンスターに滞在できたのは、桑田教授の示唆を得て同書の単独訳を行ったわたくしのためにグロスフェルト教授がわざわざ奨学金を用意してわたくしをミュンスターに招待して下さったからです）。

グロスフェルト教授はわたくしの提案をミュンスターの関係者に取り次いで下さいました。わたくしはグロスフェルト教授につれられて、当時の学長、ヴィルフリート・シュリューター教授をシュロス（大学本部棟）に訪ね、交流計画について簡単な説明を行いました。日本側では、交流計画を実施するために、まず交流協定の締結が先行しなければならないと考えられていました。国際交流予算を組む上で協定の存在が必要だと考えられていたからです。これに対して、ミュンスター大学はすぐには協定の締結に応じませんでした。ミュンスター大学は世界中の著名な大学と交流協定を結んでいましたが、その多くは実態を伴っていないことが強く認識されていたのです。つまり、協定を結んでも実体が伴わなければ締結の意味はないということです。ミュンスター大学側の関心は、中央大学との交流から何が得られるのかということでした。残念なことに、当時の中央大学は、ミュンスター大学側に提供できるような国際交流の実績を持っていませんでした。

社交の始まりは、ドイツでも日本でも、困った者を助ける行為です。グロスフェルト教授は、何よりもまず交流の実績を作ることから始めようと提案されました。この提案が中央大学を救ったのです。一九八四年に日本学術振興会の外国人研究者招聘計画に基づきグロスフェルト教授が招聘されたとき、中央大学もグロスフェルト教授を客員教授として受け入れました（多摩校舎では桑田教授の国際私法の講義の枠内で講演が行われました）。歓談の折りにグロスフェルト教授から第二の提案が行われました。ミュンスター大学から国際交流に熱意のある教員数名を中央大学の客員教授として今後も招請することが交流協定の締結推進に向けて有意義である旨の提案でした。この提案に基づき、中央大学は一九八五年にヘルムート・コロサー教授を客員教授として招聘しました。コロサー教授は帰国後、ミュンスターでも外部資金を利用して日本から客員教授を招く計画を立てられ、一九八八年にそれが実現する運びとなりました。中央大学が予定した最初の派遣候補者たる木内宜彦教授が病没され、代わりにわたくしが派遣されることになりました。

中央大学はその後一九八九年にハンス・ウーヴェ・エーリヒセン教授を招聘しました。このことが交流協定の締結に向けて大きく前進する契機となりました。ミュンスター大学側の実力者エーリヒセン教授の強力なリーダーシップのもとに、ミュンスター大学で内部資金を利用して中央大学から客員教授を受け入れる措置が講じられ、中西又三教授が派遣されたのです。その後一九九一年に、中央大学はベルトルト・クーピッシュ教授を招請しました。

中央大学はこのようにその後も定期的にミュンスター大学から客員教授を招く実績を積み重ねることによって、中央大学（日本法）がミュンスター大学（ドイツ法）に対して何を提供できるかを段階的に示してきました。同時に、中央大学側がミュンスター大学に対して何を求めているかも次第に明確にされてきました。第一に、ミュンスターからの客員教授が中央大学の教員および学生と直接に話し合うこと、第二に、そのことを通じて、ドイツ法が日本法にとっていかに重要な役割を占めているかをドイツ人に理解してもらうこと、第三に、そうした交流経験の拡大を通じて交流の進展を図ること、これらです。こうした経験を通じて、ミュンスター大学の諸教授は中央大学の同僚諸教授および多くの学生に対して好意的な印象をお持ち下さり、ドイツへ帰国後もことあるごとに、中央大学との交流を支援して下さいました。同時に、客員教授の受入計画に全面的に賛同され、協力を惜しまれなかった中央大学の同僚のことも忘れるわけにいきません。

こうした経緯を経て、ミュンスター大学側においても中央大学との協定締結を歓迎する動きが広がり、一九九二年にようやく交流協定の締結に至ったのでした。交流協定が締結された後は、隔年に交換教授を派遣する計画が実施されてきております。ミュンスター大学からは、オットー・ザントロック教授、ディルク・エーラース教授、シュリューター教授、ディーター・ビルク教授、ハインリッヒ・デルナー教授、そして前回のシュテファン・カーデルバッハ教授まで、私法と公法の分野から交互に派遣されております。ミュンスター大学から派遣された同僚諸教授は、それぞれに、ドイツ、ヨーロッパにおける法律学研究の最先端の成果を中央大学側に提供してくれました。他方、日本側からも二年ごとにミュンスター大学へ派遣する計画が組まれ、丸山秀平教授、津野柳一教授、角田邦重教授、野沢紀雅教授、石川敏行教授、工藤達朗教授、そして前回の古積健三郎教授まで、多くの同僚が派遣されました。ミュンスターの同僚は家族ぐるみでわれわれを歓待され、学問的交流に加えて、ヴェストファーレン地方のいろいろな文化を紹介して下さいました。これらの歓待が中央大学の同僚に対してミュンスターでのよい想い出を与えています。

ミュンスターとの交流の成果は二つ挙げることができます。第一に、ミュンスターから派遣された客員教授の講演録を日本比較法研究所翻訳叢書として刊行してきました。これまでに、エーリヒセン教授[26]、ザントロック教授[27]、デルナー教授[28]およびカーデルバッハ教授[29]の講演録が刊行されており、エーラース教授の講演録を目下準備中です。第二に、記念論文集などの刊行があります。交流五年目に刊行された『Beiträge zum japanischen und ausländischen Bank- und Finanzrecht（国際銀行法・金融法論集）[30]』、『日本比較法研究所創立四〇周年記念論文集[31]』、『日本比較法研究所創立五〇周年記念論文集[32]』がそうです。現在は、両大学間での法学者交流二〇周年記念論文集の日本語版を編集中です。

これらの出版物を通じて、ミュンスター大学の名声は日本で徐々に広まってきています。これらは、中央大学が何をミュンスター大学に対して提供できるかを具体的に示してきた証拠です。ミュンスター大学側も、同様に、中央大学の同僚を積極的に受け入れて特別講演を行う機会を用意して下さり、講演後に原稿をドイツの専門雑誌に発表する機会も用意して下さいました。これらの成果は一九九二年に締結された協定がうまく機能していることを示しています。そのことはミュンスター大学の公文書によっても示されています。(33)

九　約束遵守の起源と要因——日本の法文化

ミュンスター大学と中央大学との交流を今日のような成功に導いた決定的要因は双方の側にある忠誠心に求められるとわたくしは考えます。先に取り上げた童話や民話のどれにも示されていたように、交流において重要なのは社交における双方当事者の合意であり、その着実な実行であり、それらを通じて形成された相互の信頼関係の存在です。信頼関係の基礎にあるのは、約束を守ることです。「Pacta sunt servanda（合意に拘束される）」という法諺はすべての法律家にとって周知の言葉です。

それでは、人々はなぜ約束を守ろうとするのでしょうか。「Pacta sunt servanda」という言葉があるから、わたくしたちは約束を守るのではありません。この言葉が生まれる前から、信頼を裏切らないという意識は厳然として存在しています。(34)あるいは、「Pacta sunt servanda」が基準として通用することを正当化する別の根拠がわたくしたちの意識に内在しているともいえます。「Pacta sunt servanda」という諺を肯定する見解自体が神の命令に基づいて与えられているという説明も十分にあり得ることでしょう。「法律は法律だ」という言葉に対する日独間での理解の相違はその典型です。(35)グロスフェルト教授が述べるように、法比較にあたって重要なのは、単純な類型化を避け、結論を急がず、実態を正確に把握することです。種々の実例からどのような結論を引き出すかは、解釈者の政策的な評価いかんにかかっております。

日本人が約束を守る理由(36)について長野晃子氏は次のように説明(37)しています。要約すると、日本の母親は、遵法精神を教えるとき、多くは立法理由を述べ、子ども自身がその趣旨を理解するように仕向け、違反したときは自分で自分を罰するように仕向ける。その際、よく使われる言葉が、「相手の身になって考えよ」という言葉であるという説明です。ここには、主体の交換可能性を前提とした「相互主義」がみられます。こうした理解には、身分ではなく精神的位置においての、相手と自己との平等性があります。相手の感情を考慮することが求められることによって、自分の行為の結果と責任を自分自身で背負い込むのであり、自分自身が自分の行為の是非を裁くように仕向けるのです。望まない結果の発生は自分の行為に起因するのであり、そうした結果を招いた責任は自業自得であって、自分で自分に罰を与える必要があるということが承認されています。裁き手は神ではなく、自分の心の中にいるという理解です。たとえば、「たにし長者」の話で娘が沼に飛び込む行為も、正体を見られた鶴が空へ飛んでいってしまう行為も、末娘がニシンの精子を食べる行為も、すべて、自分が自分を罰することであり、被告人と検察官と裁判官とを一人で兼ねることであり、身から出たさびは自分で始末することが考えられているのです。(38)

日本の民話が示すもうひとつの留意点は、遵法の基礎は皆の幸せにあり、共同体全体の福祉を図ることにあるという考えです。それは、社会があって初めて個人があると考えられているからです。(39)ここには、個人がまずあるのであり、独立した個々人の間の約束によって社会が作られるというルソーの社会契約論とは違う世界がみられます。村に幸せをもたらすものは何であっても、すべて神としてあがめられています——犬でも、蛙でも、鶴でも感謝の対象となり、また崇拝の対象となるのです。日本人の遵法精神の根底には、長野氏によれば(40)、法はみんなの共有財産であって、支配者が法を守らないときは、命がけで、支配者が法を守るように、要求することができるという考えがあります（暴君押し込めの例もここに挙げることができます）。

こうした話が多くの支持を得ているという事情は、赤穂義士の討ち入りが行われた一二月一四日に毎年のようにテレビ番組として放映される「忠臣蔵（赤穂浪士）」を国民の多くがみていること、歌舞伎でもこの題材が繰り返し上演されていることなどによっても示されています。

この話のあらすじは以下の通りです。江戸時代の元禄年間一七〇三年に、天皇家からの勅旨接待役を担当した浅野内匠頭が、賄賂を贈らなかったことなどを理由に、上司吉良上野介から度を越えたハラスメントを受けるが、このハラスメントは放置され、その結果、堪忍袋の尾を切らした浅野は加害者吉良への復讐を行う。当時の武家法には殿中での喧嘩は両成敗というルールがあったため、浅野家は断絶となり、家臣はすべて職を失う。しかし、吉良は抵抗しなかったためにお咎めなしとされ、浅野家の家臣や世間に対して不公平感を抱かせることとなる。断絶による長い浪人暮らしに耐えかねて多くの家臣が新しい職を見つけて去っていく。その一方で、城代家老大石内蔵助はひそかに復讐の意志を持ち続け、復讐を遂げることを通して不公正な裁きの問題性を明らかにしようと決意する。この計画は、機密維持のため、最後まで行動をともにした同志にのみ打ち明けられる。吉良家の内情を探り、あだ討ちの環境が整ったときは、四七人しか残っていなかったという話です。

ここには、いじめと復讐という相互性がみられます。また、喧嘩両成敗という法が無視されたという認識のもとに正しい法の執行を求める要求があり、長い間の苦労が最後には実を結ぶことも描かれています。むろん復讐を遂げた赤穂浪士一同は死刑に処せられますが、復讐という目的を達成したことによる精神的な満足感も描かれ、そこに共同体の幸せがあることも述べられています。支配者が法を実行しないことを彼らが正した点が、国民の共感を得られたのでしょう。

ここには善悪二元論があり、義理（約束）や忠誠が重視され、正しい法の執行を求める遵法精神があります。法を守らなければならないことを何よりも理解していたために、赤穂浪士一行は死刑を甘んじて受け入れたのです。法を運用する者は公平に法を運用しなければならないという視点の強調もひとつの法文化といえましょう。[41] 結果よりも、遵法を要求することで、共同体を維持しようとした個人の努力が高く評価されています。そこには、努力すれば信頼を得られるという考えもあります。[42] それは、努力しても信頼が得られないとき、その努力が否定されたこと、努力しなくてもよいというシステムの存在が共同体の発展を阻害すると考えられているからです。そこにこの物語の真髄があるのです（この種の話は、佐倉宗五郎、田中正造など義民伝説にもみられます[43]）。

一〇　結　び――日本におけるドイツ年・ドイツにおける日本年

以上にお話してきたことは、グロスフェルト教授がすでに紹介されている「日本における約束」についての理解[44]とは異なる、もうひとつの例です。わたくしたちはいつでも、異なる文献の中に異なる説明と例示を見出しております。法文化比較の際にどちらを採用するかはそれぞれの事情に依存しており、どちらかひとつの説明のみが一〇〇パーセント正しいということはありません。

二〇〇五年四月から二〇〇六年三月までの一年間は、「ドイツにおける日本年」であると同時に、「日本におけるドイツ年」でもあります。文化、経済、学術の分野で一二〇〇件を超える催しが両国で行われております。本日のこの学術集会もそのひとつとして位置付けられることでしょう。わたくしが本日の講演の主題として「文化、法、法文化」を取り上げたのも、この点を考慮しています。

わたくしは、わたくしたちの学術交流（社交）について述べる素材として、最初に童話、民話、そして昔話を取り上げました。この主題「Märchen und Recht」あるいは「Mythos und Recht」は、わたくしがわたくしのドイツにおける師ともいうべきグロスフェルト教授との直接の対話から、そしてグロスフェルト教授の法文化比較に関する多くの著作から感謝とともに学んだもののひとつです。私は一九八〇年代半ば以降、中央大学で「比較法原論」および「比較法文化論」の講義を国際私法の講義と並行して担当しておりますが、その内容の多くはグロスフェルト教授から学んだものです。

振り返れば、わたくしが最初にドイツの、ここミュンスターの地を訪れてから今年で二三年が経ちました。わたくしにとっての最初の異文化体験は家内との婚姻であり、二番目がミュンスターへの留学でした。いうまでもなく、ミュンスター大学で知り合った同僚の方々、その弟子や後継者の方々を中央大学の同僚、後輩、学生たちに紹介することができ、そして交流の輪がいっそう拡大する様子をみるのは、わたくしにとって大きな喜びでもあります。わたくしはこれまでミュンスターの町、大学、同僚などから与えられた大きな「財産」を今後も中央大学の関係者に伝え、また、ドイツに対して、ささやかですが、家内とともに、何かしらの恩返しができればよいと考えております。わたくしがドイツ語で日本法についての論文を書き、ドイツの学会で日本法について報告してきたことはそのわずかな成果でしかありません。

本日の講演を終えるにあたり、なお触れておかなければならないことがあります。それは、ミュンスター大学における初代の交流事務担当者であったコロサー教授への想い出についてです。コロサー教授は一九八五年九月初めから一ヶ月間オルガマリア夫人とともに中央大学に滞在され、その折りに、わたくしたちの交流計画の決定的な基盤を築かれました。登山家コロサー教授と一緒に、わたくしたち皆が、ミュンスター大学の同僚も中央大学の同僚も、そして、御列席の皆様のおひとりおひとりが両大学の交流の発展へ向けて、いわば「山登り」の途中におります。先に紹介した『Beiträge zum japanischen und ausländischen Bank- und Finanzrecht（国際銀行法・金融法論集）』はその一里塚であり、今回の二〇周年記念論文集の両国での刊行計画（これは、二〇〇二年にミュンスターを訪問した折りのグロスフェルト、コロサー両教授とわたくしとの話し合いに基づくものです）は、その三合目か四合目にあたるのでしょうか。

コロサー教授が人間味溢れる人望家であったことは皆さんが多くの御経験から等しく御存じのことですが、短期間の日本滞在においても中央大学の同僚のミュンスター滞在においても、つねにコロサー教授と令夫人はこの交流の促進に積極的に貢献されました。コロサー教授夫妻の積極的なリーダーシップがなかったとしたならば、ミュンスター大学と中央大学とのこの二〇年間の交流はこれほどまでの成功をみなかったことと思います。そしてその後継者として現在交流事務を御担当戴いているエーラース教授の大きな貢献もわたくしたちは決して忘れることができません。わたくしはこのことを皆さんに申し上げ、コロサー教授と令夫人、そしてエーラース教授に篤く感謝申し上げます。

御列席の皆さん。御清聴下さり、ありがとうございました。皆様の御芳情に重ねて感謝申し上げます。

（1） I・フェッチャー著（丘沢静也訳）『だれが、いばら姫を起こしたのか　グリム童話をひっかきまわす』（筑摩書房、一九九一年）二四九頁以下、小島瓔禮「蛙の王」『日本大百科全書 四』（小学館、一九八五年）七八四頁、高橋宣勝『語られざる―かぐやひめ昔話と竹取物語―』（大修館書店、一九九六年）六五頁以下他参照。

（2）「食卓」と「寝床」を共にすることは周知のように「婚姻」を含意する。このことは、「離婚」および「別居」に関連して「卓床分離」が考えられているところから十分に説明され得る。

（3）別名、王子の忠臣鉄のヘンリー。小島、「蛙の王」『日本大百科全書 四』（小学館、一九八五年）七八四頁、長野晃子『日本人はなぜいつも「申し訳ない」と思うのか』（草思社、二〇〇三年）二三二頁。

（4）小島「蛙の王」『日本大百科全書四』（小学館、一九八五年）七八四頁他参照。

（5）関敬吾編『こぶとり爺さん・かちかち山（日本の昔ばなし(Ⅰ)）』（岩波書店、一九五六年）一五頁以下他参照。

（6）谷口幸男「蛙」『世界宗教大事典』（東京、一九九一年）三三〇頁以下。

（7）佐々木清光「蛙」『世界宗教大事典』（東京、一九九一年）三三一頁。

（8）「鶴女房」（関敬吾編『こぶとり爺さん・かちかち山（日本の昔ばなし（Ⅰ））』（岩波書店、一九五六年））三六頁以下、高橋宣勝『語られざるかぐやひめ』（東京、一九九六年）六〇頁以下他参照。この話は鹿児島県薩摩郡で伝承されていた。鶴の代わりに、蛙女房や蛤女房という話もある。

（9）佐々木清光「鶴」『世界宗教大事典』（東京、一九九一年）一二八五頁。

（10）佐々木・前掲（前注（7））三三一頁。

（11）荻原眞子「『人と動物の婚姻譚』の背景と変容―ユーラシア東端地域の場合について―」（松原孝俊・松村一男編『比較神話学の展望』（青土社、一九九五年）一三九頁以下、特に一四六頁以下参照。

（12）荻原・前掲（前注（11））一三九頁以下、特に一四二頁参照。

（13）荻原・前掲（前注（11））一三九頁以下、特に一四九頁以下参照。

（14）谷口幸男「熊」『世界宗教大事典』五四六頁以下。

（15）高橋健二編訳『ゲーテ格言集』（新潮文庫ケ六）（新潮社、一九五二年）一三八頁。

（16）伊藤幹治『贈与交換の人類学』（筑摩書房、一九九五年）ほか参照。

（17）中村禎里『日本人の動物観　変身譚の歴史』（ビイング・ネット・プレス、二〇〇六年）一〇頁。

(18) 中村・前掲書（前注（17））一〇頁。

(19) Sandrock, Neue Herausforderungen an das Internationales Wirtschaftsrecht — durch Digitalisierung, Europäisierung, Globalisierung, Erschöpfung der öffentlichen Finanzen, Sterben nach Kosteneffizienz und Spezialisierung —, ZVglRWiss 98 (1999), S. 227-259.

(20) 山崎正和『社交する人間ホモソシアビリス』（中央公論新社、二〇〇三年）。

(21) 山崎・前掲書（前注（17））二八六頁以下参照。

(22) 山崎・前掲書（前注（17））二九二頁以下。

(23) 山崎・前掲書（前注（17））三〇一頁以下。

(24) 中央大学は他に五つのドイツの大学と協定を結んでいます（一九八七年にヴュルツブルク大学、一九九〇年にテュービンゲン大学、一九九七年にベルリン自由大学、一九九八年にオスナブリュック大学、一九九九年にベルリン・フンボルト大学）。

(25) 桑田三郎「B・グロスフェルト『国際私法・国際経済法の実務』」比較法雑誌一〇巻一号八九頁。

(26) H・U・エーリヒゼン著（中西又三編訳）『西ドイツにおける自治団体』（中央大学出版部、一九九一年）。

(27) O・ザンドロック教授著（丸山秀平編訳）『国際契約法の諸問題』（中央大学出版部、一九九六年）。

(28) ハインリッヒ・デルナー著（野澤紀雅・山内惟介編訳）『ドイツ民法・国際私法論集』（中央大学出版部、二〇〇三年）。

(29) シュテファン・カーデルバッハ著（山内惟介編訳）『国際法・ヨーロッパ公法の現状と課題―カーデルバッハ教授講演集』（中央大学出版部、二〇〇五年）。

(30) 山内惟介編著『Beiträge zum japanischen und ausländischen Bank- und Finanzrecht（国際銀行法・国際金融法論集）』（中央大学出版部、一九八七年）。

(31)『日本比較法研究所創立四〇周年記念論文集 Conflict and Integration』（中央大学出版部、一九八九年）。

(32)『日本比較法研究所創立五〇周年記念論文集 Toward Comparative Law in the 21st Century』（中央大学出版部、一九九八年）。

(33) Die Rechtswissenschaftliche Fakultät der Westfälischen Wilhelms-Universität Münster, Ein Porträt, Münster 2005, S. 201 f.

(34) Großfeld, Kernfragen der Rechtsvergleichung, 1996, S.　和訳五二頁注一四五。

(35) Großfeld, Kernfragen der Rechtsvergleichung, 1996, S.　（グロスフェルト著（山内・浅利訳）『比較法文化論』（中央大学出版

部、二〇〇四年）八頁注一一。

(36) ルース・ベネディクト著（長谷川松治訳）『菊と刀』（社会思想社、一九六七年）、長野・前掲書（前注（3））一七頁。ルース・ベネディクト『菊と刀』は、日本人の文化について書いた本として良く知られている。ベネディクトは、人間に正しい行いをさせる上で、外面的強制力と内面的強制力とがあること、外面的強制力は恥の意識であり、内面的強制力は罪の意識であること、日本人は罪の意識よりも恥の意識を重視していること、恥の意識が重視される結果、悪い行いが世間に露見しない限り、思い煩う必要はなく、罪の意識が重視されるところでは、自分の非行を他の人が知らなくても罪の意識に悩むこと、これらを述べています。しかし、このようなステレオタイプ化は実態を正確に伝えることができません。昨年末、耐震偽装で告発された建築士の例がその典型ですが、他方で日本人にも敬虔なキリスト教徒がいます。

(37) 長野・前掲書（前注（3））六〇頁ほか。

(38) ベネディクト『菊と刀』第一二章。長野七三頁。

(39) 長野・前掲書（前注（3））二〇六頁。

(40) 長野・前掲書（前注（3））一六六頁。

(41) 長野・前掲書（前注（3））二二五頁。中国においても、農民が裁判所で自爆した例がある。その目的は、司法の腐敗、不備に対する庶民の不満を訴えることにありました。二〇〇六年一月八日朝日新聞朝刊四面。

(42) 長野・前掲書（前注（3））二一一頁。

(43) 長野・前掲書（前注（3））二三六頁。

(44) Großfeld, Kernfragen der Rechtsvergleichung, 1996, S. 47, FN 16（グロスフェルト著（山内・浅利訳）『比較法文化論』（中央大学出版部、二〇〇四年）五二頁注一四五。

（付記）この講演は、Freundeskreis Rechtswissenschaft (Hg.), SCHLAGLICHTER 5 – Ansprachen und Reden an der Rechtswissenschaftlichen Fakultät Münster im Akademischen Jahr 2005 / 2006, SS. 79–98 に収録されている。

編者あとがき

本書は、中央大学とドイツ連邦共和国ノルトライン・ヴェストファーレン州ミュンスター市在、ヴェストフェーリッシェ・ヴィルヘルム大学（以下、ミュンスター大学と略称）との法学者交流二〇周年を記念して刊行されるものである。実質的には、一九八五年九月、ミュンスター大学から派遣された故ヘルムート・コロサー教授をいわゆる「第二群・客員教授」として受け入れることから始まったこの交流は、中央大学における国際交流事業の一環として正式に締結された「中央大学（東京）とヴェストファーレン・ヴィルヘルム大学（ミュンスター）との間の協力協定（Abkommen über Zusammenarbeit zwischen der Westfälischen Wilhelms-Universität Münster und der Chuo-Universität Tokyo)）」（一九九二年一〇月一六日発効）（後掲五〇八頁以下）を経てこの二〇年余りの間、定期的に実施され、こんにちでは、中央大学法学部および日本比較法研究所における国際交流事業のひとつの柱を成すものとなっている。この二〇年間、同事業の企画、実施等に尽力された両大学関係各位の御芳情と御高配に対し、改めて感謝申し上げたい。

本書の刊行計画は、第六四回ドイツ法曹大会（二〇〇二年九月一七日～二〇日）出席の機会を利用して筆者がミュンスターを訪れた際に、ミュンスター大学のベルンハルト・グロスフェルト、故ヘルムート・コロサー両教授との話し合いから生まれたものである。それは、教員の相互派遣による研究・教育面での相互浸透（Osmose ; permeabilité）が回数を重ねて定着しかつその成果も両国で順次公表されてきた実績を踏まえ、交流のさらなる進展を目指すべく、共同事業計画のひとつとして構想されたものであった。その骨格は、①両大学間で客員教授として派遣された教員全員に呼び掛け、適切な主題の論文集を刊行すること、②ミュンスター大学から正式に客員教授として派遣されたコロサー教授が来日された一九八五年度末から起算して二〇年目に当たる二〇〇五年の刊行を目指すこと、③論文集は日本とドイツでそれぞれの公用語により姉妹編として刊行すること、④編集には両大学間の交流に際して初代の交流事務担当者（Kontaktperson）を務めた故コロサー教授と筆者とが当たることなどであった。最終的にドイツ側の編集者が現在の交流事務担当者ディルク・エーラース教授および当初の事情を熟知されるグロスフェルト教授のお二人となり、日本側でも公法分野から石川敏行教授が編者に加わられることとなったのは、二〇〇四年末に故コロサー教授が惜しくも病没されたことによるものである。

この間、ドイツ語版の刊行計画は順調に進み、二〇〇六年一月に、Bernhard Großfeld, Koresuke Yamauchi, Dirk Ehlers, Toshiyuki Ishikawa (Hrsg.), Probleme des deutschen, europäischen und japanischen Rechts - Festschrift aus Anlass des 20-jährigen Bestehens der Partnerschaft der Westfälischen Wilhelms-Universität Münster und der Chuo-Universität Tokio auf dem Gebiet der Rechtswissenschaft, Berlin 2006として無事刊行された。それに続けて、ミュンスター大学法学部主催の記念式典が、Akademische Feierstunde — 20 jähriges Bestehen der Partnerschaft mit der Rechtswissenschaftlichen Fakultät der Chuo-Universität Tokioとして、二〇〇六年二月七日に歴史的建造物でもあるミュンスター大学本部棟二階会議室（Festsaal des Schlosses）において、百名を超す聴衆を集めて盛況裡に開催された。これに対し、同時刊行を目指した日本語版は、翻訳作業等の遅れもあって、当初の双子版（Zwillingsband）を断念し、姉妹版（Schweterband）としてこのたびようやく刊行できることとなった。早期に原稿を提出された両国の寄稿者各位に対しては、筆者の不手際による編集作業の遅延のため種々御迷惑をおかけした点につき、特にお詫びしたい。

本書の内容はむろん多岐に亘る。第一部には、右のドイツ語版に公表されたミュンスター大学関係者七名の寄稿の邦訳を収録した。第二部には、中央大学側から古積教授、野沢教授および丸山教授ならびに編者両名の論説を掲載した。第三部として、この記念論文集の当初の編者として御尽力戴いた故コロサー教授のためにグロスフェルト教授が書かれた追悼文と両大学間の交流二〇年の歩みを記した小史を掲載することとした。そして第四部には、グロスフェルト教授の発案に基づき、右のミュンスター大学における記念式典で行われた二本の講演を収めた。

いかなる事業も、明確に設定された高い目標を関係者が共有し、かつ当事者意識に基づく責任ある行動をとるのでなければ、その成功を望み得ないものである。本交流計画に参加され、協定校での講義・講演等を実際に担当された両大学教員諸氏の熱意（そこには、家族ぐるみの手厚いもてなしの心や決して少額とはいえない経済的負担を伴う積極的な奉仕等も含まれている）がなければ、また交流の推進に賛意を示された両国関係者による好意的な御配慮がなかったならば、中央大学とミュンスター大学との交流もこれほど継続することはできなかったに違いない。この二〇年の間にミュンスター大学からの来訪者は半数以上が定年を迎えて退官され、交流の主役も実質的に第二世代へと移行しつつある。これまでに蓄積された財産（信用）をいかに継承されるかはすべて次の世代を担われる同僚諸氏の熱意と構想と力量とにかかっている。関係各位のさらなる御支援を希望しつつ、本書刊行の辞としたい。

二〇〇七年六月一日

山内惟介

［付記］　右に記したドイツ語版についての書評として、Harald Baum, Rezension, Zeitschrift für Japanisches Recht, 12. Jg (2007), Nr. 23, SS. 268-270 がある。

中央大学（東京）

と

ヴエストファーレン・ヴィルヘルム大学
（ミュンスター）

との間の協力協定

中央大学（代表者　学長　髙木友之助）とヴエストファーレン・ヴィルヘルム大学（ミュンスター）（代表者　総長　マリア　ヴァスナ）は，以下のとおり協定を締結する。

第1条

中央大学（東京）及びヴエストファーレン・ヴィルヘルム大学（ミュンスター）は，将来にわたり，文化，教育及び学術の分野での交流計画において協力することに合意する。

第2条

第1条に定められた目標を実現するため，この協定の当事者は，以下の各号に掲げる事項を実現するよう努め，かつこれを支持する。

(a) 研究者及び学生の交流

(b) 共同のコロキウム，研究計画及び講義

(c) 学術出版物及びその他の資料の交換

第3条

この協定は，第2条に掲げられた諸目的を達成するため，各担当部門（学部，学科，専門分野，研究施設，研究所，図書館）の間で行われる合意により具体化されるものとする。この合意が有効となるためには，大学上部機関の同意を必要とする。

第4条

この協定の目的を達成するため，両当事者は，みずからに固有の資金が用意されている限りにおいて，これを使用する。さらに，両当事者は，国内の諸機関及び国際的諸機関の資金援助を受けるよう努める。

第5条

この協定は，両大学による承認ののち効力を有する。この協定は日本語及びドイツ語で各1部ずつ作成される。この協定の有効期間は5年とし，以後はその後の適用を通じて黙示により更新される。

東京，1992年7月22日
中央大学
学長

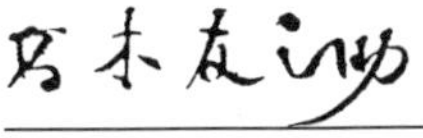

高木　友之助

ミュンスター，1992年10月16日
ヴエストファーレン・ヴィルヘルム大学
総長

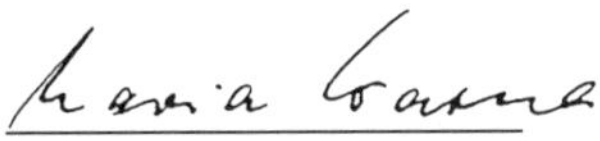

Maria Wasna

Abkommen über Zusammenarbeit zwischen der Westfälischen Wilhelms-Universität Münster und der Chuo-Universität Tokyo

Zwischen der Westfälischen Wilhelms-Universität Münster, vertreten dnrch ihre Rektorin, Professor Dr. phil. Maria Wasna, einerseits und der Chuo-Universität Tokyo, vertreten durch ihren Präsidenten, Professor Tomonosuke Takagi andererseits, wird folgende Vereinbarung getroffen:

ARTIKEL 1
Die Westfälische Wilhelms-Universität Münster und die Chuo-Universität Tokyo kommen überein, künftig in einem Programm des kulturellen, pädagogischen und wissenschaftlichen Austausches zusammenzuarbeiten.

ARTIKEL 2
Zur Verwirklichung des in Artikel 1 gesetzten Zieles erstreben und unterstützen die vertragsschließenden Parteien nach ihren Kräften :

a) Austausch von Wissenschaftlern und Studenten,
b) gemeinsame Kolloquien, Forschungsvorhaben und Lehrveranstaltungen,
c) Austausch von wissenschaftlichen Publikationen und anderen Dokumenten.

ARTIKEL 3

Dieser Rahmenvertrag ist zur Erreichung der in Artikel 2 genannten Zwecke durch Vereinbarungen der jeweils zuständigen Stellen (z. B. Fakultäten, Fachbereiche, Abteilungen, Institute, Forschungseinrichtungen, Bibliotheken) auszufüllen. Diese Vereinbarungen bedürfen zu ihrer Wirksamkeit der Zustimmung des obersten Universitätsorgans.

ARTIKEL 4

Zur Verwirklichung der Zwecke dieser Vereinbarung werden die Parteien eigene Mittel einsetzen, soweit ihnen solche zur Verfügung stehen. Darüber hinaus werden sie sich um finanzielle Unterstützung bei nationalen und internationalen Institutionen bemühen.

ARTIKEL 5

Das vorliegende Abkommen tritt nach Billigung durch die beiden Universitäten in Kraft. Es wird in zwei Exemplaren, jeweils in deutscher und japanischer Sprache, angefertigt. Seine Laufzeit beträgt fünf Jahre und verlängert sich stillschweigend durch weitere Anwendung.

Münster, den 16.10.1992
Für die Westfälische Wilhelms-Universität Münster
Die Rektorin

Prof. Dr. phil. Maria Wasna

Tokyo, den 22.7.1992
Für die Chuo-Universität Tokyo

Der Präsident

Prof. Tomonosuke Takagi

編者・執筆者・翻訳者紹介

ディーター・ビルク（Dieter Birk）

ミュンスター大学法学部教授，租税法研究所所長。1946 年生。テュービンゲン大学，ミュンヒェン大学およびレーゲンスブルク大学で法律学を学ぶ。1970 年，第一次司法国家試験合格，1973 年，レーゲンスブルク大学で法学博士号取得。1981 年，ミュンヒェン大学で大学教授資格取得。主著：Das Leistungsfähigkeitsprinzip als Maßtab der Steuernormen, 1983 ; Altersvorsorge und Alterseinkünfte im Einkommensteuerrecht, 1987 ; Steuerrecht I, Allgemeines Steuerrecht, 2. Aufl., 1994 ; 4. Aufl., 2001 u.a.

ハインリッヒ・デルナー（Heinrich Dörner）

ミュンスター大学法学部教授，国際経済法研究所所長。1948 年生。ミュンスター大学およびパリ第二大学で法律学を学ぶ。1970 年，第一次司法国家試験合格，1973 年，ミュンスター大学で法学博士号取得。1983 年，ミュンヒェン大学で大学教授資格取得。主著：Industrialisierung und Familienrecht, 1974 ; Dynamische Relativität — Der Übergang vertraglicher Rechte und Pflichten, 1985 ; Internationales Versicherungsrecht, 1997 ; Fälle und Lösungen nach höchstrichterlichen Entscheidungen. Schuldrecht — Gesetzliche Schuldverhältnisse, 5. Aufl., 2002 u.a.

ディルク・エーラース（Dirk Ehlers）

ミュンスター大学法学部教授，経済公法研究所所長。1945 年生。キール大学およびフライブルク大学で法律学を学ぶ。1973 年，第一次司法国家試験合格，1973 年，コンスタンツ大学で法学博士号取得。1981 年，エァランゲン・ニュルンベルク大学で大学教授資格取得。主著：Verwaltung in Privatrechtsreform, 1984 ; Die Erledigung von Gemeindeaufgaben durch Verwaltungshelfer, 1997 ; Die Europäisierung des Verwaltungsprozeßrechts, 1999 ; Die Lehre von der Teilrechtsfähigkeit juristischer Personen des öffentlichen Rechts und die ultra-vires-Doktrin des öffentlichen Rechts, 2000 u.a.

ハンス・ウーヴェ・エーリヒセン（Hans-Uwe Erichsen）

ミュンスター大学名誉教授。1934 年生。フライブルク大学，ハンブルク大学およびキール大学で法律学を学ぶ。1959 年，第一次司法国家試験合格，1963 年，キール大学で法学博士号取得。1969 年，ミュンスター大学で大学教授資格取得。ボーフム大学教授を経て，1981-2000 年，ミュンスター大学教授。主著：Kommunalrecht des Landes Nordrhein-Westfalen, 2. Aufl., 1997 ; Allgemeines Verwaltungsrecht, 12. Aufl., 2002 u.a.

ベルンハルト・グロスフェルト（Bernhard Großfeld）

ミュンスター大学名誉教授。1933 年生。フライブルク大学，ハンブルク大学およびミュンスター大学で法律学を学ぶ。1962 年，第一次司法国家試験合格，1960 年，ミュンスター大学で法学博士号取得。1965 年，テュービンゲン大学で大学教授資格取得。ゲッティンゲン大学教授を経て，1973-1999 年，ミュンスター大学教授。主著：Die Privatstrafe, 1961 ; Aktiengesellschaft, Unternehmenskonzentration und Kleinaktionär, 1968 ; Internationales Gesellschaftsrecht, 1981 ; Zauber des Rechts, 1999, Global Accounting, 2000 ; Poesie und Recht : rechtsvergleichende Zeichenkunde, 2005 u.a.

オットー・ザントロック（Otto Sandrock）

ミュンスター大学名誉教授。1930 年生。ゲッティンゲン大学およびリヨン大学で法律学を学ぶ。1953 年，第一次司法国家試験合格，1955 年，ゲッティンゲン大学で法学博士号取得。1965 年，ボン大学で大学教授資格取得。ボーフム大学教授を経て，1980-1996 年，ミュンスター大学教授。主著：Über Sinn und Methode zivilistischer Rechtsvergleichung, 1966 ; Zur

ergänzenden Vertragsauslegung im materiellen und internationalen Schuldvertragsrecht — Methodologische Untersuchungen zur Rechtsquellenlehre im Schuldvertragsrecht, 1966；Handbuch der Internationalen Vertragsgestaltung, 1980 u.a.

ヴィルフリート・シュリューター（Wilfried Schlüter）

ミュンスター大学名誉教授。1935 年生。ゲッティンゲン大学およびマインツ大学で法律学を学ぶ。1959 年，第一次司法国家試験合格，1964 年，ミュンスター大学で法学博士号取得。1971 年，ミュンスター大学で大学教授資格取得。1980-2001 年，ミュンスター大学教授。主著：Die Vertretungsmacht des Gesellschafters und die “Grundlagen der Gesellschaft”, 1965；Das “obiter dictum”. Die Grenzen höchstrichterlicher Entscheidungsbegründung, dargestellt an Beispielen aus der Rechtsprechung des Bundesarbeitsgerichts, 1973；Erbrecht. Kurzlehrbuch, 14. Aufl., 2000；Familienrecht, 10. Aufl., 2003 u.a.

石《いし》川《かわ》敏《とし》行《ゆき》（Toshiyuki Ishikawa）

中央大学法科大学院教授（公法専攻）。1951 年生。中央大学大学院法学研究科修士課程修了。Friedrich Franz von Mayer. Als Begründer der “juristischen Methode” im deutschen Verwaltungsrecht（Duncker & Humblot, 1992）にて，フランクフルト大学より法学博士号（Dr. jur.）取得（1991 年）。中央大学法学部助手，同助教授，同教授を経て，2004 年より現職。主著：『はじめての行政法』（大貫裕之氏他と共著。有斐閣，2007 年），『はじめて学ぶプロゼミ行政法（改訂版）』（実務教育出版，2001 年），訳書にメンガー著『ドイツ憲法思想史』（石村修氏他と共訳）（世界思想社，1988 年）など。

工《く》藤《どう》達《たつ》朗《ろう》（Tatsurô Kudô）

中央大学法科大学院教授（憲法専攻）。1956 年生。中央大学大学院法学研究科博士前期課程修了。中央大学法学部助手，助教授および教授を経て，2004 年より現職。主著：『憲法の勉強』（尚学社，1999 年），『ドイツの憲法裁判』（編著，中央大学出版部，2002 年），『ファーストステップ憲法』（共著，有斐閣，2005 年），『ケースで考える憲法入門』（共著，有斐閣，2006 年）など。

古《こ》積《づみ》健《けん》三郎《ざぶろう》（Kenzaburô Kozumi）

中央大学法学部・法科大学院教授（民法専攻）。1965 年生。京都大学法学部卒業，京都大学大学院法学研究科修士課程修了。滋賀大学経済学部助手・専任講師，筑波大学社会科学系助教授を経て，2004 年より現職。主著：『民法 3 担保物権法［第 2 版］』（有斐閣，2005 年）（平野裕之，田高寛貴との共著），『物権法』（弘文堂，2005 年）（松尾弘との共著）など。

角《すみ》田《だ》邦《くに》重《しげ》（Kunishige Sumida）

中央大学法学部教授（労働法専攻）。1941 年生。中央大学法学部卒業。1964 年，司法試験合格，司法修習（1965-1967 年）修了後，中央大学助手，助教授を経て，1978 年より現職。日独労働法協会・会長。主著：『労働法講義 2 労働団体法』（共著・有斐閣　1980 年），『新現代労働法入門（第 3 版）』（共編著・法律文化社 2005 年），Die Persönlichkeitsschutz des Arbeitnehmers im japanischen Arbeitsrecht, AuR 1997, 350；“Mobbing” im japanischen Arbeitsrecht, in：Japanischer Brückenbauer zum deutschen Rechtskreis, Festschrift für Koresuke Yamauchi, 2006 など。

楢崎《ならざき》みどり（Midori Matsuka-Narazaki）

中央大学法学部准教授（国際経済法専攻）。1969 年生。千葉大学法経学部卒業，中央大学大学院法学研究科博士課程後期課程退学。小樽商科大学助教授，中央大学助教授を経て，2007 年より現職。主著：Zur grenzüberschreitenden Wirksamkeit von fremden rechtsgeschäftlichen Mobiliarsicherheiten im japanischen Sachenrecht, in：Festschrift für Helmut Kollhosser, Band II,

Zivilrecht, 2004 ; Zum anwendbaren Recht auf den gutgläubigen Erwerb eines gestohlenen Kraftfahrzeuges, in : Japanischer Brückenbauer zum deutschen Rechtskreis, Festschrift für Koresuke Yamauchi, 2006 など。

野《の》沢《ざわ》紀《のり》雅《まさ》（Norimasa Nozawa）

中央大学法科大学院教授（民法専攻）。1951 年生。中央大学大学院法学研究科博士後期課程退学。岩手大学人文社会科学部専任講師および助教授，中央大学法学部助教授および教授を経て，2004 年より現職。主著：「ドイツ法における扶養概念の変遷」（民商法雑誌 106 巻 2 号，3 号，4 号，5 号，1992 年），「「親権と扶養義務」問題の学説史的再検討」（法学新報 101 巻 8 号，101 巻 11・12 号，1995 年）など，訳書：トビアス・ヘルムス『生物学的出自と親子法』（遠藤隆幸氏と共訳）（中央大学出版部，2002 年），編訳書：ハインリッヒ・デルナー『ドイツ民法・国際私法論集』（山内惟介氏と共編）（中央大学出版部，2003 年）など。

丸《まる》山《やま》秀《しゅう》平《へい》（Shûhei Maruyama）

中央大学法科大学院・法学部教授（商法専攻）。1950 年生。中央大学法学部卒業。中央大学法学部助手，助教授および教授を経て，2004 年より現職。主著：『株式会社法概論』（中央経済社，1992 年），『手形法小切手法概論』（中央経済社，1995 年），『商法総則・商行為法』（東林出版社，1998 年）など。

山《やま》内《うち》惟《これ》介《すけ》（Koresuke Yamauchi）

中央大学法学部教授（国際私法・比較法専攻）。1946 年生。中央大学大学院法学研究科修士課程修了。『国際公序法の研究』（中央大学出版部，2001 年）により法学博士号取得。東京大学法学部助手，中央大学法学部専任講師および助教授を経て，1984 年より現職。2007 年 3 月 23 日，Alexander von Humboldt Stiftung の Forschungspreis (Reimer Lüst-Preis für internationale Wissenschafts- und Kulturvermittlung) 受賞。主著：『海事国際私法の研究』（中央大学出版部，1988 年），『国際会社法研究 第一巻』（中央大学出版部，2003 年），『国際金融証券市場と法』（中央大学出版部，2007 年）（雁金利男氏と共編），訳書：グロスフェルト『国際企業法』（中央大学出版部，1989 年），グロスフェルト著『比較法文化論』（浅利朋香氏と共訳）（中央大学出版部，2004 年）など。

索　　引

[あ行]

[か行]

［さ行］

［た行］

[な行]

[は行]

［ま行］

［や行］

[ら行]

[わ行]

共演　ドイツ法と日本法　日本比較法研究所研究叢書（73）

2007年9月10日　初版第1刷発行

編著者　石川敏行
D. エーラース
B. グロスフェルト
山内惟介

発行者　福田孝志

発行所　中央大学出版部
〒192-0393
東京都八王子市東中野742-1
電話042-674-2351・FAX 042-674-2354
http://www2.chuo-u.ac.jp/up/

ISBN978-4-8057-0572-8　㈱大森印刷，法令製本

日本比較法研究所研究叢書

1	小島武司著	法律扶助・弁護士保険の比較法的研究	A5判 二九四〇円
2	藤本哲也著	Crime and Delinquency among the Japanese-Americans	菊判 一六八〇円
3	塚本重頼著	アメリカ刑事法研究	A5判 二九四〇円
4	小島武司 外間寛編	オムブズマン制度の比較研究	A5判 三六七五円
5	田村五郎著	非嫡出子に対する親権の研究	A5判 三三六〇円
6	小島武司編	各国法律扶助制度の比較研究	A5判 四七二五円
7	小島武司著	仲裁・苦情処理の比較法的研究 —正義の総合システムを目ざして—	A5判 三九九〇円
8	塚本重頼著	英米民事法の研究	A5判 五〇四〇円
9	桑田三郎著	国際私法の諸相	A5判 五六七〇円
10	山内惟介編	Beiträge zum japanischen und ausländischen Bank-und Finanzrecht	菊判 三七八〇円
11	木内宜彦 M・ルッター編著	日独会社法の展開	A5判（品切）
12	山内惟介著	海事国際私法の研究 —便宜置籍船論—	A5判 二九四〇円
13	渥美東洋編	米国刑事判例の動向 I —合衆国最高裁判所判決—	A5判 五一四五円

日本比較法研究所研究叢書

14	小島武司 編著	調停と法 —代替的紛争解決（ADR）の可能性—	A5判 四三八四円
15	塚本重頼 著	裁判制度の国際比較	A5判 （品切）
16	渥美東洋 編	米国刑事判例の動向 II —合衆国最高裁判所判決—	A5判 五〇四〇円
17	日本比較法研究所 編	比較法の方法と今日的課題	A5判 三一五〇円
18	小島武司 編	Perspectives on Civil Justice and ADR: Japan and the U.S.A. （民事司法とADRの展望：日本対米国）	菊判 五二五〇円
19	小島・渥美 清水・外間 編	フランスの裁判法制	A5判 （品切）
20	小杉末吉 著	ロシア革命と良心の自由	A5判 五一四五円
21	小島・渥美 清水・外間 編	アメリカの大司法システム（上）	A5判 三〇四五円
22	小島・渥美 清水・外間 編	Système juridique français	菊判 四二〇〇円
23	小島・渥美 清水・外間 編	アメリカの大司法システム（下）	A5判 一八九〇円
24	小島武司 韓相範 編	韓国法の現在（上）	A5判 四六二〇円
25	小島・渥美・川添・清水・外間 編	ヨーロッパ裁判制度の源流	A5判 二七三〇円
26	塚本重頼 著	労使関係法制の比較法的研究	A5判 二三一〇円
27	小島武司 韓相範 編	韓国法の現在（下）	A5判 五二五〇円

日本比較法研究所研究叢書

28	渥美東洋 編	米国刑事判例の動向Ⅲ ―合衆国最高裁判所判決―	A5判 三五七〇円
29	藤本哲也 著	Crime Problems in japan	菊判 (品切)
30	小島武司・渥美東洋・清水睦・外間寛 編	The Grand Design of America's Justice System	菊判 四二七五円
31	川村泰啓 著	個人史としての民法学 ―思想の体系としての比較民法学をめざして―	A5判 五〇四〇円
32	白羽祐三 著	民法起草者 穂積陳重論	A5判 三四六五円
33	日本比較法研究所 編	国際社会における法の普遍性と固有性 ―経済のグローバル化と日米欧における法の発展―	A5判 三三六〇円
34	丸山秀平 編著	ドイツ企業法判例の展開	A5判 二九四〇円
35	白羽祐三 著	プロパティと現代的契約自由	A5判 一三六五〇円
36	藤本哲也 著	諸外国の刑事政策	A5判 四二〇〇円
37	小島武司・渥美東洋・外間寛 他編	Europe's Judicial Systems ―Past and Future―	菊判 三二五五円
38	伊従寛 著	独占禁止政策と独占禁止法	A5判 九四五〇円
39	白羽祐三 著	「日本法理研究会」の分析 ―法と道徳の一体化―	A5判 五九八五円
40	伊従寛・山内惟介・J・O・ヘイリー 編	競争法の国際的調整と貿易問題	A5判 二九四〇円

日本比較法研究所研究叢書

41	渥美東洋・小島武司 編	日韓における立法の新展開	A5判 四五一五円
42	渥美東洋 編	組織・企業犯罪を考える	A5判 三九九〇円
43	丸山秀平 編著	続ドイツ企業法判例の展開	A5判 二四一五円
44	住吉博 著	学生はいかにして法律家となるか ―日本の法曹とイギリスのロイヤー―	A5判 四四一〇円
45	藤本哲也 著	刑事政策の諸問題	A5判 四六二〇円
46	小島武司 編著	訴訟法における法族の再検討	A5判 七四五五円
47	桑田三郎 著	工業所有権法における国際的消耗論	A5判 五九八五円
48	多喜寛 著	国際私法の基本的課題	A5判 五四六〇円
49	多喜寛 著	国際仲裁と国際取引法	A5判 六七二〇円
50	眞田芳憲・松村明 編著	イスラーム身分関係法	A5判 七八七五円
51	川添利幸・小島武司 編	ドイツ法・ヨーロッパ法の展開と判例	A5判 一九九五円
52	西海真樹・山野目章夫 編	今日の家族をめぐる日仏の法的諸問題	A5判 二三一〇円
53	加美和照 著	会社取締役法制度研究	A5判 七三五〇円
54	植野妙実子 編著	21世紀の女性政策	A5判 四二〇〇円
55	山内惟介 著	国際公序法の研究	A5判 四三〇五円
56	山内惟介 著	国際私法・国際経済法論集	A5判 五六七〇円
57	大内和臣・西海真樹 編	国連の紛争予防・解決機能	A5判 七三五〇円

日本比較法研究所研究叢書

58	白羽祐三 著	日清・日露戦争と法律学	A5判 四二〇〇円
59	伊従 寛、山内惟介、J・O・ヘイリー、W・A・W・ネイルソン 編	APEC諸国における競争政策と経済発展	A5判 四二〇〇円
60	工藤達朗 編	ドイツの憲法裁判 連邦憲法裁判所の組織・手続・権限	A5判 六三〇〇円
61	白羽祐三 著	刑法学者 牧野英一の民法論	A5判 二二〇五円
62	小島武司 編	ADRの実際と理論Ⅰ	A5判 四二〇〇円
63	大内和臣・西海真樹 編	United Nations' Contributions to the Prevention and Settlement of Conflicts	菊判 四七二五円
64	山内惟介 著	国際会社法研究第一巻	A5判 五〇四〇円
65	小島武司 著	CIVIL PROCEDURE and ADR in JAPAN	菊判 五五六五円
66	小堀憲助 著	「知的(発達)障害者」福祉思想とその潮流	A5判 三〇四五円
67	藤本哲也 編著	諸外国の修復的司法	A5判 六三〇〇円
68	小島武司 編	ADRの実際と理論Ⅱ	A5判 五四六〇円
69	吉田 豊 著	手付の研究	A5判 七八七五円
70	渥美東洋 編著	日韓比較刑事法シンポジウム	A5判 三七八〇円
71	藤本哲哉 著	犯罪学研究	A5判 四四一〇円
72	多喜 寛 著	国家契約の法理論	A5判 三五七〇円

*価格は消費税5%を含みます。